SKCT
SK그룹 온라인 종합역량검사
기출이 답이다

시대에듀

2026 최신판 시대에듀 기출이 답이다
SK그룹 온라인 SKCT

Always with you

사람의 인연은 길에서 우연하게 만나거나 함께 살아가는 것만을 의미하지는 않습니다.
책을 펴내는 출판사와 그 책을 읽는 독자의 만남도 소중한 인연입니다.
시대에듀는 항상 독자의 마음을 헤아리기 위해 노력하고 있습니다. 늘 독자와 함께하겠습니다.

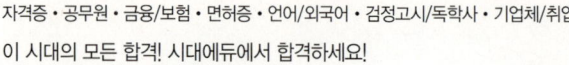

자격증 · 공무원 · 금융/보험 · 면허증 · 언어/외국어 · 검정고시/독학사 · 기업체/취업
이 시대의 모든 합격! 시대에듀에서 합격하세요!
www.youtube.com ➡ 시대에듀 ➡ 구독

머리말 PREFACE

SK그룹은 '기업경영의 주체는 사람이며, 사람의 능력을 어떻게 개발하고 활용하느냐에 따라 기업의 성패가 좌우된다.'는 인재관리 철학을 바탕으로 1978년 국내 기업 최초로 인적성검사를 도입하였다. 또한 객관적이고 공정한 채용절차를 실현하기 위하여 꾸준히 부분 개정 작업을 진행해 왔으며 일 잘하는 인재의 요건을 보다 면밀히 분석하여 2013년 하반기부터는 새로운 검사인 SKCT를 도입하였다. 그리고 2023년 하반기부터 전 계열사의 SKCT는 온라인으로 시행되고 있다.

SKCT는 SK그룹에서 직무 수행을 위해 요구되는 역량을 다양하고 종합적인 관점에서 측정하고 있으며, 업무에 필요한 복합적이고 고차원적인 사고능력을 측정하는 인지검사와 SK그룹에 적합한 성격, 가치관, 태도를 갖추고 있는지를 측정하는 심층검사로 구성되어 있다. SKCT는 기업체 인적성검사 중에서도 비교적 난도가 높은 편이므로 철저한 대비가 필요하다.

이에 시대에듀는 수험생들이 SKCT를 효과적으로 준비할 수 있도록 교재를 구성하였으며, 이를 통해 단기간에 성적을 올릴 수 있는 학습법을 제시하였다.

도서의 특징

❶ 최신 기출유형을 반영한 기출유형 뜯어보기를 수록하여 풀이방법과 이에 따른 팁을 학습할 수 있도록 하였다.

❷ 2025~2019년까지의 SKCT 7개년 기출복원문제를 수록하여 SK그룹만의 출제경향을 한눈에 파악할 수 있도록 하였다.

❸ 2025~2023년 3개년 주요기업 기출복원문제를 수록하여 다양한 기업의 출제유형을 학습할 수 있도록 하였다.

끝으로 본서가 SK그룹 채용을 준비하는 여러분 모두에게 합격의 기쁨을 전달하기를 진심으로 기원한다.

SDC(Sidae Data Center) 씀

SK그룹 기업분석 INTRODUCE

◇ **경영철학**

구성원의 지속적 행복

SK 경영의 궁극적 목적은 구성원 행복이다.

SK는 구성원이 지속적으로 행복을 추구하기 위한 터전이자 기반으로서, 구성원 행복과 함께 회사를 둘러싼 이해관계자 행복을 동시에 추구해 나간다. 이를 위해 회사가 창출하는 모든 가치가 곧 사회적 가치이다.

SK는 이해관계자 간 행복이 조화와 균형을 이루도록 노력하고, 장기적으로 지속 가능하도록 현재와 미래의 행복을 동시에 고려해야 한다.

VWBE를 통한 SUPEX 추구

구성원 전체 행복을 지속적으로 키워나가면 구성원 개인의 행복이 더 커질 수 있다는 것을 믿고 실천할 때 구성원은 자발적(Voluntarily)이고 의욕적(Willingly)인 두뇌활용(Brain Engagement)을 하게 된다.

VWBE한 구성원은 SUPEX* 추구를 통해 구성원 행복과 이해관계자 행복을 지속적으로 창출해 나간다.

* Super Excellent Level의 줄임말로 인간의 능력으로 도달할 수 있는 최고의 수준

인재상

> 스스로가 더 행복해질 수 있도록
> 자발적이고 의욕적으로 도전하는 **패기 있는 인재**

기업경영의 주체는 구성원

기업경영의 주체는 구성원이며, 구성원 스스로 기업의 경영철학에 확신과 열정을 가지고 이를 실천해 나가야 한다.

SK 경영철학에 대한 믿음과 확신

구성원 전체의 행복을 지속적으로 키워 나가면 구성원 개인의 행복이 더 커질 수 있다는 것을 믿고, 이를 실천할 때 자발적이고 의욕적인 두뇌활용이 가능하다.

구성원의 행복 → VWBE 문화 → SUPEX Company

패기 있게 행동

스스로 동기부여하여 문제를 제기하고 높은 목표에 도전하며 기존의 틀을 깨는 과감한 실행을 하는 인재

❶ **과감한 실행력** : 기존의 틀을 깨는 발상의 전환으로 새롭게 도전한다.
❷ **역량 강화와 자기 개발** : 문제 해결 역량을 지속적으로 개발한다.
❸ **팀웍의 시너지** : 함께 일하는 구성원들과 소통하고 협업하며 더 큰 성과를 만들어 간다.

SK그룹 계열사 COMPANIES

SK주식회사

SK주식회사는 그룹 전반의 기업가치를 높일 수 있도록 보유 포트폴리오 경쟁력을 강화하고,
사업 간 시너지를 낼 수 있도록 하여 안정적이고 지속적인 성장을 추구한다.

SK이노베이션

대한민국 대표 에너지·화학 기업을 넘어 Global 리딩 기업으로 자리매김하고,
전기차 배터리, LiBS, FCW 등 미래 에너지와 소재 분야에서도 새로운 역사를 만들어 간다.

SK하이닉스

SK하이닉스는 미래 기술의 시작이자 그 자체로 기술의 집약체인 반도체 기업으로서
더욱 차별화된 '기술 혁신'을 통해 변화의 흐름에 대응하고 세상에 기여한다.

SK텔레콤

최고의 통신 서비스와 솔루션을 제공해 고객 만족도를 높이고
산업의 생산성 향상을 실현하며 창조적 미래를 열어 간다.

SK에코플랜트

해외 시장 확대 및 신규 사업의 성공적 수행을 통해 Global Top Tier Company로 거듭난다.

SK실트론

SK실트론은 반도체용 실리콘 웨이퍼 제조 역량을 기반으로, 제조·기술·품질에서
압도적인 경쟁력을 갖춘 GLOBAL TOP 초우량 첨단 종합 소재 기업으로 성장하고 있다.

SK네트웍스

정보통신 유통, 글로벌 Trading, Automotive Aftermarket 서비스, 자동차·환경가전 렌털 및
호텔앤리조트 사업까지 고객과 사회적 가치를 만들어 글로벌 일류 기업으로 도약한다.

SKC

시장의 흐름을 읽고 고부가 소재기술을 더해
고객이 원하는 것 이상을 제공하는 Global Specialty MARKETER로 성장한다.

SK스퀘어

검증된 투자역량을 기반으로
Active Portfolio Management를 통해 미래 기업가치를 극대화한다.

SK주식회사 AX

Digital 기술을 활용한 비즈니스 혁신을 이뤄 Digital Innovation을 선도한다.

SK그룹 계열사 COMPANIES

SK주식회사 머티리얼즈

최고 품질의 첨단 소재와 솔루션을 제공하여
Global No. 1 Gas&IT Materials Total Solution Provider로 나아간다.

SK바이오팜

글로벌 시장을 타깃으로 혁신 신약 개발에 앞장서 왔으며,
신약 상업화 등의 성과를 통해 신약 후보 물질 탐색부터 마케팅에 이르는
전 과정을 아우르는 글로벌 종합 제약사로의 도약을 목표로 하고 있다.

SK디스커버리

효율적인 사업 포트폴리오 운영과 신성장 동력 발굴·육성을 통해 차별적인 가치를 만들어 간다.

SK케미칼

친환경소재와 Total Healthcare Solution을 통해
인류 건강을 추구하고 지구 환경을 보호하며 지속가능한 글로벌 리딩 컴퍼니로 성장한다.

SK가스

'대한민국 No.1 LPG Player'로서 역량 강화 및 신규 사업 추진을 통해
글로벌 친환경 종합에너지화학기업으로 성장한다.

SK에너지

50여 년간 축적된 노하우와 끊임없는 기술 혁신으로
경쟁력 확보 및 생산 시설 운영 최적화를 이루어 역내 Top-Tier 석유기업으로 도약한다.

SK지오센트릭

Global Top-Tier Chemical Company의 비전 아래 고객에게 더욱 큰 가치를 전한다.

SK온

끊임없는 기술 혁신과 글로벌 파트너십을 기반으로
신에너지 분야에서 Leadership을 확보해 가고 있다.

SK엔무브

창의적 도전과 혁신으로 세계적인 윤활유·기유 전문 기업으로 거듭난다.

SK아이이테크놀로지

현재의 기술 우위에 만족하지 않고 보다 혁신적인 제품기술 개발을 위해 노력하고 있으며,
Global Top-Tier 소재 솔루션 기업으로 도약해 나갈 계획이다.

SK브로드밴드

고객 마음속 1등을 향해 나아가는 No.1 미디어 기업 SK브로드밴드는
고객의 일상에 웃음과 행복을 제공할 수 있도록 최선을 다할 것이다.

2025년 하반기 기출분석 ANALYSIS

총평

2025년 하반기 SKCT는 영역별 체감 난이도가 상이했다. 언어이해에서는 길지 않은 지문에 비해 까다로운 선택지가 높은 난도의 요인이 되었다. 자료해석은 보기 중 옳은 것을 고르는 문제와 계산 문제의 비중이 높았다. 창의수리와 수열추리는 빈출 유형으로 이루어져 상대적으로 평이했으나 시간 관리에 유의해야 했다. 언어추리는 직전 시험보다 무난한 난이도로 출제되어 타 영역 대비 수월했다는 평이 많았다. 온라인 시험 특성상 종이와 필기구 사용이 불가하기 때문에 평소 비슷한 환경에서 연습하며 익숙해지는 것이 필요하다.

◆ 핵심전략

SKCT는 영역별 시험을 시작하기 전 예제를 풀어보고 답을 확인할 수 있는 시간이 1분 동안 주어진다. 이 시간을 잘 활용하는 것이 중요하다. 화면에 문제와 선택지 그리고 메모장과 계산기가 어떻게 배치되어 있는지를 파악하고, 정답 체크 방식을 확인하며 시간을 최대한 절약할 수 있도록 미리 구상해야 한다.

SKCT는 뒤로 갈수록 쉬운 문제가 출제되는 경향이 있으므로 문제별 난이도를 빠르게 파악하여 어려운 문제는 바로 넘겨야 한다. 정답 선택을 번복할 수는 있지만 다음 문제로 넘어가면 이전 문제로 돌아갈 수 없으므로 풀 수 있는 문제와 없는 문제를 잘 판단하고 전략적으로 풀어 나가는 것이 중요하다.

◆ 시험진행

구분	영역	문항 수	시간
인지검사	언어이해	20문항	15분
	자료해석	20문항	15분
	창의수리	20문항	15분
	언어추리	20문항	15분
	수열추리	20문항	15분
심층검사	PART 1	240문항	45분
	PART 2	150문항	25분

합격의 공식 Formula of pass | 시대에듀 www.sdedu.co.kr

◆ 영역별 출제비중

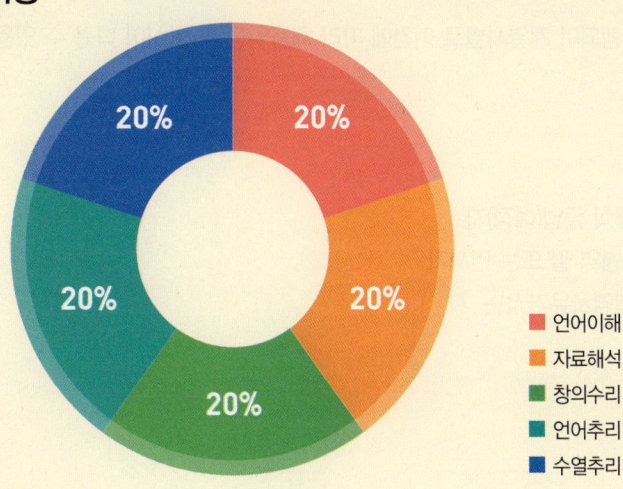

- 언어이해 20%
- 자료해석 20%
- 창의수리 20%
- 언어추리 20%
- 수열추리 20%

◆ 영역별 출제특징

구분	영역	출제특징
인지검사	언어이해	• 기차의 동력에 대한 지문의 독해 문제 • 동물 보험과 민법 계약에 대한 지문의 독해 문제 • 오리엔탈리즘, 환상과 공포에 대한 지문의 독해 문제
	자료해석	• 자료의 빈칸을 채우는 문제 • 자료에 제시된 수치를 계산하여 비교하는 문제 • 자료의 내용으로 옳은 것을 모두 고르는 문제
	창의수리	• 강물의 속력을 구하는 문제 • 남녀 직원 수가 각각 증가했을 때 비율을 구하는 문제 • 직육면체를 쌓아서 정육면체로 만들 때의 높이를 구하는 문제 • 다양한 농도의 소금물을 섞어 다른 농도의 소금물을 만드는 문제 • 태풍이 직선운동을 할 때 영향권 내의 넓이를 구하는 문제 • 물건을 만들 때 필요한 재료의 개수로 최대 이익이 되는 판매 수량을 구하는 문제
	언어추리	• 제시된 명제의 참과 거짓을 분간하는 문제 • 보기의 여러 명제 중 항상 참인 것을 고르는 문제 • 주어진 조건에 따라 사람들을 한 줄로 세우거나 자리를 배치하는 문제
	수열추리	• 군수열 문제 • 계차수열 문제 • 피보나치 수열 문제 • 제곱으로 증가하는 수열 문제

신입사원 채용 안내 INFORMATION

◆ **채용시기**
수시채용으로 진행되며 계열사별로 여건에 따라 채용일정 및 방식이 다를 수 있음

◆ **지원자격**
1. 정규 4년제 대학 졸업(예정)자
2. 남성의 경우, 병역 필 또는 면제자
3. 해외여행에 결격사유가 없는 자

◆ **채용절차**

지원서 작성 → 서류전형 → 필기전형 → 면접전형 → 최종합격

구분	내용
서류전형	• 지원자의 경력/활동과 모집 직무와의 연관성을 검토하고 결격사유 유무를 확인한다. • 자기소개서는 HR 부서와 지원 부서가 함께 검토한다. 이 과정에서 지원자가 보유한 역량과 가치관이 선발 중인 직무와 잘 맞는지를 검증한다.
필기전형	• 객관적이고 공정한 인재영입을 위해 SK는 1978년부터 국내 최초로 인·적성검사를 도입하였으며, 2013년부터 '일 잘하는 사람'의 요건을 분석하여 SKCT를 선발 도구로 개발·활용하고 있다. • SKCT(SK Competency Test) ⋯ 인지검사 : 언어 및 수로 구성된 자료를 통해 그 의미를 해석하고 논리적, 수리적으로 사고, 유추하는 능력을 측정하는 검사 ⋯ 심층검사 : SK의 '패기 있는 인재'가 직무를 원활히 수행하기 위해 필요한 성격, 가치관, 태도를 측정하는 검사
면접전형	• 지원자의 가치관, 성격 특성, 역량을 종합적으로 검증하기 위하여 다양한 면접 방식을 활용한다. • 프레젠테이션, 그룹 토론, 심층 면접 등 1~3회 이상의 심도 있는 과정으로 지원자의 역량을 철저히 검증하고 있다. • 직무 역량에 필요할 경우, 글로벌 커뮤니케이션 능력을 검증하기 위하여 외국어 구술 면접을 진행한다. ※ 면접 전형은 계열사·직무별로 상이하다.

❖ 채용절차는 채용유형, 채용직무, 채용시기 등에 따라 변동될 수 있으므로 반드시 발표되는 채용공고를 확인하기 바랍니다.

온라인 시험 Tip TEST TIP

◇ **필수 준비물**
   ① 신분증 : 주민등록증, 외국인등록증, 여권, 운전면허증 중 하나
   ② 그 외 : 휴대폰, 휴대폰 거치대, 노트북, 웹캠, 노트북/휴대폰 충전기

◇ **온라인 종합역량검사 프로세스**
   ① 전형 안내사항 확인
   ② 응시자 매뉴얼 숙지/검사 프로그램 다운로드 및 설치
   ③ 지정 기한 내 사전점검 진행
   ④ 본 검사 응시

◇ **유의사항**
   ① 시험 당일 주변 환경 점검을 실시하므로 미리 정리를 해두어야 한다.
   ② 시험 시작 10분 전까지 휴대폰 및 화장실 이용이 가능하다.
   ③ 프로그램 내 계산기, 메모장(그림판)만 사용 가능하며, 필기구는 일절 사용 불가하다.

◇ **알아두면 좋은 Tip**
   ① 원활한 시험 진행을 위해 삼각대와 책상 정리가 필요하다.
   ② 인터넷 연결이 원활하며 최대한 조용히 시험을 치를 수 있는 장소를 확보한다.
   ③ PC 전원공급 상태를 확인하고, 배터리 충전기는 미리 꽂아두어야 한다.
   ④ 시험에 응시하기 전 반드시 안내사항과 매뉴얼을 숙지한다.
   ⑤ 인지검사가 끝난 뒤 실시될 심층검사를 위해 평소 SK그룹의 인재상에 대해 숙지해 둔다.

주요 대기업 적중 문제 TEST CHECK

SK

언어이해 ▶ 나열하기

※ 다음 제시된 문장 또는 문단을 논리적 순서대로 바르게 나열한 것을 고르시오. [16~17]

16
(가) 르네상스와 종교개혁을 거치면서 성립된 근대 계몽주의는 중세를 지배했던 신(神) 중심의 사고에서 벗어나 합리적 사유에 근거한 인간 해방을 추구하였다.
(나) 하지만 이 같은 문명의 이면에는 환경 파괴와 물질만능주의, 인간소외와 같은 근대화의 병폐가 숨어 있었다.
(다) 또한 계몽주의의 합리적 사고는 자연과학의 성립으로 이어졌으며, 우주와 자연에서 신비로운 요소를 걷어낸 과학 기술의 발전은 인류에게 그 어느 때보다 풍요로운 물질적 부를 가져왔다.
(라) 인간의 무지로부터 비롯된 자연에 대한 공포가 종교적 세계관을 낳았지만, 계몽주의는 이성과 합리성을 통해 이를 극복하였다.

① (가) - (나) - (다) - (라)
② (가) - (다) - (나) - (라)
③ (라) - (가) - (다) - (나)
④ (라) - (나) - (다) - (가)
⑤ (라) - (다) - (가) - (나)

창의수리 ▶ 거리·속력·시간

03 누리와 수연이는 같이 운동을 하기로 했다. 누리는 걸어서, 수연이는 자전거를 타고 운동을 했으며, 운동을 시작한 위치는 같았다. 누리가 15km를 먼저 이동했고, 수연이는 자전거를 이용해서 누리보다 10km/h 빠르게 움직인다. 수연이가 자전거를 타고 40km를 이동해서 누리를 만났다면, 두 사람이 함께 운동한 시간은?

① 1시간 ② 1시간 30분
③ 2시간 ④ 2시간 30분
⑤ 3시간

수열추리 ▶ 수열

10

| 84 | 80 | 42 | 20 | 21 | ( ) | 10.5 | 1.25 |

① 3 ② 4
③ 5 ④ 6
⑤ 7

삼성

수리 ▶ 경우의 수

01 남자 5명과 여자 4명이 함께 있는 모임이 있다. 모임에서 성별마다 대표, 부대표를 한 명씩 선출하려고 할 때, 선출 가능한 경우의 수는 총 몇 가지인가?

① 240가지 ② 120가지
③ 80가지 ④ 40가지
⑤ 20가지

수리 ▶ 자료계산

18 매년 8월 S전자상가의 에어컨 판매 수량이 다음과 같이 일정한 규칙으로 증가할 때 2025년 8월의 에어컨 판매량은?

〈연도별 8월 에어컨 판매량〉
(단위 : 대)

구분	2018년 8월	2019년 8월	2020년 8월	2021년 8월	2022년 8월
판매량	2	11	20	29	38

① 95대 ② 86대
③ 74대 ④ 65대
⑤ 56대

추리 ▶ 벤 다이어그램

03
전제1. 환율이 오르면 어떤 사람은 X주식을 매도한다.
전제2. X주식을 매도한 모든 사람은 Y주식을 매수한다.
결론. _____

① 환율이 오르면 모든 사람은 Y주식을 매수한다.
② 환율이 오르면 어떤 사람은 Y주식을 매수한다.
③ 모든 사람이 X주식을 매도하면 환율이 오른다.
④ 모든 사람이 Y주식을 매수하면 환율이 오른다.
⑤ Y주식을 매도한 모든 사람은 X주식을 매수한다.

주요 대기업 적중 문제 TEST CHECK

LG

언어이해 ▶ 사실적 독해

10 다음 글의 내용으로 가장 적절한 것은?

> 1896년 『독립신문』 창간을 계기로 여러 가지의 애국가 가사가 신문에 게재되기 시작했는데, 어떤 곡조에 따라 이 가사들을 노래로 불렀는지는 명확하지 않다. 다만 대한제국이 서구식 군악대를 조직해 1902년 '대한제국 애국가'라는 이름의 국가(國歌)를 만들어 나라의 주요 행사에 사용했다는 기록은 남아 있다. 오늘날 우리가 부르는 애국가의 노랫말은 외세의 침략으로 나라가 위기에 처해있던 1907년을 전후하여 조국애와 충성심을 북돋우기 위하여 만들어졌다.
> 1935년 해외에서 활동 중이던 안익태는 오늘날 우리가 부르고 있는 국가를 작곡하였다. 대한민국 임시정부는 이 곡을 애국가로 채택해 사용했으나 이는 해외에서만 퍼져나갔을 뿐, 국내에서는 광복 이후 정부수립 무렵까지 애국가 노랫말을 스코틀랜드 민요에 맞춰 부르고 있었다. 그러다가 1948년 대한민국 정부가 수립된 이후 현재의 노랫말과 함께 안익태가 작곡한 곡조의 애국가가 정부의 공식 행사에 사용되고 각급 학교 교과서에도 실리면서 전국적으로 애창되기 시작하였다.
> 애국가가 국가로 공식화되면서 1950년대에는 대한뉴스 등을 통해 적극적으로 홍보가 이루어졌다. 그리고 「국기게양 및 애국가 제창 시의 예의에 관한 지시(1966)」 등에 의해 점차 국가의례의 하나로 간주되었다.
> 1970년대 초에는 공연장에서 본공연 전에 애국가가 상영되기 시작하였다. 이후 1980년대 중반까지

언어추리 ▶ 배열하기 · 묶기 · 연결하기

16 기말고사를 치르고 난 후 A ~ E 5명이 다음과 같이 성적에 대해 이야기를 나누었다. 이들 중 1명이 거짓을 말한다고 할 때, 항상 참인 것은?(단, 동점은 없으며 모든 사람은 진실 또는 거짓만 말한다)

- A : E는 1등이고, D는 C보다 성적이 높아.
- B : B는 E보다 성적이 낮고, C는 A보다 성적이 높아.
- C : A는 B보다 성적이 낮아.
- D : B는 C보다 성적이 높아.
- E : D는 B보다, A는 C보다 성적이 높아.

① B가 1등이다. ② A가 2등이다.
③ E가 2등이다. ④ B는 3등이다.
⑤ D가 3등이다.

창의수리 ▶ 수열

05 일정한 규칙으로 수를 나열할 때, 빈칸에 들어갈 수로 알맞은 것은?

| 174 | 172 | 169 | 168 | 166 | 163 | 162 | 160 | ( ) | 156 |

① 157 ② 158
③ 159 ④ 160
⑤ 161

CJ

언어이해 ▶ 주제·제목 찾기

15 다음 글의 제목으로 가장 적절한 것은?

> 주어진 개념에 포섭시킬 수 없는 대상(의 표상)을 만난 경우, 상상력은 처음에는 기지의 보편에 포섭시킬 수 있도록 다양한 직관을 종합할 것이다. 말하자면 뉴턴의 절대 공간, 역학의 법칙 등의 개념(보편)과 자신이 가지고 있는 특수(빛의 휘어짐)가 일치하는가, 조화로운가를 비교할 것이다. 하지만 일치하는 것이 없으므로, 상상력은 또다시 여행을 떠난다. 즉 새로운 형태의 다양한 종합 활동을 수행해 볼 것이다. 이것은 미지의 세계로 향한 여행이다. 그리고 이 여행에는 주어진 목적지가 없기 때문에 자유롭다.
> 이런 자유로운 여행을 통해 예들 들어 상대 공간, 상대 시간, 공간의 만곡, 상대성 이론이라는 새로운 개념들을 가능하게 하는 새로운 도식들을 산출한다면, 그 여행은 종결될 것이다. 여기서 우리는 왜 칸트가 상상력의 자유로운 유희라는 표현을 사용하는지 이해할 수 있게 된다. '상상력의 자유로운 유희'란 이렇게 정해진 개념이나 목적이 없는 상황에서 상상력이 그 개념이나 목적을 찾는 과정을 의미한다고 볼 수 있다. 이는 게임이다. 그리고 그 게임에 있어서 반드시 성취해야 할 그 어떤 것이 없다면, 순수한 놀이(유희)가 성립할 수 있을 것이다.
>
> — 칸트, 『판단력비판』

자료해석 ▶ 자료해석

15 다음은 C기업의 신입사원 채용 현황에 대한 자료이다. 이에 대한 설명으로 옳지 않은 것은?

〈신입사원 채용 현황〉
(단위 : 명)

구분	입사지원자 수	합격자 수
남성	680	120
여성	320	80

① 남성 합격자 수는 여성 합격자 수의 1.5배이다.
② 총입사지원자 중 합격률은 20%이다.
③ 여성 입사지원자의 합격률은 25%이다.
④ 합격자 중 남성의 비율은 70% 이상이다.
⑤ 총입사지원자 중 여성 입사지원자의 비율은 30% 이상이다.

창의수리 ▶ 농도

17 농도가 다른 두 소금물 A와 B를 각각 100g씩 섞으면 농도 10%의 소금물이 되고, 소금물 A를 100g, 소금물 B를 300g 섞으면 농도 9%의 소금물이 된다. 소금물 A의 농도는?

① 10% ② 12%
③ 14% ④ 16%
⑤ 18%

도서 200% 활용하기 STRUCTURES

기출유형 뜯어보기

SK그룹의 최신 출제경향을 바탕으로 구성한 영역별 대표유형과 상세한 해설을 수록하여 각 영역의 출제유형 및 학습방법을 확인하고 학습할 수 있도록 하였다.

7개년 기출복원문제

2025~2019년까지의 SK그룹 SKCT 기출복원문제를 수록하여 변화하는 출제경향을 파악하고 분석할 수 있도록 하였다.

합격의 공식 Formula of pass | 시대에듀 www.sdedu.co.kr

2025~2023년 주요기업 기출복원문제

삼성, KT, CJ, LG, 포스코 등 주요기업의 2025~2023년 3개년 기출복원문제를 영역별로 수록하여 변화하고 있는 적성검사 유형에 대비하고 연습할 수 있도록 하였다.

Easy & Hard로 난이도별 시간 분배 연습

문제별 난이도를 표시하여 시간을 절약해야 하는 문제와 투자해야 하는 문제를 구분하여 학습할 수 있도록 하였다.

정답 및 오답분석으로 풀이까지 완벽 마무리

정답에 대한 자세한 해설은 물론 문제별로 오답분석을 수록하여 오답이 되는 이유를 바르게 이해할 수 있도록 하였다.

이 책의 차례 CONTENTS

PART 1 기출유형 뜯어보기

CHAPTER 01 언어이해 — 2
CHAPTER 02 자료해석 — 12
CHAPTER 03 창의수리 — 20
CHAPTER 04 언어추리 — 36
CHAPTER 05 수열추리 — 44

PART 2 기출복원문제

CHAPTER 01 2025년 하반기 기출복원문제 — 48
CHAPTER 02 2025년 상반기 기출복원문제 — 62
CHAPTER 03 2024년 하반기 기출복원문제 — 76
CHAPTER 04 2024년 상반기 기출복원문제 — 90
CHAPTER 05 2023년 하반기 기출복원문제 — 106
CHAPTER 06 2023년 상반기 기출복원문제 — 120
CHAPTER 07 2022년 하반기 기출복원문제 — 132
CHAPTER 08 2022년 상반기 기출복원문제 — 141
CHAPTER 09 2021년 하반기 기출복원문제 — 152
CHAPTER 10 2021년 상반기 기출복원문제 — 162
CHAPTER 11 2020년 하반기 기출복원문제 — 169
CHAPTER 12 2020년 상반기 기출복원문제 — 176
CHAPTER 13 2019년 하반기 기출복원문제 — 182
CHAPTER 14 2019년 상반기 기출복원문제 — 190

PART 3 3개년 주요기업 기출복원문제 — 202

별책 정답 및 해설

PART 2 기출복원문제 — 2
PART 3 3개년 주요기업 기출복원문제 — 82

PART 1
기출유형 뜯어보기

CHAPTER 01 언어이해
CHAPTER 02 자료해석
CHAPTER 03 창의수리
CHAPTER 04 언어추리
CHAPTER 05 수열추리

CHAPTER 01 | 언어이해 주제·제목 찾기

> **유형분석**
> - 언어이해의 가장 보편적인 유형으로 난이도가 낮은 편이다.
> - 설명문부터 주장, 반박문까지 다양한 성격의 지문이 제시되므로 글의 성격별 특징을 알아두는 것이 좋다.

1. 글 전체의 흐름보다는 중심화제 및 주제를 파악하는 것이 우선이므로, 글 또는 각 문단의 앞과 뒤를 읽어 중심 내용을 파악한다.

다음 글의 제목으로 가장 적절한 것은?

―― 글의 중심 화제 ――

서양에서는 아리스토텔레스가 중용을 강조했다. 하지만 이는 우리의 중용과 다르다. 아리스토텔레스가 말하는 중용은 균형을 중시하는 서양인의 수학적 의식에 기초했으며, 우주와 천체의 운동을 완벽한 원과 원운동으로 이해한 우주관에 기초한 것이다. 그러므로 그것은 명백한 대칭과 균형의 의미를 갖는다. 팔씨름에 비유해 보면 아리스토텔레스는 두 팔이 똑바로 서 있을 때 중용이라고 본 데 비해, 우리는 팔이 한쪽으로 완전히 기울었다 해도 아직 승부가 나지 않았으면 중용이라고 보는 것이다. 그러므로 비대칭도 균형을 이루면 중용을 이룰 수 있다는 생각은 분명 서양의 중용관과는 다르다.

이러한 정신은 병을 다스리고 약을 쓰는 방법에도 나타난다. 서양의 의학은 병원체와의 전쟁이고 그 대상을 완전히 제압하는 데 반해, 우리 의학은 각 장기 간의 균형을 중시한다. 만약 어떤 이가 간장이 나쁘다면 서양 의학은 그 간장의 능력을 회생시키는 방향으로만 애를 쓴다. 그런데 우리는 만약 더 이상 간장 기능을 강화할 수 없다고 할 때 간장과 대치되는 심장의 기능을 약하게 만드는 방법을 쓰는 것이다. 한쪽의 기능이 치우치면 병이 심해진다고 보기 때문이다. 우리는 의학 처방에 있어서조차 중용관에 기초해서 서양의 그것과는 다른 가치관과 세계관을 적용하면서 살아온 것이다.

― 중용관의 차이로 인한 가치관과 세계관의 차이

① 아리스토텔레스의 중용의 의미
② 서양 의학과 우리 의학의 차이 ― 두 번째 문단만 포함
③ 서양과 우리의 가치관
④ 서양의 중용관과 우리 중용관의 차이
⑤ 균형을 중시하는 중용

2. 선택지 중 세부적인 내용을 다루고 있는 것은 정답에서 제외한다.
3. 글의 중심 내용으로 가장 적합한 선택지를 고른다.

정답 해설

아리스토텔레스가 강조한 중용과 서양과 동양의 중용을 번갈아 설명하며 그 차이점에 대해 설명하고 있다.

오답분석
① 아리스토텔레스의 중용은 글의 주제인 서양과 우리의 중용에 대한 차이점을 말하기 위해 언급한 것일 뿐이다.
② 우리는 의학에 있어서도 중용관에 입각했다는 것을 말하기 위해 부연 설명한 것이다.
③ 중용을 바라보는 서양과 우리의 차이점을 말하고 있다.
⑤ 서양과 비교하여 우리의 중용관이 균형에 신경 쓰고 있다는 내용을 담고는 있지만, 전체적으로 보았을 때 서양과 우리의 중용관 차이에 대하여 쓰인 글이다.

정답 ④

 이거 알면 30초 컷!
- 글의 세부적인 내용에 집중하지 말고, 전체적인 맥락을 파악하면서 독해한다. 만약 세부적인 내용을 묻는 선택지가 있다면 빠르게 소거한다.
- 글의 진행 중에 반전이 되는 내용이나 접속어가 나온다면 그 다음에 나오는 내용에 집중한다. 글의 분위기가 변하는 경우가 있기 때문이다. 그러나 항상 글의 내용이 변화한다고 할 수는 없으므로 섣부르게 판단하지는 않는다.

 온라인 풀이 Tip
- 스마트폰에서 뉴스를 볼 때도 그냥 스크롤을 내리지 말고, 텍스트를 읽는 연습을 해야 한다. 만약 상황이 여의치 않다면 독서대에 책을 세워놓고 글을 읽는 연습을 한다.
- 시간을 단축할 수 있는 효자 유형이다. 집중력을 잃어서 문제를 다시 보는 일이 없도록 하고, 메모장 사용 없이 30초 안에 문제를 풀 수 있도록 연습한다.

CHAPTER 01 | 언어이해 나열하기

유형분석

- 글의 전체적인 맥락과 흐름을 잘 파악하고 있는지를 평가하는 유형이다.
- 나열하기 유형에서 중요하게 생각해야 하는 것은 지시어와 접속어이다. 때문에 접속어의 쓰임에 대해 정확하게 알고 있어야 하며, 지시어가 가리키는 것에 예민하게 반응해야 한다.

1. 지시어 및 접속어를 찾아서 확인한다.

다음 문장을 논리적 순서대로 바르게 나열한 것은?

(가) 이들이 주장한 바로는 아이들의 언어 습득은 '자극 – 반응 – 강화'의 과정을 통해 이루어진다. 즉, 행동주의 학자들은 후천적인 경험이나 학습을 언어 습득의 요인으로 본다.

(나) 이러한 촘스키의 주장은 아이들이 선천적으로 지니고 태어나는 언어 능력에 주목함으로써 행동주의 학자들의 주장만으로는 설명할 수 없었던 복잡한 언어 습득 과정을 효과적으로 설명해 주고 있다.

(다) 그러나 이러한 행동주의 학자들의 주장은 아이들의 언어 습득 과정을 후천적인 요인으로만 파악하려 한다는 점에서 비판을 받는다. 3. 연결되는 단어 확인
(가)의 행동주의 학자들의 주장과 연결되므로 (다)는 (가) 뒤에 위치해야 한다.

(라) 아이들은 어떻게 언어를 습득하는 걸까? 이 물음에 대해 행동주의 학자들은 아이들이 다른 행동을 배울 때와 마찬가지로 지속적인 모방과 학습을 통해 언어를 습득한다고 주장한다. 2. 질문을 통한 주위 환기 글의 도입부에서 주로 활용된다.

(마) 미국의 언어학자 촘스키는 아이들이 의식적인 노력이나 훈련 없이도 모국어를 완벽하게 구사하는 이유가 태어나면서부터 두뇌 속에 '언어습득장치(LAD)'라는 것을 가지고 있기 때문이라고 주장한다.

① (나) – (가) – (마) – (다) – (라)
② (다) – (가) – (라) – (나) – (마) 1.에 의해 삭제
③ (다) – (라) – (가) – (나) – (마)
④ (라) – (가) – (다) – (마) – (나)
⑤ (라) – (다) – (가) – (마) – (나) 3.을 통해 확인

| 정답 | 해설 |

〈풀이 1〉
제시문은 행동주의 학자들이 생각하는 언어 습득 이론과 그 원인을 설명하고, 이를 비판하는 입장인 촘스키의 언어 습득 이론을 설명하는 내용의 글이다. 따라서 (라) 행동주의 학자들의 언어 습득 이론 – (가) 행동주의 학자들이 주장한 언어 습득의 원인 – (다) 행동주의 학자들의 입장에 대한 비판적 관점 – (마) 언어학자 촘스키의 언어 습득 이론 – (나) 촘스키 이론의 의의 순으로 나열하는 것이 적절하다.

〈풀이 2〉
제시문은 언어 습득에 대한 두 견해를 제시하고 있다. (가), (나), (다)에는 각각 '이들', '이러한', '그러나'와 같은 지시어와 접속어가 제시되어 있으므로 첫 문장이 될 수 없다. 때문에 글의 전체적인 화두를 제시하고 있는 (라)가 처음으로 나오는 것이 적절하다. 다음으로 (가)의 '이들의 주장'은 (라)의 행동주의 학자들의 주장을 가리키므로 (가)가 오는 것이 적절하며, 이어서 역접의 접속어 '그러나'를 통해 이러한 행동주의 학자들의 주장을 비판하는 (다)로 이어지는 것이 적절하다. 마지막으로는 촘스키의 새로운 주장인 (마)와 '이러한 촘스키의 주장'에 대해 부언하는 (나)가 차례로 이어지는 것이 적절하다.

정답 ④

 이거 알면 30초 컷!
- 나열하기 유형은 위의 두 가지 풀이처럼 개인마다 편하게 풀이하는 방법이 다르다. 때문에 평소에 많이 연습하고 자신에게 좀 더 편한 풀이방법을 택한다.
- 첫 번째 문장(문단)을 찾는 일에 집중한다. 첫 번째 문장은 글의 화두로 글을 이끌어 나가기 위한 전체적인 주제가 제시된다.
- 각 문장(문단)에 자리한 지시어나 접속어를 살펴본다. 특히 문두에 접속어나 지시어가 나오는 경우, 글의 첫 번째 문장이 될 수 없다. 이러한 조건들과 선택지를 비교해서 하나씩 소거해 나가다 보면 첫 번째 문장을 빠르게 찾을 수 있다.

 온라인 풀이 Tip

나열하기 유형은 메모장을 활용하기 좋은 유형이다. 글의 핵심 키워드를 파악했다면 자신이 찾은 첫 문장이나 나름의 순서를 메모장에 기록한다. 다음으로 선택지와 비교해가며 자신이 생각한 것과 가장 유사한 것을 찾으면 정답은 아니더라도 오답은 소거할 수 있다.

CHAPTER 01 | 언어이해 사실적 독해

유형분석

- 글의 세부적인 내용을 이해하고 있는지 평가하는 유형이다.
- 언어이해 영역에서 높은 비중으로 출제되며 어렵게 출제되는 경우 문장마다 신경을 써야 하는 유형이다.
- 주제 찾기나 나열하기와 같은 유형에서 절약한 시간을 활용한다.

다음 글의 내용으로 가장 적절한 것은? 2. 선택지에 표시한 핵심어와 관련된 내용을 지문에서 파악하여 글의 내용과 비교

①과 불일치 ②와 불일치

음악에서 화성이나 멜로디가 하나의 음 또는 하나의 화음을 중심으로 일정한 체계를 유지하는 것을 조성(調性)이라고 한다. 조성을 중심으로 한 음악은 서양음악에 지배적인 영향을 미쳤는데, 여기에서 벗어나 자유롭게 표현하고 싶은 음악가의 열망이 무조(無調) 음악을 탄생시켰다. 무조 음악에서는 한 옥타브 안의 12음 각각에 동등한 가치를 두어 음들을 자유롭게 사용하였다. 이로 인해 무조 음악은 표현의 자유를 누리게 되었지만 조성이 주는 체계성은 잃게 되었다. 악곡의 형식을 유지하는 가장 기초적인 뼈대가 흔들린 것이다. 이와 같은 상황 속에서 무조 음악이 지닌 자유로움에 체계성을 더하고자 고민한 작곡가 쇤베르크는 '12음 기법'이라는 독창적인 작곡 기법을 만들어 냈다. 쇤베르크의 12음 기법은 12음을 한 번씩 사용하여 만든 기본 음렬(音列)에 이를 '전위', '역행', '역행 전위'의 방법으로 파생시킨 세 가지 음렬을 더해 악곡을 창작하는 체계적인 작곡 기법이다.

③과 불일치 ⑤와 불일치

1. 지문에서 접할 수 있는 핵심어를 중심으로 선택지에 표시

① 조성은 하나의 음으로 여러 음을 만드는 것을 말한다.
② 무조 음악은 조성이 발전한 형태라고 말할 수 있다.
③ 무조 음악은 한 옥타브 안의 음 각각에 가중치를 두어서 사용했다.
④ 조성은 체계성을 추구하고, / 무조 음악은 자유로움을 추구한다.
⑤ 쇤베르크의 12음 기법은 무조 음악과 조성 모두에서 벗어나고자 한 작곡 기법이다.

정답 해설

제시문은 조성과 무조 음악을 합쳐 쇤베르크가 탄생시킨 12음 기법에 대한 내용이다. 멜로디가 하나의 음 또는 하나의 화음을 중심으로 일정한 체계를 유지하는 것을 '조성'이라고 하였고, 여기에서 벗어나 자유롭게 표현하고 싶은 음악가의 열망이 '무조 음악'을 탄생시켰다고 하였다.

오답분석
① 조성은 음악에서 화성이나 멜로디가 하나의 음 또는 하나의 화음을 중심으로 일정한 체계를 유지하는 것이다.
② 무조 음악은 조성에서 벗어나 자유롭게 표현하고자 한 것이므로, 발전한 형태라고 말할 수 없다.
③ 무조 음악은 한 옥타브 안의 음 각각에 동등한 가치를 두었다.
⑤ 쇤베르크의 12음 기법은 무조 음악이 지닌 자유로움에 조성의 체계성을 더하고자 탄생한 기법이다.

정답 ④

 이거 알면 30초 컷!

주어진 글의 내용과 일치하는 것 또는 일치하지 않는 것을 고르는 문제의 경우, 제시문을 읽기 전에 문제와 선택지를 먼저 확인하는 것이 좋다. 이를 통해 제시문에서 알아내야 하는 정보가 무엇인지를 인지한 후 제시문을 독해한다.

 온라인 풀이 Tip

선택지를 읽고 전체적인 내용을 대략적으로 이해한 후 제시문을 읽는다. SK그룹의 온라인 SKCT는 짧은 시간 내에 많은 문제를 풀어야 하므로, 제시문을 두세 번 읽으면 그만큼 다른 문제의 풀이시간에 손해가 생긴다. 때문에 시험 시작 전에 화면으로 텍스트를 읽으면서 워밍업을 하는 것도 좋은 방법이다.

CHAPTER 01 | 언어이해 추론적 독해

> **유형분석**
> - 글에서 직접적으로 제시하지 않은 내용을 추론하여 답을 도출해야 하는 유형이다.
> - 언어이해 영역에서 가장 난도가 높은 유형으로 볼 수 있다.
> - 자신의 주관적인 판단보다는 글에 대한 논리적인 이해를 바탕으로 문제를 풀이한다.

1. 문제에서 제시하는 추론유형을 확인한다.
→ 세부적인 내용을 추론하는 유형

다음 글을 읽고 추론한 내용으로 가장 적절한 것은?

도구를 사용하는 인간은 다양한 종류의 음식을 먹는 본능과 소화력을 갖췄지만, 일부 동물은 한 가지 음식만 먹는다. 이렇게 음식 하나에 모든 것을 거는 '단일 식품 식생활'은 도박이다. ─ ③의 반박 근거
그 음식의 공급이 끊기면 그 동물도 끝이기 때문이다.
한때 우리는 인류의 전 주자였던 오스트랄로피테쿠스가 과일만 먹었을 것이라고 믿은 적이 있었다. 이를 근거로 오스트랄로피테쿠스와 사람을 가르는 선을 고기의 섭취 여부로 정하기도 했었다. 그러나 남아프리카공화국의 한 동굴에서 발견된 200만 년 전 유골 4구의 치아에서는 이와 다른 증거가 발견됐다. 인류학자 맷 스폰하이머와 줄리아 리소프는 이 유골의 치아사기질 탄소 동위 원소 구성 중 13C의 비율이 과일만 먹은 치아보다 열대 목초를 먹은 치아와 훨씬 더 가깝다는 것을 발견했다. 식생활 동위 원소는 체내 조직에 기록되기 때문에 이 발견은 오스트랄로피테쿠스가 상당히 많은 양의 풀을 먹었거나 이 풀을 먹은 동물을 먹었다는 추측을 가능케 한다. 그런데 같은 치아에서 풀을 씹어 먹을 때 생기는 마모는 전혀 보이지 않았기 때문에 오스트랄로피테쿠스 식단에서 풀을 먹는 동물이 큰 부분을 차지했다는 결론을 내릴 수 있다.
오래 전에 멸종되어 260만 년이라는 긴 시간을 땅속에 묻혀 있던 동물의 뼈 옆에서는 석기들이 함께 발견되기도 한다. 이 뼈와 석기가 들려주는 이야기는 곧 우리의 이야기다. 어떤 뼈에는 이로 씹은 흔적 위에 도구로 자른 흔적이 겹쳐있다. 그 반대의 흔적이 남은 뼈들도 있다. 도구로 자른 흔적 다음에 날카로운 이빨 자국이 남은 경우다. 이런 것은 무기를 가진 인간이 먼저 먹고 동물이 이빨로 뜯어 먹은 것이다. ─ ④의 반박 근거

① 오스트랄로피테쿠스는 육식 동물을 전혀 먹지 않았다. ─ 근거를 찾을 수 없음
② 육식 여부는 오스트랄로피테쿠스의 진화과정을 보여주는 중요한 기준이다.
③ 단일 식품 섭취의 위험성 때문에 단일 식품을 섭취하는 동물은 없다. ┐ 서로 상반되는
④ 인간은 날카로운 이빨을 이용하여 초식동물을 사냥하였다. │ 내용의 선택지
⑤ 맷 스폰하이머와 줄리아 리소프의 연구는 육식 여부로 오스트랄로피테쿠스와 │ 이므로 이를 중
사람을 구분하던 방법이 잘못되었음을 보여준다. │ 심으로 글의
                                                                        │ 내용을 파악
                                                                        ┘ 한다.

2. 선택지를 먼저 확인하고 글에서 선택지의 근거가
되는 부분을 확인한다.

정답 해설

맷 스폰하이머와 줄리아 리소프의 연구는 오스트랄로피테쿠스가 육식을 하였음을 증명하였다. 때문에 육식 여부로 오스트랄로피테쿠스와 사람을 구분하던 과거의 방법이 잘못되었음을 증명한 것이라 볼 수 있다.

오답분석

① 두 번째 문단 마지막 문장에서 오스트랄로피테쿠스의 식단에서 풀을 먹는 동물(육식 동물)이 큰 부분을 차지했다는 결론을 내렸다고 했을 뿐, 풀을 전혀 먹지 않았는지는 알 수 없다.
② 맷 스폰하이머와 줄리아 리소프의 연구를 통해 육식 여부로 오스트랄로피테쿠스와 사람을 구분할 수 없다는 것을 확인했으므로 육식 여부는 진화과정에 대한 기준이 될 수 없다.
③ 단일 식품을 섭취하는 것이 위험하다고 했을 뿐, 일부 동물은 단일 식품을 섭취한다.
④ 마지막 문단에서 도구로 자른 흔적 다음에 날카로운 이빨자국이 남은 동물 뼈에서 무기를 가진 인간의 흔적을 찾은 것으로 보아 인간은 이빨이 아닌 무기로 사냥을 했음을 알 수 있다.

정답 ⑤

이거 알면 30초 컷!

문제에서 제시하는 추론 유형이 어떤 형태인지를 판단한다.

- **글쓴이의 주장/의도를 추론하는 유형**
  글에 나타난 주장, 근거, 논증 방식을 파악하는 유형으로 주장의 타당성을 평가하여 글쓴이의 관점을 이해하며 읽는다.

- **세부적인 내용을 추론하는 유형**
  주어진 선택지를 먼저 읽고 지문을 읽으면서 답이 아닌 선택지를 지워나가는 방법이 효율적이다.

CHAPTER 01 | 언어이해 비판적 독해

유형분석

- 글을 읽고 비판적 의견이나 반박을 생각할 수 있는지를 평가하는 유형이다.
- 제시문의 '주장'에 대한 반박을 찾는 것이므로, '근거'에 대한 반박이나 논점에서 벗어난 것을 찾지 않도록 주의해야 한다.

다음 글의 주장에 대한 반대 의견의 근거로 적절하지 않은 것은?   1. 문제를 풀기 위해 글의 주장, 관점, 의도, 근거 등 글의 핵심을 파악

> 소년법은 반사회성이 있는 소년의 환경 조정과 품행 교정을 위한 보호처분 등의 필요한 조치를 하고, 형사처분에 관한 특별조치를 적용하는 법이다. 만 14세 이상부터 만 19세 미만의 사람을 대상으로 하며, 인격 형성 도중에 있어 그 개선가능성이 풍부하고 심신의 발육에 따르는 특수한 정신적 동요상태에 놓여 있으므로 현재의 상태를 중시하여 소년의 건전한 육성을 기하려는 것이 본래의 목적이다.
> 하지만 청소년이 강력범죄를 저지르더라도 소년법의 도움으로 처벌이 경미한 점을 이용해 성인이 저지른 범죄를 뒤집어쓰거나 일정한 대가를 제시하고 대신 자수하도록 하는 등 악용사례가 있으며, 최근에는 미성년자들 스스로가 모의하여 발생한 강력범죄가 날로 수위를 높여가고 있다. 무엇보다 이러한 죄를 저지른 이들이 범죄나 처벌을 대수롭지 않게 여기는 태도를 보이는 경우가 많아 법의 존재 자체를 의심받는 상황에 이르고 있다. 따라서 해당 법을 폐지하고 저지른 죄에 걸맞은 높은 형량을 부여하는 것이 옳다.

— 소년법의 사전적 정의와 목적
— 소년법의 악용 사례와 실효성에 대한 의문 제기를 통한 소년법 폐지 및 형량 강화 주장

① 성인이 저지른 범죄를 뒤집어쓰는 경우는 소년법의 문제라기보다는 해당 범죄를 악용한 범죄자를 처벌하는 것이 옳다.
② 소년법 대상의 대부분이 불우한 가정환경을 가지고 있기 때문에 소년법 폐지보다는 범죄예방이 급선무이다.
③ 소년법을 폐지하면 형법의 주요한 목적 중 하나인 응보의 의미가 퇴색된다.   =되갚음 → 소년법은 소년의 보호를 목적으로 하므로 어색함
④ 세간에 알려진 것과 달리 강력범죄의 경우에는 미성년자라고 할지라도 실형을 선고받는 사례가 더 많으므로 성급한 처사라고 볼 수 있다.
⑤ 한국의 소년법은 현재 UN 아동권리협약에 묶여있으므로 무조건적인 폐지보다는 개선방법을 고민하는 것이 먼저다.

2. 글의 주장 및 근거의 어색한 부분을 찾아 반박 근거와 사례를 생각

정답 해설

형법의 주요한 목적 중 하나인 응보는 '어떤 행위에 대하여 받는 갚음'을 뜻한다. 제시문의 주장에 따르면 소년법을 악용하여 범죄 수준에 비해 처벌을 경미하게 받는 등 악용사례가 있으므로, 소년법을 폐지하면 응보의 의미가 퇴색된다는 것은 필자의 주장을 반박하는 근거로 적절하지 않다.

오답분석
① 소년법의 악용사례가 소년법 자체의 문제에 의한 것이 아니라고 주장하는 반대 의견이다.
② · ⑤ 소년법 본래의 취지와 현재의 상황을 상기시키며 필자의 주장이 지나치다고 반박하고 있다.
④ 필자의 주장의 근거 중 하나인 경미한 처벌이 사실과 다르다고 반박하고 있다.

정답 ③

이거 알면 30초 컷!
- 주장, 관점, 의도, 근거 등 문제를 풀기 위한 글의 핵심을 파악한다. 이후 글의 주장 및 근거의 어색한 부분을 찾아 반박할 주장과 근거를 생각해본다.
- 제시문이 지나치게 길 경우 선택지를 먼저 파악하여 홀로 글의 주장이 어색하거나 상반된 의견을 제시하고 있는 답은 없는지 확인한다.

온라인 풀이 Tip
비판적 독해는 결국 주제 찾기와 추론적 독해가 결합된 유형이다. 반박하는 내용으로 제시되는 선택지는 추론적 독해처럼 세세하게 제시문을 파악하지 않아도 풀이가 가능하다. 때문에 너무 긴장하지 말고 문제에 접근한다.

CHAPTER 02 | 자료해석 자료추론

> **유형분석**
> - 표를 통해 제시된 자료를 분석하여 각 선택지의 정답 유무를 판단하는 유형이다.
> - 경영·경제·산업 등 최신 이슈를 자료로 많이 다룬다.
> - 증감률·비율·추세 등을 확인하고 계산도 할 수 있어야 한다. 아래의 식은 필수로 외워두자.
>   - (백분율) = $\dfrac{(비교하는\ 양)}{(기준량)} \times 100$
>   - (증감률) = $\dfrac{(비교대상의\ 값) - (기준값)}{(기준값)} \times 100$
>   - (증감량) = (비교대상 값 A) - (또 다른 비교대상의 값 B)

다음은 은행별 금융민원 발생 현황에 대한 자료이다. 이에 대한 설명으로 옳지 않은 것은?

1. 표 제목 확인
   표 제목은 표의 내용을 요약한 것으로 표를 보기 전 확인하면 표 해석에 도움이 됨

〈금융민원 발생 현황〉

2. 단위 확인
   함정이 생길 수 있는 부분이므로 확인 필수

(단위 : 건)

3. 표의 항목 확인

은행명	민원 건수(고객 십만 명당)		민원 건수	
	2023년	2024년	2023년	2024년
A	5.62	4.64	1,170	1,009
B	5.83	4.46	1,695	1,332 ↑ 제일 많음
C	4.19	3.92	980	950 ↓ 제일 적음
D	5.53	3.75	1,530	1,078

감소

① 금융민원 발생 건수는 전반적으로 전년 대비 감소했다고 평가할 수 있다.

(○○○○년 대비 □□□□년 증감률) = $\dfrac{(□□□□년\ 데이터) - (○○○○년\ 데이터)}{(○○○○년\ 데이터)} \times 100$

② 2024년을 기준으로 C은행은 금융민원 건수가 가장 적지만, <u>전년 대비 민원 감축률은 약 3.1%로 가장 낮았다.</u>

A를 A은행의 전년 대비 민원 감축률, B를 B은행의 전년 대비 민원 감축률, C를 C은행의 전년 대비 민원 감축률, D를 D은행의 전년 대비 민원 감축률이라 하자.

C와 A, B, D 배수 비교

C : $\dfrac{30}{980} \times 100$ < (A : $\dfrac{161}{1,170} \times 100$, B : $\dfrac{363}{1,695} \times 100$, D : $\dfrac{452}{1,530} \times 100$)

(∵ 분자는 5배 이상 차이가 나지만 분모는 2배 미만)

③ 가장 많은 고객을 보유하고 있는 은행은 2024년에 금융민원 건수가 가장 많다.

→ (고객 십만 명당 민원 건수) = $\dfrac{(전체\ 민원\ 건수)}{(전체\ 고객\ 수)}$ (십만 명)

→ (전체 고객 수) = (전체 민원 건수) ÷ (고객 십만 명당 민원 건수) × (십만 명)

④ 금융민원 건수 감축률을 기준으로 금융소비자보호 수준을 평가했을 때 D → A → B → C 은행 순서로 우수하다. ▶ **A와 B 배수 비교**

A : $\dfrac{161}{1,170} \times 100$ < B : $\dfrac{363}{1,695} \times 100$

(∵ 363 = 161 × n, 1,695 = 1,170 × m이라고 하면, n > 2이고 0 < m < 2이므로 $\dfrac{n}{m}$ > 1)

B와 D 분수 비교

B : $\dfrac{363}{1,695} \times 100$ < D : $\dfrac{452}{1,530} \times 100$ (∵ 452 > 363, 1,530 < 1,695)

⑤ 민원 건수가 2023년 대비 2024년에 가장 많이 감소한 곳은 D은행이다.

정답 해설

은행별 감축률을 구하면 다음과 같다.

- 전년 대비 2024년 A은행 금융민원 건수 감축률 : $(|1,009-1,170|) \div 1,170 \times 100 = \dfrac{161}{1,170} \times 100 \fallingdotseq 13.8\%$

- 전년 대비 2024년 B은행 금융민원 건수 감축률 : $(|1,332-1,695|) \div 1,695 \times 100 = \dfrac{363}{1,695} \times 100 \fallingdotseq 21.4\%$

- 전년 대비 2024년 C은행 금융민원 건수 감축률 : $(|950-980|) \div 980 \times 100 = \dfrac{30}{980} \times 100 \fallingdotseq 3.1\%$

- 전년 대비 2024년 D은행 금융민원 건수 감축률 : $(|1,078-1,530|) \div 1,530 \times 100 = \dfrac{452}{1,530} \times 100 \fallingdotseq 29.5\%$

따라서 D → B → A → C은행 순서로 우수하다.

오답분석

① 제시된 자료의 민원 건수를 살펴보면, 2023년 대비 2024년에 모든 은행의 민원 건수가 감소한 것을 확인할 수 있다.

② C은행의 2024년 금융민원 건수는 950건으로 가장 적지만, 전년 대비 약 3%로 가장 낮은 수준의 감축률을 달성하였다.

- 전년 대비 2024년 A은행 금융민원 건수 감축률 : $(|1,009-1,170|) \div 1,170 \times 100 = \dfrac{161}{1,170} \times 100 \fallingdotseq 13.8\%$

- 전년 대비 2024년 B은행 금융민원 건수 감축률 : $(|1,332-1,695|) \div 1,695 \times 100 = \dfrac{363}{1,695} \times 100 \fallingdotseq 21.4\%$

- 전년 대비 2024년 C은행 금융민원 건수 감축률 : $(|950-980|) \div 980 \times 100 = \dfrac{30}{980} \times 100 \fallingdotseq 3.1\%$

- 전년 대비 2024년 D은행 금융민원 건수 감축률 : $(|1,078-1,530|) \div 1,530 \times 100 = \dfrac{452}{1,530} \times 100 \fallingdotseq 29.5\%$

③ 각 은행의 고객 수는 '(전체 민원 건수)÷(고객 십만 명당 민원 건수)×(십만 명)'으로 구할 수 있다. B은행이 약 29,865,471명으로 가장 많으며, 2024년 금융민원 건수도 1,332건으로 가장 많다.

- A은행 고객 수 : $1,009 \div 4.64 \times (십만 명) = \dfrac{1,009}{4.64} \times (십만 명) \fallingdotseq 21,745,690$명

- B은행 고객 수 : $1,332 \div 4.46 \times (십만 명) = \dfrac{1,332}{4.46} \times (십만 명) \fallingdotseq 29,865,471$명

- C은행 고객 수 : $950 \div 3.92 \times (십만 명) = \dfrac{950}{3.92} \times (십만 명) \fallingdotseq 24,234,694$명

- D은행 고객 수 : $1,078 \div 3.75 \times (십만 명) = \dfrac{1,078}{3.75} \times (십만 명) \fallingdotseq 28,746,667$명

십만 명이 곱해지는 것은 모두 같기 때문에 앞의 분수만으로 비교를 해보면, 먼저 A은행과 B은행의 고객 수는 4.64>4.46이고 1,009<1,332이므로 분모가 작고 분자가 큰 B은행 고객 수가 A은행 고객 수보다 많다. 또한 C은행 고객 수와 D은행 고객 수를 비교해보면 3.92>3.75이고 950<1,078이므로 분모가 작고 분자가 큰 D은행 고객 수가 C은행 고객 수보다 많다. 마지막으로 D은행 고객 수와 B은행 고객 수를 직접 계산으로 비교를 하면 B은행이 D은행보다 고객 수가 많은 것을 알 수 있다.

⑤ D은행은 총 민원 건수가 452건 감소하였으므로 적절하다.

정답 ④

이거 알면 30초 컷!

1. 계산이 필요 없는 선택지를 먼저 해결한다.
    예 ①은 눈으로만 봐도 풀 수 있다. 또한 ②와 ④의 풀이방법은 동일히다.
2. 정확한 값을 비교하기보다 어림값을 활용한다.

   배수 비교
   - $D=mB$, $C=nA$(단, n, $m≥0$)일 때,

     $n>m$이면 $\dfrac{n}{m}>1$이므로 $\dfrac{A}{B}<\dfrac{C}{D}$

     $n=m$이면 $\dfrac{n}{m}=1$이므로 $\dfrac{A}{B}=\dfrac{C}{D}$

     $n<m$이면 $0<\dfrac{n}{m}<1$이므로 $\dfrac{A}{B}>\dfrac{C}{D}$

   - $A=mB$, $C=nD$(단, n, $m≥0$)일 때,

     $\dfrac{A}{B}=\dfrac{mB}{B}=m$, $\dfrac{C}{D}=\dfrac{mD}{D}=n$이므로

     $n>m$이면 $\dfrac{A}{B}<\dfrac{C}{D}$

     $n=m$이면 $\dfrac{A}{B}=\dfrac{C}{D}$

     $n<m$이면 $\dfrac{A}{B}>\dfrac{C}{D}$

CHAPTER 02 | 자료해석 자료변환

> **유형분석**
> - 제시된 표를 그래프로 올바르게 변환한 것을 묻는 유형이다.
> - 복잡한 표가 제시되지 않으므로 수의 크기만을 판단하여 풀이할 수 있다.

다음은 B대학교의 학과별 입학정원 변화에 대한 자료이다. 이를 나타낸 그래프로 옳지 않은 것은?

〈학과별 입학정원 변화〉

1. 제목 확인
2. 단위 확인 (단위 : 명)
3. 표의 항목 확인

이 표의 경우에는 연도가 내림차순으로 정렬되어 있다.

구분	2024년		2023년	2022년	2021년	2020년
A학과	150	−7	157	135	142	110
B학과	54	−6	60	62	55	68
C학과	144	−6	150	148	130	128
D학과	77	−8	85	80	87	90
E학과	65	+5	60	64	67	66
F학과	45	+3	42	48	40	50
G학과	120	+10	110	114	114	115
H학과	100	−5	105	108	110	106

① 2023~2024년 학과별 입학정원 변화

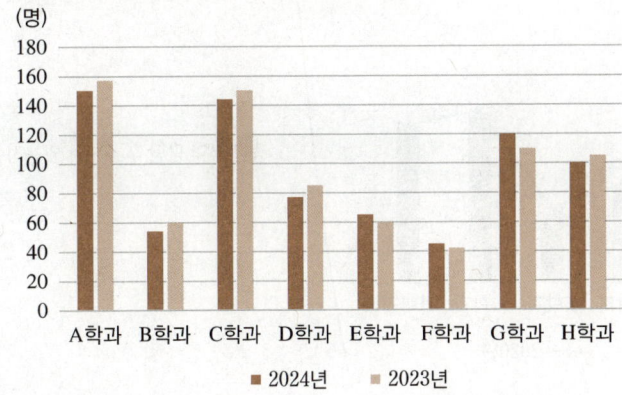

4. 빠르게 확인 가능한 선택지부터 확인
①의 경우 2024, 2023년 수치를 바로 적용시킬 수 있으므로 우선 확인한다.

② 2020~2024년 A, C, D, G, H학과 입학정원 변화

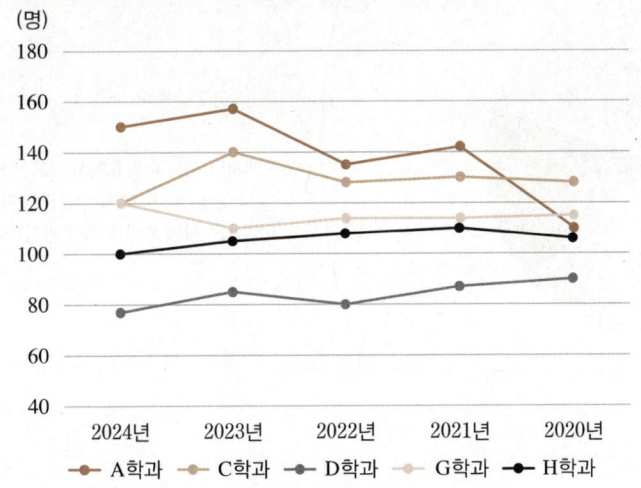

③ 2020~2024년 B, E, F, G학과 입학정원 변화

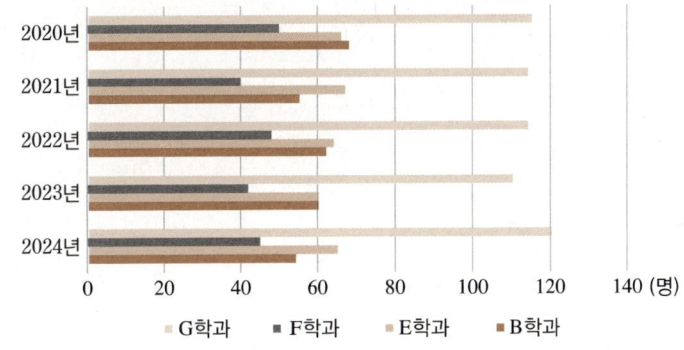

5. 증감 추이 판단 후 수치가 맞는지 확인

CHAPTER 02 자료해석 · 17

④ 2020~2022년 학과별 입학정원 변화

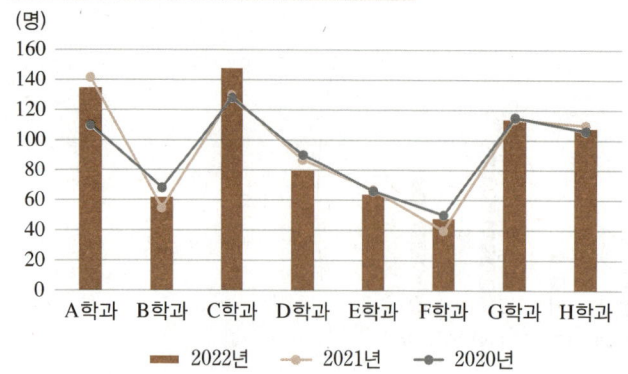

5. 증감 추이 판단 후 수치가 맞는지 확인

⑤ 전년 대비 2024년의 A~F학과 입학정원 증감 인원

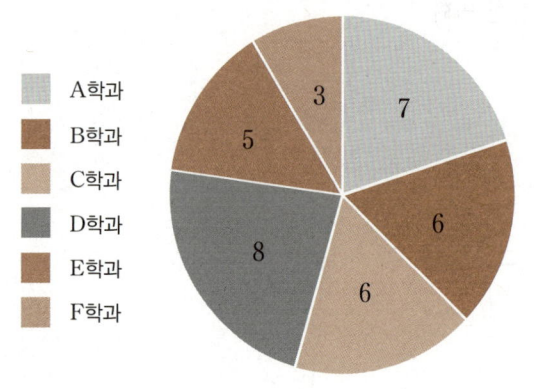

6. 선택지의 제목과 자료에서 필요한 정보 확인
⑤의 경우 필요한 자료는 증감량이므로 표에 미리 표시하면 빠른 풀이가 가능하다.

정답 해설

C학과의 2022~2024년 입학정원이 자료보다 낮게 표시되었다.

정답 ②

 이거 알면 30초 컷!

1. 수치를 일일이 확인하는 것보다 증감 추이를 먼저 판단해서 선택지를 일차적으로 거르고 나머지 선택지 중 그래프의 모양이 크게 차이나는 곳을 확인한다.
2. 선택지에서 특징적인 부분이 있는 선택지를 먼저 판단한다.
3. 제시된 자료의 증감 추이를 나타내면 다음과 같다.

구분	2024년	2023년	2022년	2021년	2020년
A학과	감소	증가	감소	증가	-
B학과	감소	감소	증가	감소	-
C학과	감소	증가	증가	증가	-
D학과	감소	증가	감소	감소	-
E학과	증가	감소	감소	증가	-
F학과	증가	감소	증가	감소	-
G학과	증가	감소	불변	감소	-
H학과	감소	감소	감소	증가	-

이에 따라 C학과의 2022~2024년의 증감 추이가 제시된 자료와 다른 것을 알 수 있다.

CHAPTER 03 창의수리 거리·속력·시간

> **유형분석**
>
> - 기차와 터널의 길이, 물과 같이 속력이 있는 공간 등 추가적인 거리·속력·시간에 관한 정보가 있는 경우 난이도가 높은 편에 속하는 문제로 출제되지만, 기본적인 공식에 더하거나 빼는 것이므로 기본에 집중한다.
> - (거리)=(시간)×(속력)
> - (속력)=$\dfrac{(거리)}{(시간)}$
> - (시간)=$\dfrac{(거리)}{(속력)}$

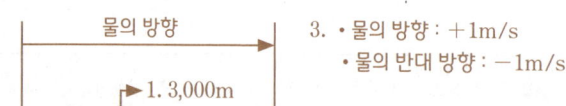

강물이 A지점에서 3km 떨어진 B지점으로 흐르고 있을 때, 물의 속력이 1m/s이다. 철수가 A지점에서 B지점까지 갔다가 다시 돌아오는 데 1시간 6분 40초가 걸렸다고 한다. 철수의 속력은 몇 m/s인가?

- 1. 3,000m
- 1. 4,000초
- 2. 미지수 설정
- 3. 물의 방향 : +1m/s
  - 물의 반대 방향 : -1m/s
- 1. 구해야 할 최종 단위에 맞추어 계산

① 2m/s
② 4m/s
③ 6m/s
④ 8m/s
⑤ 12m/s

정답 해설

2. 철수의 속력을 xm/s라 하자. ┌물의 방향┐ ┌물의 반대 방향┐
A지점에서 B지점으로 갈 때 속력은 $(x+1)$m/s, B지점에서 A지점로 갈 때 속력은 $(x-1)$m/s이다.
1시간 6분 40초는 $1\times60\times60+6\times60+40=4{,}000$초이고, 3km는 3,000m이므로

$$\frac{3{,}000}{x+1}+\frac{3{,}000}{x-1}=4{,}000$$

→ $6{,}000x=4{,}000(x+1)(x-1)$
→ $3x=2(x^2-1)$
→ $2x^2-3x-2=0$
→ $(2x+1)(x-2)=0$
∴ $x=2(\because 속력\geq0)$
따라서 철수의 속력은 2m/s이다.

정답 ①

> **이거 알면 30초 컷!**
> 1. 기차나 터널의 길이, 물과 같이 속력이 있는 장소 등 추가적인 조건을 반드시 확인한다.
> 2. 속력과 시간의 단위를 처음에 정리하여 계산하면 계산 실수 없이 풀이할 수 있다.
>   • 1시간=60분=3,600초
>   • 1km=1,000m=100,000cm

CHAPTER 03 | 창의수리 농도

유형분석

- 거리 · 속력 · 시간 유형과 더불어 출제 가능성이 높은 유형이다.
- (소금물의 농도) = $\dfrac{(소금의\ 양)}{(소금물의\ 양)} \times 100$
- (소금물의 양)=(소금의 양)+(물의 양)이라는 것에 유의하고, 더해지거나 없어진 것을 미지수로 두고 풀이한다.

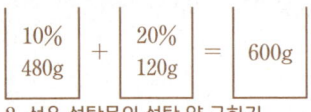
2. 섞은 설탕물의 설탕 양 구하기

- 농도 : 변화 ×
- 설탕물의 양 : $(600-x)$g
- 설탕의 양 : ↓

3.

농도 10% 설탕물 480g에 농도 20% 설탕물 120g을 섞었다. 이 설탕물에서 한 컵의 설탕물을 퍼내고, 퍼낸 설탕물의 양만큼 다시 물을 부었더니 농도 11%의 설탕물이 되었다. 이때 컵으로 퍼낸 설탕물의 양은?

- 농도 : 변화 ○
- 설탕물의 양 : $600(=600-x+x)$g
- 설탕의 양 : 변화 ×

4. 방정식

1. 미지수 설정

① 30g
② 50g
③ 60g
④ 90g
⑤ 100g

정답 해설

- 10% 설탕물에 들어있는 설탕의 양 : $\frac{10}{100} \times 480 = 48\text{g}$
- 20% 설탕물에 들어있는 설탕의 양 : $\frac{20}{100} \times 120 = 24\text{g}$
- 두 설탕물을 섞었을 때의 농도 : $\frac{48+24}{480+120} \times 100 = 12\%$ ─ 2.

컵으로 퍼낸 설탕물의 양을 $x\text{g}$이라고 하자. 이때, 컵으로 퍼낸 설탕의 양은 $\frac{12}{100}x\text{g}$이다.
        1.   3.

컵으로 퍼낸 만큼 물을 부었을 때의 농도는 $\frac{(48+24)-\frac{12}{100}x}{600-x+x} \times 100 = 11\%$이므로
                                                     4.

$\frac{(72-\frac{12}{100}x) \times 100}{600} = 11$

→ $7,200 - 12x = 600 \times 11$
→ $12x = 600$
∴ $x = 50$

따라서 컵으로 퍼낸 설탕물의 양은 50g이다.

정답 ②

이게 알면 30초 컷!

1. 숫자의 크기를 최대한 간소화해야 한다. 특히, 농도의 경우 분수와 정수가 같이 제시되고, 최근에는 비율을 활용한 문제가 많이 출제되고 있으므로 통분이나 약분을 통해 수를 간소화시켜 계산 실수를 줄일 수 있도록 한다.
2. 소금물이 증발하는 경우 소금의 양은 유지되지만, 물의 양이 감소한다. 따라서 농도는 증가한다.
3. 농도가 다른 소금물 두 가지를 섞는 문제의 경우 보통 두 소금물을 합했을 때의 전체 소금물의 양을 제시해주는 경우가 많다. 때문에 각각의 미지수를 x, y로 정하는 것보다 하나를 x로 두고 다른 하나를 (전체)$-x$로 식을 세우면 계산을 간소화할 수 있다.

CHAPTER 03 | 창의수리 인원수·개수 ①

> **유형분석**
> - 구하고자 하는 값을 미지수로 놓고 식을 세운다.
> - 최근 증가·감소하는 비율이나 평균과 결합된 문제가 많이 출제되고 있다.

유진이네 반 학생 50명이 총 4문제가 출제된 수학시험을 보았다. 1번과 2번 문제를 각 3점, 3번과 4번 문제를 각 2점으로 채점하니 평균이 7.2점이었고, 2번 문제를 2점, 3번 문제를 3점으로 배점을 바꾸어서 채점하니 평균이 6.8점이었다. 또한 각 문제의 배점을 문제 번호와 같게 하여 채점하니 평균은 6점이었다. 1번 문제를 맞힌 학생이 총 48명일 때, 2번, 3번, 4번 문제를 맞힌 학생 수의 총합으로 알맞은 것은?

— 식 2, 식 1, 식 3
— 1. 미지수 설정 2. 문제 확인
- 2번 문제를 맞힌 학생의 수 : a명
- 3번 문제를 맞힌 학생의 수 : b명
- 4번 문제를 맞힌 학생의 수 : c명

① 82명 ② 84명
③ 86명 ④ 88명
⑤ 90명

정답 해설

2번, 3번, 4번 문제를 맞힌 학생 수를 각각 a, b, c명이라 하자.

$3(48+a)+2(b+c)=7.2\times50 \rightarrow 3a+2b+2c=216 \cdots \text{㉠}$ — 식 1
$3(48+b)+2(a+c)=6.8\times50 \rightarrow 2a+3b+2c=196 \cdots \text{㉡}$ — 식 2
$48+2a+3b+4c=6\times50 \rightarrow 2a+3b+4c=252 \cdots \text{㉢}$ — 식 3

1. 미지수 설정

㉡과 ㉢을 연립하면 $-2c=-56 \rightarrow c=28$

$c=28$을 대입하여 ㉠과 ㉡을 연립하면

∴ $a=40, b=20$

3. 미지수 줄이기
㉡과 ㉢의 경우 $2a+3b$가 공통되어 있으므로 이를 먼저 소거하여 c 계산

따라서 2번, 3번, 4번 문제를 맞힌 학생 수는 각각 40명, 20명, 28명이고, 이들의 합은 $40+20+28=88$명이다.

정답 ④

이거 알면 30초 컷!

최근에는 가중평균을 활용한 문제가 많이 출제되고 있다. 따라서 산술평균과 가중평균의 개념을 알아두고, 적절하게 활용하도록 한다.

- 산술평균
  n개로 이루어진 집합 $x_1, x_2, x_3, \cdots, x_n$이 있을 때 원소의 총합을 개수로 나눈 것
  $$m=\frac{x_1+x_2+\cdots+x_n}{n}$$

- 가중평균
  n개로 이루어진 집합 $x_1, x_2, x_3, \cdots, x_n$이 있을 때, 각 원소의 중요도나 영향도를 $f_1, f_2, f_3, \cdots, f_n$이라고 하면 각 원소의 중요도나 영향도를 가중치로 곱하여 가중치의 합인 N으로 나눈 것
  $$m=\frac{x_1f_1+x_2f_2+\cdots x_nf_n}{N}$$

예) B학생의 성적이 다음과 같다.

과목	국어	수학	영어
점수	70점	90점	50점

B학생의 산술평균 성적은 $\frac{70+90+50}{3}=70$점이다.

A대학교는 이공계 특성화 대학으로 국어, 수학, 영어에 각각 2 : 5 : 3의 가중치를 두어 학생을 선발할 예정이다. 이때, B학생 성적의 가중평균을 구하면 $\frac{740}{2+5+3}=74$점이다.

CHAPTER 03 창의수리 인원수·개수 ②

> **유형분석**
> - 미지수의 값이 계산에 의해 정확하게 구해지는 것이 아니라 가능한 여러 경우의 수를 찾아서 조건에 맞는 값을 고르는 유형이다.
> - 사람이나 물건의 개수를 구하는 문제라면 0이나 자연수로만 답을 구해야 한다. 이처럼 문제에서 경우의 수로 가능한 조건이 주어지므로 유의한다.

획수가 5획, 8획, 11획인 한자를 활용하여 글을 쓰려고 한다. 각 한자를 a, b, c번 사용하였을 때 총 획의 수는 71획이고, 5획과 11획의 활용 횟수를 바꿔 사용했더니 총 획의 수가 89획이 되었다. 이때 8획인 한자는 최대 몇 번 쓸 수 있는가?(단, 각 한자는 한 번 이상씩 사용하였다)

① 4번　　　　　　　　　　② 5번
③ 6번　　　　　　　　　　④ 7번
⑤ 8번

정답 해설

$5a+8b+11c=71$ … ㉠ — 식 1
$11a+8b+5c=89$ … ㉡ — 식 2

㉠과 ㉡을 연립하면 ┐
$6a-6c=18 \rightarrow a-c=3 \rightarrow a=c+3$ … ㉢ │ 3. 미지수 줄이기
㉢을 ㉠에 대입하면 │ 8획인 한자 b가 남도록 식 간소화
$5(c+3)+8b+11c=71 \rightarrow 16c+8b=56 \rightarrow 2c+b=7$ ┘

b, c는 1 이상의 자연수이므로 (b, c)는 (5, 1), (3, 2), (1, 3)이 가능하다.
b의 값이 최대가 되려면 c가 최솟값을 가져야하므로 $c=1$이고, $b=5$가 된다.
따라서 8획인 한자는 최대 5번을 활용할 수 있다.
└ b, c가 될 수 있는 조건 확인
  • 획의 수=0 or 자연수

정답

 이거 알면 30초 컷!

1. 연립방정식이 나오는 경우 중복이 많은 문자를 소거할 수 있는 방법을 찾거나 가장 짧은 식을 만든다.
2. 미지수를 추리해야 하는 경우 계수가 큰 미지수를 먼저 구하면 계산 과정을 줄일 수 있다.

CHAPTER 03 | 창의수리 금액

> **유형분석**
>
> - 원가 · 정가 · 할인가 · 판매가의 개념을 명확히 한다.
> - (정가)=(원가)+(이익)
> - (할인가)=(정가)$\times\left[1-\dfrac{(할인율)}{100}\right]$

윤정이는 어떤 물건을 100개 구입하여, 구입 가격에 25%를 더한 가격으로 50개를 팔았다. 남은 물건 50개를 기존 판매가에서 일정 비율 할인하여 판매했더니 본전이 되었다. 이때 할인율은 얼마인가?

① 32.5%
② 35%
③ 37.5%
④ 40%
⑤ 42.5%

정답 해설

윤정이가 구입한 개당 가격을 x원, 할인율을 y%라고 하자.
물건 100개의 원가는 $100 \times x$원이고, 판매가는 다음과 같다.

$50 \times 1.25 \times x + 50 \times 1.25 \times \left(1 - \dfrac{y}{100}\right) \times x$

윤정이가 물건을 다 팔았을 때 본전이었으므로 (판매가)=(원가)이다.

$100x = 50 \times 1.25 \times x + 50 \times 1.25 \times \left(1 - \dfrac{y}{100}\right) \times x$

→ $2 = 1.25 + 1.25 \times \left(1 - \dfrac{y}{100}\right)$

→ $8 = 10 - \dfrac{y}{20}$

∴ $y = 40$

따라서 할인율은 40%이다.

정답 ④

⏰ 이거 알면 30초 컷!

1. 제시된 문제의 원가(x)처럼 기준이 동일하고, 이를 기준으로 모든 값을 계산하는 경우에 처음부터 x를 생략하고 식을 세우는 연습을 한다.
2. 정가가 반드시 판매가인 것은 아니다.
3. 금액을 계산하는 문제는 보통 비율과 함께 제시되기 때문에 풀이과정에서 실수하기 쉽다. 때문에 선택지의 값을 대입해서 풀이하는 것이 실수 없이 빠르게 풀 수 있는 방법이 될 수도 있다.

CHAPTER 03 | 창의수리 일의 양

유형분석

- 전체 작업량을 1로 놓고, 분·시간 등의 단위 시간 동안 한 일의 양을 기준으로 식을 세운다.
- (일률) = $\dfrac{(작업량)}{(작업시간)}$

1. (전체 일의 양)=1
2. (하루 동안 할 수 있는 일의 양)=(일률)=$\dfrac{(작업량)}{(작업시간)}$

프로젝트를 완료하는 데 A사원이 혼자 하면 7시간, B사원이 혼자 하면 9시간이 걸린다. 3시간 동안 두 사원이 함께 프로젝트를 진행하다가 B사원이 반차를 내는 바람에 나머지는 A사원이 혼자 처리해야 한다. A사원이 남은 프로젝트를 완료하는 데에는 시간이 얼마나 더 걸리겠는가?

3. 남은 일의 양을 계산
4. 미지수 설정
5. (작업시간)=$\dfrac{(작업량)}{(일률)}$

① 1시간 20분　　　　　　　　② 1시간 40분
③ 2시간　　　　　　　　　　　④ 2시간 10분
⑤ 2시간 20분

정답 해설

프로젝트를 완료하는 일의 양을 1이라 하면, A사원은 한 시간에 $\frac{1}{7}$, B사원은 한 시간에 $\frac{1}{9}$만큼의 일을 할 수 있다. 3시간 동안 같이 한 일의 양은 $\left(\frac{1}{7}+\frac{1}{9}\right)\times 3=\frac{16}{21}$이므로, A사원이 혼자 해야 할 일의 양은 $\frac{5}{21}\left(=1-\frac{16}{21}\right)$가 된다. 이때 프로젝트를 완료하는 데 걸리는 시간을 x시간이라 하자.

$$\frac{1}{7}\times x=\frac{5}{21} \rightarrow x=\frac{5}{3}$$

따라서 A사원 혼자 프로젝트를 완료하는 데에는 총 1시간 40분이 더 걸린다.

정답 ②

이거 알면 30초 컷!

1. 전체의 값을 모르는 상태에서 비율을 묻는 문제의 경우 전체를 1이라고 하면 쉽게 풀이할 수 있다. 이는 단순히 일률을 계산하는 경우뿐만 아니라 조건부 확률과 같이 비율이 나오는 문제에는 공통적으로 적용 가능하다.
2. 문제에서 제시하는 단위와 선택지의 단위가 같은지 확인한다.

CHAPTER 03 | 창의수리 최댓값·최솟값

> **유형분석**
>
> - 부등식의 양변에 같은 수를 더하거나 같은 수를 빼도 부등호의 방향은 바뀌지 않는다.
>   → $a<b$이면 $a+c<b+c$, $a-c<b-c$
> - 부등식의 양변에 같은 양수를 곱하거나 양변을 같은 양수로 나누어도 부등호의 방향은 바뀌지 않는다.
>   → $a<b$, $c>0$이면 $a\times c<b\times c$, $\dfrac{a}{c}<\dfrac{b}{c}$
> - 부등식의 양변에 같은 음수를 곱하거나 양변을 같은 음수로 나누면 부등호의 방향은 바뀐다.
>   → $a<b$, $c<0$이면 $a\times c>b\times c$, $\dfrac{a}{c}>\dfrac{b}{c}$

〈1개 기준〉

구분	A제품	B제품
재료비	3,600	1,200
인건비	1,600	2,000

어느 회사에서는 A, B 두 제품을 주력 상품으로 제조하고 있다. A제품을 1개 만드는 데 재료비는 3,600원, 인건비는 1,600원이 들어간다. 또한 B제품을 1개 만드는 데 재료비는 1,200원, 인건비는 2,000원이 들어간다. 이 회사는 한 달 동안 두 제품을 합하여 40개를 생산하려고 한다. 재료비는 12만 원 이하, 인건비는 7만 원 이하가 되도록 하려고 할 때, A제품을 최대로 생산하면 몇 개를 만들 수 있는가?

① 25개　　　　② 26개
③ 28개　　　　④ 30개
⑤ 31개

- 1. 미지수 설정
  - A제품 생산 개수 : x개
  - B제품 생산 개수 : y개
- 2. 미지수 줄이기
  - $x+y=40$
  - $y=40-x$
  - A제품 생산 개수 : x개
  - B제품 생산 개수 : $(40-x)$개
- 3. 부등식

정답 해설

A제품의 생산 개수를 x개라 하자. ── 1. 미지수 설정
B제품의 생산 개수는 $(40-x)$개이다. ── 2. 미지수 줄이기

$3,600 \times x + 1,200 \times (40-x) \leq 120,000$
$x \leq 30$
$1,600 \times x + 2,000 \times (40-x) \leq 70,000$ ── 3. 부등식
$x \geq 25$

→ $25 \leq x \leq 30$

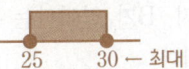
25 30 ← 최대

따라서 A제품은 최대 30개까지 생산할 수 있다.

정답

이거 알면 30초 컷!

1. 문제에 이상, 이하, 초과, 미만, 최대, 최소 등의 표현이 사용된다.
2. 미지수가 2개 이상 나오는 경우나 부등식이 2개 사용되는 경우 그래프를 활용하면 실수의 확률을 줄일 수 있다.
3. 최대를 묻는 경우의 부등호의 방향은 미지수가 작은 쪽($x \leq n$)으로 나타내고, 최소를 묻는 경우 부등호의 방향은 미지수가 큰 쪽($x \geq n$)으로 나타낸다.

CHAPTER 03 | 창의수리 경우의 수

> **유형분석**
>
> - 두 사건 A, B가 동시에 일어나지 않을 때, A가 일어나는 경우의 수가 a가지, B가 일어나는 경우의 수를 b가지라고 하면 A 또는 B가 일어나는 경우의 수는 $(a+b)$가지이다.
> - 두 사건 A, B가 동시에 일어날 때, A가 일어나는 경우의 수가 a가지, B가 일어나는 경우의 수를 b가지라고 하면 A와 B가 동시에 일어나는 경우의 수는 $a \times b$가지이다.
> - n명 중 자격이 다른 m명을 뽑는 경우의 수 : $_nP_m$가지
> - n명 중 자격이 같은 m명을 뽑는 경우의 수 : $_nC_m$가지

중복 확인(사람일 때는 같은 사람이 없으므로 중복이 없지만, 사물이나 직급, 성별 같은 경우에는 중복이 있을 수 있으므로 주의해야 함)

합의 법칙

A, B, C, D, E 다섯 명을 전방을 향해 일렬로 배치할 때, B와 E 사이에 1명 또는 2명이 있도록 하는 경우의 수는?
    └─3.   순서를 고려하므로 순열 P   └─1, 2.

① 30가지   ② 60가지
③ 90가지   ④ 120가지
⑤ 150가지

└─ 어떤 둘 사이에 n명($n \geq 2$)을 배치할 때, $(n+2)$명을 한 묶음으로 생각하고 계산
→ $(n+2)$명을 1명으로 치환

전체 m명을 일렬로 배치하는 데 n명($2 \leq n \leq m$)이 붙어있을 경우의 수는?
1. n명을 한 묶음으로 본다. 이때, 이 한 묶음 안에서 n명을 배치하는 경우의 수 : $n!$
2. n명을 1명으로 생각
3. $(m-n+1)$명을 배치하는 경우의 수 : $(m-n+1)!$
4. 곱의 법칙으로 전체 경우의 수 : $n! \times (m-n+1)!$

정답 해설

ⅰ) B와 E 사이에 1명이 있는 경우
  • A, C, D 중 B와 E 사이에 위치할 1명을 골라 줄을 세우는 방법 : $_3P_1$가지 ← 1.2.
  B와 E, 가운데 위치한 1명을 한 묶음으로 생각하고, B와 E가 서로 자리를 바꾸는 것도 고려하면
  전체 경우의 수는 $_3P_1 \times 3! \times 2 = 3 \times 6 \times 2 = 36$가지이다.
                              ↑3.

ⅱ) B와 E 사이에 2명이 있는 경우
  • A, C, D 중 B와 E 사이에 위치할 2명을 골라 줄을 세우는 방법 : $_3P_2$가지 ← 1.2.
  B와 E, 가운데 위치한 2명을 한 묶음으로 생각하고, B와 E가 서로 자리를 바꾸는 것도 고려하면
  전체 경우의 수는 $_3P_2 \times 2! \times 2 = 6 \times 2 \times 2 = 24$가지이다.
                              ↑3.

따라서 구하는 경우의 수는 $36 + 24 = 60$가지이다.

정답 ②

 이거 알면 30초 컷!

1. 기본적으로 많이 활용되는 공식은 숙지한다.
  • 동전 n개를 던졌을 때의 경우의 수 : 2^n가지
  • 주사위 n개를 던졌을 때의 경우의 수 : 6^n가지
  • n명을 한 줄로 세우는 경우의 수 : $n!$가지
  • 원형 모양의 탁자에 n명이 앉는 경우의 수 : $(n-1)!$가지
2. 확률과 경우의 수 문제는 빠르게 계산할 수 있는 방법을 생각해야 한다. 특히 '이상'과 같은 표현이 사용됐다면 1(전체)에서 나머지 확률(경우의 수)를 빼는 방법(여사건 활용)이 편리하다.

CHAPTER 04 | 언어추리 조건추리

> **유형분석**
> • 제시된 조건을 바탕으로 사람이나 사물을 배열하거나 분류하는 유형이 출제된다.

1. 정보 확인 ─ 환자 ─ 처방약

약국에 희경, 은정, 소미, 정선 4명의 손님이 방문하였다. 약사는 이들로부터 처방전을 받아 A, B, C, D 네 봉지의 약을 조제하였다. 다음 조건이 참일 때 항상 참인 것은?

증세
- 방문한 손님들의 병명은 몸살, 배탈, 치통, 피부병이다.
- 은정이의 약은 B에 해당하고, 은정이는 몸살이나 배탈 환자가 아니다.
- A는 배탈 환자에 사용되는 약이 아니다.
- D는 연고를 포함하고 있는데, 이 연고는 피부병에만 사용된다.
- 희경이는 임산부이고, A와 D에는 임산부가 먹어서는 안 되는 약품이 사용되었다.
- 소미는 몸살 환자가 아니다.

① 은정이는 피부병에 걸렸다.
② 정선이는 몸살이 났고, 이에 해당하는 약은 C이다.
③ 소미는 치통 환자이다.
④ 희경이는 배탈이 났다.
⑤ 소미의 약은 A이다.

2. 표로 시각화하여 정리

처방약	환자	몸살	배탈	치통	피부병
A	임산부×, 소미×, 희경× → 정선	○	×	×	×
B	은정	×	×	○	×
C	희경	×	○	×	×
D	임산부×, 소미	×	×	×	○

정답 해설

- 증세
  증세에 따른 처방전에 대한 조건을 정리하면 다음과 같다.
  A : 세 번째 조건 – 배탈 ×
  B : 두 번째 조건 – 몸살 ×, 배탈 ×
  D : 네 번째 조건 – 피부병 ○
  처방전 D의 증세는 피부병이므로 처방전 B의 증세는 치통이다. 처방전 B와 D의 증세에 따라 처방전 A의 증세는 몸살이고 나머지 처방전 C의 증세는 배탈이다.

- 처방전
  환자와 처방전에 대한 조건을 정리하면 다음과 같다.
  A : 다섯 번째 조건 – 임산부 ×
  B : 두 번째 조건 – 은정 ○
  D : 다섯 번째 조건 – 임산부 ×
  다섯 번째 조건에서 희경이는 임산부라고 하였는데 처방전 A와 D는 임산부가 먹어서는 안 되는 약품이라고 하였으므로 희경이의 처방전은 C이다. 마지막 조건에 의해 소미는 몸살 환자가 아님을 알 수 있는데 처방전 A는 몸살 환자에게 필요한 약품이므로 소미의 처방전은 D이다.

정답 ④

 이거 알면 30초 컷!

1. 제시된 조건을 자신만의 방법으로 도식화하여 나타낸다.
2. 고정 조건을 중심으로 표나 도식으로 정리하여 확실한 조건과 배제해야 할 조건들을 정리한다.

CHAPTER 04 | 언어추리 명제 - 참·거짓

> **유형분석**
>
> - '$p \to q$, $q \to r$이면 $p \to r$이다.' 형식의 삼단논법과 명제의 대우를 활용하여 푸는 유형이다.
> - 명제의 역·이·대우

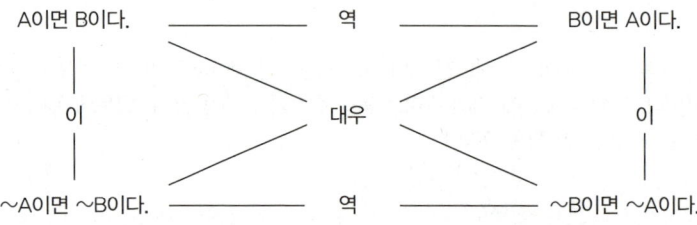

다음 명제가 참일 때, 항상 참인 것은?

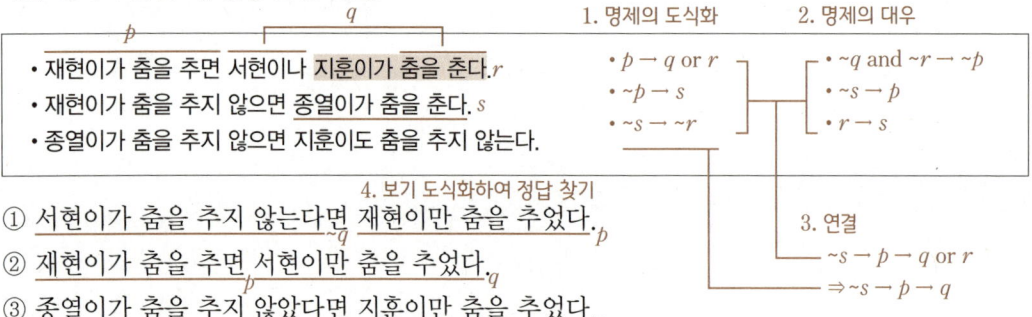

① 서현이가 춤을 추지 않는다면 재현이만 춤을 추었다.
② 재현이가 춤을 추면 서현이만 춤을 추었다.
③ 종열이가 춤을 추지 않았다면 지훈이만 춤을 추었다.
④ 서현이가 춤을 추면 재현이와 지훈이는 춤을 추었다.
⑤ 종열이가 춤을 추지 않았다면 재현이와 서현이는 춤을 추었다.

정답 해설

'재현이가 춤을 추다.'를 p, '서현이가 춤을 추다.'를 q, '지훈이가 춤을 추다.'를 r, '종열이가 춤을 추다.'를 s라고 하면 주어진 명제는 순서대로 $p \rightarrow q$ or r, $\sim p \rightarrow s$, $\sim s \rightarrow \sim r$이다. 두 번째 명제의 대우는 $\sim s \rightarrow p$이고 이를 첫 번째 명제와 연결하면 $\sim s \rightarrow p \rightarrow q$ or r이다. 세 번째 명제에서 $\sim s \rightarrow \sim r$라고 하였으므로 $\sim s \rightarrow p \rightarrow q$임을 알 수 있다. 따라서 ⑤가 옳다.

정답 ⑤

 이거 알면 30초 컷!
1. 꼬리 물기 명제의 경우 가장 첫 문장을 찾는다.
2. 참/거짓 문제는 모순이 되는 진술을 먼저 찾고 이의 참/거짓을 판단한다.

CHAPTER 04 | 언어추리 배열하기·묶기·연결하기

유형분석

- 제시된 여러 조건/상황/규칙들을 정리하여 경우의 수를 구한 후 문제를 해결해야 한다.
- 고정 조건을 중심으로 표나 도식으로 정리하여 확실한 조건과 배제해야 할 조건들을 정리해 나간다.

1. 문제에서 요구하는 조건을 표시한다.

7층 건물에 A, B, C, D, E, F, G가 살고, 각자 좋아하는 스포츠는 축구, 야구, 농구이다. 이들이 키우는 반려동물로는 개, 고양이, 새가 있다고 할 때, 다음 〈조건〉을 바탕으로 할 때 항상 참인 것은?

조건

- 한 층에 한 명이 산다.
- 이웃한 사람끼리는 서로 다른 스포츠를 좋아하고 다른 반려동물을 키운다.
- G는 맨 위층에 산다.
- 짝수 층 사람들은 축구를 좋아한다.
- ⓑ는 유일하게 개를 키우는 사람이다. ── B = 1층
- 2층에 사는 사람은 고양이를 키운다.
- ⓔ는 농구를 좋아하며, ⓓ는 ⓢ를 키운다. 2. 주어진 조건 중 고정 조건을 찾아 기준
- A는 E의 아래층에 살며, B의 위층에 산다.   을 세운다.
- 개는 1층에서만 키울 수 있다.

3층 / 2층은 A

① C와 ⓔ는 이웃한다. ── 4층에 사는 사람은 C 또는 F로 알 수 없다.
② G는 야구를 좋아하며 고양이를 키운다.
      농구 또는 야구   새
③ 홀수 층에 사는 사람은 모두 새를 키운다.
               └── 1층의 B는 개를 키운다.
④ D는 5층에 산다.   E G
                  새를 키우는 층은 ③ 5 7층 ⇒ 5층 = D
⑤ F는 6층에 살며 고양이를 키운다.
      └── 6층에 사는 사람은 C 또는 F로 알 수 없다.

3. 고정 조건을 중심으로 표나 도식으로 정리하여 확실한 조건과 배제해야 할 조건들을 정리해 나간다.

7층	G	새	농구 또는 야구
6층	C 또는 F	고양이	축구
5층	ⓓ	ⓢ	농구 또는 야구
4층	C 또는 F	고양이	축구
3층	ⓔ	새	농구
2층	A	고양이	축구
1층	B	개	농구 또는 야구

4. 정리한 표를 바탕으로 문제를 해결한다.

정답 해설	
7층	( ), G, 새
6층	축구, ( ), 고양이
5층	( ), D, 새
4층	축구, ( ), 고양이
3층	농구, E, 새
2층	축구, A, 고양이
1층	( ), B, 개

조건으로 표를 만들면 위와 같으며, 항상 옳은 것은 '④ D는 5층에 산다.'이다.

오답분석
① C와 E가 이웃하려면 C가 4층에 살아야 하는데 조건만으로는 정확히 알 수 없다.
② G는 7층에 살며 새를 키우지만, 무슨 스포츠를 좋아하는지 알 수 없다.
③ B는 유일하게 개를 키우고 개를 키우는 사람은 1층에 산다. 그러므로 홀수 층에 사는 사람이 모두 새를 키운다고 할 수는 없다.
⑤ F가 4층에 사는지 6층에 사는지 알 수 없다.

정답 ④

 이거 알면 30초 컷!
1. 문제 혹은 선택지를 먼저 읽은 후 문제에서 요구하는 규칙과 조건을 파악한다.
2. 서로 관련 있는 조건을 연결하여 나올 수 있는 경우의 수를 정리한다.

CHAPTER 04 | 언어추리 진실게임

> **유형분석**
> - 일반적으로 4~5명의 진술이 제시되며, 각 진술의 진실 및 거짓 여부를 확인하여 범인을 찾는 유형이다.
> - 추리 영역 중에서도 체감난이도가 상대적으로 높은 유형으로 알려져 있다.
> - 각 진술 사이의 모순을 찾아 성립하지 않는 경우의 수를 제거하거나, 경우의 수를 나누어 모든 조건이 성립하는지를 확인해야 한다.

어젯밤에 탕비실 냉장고에 보관되어 있던 행사용 케이크가 없어졌다. 어제 야근을 한 갑, 을, 병, 정, 무를 조사했더니 다음과 같이 진술했다. 케이크를 먹은 범인은 2명이고, 다음 중 단 2명만이 진실을 말한다고 할 때, 다음 중 범인이 될 수 있는 사람으로 짝지어진 것은?(단, 모든 사람은 진실만 말하거나 거짓만 말한다)

① 문제에서 구하는 것 확인
→ 범인을 찾는 문제, 거짓말을 한 사람을 찾는 문제가 아님
─ 조건 1
─ 조건 2
② 조건 확인

- 갑 : 을이나 병 중에 1명만 케이크를 먹었어요.
- 을 : 무는 확실히 케이크를 먹었어요.
- 병 : 정과 무가 모의해서 함께 케이크를 훔쳐먹는 걸 봤어요.
- 정 : 저는 절대 범인이 아니에요.
- 무 : 사실대로 말하자면 제가 범인이에요.

③ 2명의 진술이 일치 → 동시에 진실을 말하거나 거짓을 진술

① 갑, 을 ② 을, 정
③ 을, 무 ④ 갑, 정
⑤ 정, 무

정답 해설

을의 진술이 진실이면 무의 진술도 진실이고, 을의 진술이 거짓이면 무의 진술도 거짓이다.

- 을과 무가 모두 진실을 말하는 경우
  무는 범인이고, 나머지 3명은 모두 거짓을 말해야 한다. 정의 진술이 거짓이므로 정은 범인인데, 병이 무와 정이 범인이라고 했으므로 병은 진실을 말하는 것이 되어 2명만 진실을 말한다는 조건에 모순이다. 따라서 을과 무는 거짓을 말한다.
- 을과 무가 모두 거짓을 말하는 경우
  무는 범인이 아니고, 갑·병·정 중 1명만 거짓을 말하고 나머지 2명은 진실을 말한다. 만약 갑이 거짓을 말한다면 을과 병이 모두 범인이거나 모두 범인이 아니어야 한다. 그런데 갑의 말이 거짓이고 을과 병이 모두 범인이라면 병의 말 역시 거짓이 되어 조건에 모순이다. 따라서 갑의 말은 진실이고, 병이 지목한 범인 중에 을이나 병이 없으므로 병의 진술은 거짓, 정의 진술은 진실이다.

따라서 범인은 갑과 을 또는 갑과 병이다.

정답 ①

이거 알면 30초 컷!

진실게임 유형 중 90% 이상은 다음 두 가지 방법으로 풀 수 있다. 주어진 진술을 빠르게 훑으며 다음 두 가지 중 어떤 경우에 해당되는지 확인한 후 문제를 풀어나간다.

- 두 명 이상의 발언 중 한쪽이 진실이면 다른 한쪽이 거짓인 경우
  1) A가 진실이고 B가 거짓인 경우, B가 진실이고 A가 거짓인 경우 두 가지로 나눌 수 있다.
  2) 두 가지 경우에서 각 발언의 진위 여부를 판단한다.
  3) 주어진 조건과 비교한다(범인의 숫자가 맞는지, 진실 또는 거짓을 말한 인원수가 조건과 맞는지 등).
- 두 명 이상의 발언 중 한쪽이 진실이면 다른 한쪽도 진실인 경우
  1) A와 B가 모두 진실인 경우, A와 B가 모두 거짓인 경우 두 가지로 나눌 수 있다.
  2) 두 가지 경우에서 각 발언의 진위 여부를 판단하여 범인을 찾는다.
  3) 주어진 조건과 비교한다(범인의 숫자가 맞는지, 진실 또는 거짓을 말한 인원수가 조건과 맞는지 등).

CHAPTER 05 수열추리 수열

> **유형분석**
> - 일반적인 수추리 문제로 제시된 수열을 통해 빈칸에 들어갈 알맞은 값을 찾는 문제이다.
> - 등차수열, 등비수열, 군수열, 피보나치수열 등의 개념을 익혀두고 적용하는 연습을 한다.

※ 일정한 규칙으로 수를 나열할 때, 빈칸에 들어갈 알맞은 수를 고르시오. [1~2]

01

| −6 50 18 10 −54 ( ) 162 0.4 |

① 2
② −1
③ 32
④ −18
⑤ 50

순차적으로 적용되는 규칙 확인

~~1. 각 항에 어떤 수를 사칙연산(+, −, ×, ÷)하는 규칙~~
②. 홀수 항, 짝수 항 규칙
3. 피보나치수열과 같은 계차를 이용한 규칙
4. 군수열을 활용한 규칙
5. 항끼리 사칙연산을 하는 규칙
6. 기타

02

$$-13 + 7 + 9 + -3 \underset{=0}{\Big/} 1 + 5 + -3 + -3 \underset{=0}{\Big/} 6 + -7 + 5 + (\ ) \underset{=0}{}$$

① -3 ② 5
③ -4 ④ 6
⑤ -8

> ✗ 각 항에 어떤 수를 사칙연산(+, −, ×, ÷)하는 규칙
> ✗ 홀수 항, 짝수 항 규칙
> ✗ 피보나치수열과 같은 계차를 이용한 규칙
> ④ 군수열을 활용한 규칙
> 5. 항끼리 사칙연산을 하는 규칙
> 6. 기타

정답 해설

01
홀수 항은 ×(−3)을 하는 수열이고, 짝수 항은 ÷5를 적용하는 수열이다.
따라서 ( )=10÷5=2이다.

정답 ①

02
수를 앞부터 4개씩 끊어 A, B, C, D라고 하자.
A B C D → A+B+C+D=0
6 −7 5 ( ) → 6−7+5+( )=0
따라서 ( )=−4이다.

정답 ③

> **⏰ 이거 알면 30초 컷!**
>
> 수열을 풀이할 때는 다음과 같은 규칙이 적용되는지를 순서대로 확인한다.
> 1. 각 항에 어떤 수를 사칙연산(+, −, ×, ÷)하는 규칙
> 2. 홀수 항, 짝수 항 규칙
> 3. 피보나치수열과 같은 계차를 이용한 규칙
> 4. 군수열을 활용한 규칙
> 5. 항끼리 사칙연산을 하는 규칙
> 6. 기타

MEMO

PART 2

기출복원문제

CHAPTER 01   2025년 하반기 기출복원문제
CHAPTER 02   2025년 상반기 기출복원문제
CHAPTER 03   2024년 하반기 기출복원문제
CHAPTER 04   2024년 상반기 기출복원문제
CHAPTER 05   2023년 하반기 기출복원문제
CHAPTER 06   2023년 상반기 기출복원문제
CHAPTER 07   2022년 하반기 기출복원문제
CHAPTER 08   2022년 상반기 기출복원문제
CHAPTER 09   2021년 하반기 기출복원문제
CHAPTER 10   2021년 상반기 기출복원문제
CHAPTER 11   2020년 하반기 기출복원문제
CHAPTER 12   2020년 상반기 기출복원문제
CHAPTER 13   2019년 하반기 기출복원문제
CHAPTER 14   2019년 상반기 기출복원문제

CHAPTER 01 | 2025년 하반기 기출복원문제

정답 및 해설 p.002

| 01 | 언어이해

01 다음 글에서 제시된 오리엔탈리즘의 작동방식과 거리가 먼 것은?

> 19세기 이후 서구 지식인들은 동양을 주제로 한 방대한 기록과 예술작품을 생산해 왔다. 이때의 '동양'은 실제 지역·민족·전통의 복합적 현실이라기보다는, 서구가 스스로를 합리·진보·세련의 주체로 정의하기 위해 설정한 '타자(他者)'로서의 동양이었다. 이러한 구성 행위는 단순한 오해나 왜곡을 넘어, 동양에 대한 담론을 장악함으로써 서구의 정치·경제적 지배를 정당화하는 기능을 했다.
> 특히 오리엔탈리즘은 '객관적 지식의 생산'이라는 학문적 외양을 띠면서도, 사실상 권력관계의 비대칭 속에서 구축된 담론이었다. 예를 들어, 서구 학자들은 특정 동양 문화의 일부 관습을 예외적 사례임에도 보편적 특성으로 일반화하거나, 동양 사회 내부의 복잡한 권력구조를 단순화해 '정체된 사회'라는 표상으로 고착했다. 그러나 이러한 서술은 동양 사회를 스스로 파악할 능력이 부족하다는 전제를 포함하기 때문에, 동양의 자기 정의(Self-representation)를 원천적으로 제약하는 효과를 갖는다.
> 한편, 현대에 들어 오리엔탈리즘의 영향력은 노골적 지배 이데올로기 차원을 넘어 더욱 미묘하게 작동한다. 정보·미디어·관광 산업 등에서 재생산되는 동양 이미지는 '이국적 매력'이나 '신비성'과 같은 긍정적 정서를 담고 있다 하더라도, 여전히 동양을 단일하고 정형화된 대상으로 인식하게 만든다. 이런 점에서 표면상 긍정적인 표현이라 하더라도 오리엔탈리즘적 시각을 강화할 수 있다는 비판이 제기된다. 즉, 오늘날 오리엔탈리즘은 노골적 차별보다 훨씬 은폐된 방식으로 문화 간 권력관계에 개입하고 있다.

① 동양의 자기 정의 능력을 제한하는 방식
② 동양 내부의 권력 구조를 단순화하여 '정체된 사회'로 묘사하는 방식
③ 동양의 일부 문화적 특성을 확대 해석하여 전체적 본질로 규정하는 방식
④ 관광 산업에서 특정 지역을 낭만적·신비롭게만 묘사해 이미지 소비를 유도하는 방식
⑤ 경제·정치 권력을 전혀 사용하지 않고 동양 자체가 스스로 오리엔탈리즘 이미지를 생산하는 방식

02 다음 글을 읽고 추론한 내용으로 적절하지 않은 것은?

> 소비자가 어떤 상품을 구매하기 위하여 지불할 용의가 있는 금액보다 실제로 지불한 가격이 낮아 얻는 이득을 소비자 잉여라고 하고, 생산자가 어떤 상품을 판매하여 얻은 실제 수입이 그 상품을 판매하여 꼭 얻어야겠다고 생각한 금액보다 많이 얻는 이득을 생산자 잉여라고 한다. 그리고 소비자 잉여와 생산자 잉여의 합을 총잉여라고 한다. 상품이 거래되지 않을 때에 비해 어떤 상품이 시장에서 거래될 때에 소비자 잉여는 소비자에게, 생산자 잉여는 생산자에게 혜택이 될 수 있다. 그런데 시장 가격을 임의의 수준으로 결정할 수 있는 독점적 지위를 가진 생산자는 소비자 잉여를 생산자의 이윤으로 흡수하기 위해 이부가격을 설정하기도 한다.
> '이부가격설정'이란 어떤 상품에 대하여 두 차례 가격을 치르도록 하는 방식이다. 즉 소비자로 하여금 특정한 상품을 이용할 수 있는 권리를 구입하게 한 다음, 상품을 이용하는 양에 비례하여 가격을 부담시키는 방식이다. 놀이공원 입장료와 놀이 기구 이용료를 생각해 보자. 독점적 지위에 있는 생산자는 놀이 기구 이용료와 별도로 놀이공원 입장료를 받아 두 차례 가격을 치르도록 할 수 있다. 이때 생산자는 놀이공원을 이용할 수 있는 권리인 입장료를 적절한 수준으로 결정해야 자신의 이익을 극대화할 수 있다. 입장료를 지나치게 높은 수준으로 매기면 다수의 소비자들이 이용을 포기할 것이고, 너무 낮은 수준으로 매기면 수입이 줄어들기 때문이다.
> 놀이공원 입장료를 결정하기 위해 먼저 생산자는 자신의 이익을 극대화하는 수준에서 놀이 기구 이용료를 결정한다. 놀이 기구를 이용할 소비자가 있다면 이들은 생산자가 정해 놓은 가격 이상을 지불할 용의를 가지고 있는 것이다. 놀이 기구를 이용할 소비자의 소비자 잉여는 지불할 용의가 있는 금액에서 실제로 지불하는 가격을 뺀 차이만큼 발생하게 되는데, 생산자는 소비자 잉여의 일부를 놀이공원의 입장료로 결정하여 소비자 잉여를 자신의 이윤으로 흡수할 수 있게 된다.

① 놀이공원은 시장에서 독점적 지위를 형성하고 있다.
② 독점 시장의 생산자는 시장 가격을 마음대로 정할 수 있다.
③ 총잉여에서 소비자 잉여를 제외하면 생산자 잉여를 구할 수 있다.
④ 이부가격 설정 시 놀이공원 입장료를 높게 책정할수록 수입이 늘어난다.
⑤ 실제 금액보다 소비자의 지불 용의 금액이 크면 소비자 잉여가 발생한다.

Easy

03 다음 문단을 논리적 순서대로 바르게 나열한 것은?

(가) 고전주의 예술관에 따르면 진리는 예술 작품 속에 이미 완성된 형태로 존재한다. 독자는 작가가 담아 놓은 진리를 '원형 그대로' 밝혀내야 하고 작품에 대한 독자의 감상은 언제나 작가의 의도와 일치해야 한다. 결국 고전주의 예술관에서 독자는 작품의 의미를 수동적으로 받아들이는 존재일 뿐이다. 하지만 작품의 의미를 해석하고 작가의 의도를 파악하는 존재는 결국 독자이다. 특히 현대 예술에서는 독자에 따라 작품에 대한 다양한 해석이 가능하다고 여긴다. 바로 여기서 수용미학이 등장한다.

(나) 이저는 텍스트 속에 독자의 역할이 들어있다고 보았다. 그러나 독자가 어떠한 역할을 수행할지는 정해져 있지 않기 때문에 독자는 텍스트를 읽는 과정에서 텍스트의 내용과 형식에 끊임없이 반응한다. 이러한 상호작용 과정을 통해 독자는 작품을 재생산한다. 텍스트는 다양한 독자에 따라 다른 작품으로 태어날 수 있으며, 같은 독자라도 시간과 장소에 따라 다른 작품으로 생산될 수 있는 것이다. 이처럼 텍스트와 독자의 상호작용을 강조한 이저는 작품의 내재적 미학에서 탈피하여 작품에 대한 다양한 해석의 가능성을 열어주었다.

(다) 야우스에 의해 제기된 독자의 역할을 체계적으로 정리한 사람이 '이저'이다. 그는 독자의 능동적 역할을 밝히기 위해 '텍스트'와 '작품'을 구별했다. 텍스트는 독자와 만나기 전의 것을, 작품은 독자가 텍스트와의 상호작용을 통해 그 의미가 재생산된 것을 가리킨다. 그런데 이저는 텍스트에는 '빈틈'이 많다고 보았다. 이 빈틈으로 인해 텍스트는 '불명료성'을 가진다. 텍스트에 빈틈이 많다는 것은 부족하다는 의미가 아니라 독자의 개입에 의해 언제나 새롭게 해석될 수 있다는 것을 의미한다.

(라) 수용미학을 처음으로 제기한 사람은 야우스이다. 그는 "문학사는 작품과 독자 간의 대화의 역사로 쓰여야 한다."고 주장했다. 이것은 작품의 의미는 작품 속에 갇혀 있는 것이 아니라 독자에 의해 재생산되는 것임을 말한 것이다. 이로부터 문학을 감상할 때 작품과 독자의 관계에서 독자의 능동성이 강조되었다.

① (가) – (다) – (라) – (나)   ② (가) – (라) – (다) – (나)
③ (나) – (가) – (다) – (라)   ④ (다) – (가) – (나) – (라)
⑤ (라) – (가) – (나) – (다)

04 다음 글의 내용으로 가장 적절한 것은?

> 복사 냉난방 시스템은 실내 공간과 그 공간에 설치되어 있는 말단 기기 사이에 열교환이 있을 때 그 열교환량 중 50% 이상이 복사 열전달에 의해서 이루어지는 시스템을 말한다. 우리나라 주거 건물의 난방방식으로 100% 가까이 이용되고 있는 온수온돌은 복사 냉난방 시스템 중 하나이며, 창 아래에 주로 설치되어 복사 열교환으로 실내를 냉난방하는 라디에이터 역시 복사 냉난방 시스템이다.
> 다양한 복사 냉난방 시스템 중에서도 최근 친환경 냉난방 설비에 대한 관심이 급증하면서 복사 냉난방 패널 시스템이 주목받고 있다. 복사 냉난방 패널 시스템이란 열매체로서 특정 온도의 물을 순환시킬 수 있는 회로를 바닥, 벽, 천장에 매립하거나 부착하여 그 표면온도를 조절함으로써 실내를 냉난방하는 시스템으로 열원, 분배기, 패널, 제어기로 구성된다.
> 열원은 실내에 난방 시 열을 공급하고, 냉방 시 열을 제거하는 열매체를 생산해내는 기기로, 보일러와 냉동기가 있다. 열원에서 생산되어 세대에 공급되는 냉온수는 냉난방에 필요한 적정 온도와 유량을 유지할 수 있어야 한다.
> 분배기는 열원에서 만들어진 냉온수를 압력 손실 없이 실별로 분배한 뒤 환수하는 장치로, 집중화된 온도와 유량을 조절하고 냉온수 공급 상태를 확인하며, 냉온수가 순환되는 성능을 개선하는 일을 수행할 수 있어야 한다. 우리나라의 경우는 난방용 온수 분배기가 주로 이용되어 왔으나, 냉방기에도 이용이 가능하다.
> 패널은 각 실의 바닥, 벽, 천장 표면에 설치되며, 열매체를 순환시킬 수 있는 배관 회로를 포함한다. 분배기를 통해 배관 회로로 냉온수가 공급되면 패널의 표면 온도가 조절되면서 냉난방 부하가 제어되어 실내 공간을 쾌적한 상태로 유지할 수 있게 된다. 이처럼 패널은 거주자가 머무는 실내 공간과 직접적으로 열을 교환하는 냉난방의 핵심 역할을 담당하고 있으므로 열교환이 필요한 시점에 효율적으로 이루어질 수 있도록 설계, 시공되는 것이 중요하다.
> 제어기는 냉난방 필요 여부를 판단하여 해당 실의 온도 조절 밸브를 구동하고, 열원의 동작을 제어함으로써 냉난방이 이루어지게 된다.
> 복사 냉난방 패널 시스템은 다른 냉난방 설비에 비하여 낮은 온도의 열매체로 난방이 가능하여 에너지 절약 성능이 우수할 뿐만 아니라 쾌적한 실내 온열 환경 조성에도 탁월한 기능을 발휘한다.
> ※ 복사 : 물체로부터 열이나 전자기파가 사방으로 방출됨
> ※ 열매체 : '열(따뜻한 기운)'과 '냉(차가운 기운)'을 전달하는 물질

① 분배기는 냉방기에도 이용이 가능하다.
② 열원은 냉온수를 압력 손실 없이 실별로 분배한 뒤 환수한다.
③ 패널은 난방 시 열을 공급하고 냉방 시 열을 제거하는 열매체를 생산한다.
④ 제어기는 각 실의 바닥, 벽, 천장 표면에 설치되어 열매체를 순환시킨다.
⑤ 복사 냉난방 패널 시스템은 열매체의 온도가 높아 난방 시 에너지 절약 성능이 뛰어나다.

Hard

05 다음 글의 내용으로 적절하지 않은 것은?

> 수용미학은 1960년 말 서독 문예학계에서 시작된 문학 연구의 한 방법론이다. 이 새로운 문학 연구방법론은 문학 작품의 역사성과 예술성이 독자, 즉 수용자의 작품 체험 속에 내재해 있다고 전제한다. 따라서 이 이론은 문학 텍스트 이해의 기준을 수용자의 '심미적 경험'에 두고, 문학 작품의 역사적, 심미적 연관성을 성찰하여 작품의 예술성을 해명하려는 새로운 이론이다. 이 이론의 주창자인 야우스는 기존의 문학 연구의 여러 방법들이 문학 작품 자체만을 관찰하는 '작품 내재적인 형식-심미적 관찰방법'과 작품과 관련된 주변 세계도 함께 관찰하는 '작품 외재적인 역사-사회적 관찰방법'으로 크게 구별된다고 보았다. 그는 이 양 극단의 연구 방법론의 시각은 무엇보다도 역사적 인식뿐만 아니라, 심미적 인식과 역사적 인식의 간격을 해결하기 위해서, 문학작품의 이해는 작가와 독자 사이에 텍스트와 독자 간의 대화를 통한 '작가-작품-독자'의 삼각관계 사이에서 이루어진다고 보았다. 따라서 그는 작가-작품 중심적인 이론의 접근 방식에서 텍스트-독자 중심적인 작품의 이해로 전환할 것을 강조한다.
>
> 따라서 수용미학은 '작품이란 그 생성과 수용방식과는 무관하게 영향을 미치고 작용한다.'는 전제 하에, 문학 텍스트의 자율성만을 중시한 고전미학의 작품 해석 태도를 비판한다. 이것은 수용미학이 문학 텍스트를 '작가-작품-독자 간의 의사소통과정'을 담고 있는 '소통 담당자'로 정의하고 있기 때문이다. 여기서 예술 작품이란 하나의 고정된 의미를 전달하는 '진리의 현현 양식'이 아니라 수용자의 작품 경험에서 그 내용의 의미가 비로소 활성화되고 구체화되는 '경험을 전달하는 매개체'로 해석된다. 이러한 견해에 따르면, 수용자를 통해 탄생된 '작품'은 작가의 생산물인 '텍스트' 이상의 것으로, 곧 텍스트가 '독자의 의식 속에서 재정비되어 다시 구성된 것'을 의미한다. 이처럼 작가에 의해 생산된 '텍스트'와 독자에 의해 다시 탄생하게 되는 '작품'을 구분하는 것은, 문학작품에는 작가에 의해 생산된 '예술적인 것'과 독자에 의해서 이루어지는 '심미적인 것'이라는 양극이 내포되어 있음을 시사한다.
>
> 그러므로 수용미학은 텍스트의 구조와 독서구조가 수용자의 심미적 경험에서 얽혀 짜이는 가운데 심미적으로 구체화되는 과정에 해석의 초점을 둔다. 따라서 수용미학적 해석은 "텍스트의 의미가 무엇인가?"하는 문제보다 오히려 "그것이 어떻게 파악되는가?"에 주목한다. 따라서 수용미학은 문학작품에 대한 우리의 인식을 생산에서 수용으로 전환할 것을 촉구한다.

① 수용미학은 실제 독자의 이해 과정에 초점을 맞추어 파악하려는 이론이다.
② 수용미학은 1960년대 말 시작된 새로운 문예학적 연구 방법론을 의미한다.
③ 수용미학의 주창자들은 기존의 문학 연구가 사회적 관찰방법을 도외시한다고 본다.
④ 수용미학은 문학 텍스트의 자율성에 근거했던 과거의 문학 연구 방법론을 비판한다.
⑤ 수용미학에 따르면 작가에 의해 생산된 텍스트는 독자에 의해 작품으로 재탄생한다.

02 자료해석

01 다음은 A~E과제에 대해 전문가 5명이 평가한 점수이다. 최종점수와 평균점수가 같은 과제끼리 바르게 짝지어진 것은?

〈과제별 점수 현황〉

(단위 : 점)

구분	A	B	C	D	E
전문가 1	100	80	60	80	100
전문가 2	70	60	50	100	40
전문가 3	60	40	100	90	( )
전문가 4	50	60	90	70	70
전문가 5	80	60	60	40	80
평균점수	( )	( )	( )	( )	70

※ 최종점수는 가장 낮은 점수와 가장 높은 점수를 제외한 평균점수임

① A, B
② B, C
③ B, D
④ B, E
⑤ D, E

Easy

02 다음은 주요 온실가스의 연평균 농도 변화 추이를 나타낸 자료이다. 이에 대한 설명으로 옳지 않은 것은?

〈주요 온실가스의 연평균 농도 변화 추이〉

구분	2018년	2019년	2020년	2021년	2022년	2023년	2024년
이산화탄소(CO_2, ppm)	387.2	388.7	389.9	391.4	392.5	394.5	395.7
오존전량(O_3, DU)	331	330	328	325	329	343	335

① 오존전량은 계속해서 증가하고 있다.
② 이산화탄소의 농도는 계속해서 증가하고 있다.
③ 오존전량이 가장 크게 감소한 해는 2024년이다.
④ 2024년 이산화탄소의 농도는 2019년보다 7ppm 증가했다.
⑤ 2024년 오존전량은 2018년의 오존전량보다 4DU 증가했다.

03 다음은 S사 입사시험의 응시자수 및 합격자수에 대한 자료이다. 2023년과 2022년의 응시자수 대비 합격자수의 비율의 차는?(단, 소수점 이하는 버린다)

〈응시자수 및 합격자수〉
(단위 : 명)

구분	2020년	2021년	2022년	2023년	2024년
응시자수	1,192	1,042	985	1,112	1,294
합격자수	291	283	245	297	312

① 1%p
② 2%p
③ 3%p
④ 4%p
⑤ 5%p

04 다음은 주요 선진국과 BRICs의 고령화율을 나타낸 자료이다. 이를 토대로 2010년 대비 3배 이상이 되는 나라를 〈보기〉에서 모두 고르면?

〈주요 선진국과 BRICs 고령화율〉
(단위 : %)

구분	한국	미국	프랑스	영국	독일	일본	브라질	러시아	인도	중국
1990년	5	12	14	13	15	11	4	10	2	5
2000년	7	12	16	15	16	17	5	12	3	6
2010년	11	13	20	16	20	18	7	13	4	10
2020년	15	16	20	20	23	28	9	17	6	11
2030년(예상치)	24	20	25	25	28	30	16	21	10	16
2040년(예상치)	33	26	30	32	30	36	21	26	16	25

보기
㉠ 한국
㉡ 미국
㉢ 일본
㉣ 브라질
㉤ 인도

① ㉠, ㉡, ㉢
② ㉠, ㉡, ㉣
③ ㉠, ㉣, ㉤
④ ㉡, ㉢, ㉤
⑤ ㉢, ㉣, ㉤

05

다음은 연도별 뺑소니 교통사고 통계 현황에 대한 자료이다. 이에 대한 〈보기〉의 설명 중 적절한 것을 모두 고르면?

〈연도별 뺑소니 교통사고 통계 현황〉

(단위 : 건, 명)

구분	2020년	2021년	2022년	2023년	2024년
사고건수	15,500	15,280	14,800	15,800	16,400
검거 수	12,493	12,606	12,728	13,667	14,350
사망자 수	1,240	1,528	1,850	1,817	1,558
부상자 수	9,920	9,932	11,840	12,956	13,940

- $[검거율(\%)] = \dfrac{(검거\ 수)}{(사고건수)} \times 100$
- $[사망률(\%)] = \dfrac{(사망자\ 수)}{(사고건수)} \times 100$
- $[부상률(\%)] = \dfrac{(부상자\ 수)}{(사고건수)} \times 100$

보기

㉠ 사고건수는 매년 감소하지만 검거 수는 매년 증가한다.
㉡ 2022년의 사망률과 부상률이 2023년의 사망률과 부상률보다 모두 높다.
㉢ 2022 ~ 2024년의 사망자 수와 부상자 수의 증감 추이는 반대이다.
㉣ 2021 ~ 2024년 검거율은 매년 높아지고 있다.

① ㉠, ㉡
② ㉠, ㉣
③ ㉡, ㉣
④ ㉢, ㉣
⑤ ㉠, ㉢, ㉣

| 03 | 창의수리

01 다음 〈조건〉에 따른 태풍 영향권의 넓이로 옳은 것은?(단, 태풍의 영향권은 원의 형태이며, 제시된 조건 외에 다른 사항은 고려하지 않고, 원주율은 3.14로 계산한다)

> **조건**
> - 해상에서 영향권의 반지름이 200km인 태풍이 발생하였다.
> - 발생한 태풍은 직선 방향으로 1,000km 이동하였다.
> - 이동 중 태풍의 세력이 감소하여 영향권의 반지름이 150km로 줄어들고, 이내 소멸하였다.

① 402,624km^2
② 424,655km^2
③ 446,580km^2
④ 448,125km^2
⑤ 501,165km^2

Easy

02 농도가 10%인 소금물 800g을 증발시켜 농도 16%의 소금물을 만들려고 한다. 1시간에 15g의 물이 증발되는 곳에 소금물을 놔뒀다면, 몇 시간이 걸리겠는가?

① 18시간
② 19시간
③ 20시간
④ 21시간
⑤ 22시간

03 A인터넷카페의 11월의 회원 수는 260명 미만이었고, 남녀의 비는 2:3이었다. 12월에는 남자보다 여자가 2배 더 가입하여 남녀의 비는 5 : 8이 되었고, 전체 회원 수는 320명을 넘었다. 12월 현재 전체 회원의 수는?

① 322명　　　　　　　　　　　② 323명
③ 324명　　　　　　　　　　　④ 325명
⑤ 326명

04 임원진 2명과 팀장 4명, 외부 인사 3명이 함께 원탁에 앉아 회의하려고 한다. 외부 인사들은 외부 인사들끼리 나란히 앉고 팀장들은 팀장들끼리 나란히 앉을 때, 팀장과 외부 인사 사이에 임원진이 앉을 수 있는 경우의 수는?(단, 임원진들끼리 나란히 앉을 수 없고 회전하여 일치하는 것은 같은 것으로 본다)

① 272가지　　　　　　　　　　② 288가지
③ 294가지　　　　　　　　　　④ 300가지
⑤ 396가지

05 원가가 2,000원인 제품에 15%의 마진을 붙여 정가로 판매하였다. 총 판매된 제품은 160개이고 그중 8개 제품에 하자가 발견되어 판매가격의 2배를 보상금으로 지불했을 때, 얻은 이익은 총 얼마인가?

① 10,800원　　　　　　　　　　② 11,200원
③ 18,200원　　　　　　　　　　④ 24,400원
⑤ 26,500원

04 언어추리

01 작곡가 A~D는 각각 피아노, 바이올린, 트럼펫, 플루트를 연주한다. 또한 피아노를 연주 하는 사람은 재즈를, 트럼펫과 바이올린을 연주하는 사람은 클래식을, 플루트를 연주하는 사람은 재즈와 클래식 모두를 연주한다. 4명 중 1명만 진실을 말했을 때, 다음 〈보기〉 중 옳은 것을 모두 고르면?(단, 악기는 중복 없이 1명당 한 악기만 연주할 수 있고 거짓은 모든 진술을 부정한다)

- A : 나는 피아노를 연주하지 않고, D는 트럼펫을 연주해.
- B : A는 플루트를 연주하지 않고, 나는 바이올린을 연주해.
- C : B는 피아노를 연주하고, D는 바이올린을 연주해.
- D : A는 플루트를 연주하고, C는 트럼펫을 연주하지 않아.

보기
㉠ A는 재즈를, C는 클래식을 연주한다.
㉡ B는 클래식을 연주한다.
㉢ C는 재즈와 클래식을 모두 연주한다.

① ㉠
② ㉡
③ ㉢
④ ㉠, ㉡
⑤ ㉡, ㉢

02 S사의 기획팀에서 근무하고 있는 직원 A~D 4명은 서로의 프로젝트 참여 여부에 대하여 다음과 같이 진술하였고, 이들 중 단 1명만이 진실을 말하였다고 할 때, 반드시 프로젝트에 참여하는 사람은 누구인가?

- A : 나는 프로젝트에 참여하거나, B가 프로젝트에 참여하지 않는다.
- B : A와 C 중 적어도 1명은 프로젝트에 참여한다.
- C : 나와 B 중 적어도 1명은 프로젝트에 참여하지 않는다.
- D : B와 C 중 1명이라도 프로젝트에 참여한다면, 나도 프로젝트에 참여한다.

① A
② B
③ C
④ D
⑤ 없음

03 S병원에는 현재 5명의 심리상담사가 근무 중이다. 얼마 전 시행한 감사 결과 이들 중 1명이 근무시간에 자리를 비운 것이 확인되었다. 5명의 심리상담사 중 3명이 진실을 말하고 2명이 거짓을 말한다고 할 때, 다음 중 거짓을 말하고 있는 심리상담사를 모두 고르면?

조건
- A: B는 진실을 말하고 있어요.
- B: 제가 근무시간에 C를 찾아갔을 때, C는 자리에 없었어요.
- C: 근무시간에 자리를 비운 사람은 A입니다.
- D: 저는 C가 근무시간에 밖으로 나가는 것을 봤어요.
- E: D는 어제도 근무시간에 자리를 비웠어요.

① A, B ② A, D
③ B, C ④ B, D
⑤ C, E

04 아름이는 연휴를 맞아 유럽 일주를 할 계획이다. 하지만 시간 관계상 벨기에, 프랑스, 영국, 독일, 오스트리아, 스페인 중 4개 국가만 방문하고자 한다. 다음 조건에 따라 방문할 국가를 고를 때, 아름이가 방문하지 않을 국가끼리 바르게 짝지어진 것은?

조건
- 스페인은 반드시 방문한다.
- 프랑스를 방문하면 영국은 방문하지 않는다.
- 오스트리아를 방문하면 스페인은 방문하지 않는다.
- 벨기에를 방문하면 영국도 방문한다.
- 오스트리아, 벨기에, 독일 중 적어도 2개 국가를 방문한다.

① 영국, 프랑스 ② 벨기에, 독일
③ 영국, 벨기에 ④ 오스트리아, 프랑스
⑤ 독일, 오스트리아

Easy
05 다음 중 〈조건〉의 결과에 따라 순위를 바르게 나열한 것은?

조건
- 결승선에 민수가 철수보다 늦게 들어왔다.
- 결승선에 영희가 민수보다 먼저 들어왔다.
- 결승선에 영희가 철수보다 늦게 들어왔다.

① 철수 – 영희 – 민수 ② 영희 – 민수 – 철수
③ 영희 – 철수 – 민수 ④ 철수 – 민수 – 영희
⑤ 민수 – 영희 – 철수

| 05 | 수열추리

※ 일정한 규칙으로 수를 나열할 때, 빈칸에 들어갈 알맞은 수를 고르시오. [1~3]

01

| 27 | 81 | 9 | 243 | 3 | 729 | ( ) |

① 1
② 2
③ 4
④ 6
⑤ 8

02

| 14 | 22 | $\frac{43}{2}$ | 43 | 51 | $\frac{101}{2}$ | 101 | ( ) |

① 105
② 109
③ 116
④ 125
⑤ 168

03

| 2 ( ) 10 | 4 −3 −10 | −5 2 −8 |

① 4
② 6
③ 8
④ 12
⑤ 14

04 일정한 규칙으로 수를 나열할 때, A÷B의 값은?

| (A) | 64 | 32 | 16 | 8 | (B) |

① 4 ② 16
③ 32 ④ 64
⑤ 128

05 다음 수열의 10번째 항의 값은?

| 3 | 4 | 5 | 11 | 7 | 18 | … |

① 32 ② 34
③ 35 ④ 38
⑤ 40

CHAPTER 02 | 2025년 상반기 기출복원문제

정답 및 해설 p.010

| 01 | 언어이해

※ 다음 글의 내용으로 적절하지 않은 것을 고르시오. [1~2]

01

> 일상에서 전지는 없어서는 안 될 중요한 역할을 한다. 스마트폰, 리모컨, 시계 등 다양한 기기들이 전지를 통해 작동하며, 덕분에 우리는 언제 어디서나 편리하게 전자기기를 사용할 수 있다. 전지는 화학에너지를 전기에너지로 변환하는 장치로, 크게 1차 전지와 2차 전지로 나눌 수 있다.
> 1차 전지는 한 번 사용하면 더 이상 충전하거나 재사용할 수 없는 전지로, 알카라인 전지, 망간 전지, 리튬 1차 전지 등이 대표적인 예시이다. 주로 저전력으로 오랜 시간 작동해야 하는 리모컨, 벽시계, 손전등 등에 많이 사용된다. 1차 전지는 에너지 밀도가 높고 장기간 보관해도 성능이 잘 유지된다는 장점이 있지만, 한 번 사용 후 폐기해야 하므로 재사용이 불가능하고, 대량 폐기로 인한 환경오염 문제도 발생할 수 있다.
> 반면 2차 전지는 충전과 방전을 반복할 수 있는 전지다. 리튬 이온 전지, 납축전지, 니켈-수소 전지 등이 대표적이며 주로 스마트폰, 노트북, 전기차 등 반복해서 충전이 필요한 기기에 주로 사용된다. 2차 전지는 여러 번 사용할 수 있어 장기적으로 경제적이고, 자원 낭비를 줄일 수 있다는 장점이 있지만 초기 구입비용이 높고, 일부 소재는 독성이나 폭발 위험 등 안전성 문제가 제기되기도 한다.
> 1차 전지와 2차 전지의 가장 큰 차이는 재사용 여부다. 1차 전지는 한 번 쓰고 버려야 하지만, 2차 전지는 여러 번 충전해 쓸 수 있다. 화학 반응 면에서도 1차 전지는 비가역적이지만, 2차 전지는 가역적인 반응을 이용한다. 그러므로 용도와 예시, 장단점도 서로 다르다. 하지만 두 전지 모두 화학에너지를 전기에너지로 바꾸는 기본 원리는 같으며 모두 양극, 음극, 전해질로 구성되어 있고, 내부에서 일어나는 화학 반응을 통해 전류가 흐른다.
> 최근에는 2차 전지 기술이 빠르게 발전하고 있다. 특히 전기차와 재생에너지 저장장치 등 다양한 첨단 산업에서 2차 전지의 중요성이 크게 부각되고 있으며, 친환경 소재 개발과 효율 향상도 활발히 이루어지고 있다. 이러한 흐름에 맞춰 전 세계적으로 2차 전지 기술을 선점하기 위한 경쟁이 치열하게 전개되고 있으며, 각국은 미래 시장을 주도하기 위해 연구개발과 투자를 아끼지 않고 있다.

① 일반적으로 1차 전지보다 2차 전지의 구입비용이 높다.
② 1차 전지와 2차 전지의 가장 큰 차이점은 재사용의 가능 여부이다.
③ 미래 산업에서는 1차 전지보다 2차 전지의 가치가 더욱 높을 것이다.
④ 1차 전지는 주로 간단한 장비에 쓰이며, 2차 전지는 주로 첨단 장비에 쓰인다.
⑤ 1차 전지는 전지 내부의 물리적 반응으로 전류가 흐르고, 2차 전지는 화학적 반응을 통해 전류가 흐른다.

02

대상포진은 일상에서 흔히 접할 수 있는 질환 중 하나로, 특히 면역력이 약해진 사람들에게서 자주 발생한다. 대상포진에 걸리게 되면 평소 건강하다고 느끼던 사람도 어느 날 갑자기 극심한 통증과 함께 피부에 띠 모양의 발진이 나타나면서 일상생활에 큰 불편을 겪게 된다. 대상포진은 한 번쯤 들어봤을 법한 이름이지만, 실제로 어떤 질환인지, 왜 생기는지 그리고 어떻게 치료할 수 있는지에 대해 제대로 아는 경우는 많지 않다.

대상포진은 수두 – 대상포진 바이러스에 의해 발생한다. 과거에 수두에 걸린 적이 있다면 대상포진 바이러스가 몸속 신경절에 잠복해 있다가 면역력이 약해지는 시기에 다시 활성화되는데, 이때 신경을 따라 피부로 퍼지면서 띠 모양의 발진과 수포, 심한 통증을 유발한다. 주로 몸통이나 얼굴 한쪽에 국한되어 나타나는 것이 특징이며, 통증이 매우 심해 잠을 이루기 힘들 정도로 일상생활에 악영향을 준다. 대상포진은 60세 이상의 고령자, 만성질환자, 과로 또는 스트레스로 인해 면역력이 저하된 사람들에게서 더 흔하게 발생한다.

대상포진이 생기면 가능한 한 빨리 항바이러스제 투여 등의 치료를 시작해야 한다. 항바이러스제를 발진이 생긴 뒤 3일 이내에 복용하는 것은 바이러스가 더 퍼지는 것을 막고, 증상을 빨리 가라앉히는 데 큰 도움이 된다. 대상포진의 치료가 어려운 것은 특유의 신경통 때문인데, 적절하고 빠른 조치는 이러한 신경통도 줄여주는 효과가 있다. 그러나 통증이 심한 경우에는 진통제를 함께 써야 하며, 필요한 경우 마취와 같은 신경차단술을 병행하기도 한다. 특히 치료를 받는 동안에는 충분한 휴식과 영양 섭취, 감염된 부위의 청결 유지가 필수적이다.

대상포진은 예방이 무엇보다 중요하다. 50세 이상 성인이나 면역력이 약한 사람은 대상포진 예방접종을 통해 발병 위험을 크게 줄일 수 있다. 한 번의 접종으로 상당 기간 대상포진에 대한 면역력을 유지할 수 있기 때문에 예방접종은 고령층이나 만성질환자에게 적극 권장된다. 또한 평소 규칙적인 운동과 균형 잡힌 식사, 충분한 휴식 등 생활습관 개선을 통해 면역력을 강화하는 것도 대상포진 예방에 도움이 된다. 이처럼 대상포진은 누구에게나 찾아올 수 있지만, 예방과 관리로 충분히 극복할 수 있는 질환이다.

① 60세 이하인 사람도 대상포진에 쉽게 감염될 수 있다.
② 이전에 수두에 걸리지 않으면 대상포진에 걸리지 않는다.
③ 생활습관 개선을 통해 면역력을 강화하는 것은 대상포진 예방에 큰 도움이 된다.
④ 당뇨 등의 만성질환으로 인해 면역력이 저하된 사람일 경우 대상포진 예방접종이 필요하다.
⑤ 대상포진은 눈에 띄지 않지만 오랜 기간 진행될 경우 통증을 유발하므로 사전에 검진이 필요하다.

Easy
03 다음 글의 내용으로 가장 적절한 것은?

우리가 세계지도를 펼쳐보며 익숙하게 느끼는 경도와 위도 그리고 대륙의 윤곽은 수많은 시행착오와 발견의 역사를 거쳐 완성된 것으로, 그 시작점 중 하나가 바로 2세기 그리스 – 로마 시대에 등장한 프톨레마이오스의 세계지도다. 프톨레마이오스의 세계지도는 단순한 상상이 아니라, 프톨레마이오스가 집필한 『지리학』을 바탕으로 천체 관측과 좌표 계산을 통해 체계적으로 만들어진 고대 과학의 산물이었다. 곡선의 경도와 위도선을 처음으로 도입했다는 점에서 당시 지구가 구형임을 인식했다는 점도 눈여겨볼 수 있다.

프톨레마이오스의 세계지도에서는 카나리아 제도가 경도 0도로 설정되어 있고, 동쪽으로 180도, 남북으로는 적도를 기준으로 80도까지의 세계가 펼쳐진다. 지도에는 지중해와 인도양이라는 두 개의 내해가 뚜렷하게 구분되어 있으며 유럽, 중동, 인도, 실론 섬(현재의 스리랑카), 인도차이나반도, 중국 등 다양한 지역이 포함되어 있다. 아프리카 대륙의 남쪽은 동쪽으로 길게 뻗어 동남아시아와 연결된 육지로 그려졌고, 실론 섬은 실제보다 훨씬 크게 묘사되었다. 카스피해는 현대와 달리 동서로 길게 표현되었으며 나일강의 수원지는 '달의 산맥'이라는 이름으로 표기되어 있다. 또한 인도는 인더스 강과 갠지스 강 사이에 실제보다 작게 나타나고, 말레이반도는 '황금반도'로 그 너머에는 태국 만과 남중국해가 합쳐진 '거대한 만(Magnus Sinus)'이 자리하여 당시의 사람들이 어떤 세계관을 가지고 있었는지 직접적으로 보여준다.

그러나 프톨레마이오스의 세계지도에는 현재와는 다른 부정확한 표현들이 적지 않다. 이러한 오류들은 당시의 과학적 한계와 정보 부족에서 비롯된 것이다. 정밀한 측정 도구가 없어 경도 측정이 부정확했고, 여행자와 상인, 군사 원정대 등으로부터 전해들은 단편적인 지식에 의존하다 보니 실제와 다른 지형이나 크기가 지도에 반영될 수밖에 없었다. 실론 섬이 지나치게 크게 그려진 것, 아프리카가 동남아시아와 연결된 육지로 표현된 것 등은 모두 프톨레마이오스가 얻을 수 있었던 제한된 자료와 관측 기술의 한계를 보여준다. 이러한 점들은 프톨레마이오스의 세계지도가 고대의 세계관과 지리 지식을 반영하는 동시에 그 시대의 한계를 고스란히 담고 있음을 시사한다.

그러나 이 지도의 영향력은 고대에 머물지 않았다. 프톨레마이오스의 『지리학』은 9세기 이슬람 세계에서 아랍어로 번역되어 이슬람 학자들에게 큰 영향을 주었고, 15세기 초에는 라틴어로 번역되어 유럽에 다시 소개되었다. 원본 지도는 남아 있지 않지만 13세기 말 비잔틴 수도사들이 좌표 기록을 바탕으로 재구성한 판본이 전해진다. 이후 15세기 인쇄술이 발달하면서 이 지도는 유럽 각지에 널리 보급되었고, 르네상스와 대항해 시대 탐험가들에게도 새로운 영감과 정보를 제공했다. 프톨레마이오스의 세계지도는 고대의 지리 지식과 세계관을 집대성한 결정체로, 이후 지도 제작과 지리학 발전에 중요한 이정표가 되었다.

① 지도에서 곡선의 경도와 위도선은 이슬람 학자들이 처음으로 사용하였다.
② 프톨레마이오스의 세계지도는 그리스 – 로마 시대의 세계관을 보여주는 지도이다.
③ 프톨레마이오스의 세계지도는 객관적인 실측으로만 제작된 최초의 세계지도이다.
④ 프톨레마이오스의 세계지도는 당대의 발전된 인쇄술을 통해 유럽 각지에 널리 보급되었다.
⑤ 프톨레마이오스의 시대에서는 지구의 모습이 구형임을 인식하지 못하고, 평평하다고 생각하였다.

04 다음 글을 읽고 추론한 내용으로 가장 적절한 것은?

한국의 고령화는 세계에서 가장 빠른 속도로 진행되고 있다. 2025년에는 65세 이상 인구 비중이 20%를 넘어서며 본격적인 초고령사회에 진입한다. 이에 따라 과거에는 노년층이 경제의 주변부로 여겨졌지만, 최근에는 '그레이 르네상스'라는 말이 나올 정도로 시니어층이 소비와 사회 변화를 이끄는 주체로 떠오르고 있다. 특히 경제력과 건강을 갖춘 '액티브 시니어', 디지털 환경에 익숙한 '디지털 시니어' 등 다양한 모습의 노년층이 등장하면서 시니어 산업이 새로운 성장 동력으로 주목받고 있다.

시니어 산업은 매우 다양한 분야로 세분화된다. 먼저 시니어 하우징 분야에서는 전통적인 실버타운을 넘어 자립 생활이 가능한 시니어 레지던스, 커뮤니티형 주거단지 등 다양한 주거 형태가 등장하고 있다. 이들의 주거 공간은 단순 거주 기능을 넘어 건강관리, 취미활동, 커뮤니티 형성 등 삶의 질을 높이는 서비스를 결합해 제공한다. 자산관리와 금융 분야도 빠르게 성장 중이다. 은퇴설계, 연금, 자산관리 서비스 등 시니어의 경제적 안정과 맞춤형 금융 상품에 대한 수요가 크게 늘고 있다.

건강관리와 요양·돌봄 분야 역시 시니어 산업의 핵심이다. 만성질환 관리, 건강식품, 의료기기, 원격진료 등 헬스케어 산업이 빠르게 발전하고 있으며, 방문요양, 돌봄 로봇, 스마트 모니터링 시스템 등 첨단 기술을 접목한 돌봄 서비스도 확산되고 있다. 특히 최근에는 웨어러블 기기를 통해 건강 데이터를 실시간으로 수집·분석하고, 이상 징후를 즉시 의료진이나 가족에게 알리는 시스템 등 인공지능과 사물인터넷을 활용한 스마트 헬스케어 서비스가 주목받고 있다.

여가와 문화, 교육 분야도 시니어 산업에서 빠질 수 없다. 여행, 평생교육, 취미활동, 문화예술 프로그램 등 시니어의 자기계발과 사회참여를 지원하는 다양한 서비스가 주목받고 있으며 최근에는 시니어 맞춤형 여행상품, 온라인 강좌, 문화예술 동아리 등이 인기를 끌고 있다. 마지막으로 고령층의 사회 참여와 일자리 창출도 중요한 이슈다. 단순한 생계형 일자리에서 벗어나 전문성과 경험을 살리는 것을 주요 목적으로 멘토링, 사회공헌 등의 활동이 각광받고 있다.

시니어 산업은 앞으로도 시장 규모가 지속적으로 성장할 것으로 전망된다. 고령화가 가져올 사회적 도전과 함께 기술 융합과 서비스 혁신을 통해 새로운 기회가 계속해서 창출될 것이다. 사회적 돌봄 인프라 강화, 디지털 격차 해소 등 해결해야 할 과제도 많지만, 시니어 산업은 결국 한국 사회의 미래를 이끌 중요한 산업이 될 것으로 전망된다.

① 요양원 운영은 대표적인 시니어 하우징 사업이다.
② 갈수록 심해지는 고령화는 시니어 산업의 성장을 이끌어낼 것이다.
③ 시니어 사업은 디지털 격차로 인해 전통적인 기술이 선호되는 사업이다.
④ 그레이 르네상스는 첨단 기기를 잘 다루는 노년층이 등장하면서 시작되었다.
⑤ 고령층 일자리 창출 사업의 목적은 노인의 자립을 위한 생계형 일자리 제공이다.

05 다음 문단을 논리적 순서대로 바르게 나열한 것은?

(가) 이처럼 사대부들의 시조는 심성 수양과 백성의 교화라는 두 가지 주제로 나타난다. 이는 사대부들이 재도지기(載道之器), 즉 문학을 도(道)를 싣는 수단으로 보는 효용론적 문학관에 바탕을 두었기 때문이다. 이때 도(道)란 수기의 도와 치인의 도라는 두 가지 의미를 지니는데, 강호가류의 시조는 수기의 도를, 오륜가류의 시조는 치인의 도를 표현한 것이라 할 수 있다.

(나) 한편, 오륜가류는 백성들에게 유교적 덕목인 오륜을 실생활 속에서 실천할 것을 권장하려는 목적으로 창작한 시조이다. 사대부들이 관직에 나아가면 남을 다스리는 치인(治人)을 위해 최선을 다했고, 그 방편으로 오륜가류를 즐겨 지었던 것이다. 오륜가류는 쉬운 일상어를 활용하여 백성들이 일상생활에서 마땅히 행하거나 행하지 말아야 할 것들을 명령이나 청유 등의 어조로 노래하였다. 이처럼 오륜가류는 유교적 덕목인 인륜을 실천함으로써 인간과 인간이 이상적 조화를 이루고, 이를 통해 천하가 평화로운 상태까지 나아가는 것을 주요 내용으로 하였다.

(다) 조선시대 시조 문학의 주된 향유 계층은 사대부들이었다. 그들은 '사(士)'로서 심성을 수양하고 '대부(大夫)'로서 관직에 나아가 정치 현실에 참여하는 것을 이상으로 여겼다. 세속적 현실 속에서 나라와 백성을 위한 이념을 추구하면서 동시에 심성을 닦을 수 있는 자연을 동경했던 것이다. 이러한 의식의 양면성에 기반을 두고 시조 문학은 크게 강호가류(江湖歌類)와 오륜가류(五倫歌類)의 두 가지 경향으로 발전하게 되었다.

(라) 강호가류는 자연 속에서 한가롭게 지내는 삶을 노래한 것으로, 시조 가운데 작품 수가 가장 많다. 강호가류가 크게 성행한 시기는 사화와 당쟁이 끊이지 않았던 16~17세기였다. 세상이 어지러워지자 정치적 이상을 실천하기 어려웠던 사대부들은 정치 현실을 떠나 자연으로 회귀하였다. 이때 사대부들이 지향했던 자연은 세속적 이익과 동떨어진 검소하고 청빈한 삶의 공간이자 안빈낙도(安貧樂道)의 공간이었다. 그 속에서 사대부들은 강호가류를 통해 자연과 인간의 이상적 조화를 추구하며 자신의 심성을 닦는 수기(修己)에 힘썼다.

① (다) - (나) - (가) - (라) ② (다) - (라) - (나) - (가)
③ (라) - (나) - (가) - (다) ④ (라) - (다) - (가) - (나)
⑤ (라) - (다) - (나) - (가)

02 자료해석

01 다음은 S업체의 총예산 및 인건비에 대한 자료이다. S업체가 하루 동안 고용할 수 있는 최대 인원은?

〈S업체 총예산 및 인건비〉

(단위 : 원)

총예산	본예산	500,000
	예비비	100,000
1인당 인건비	수당	50,000
	산재보험료	(수당)×0.504%
	고용보험료	(수당)×1.3%

① 10명 ② 11명
③ 12명 ④ 13명
⑤ 14명

Easy

02 다음은 갑국의 총인구 및 인구성장률 추이에 대한 자료이다. 이에 대한 설명으로 옳은 것은?

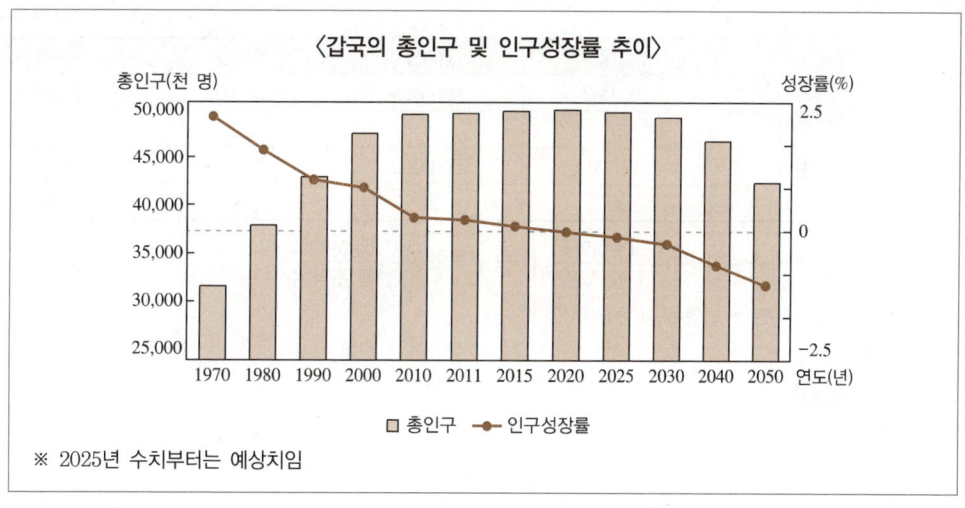

〈갑국의 총인구 및 인구성장률 추이〉

※ 2025년 수치부터는 예상치임

① 인구성장률은 2025년에 잠시 증가하다가 다시 감소할 것이다.
② 2011년부터 총인구는 감소할 것이다.
③ 2000 ~ 2010년 기간보다 2025 ~ 2030년 기간의 인구증가가 덜할 것이다.
④ 2040년의 총인구는 1990년 총인구보다 적을 것이다.
⑤ 총인구는 2000년부터 감소세를 보이고 있다.

03 다음은 S인터넷쇼핑몰의 1～4월 판매내역에 대한 자료이다. 이의 일부는 잉크가 번져 보이지 않는 상황이다. 이때 1～4월까지의 총반품금액에 대한 4월 반품금액의 비율에서 1～4월까지의 총배송비에 대한 1월 배송비의 비율을 뺀 값은?

〈S인터넷쇼핑몰 판매내역〉
(단위 : 원)

구분	판매금액	반품금액	취소금액	배송비	매출
1월	2,400,000	300,000			1,870,000
2월	1,700,000		160,000	30,000	1,360,000
3월	2,200,000	180,000	140,000		1,840,000
4월			180,000	60,000	1,990,000
합계	8,800,000	900,000		160,000	7,060,000

※ (매출)＝(판매금액)－(반품금액)－(취소금액)－(배송비)

① 11.25%p ② 11.5%p
③ 11.75%p ④ 12%p
⑤ 12.25%p

Hard
04 다음은 A～D기업 4곳에 대한 자료이다. 이에 대한 〈보기〉의 설명 중 옳은 것을 모두 고르면? (단, 〈보기〉의 내용은 A, B, C, D기업의 예로 한정한다)

〈A～D기업 조사 자료〉
(단위 : 천 원)

구분	A기업	B기업	C기업	D기업
자기자본	100,000	500,000	250,000	80,000
액면가	5	5	0.5	1
순이익	10,000	200,000	125,000	60,000
주식가격	10	15	8	12

※ (자기자본 순이익률)＝$\frac{(순이익)}{(자기자본)}$, (주당 순이익)＝$\frac{(순이익)}{(발행 주식 수)}$

※ (자기자본)＝(발행 주식 수)×(액면가)

보기
㉠ 주당 순이익은 A기업이 가장 낮다.
㉡ 주당 순이익이 높을수록 주식가격이 높다.
㉢ D기업의 발행 주식 수는 A기업의 발행 주식 수의 4배이다.
㉣ 자기자본 순이익률은 C기업이 가장 높고, A기업이 가장 낮다.

① ㉠   ② ㉡
③ ㉠, ㉣   ④ ㉡, ㉢
⑤ ㉠, ㉢, ㉣

05 다음은 상품별 판매 가격 및 권장 소비자 가격과의 괴리율에 대한 자료이다. 제시된 〈조건〉을 적용했을 때, 할인가 판매 시 권장 소비자 가격과의 괴리율이 가장 높은 상품은?(단, 괴리율은 소수점 이하 둘째 자리에서 버림한다)

〈상품별 판매 가격 및 권장 소비자 가격과의 괴리율〉

(단위 : 원, %)

구분	판매 가격		권장 소비자 가격과의 괴리율	
	정상가	할인가	권장 소비자 가격	정상가 판매 시 괴리율
세탁기	600,000	580,000	640,000	6.2
무선청소기	175,000	170,000	181,000	3.3
오디오세트	470,000	448,000	493,000	4.6
골프채	750,000	720,000	786,000	4.5
운동복	195,000	180,000	212,500	8.2

조건

- [권장 소비자 가격과의 괴리율(%)] = $\dfrac{[(\text{권장 소비자 가격})-(\text{판매 가격})]}{(\text{권장 소비자 가격})} \times 100$
- 정상가 : 할인 판매를 하지 않는 상품의 판매 가격
- 할인가 : 할인 판매를 하는 상품의 판매 가격

① 세탁기　　　　　　　　　　② 무선청소기
③ 오디오세트　　　　　　　　④ 골프채
⑤ 운동복

| 03 | 창의수리

01 A씨는 S산 입구에서 정상으로 향하는 등산로를 이용해 시속 1.8km의 속력으로 등산하였고, 정상에서 30분 휴식한 뒤, 올라왔던 등산로를 통해 시속 2.4km의 속력으로 하산하였다. 등산에 총 4시간이 소요되었을 때, A씨가 이용한 등산로의 거리는?(단, A씨의 등산 및 하산 속력은 각각 일정하게 유지되었다고 가정한다)

① 3.0km ② 3.2km
③ 3.4km ④ 3.6km
⑤ 3.8km

Easy

02 S사의 작년 직원 수는 모두 100명이었다. 올해 신입사원 선발 결과, 남직원은 전년 대비 10%, 여직원은 전년 대비 20% 증가하여 전체 직원 수는 총 114명이 되었다. 올해 증가한 남직원의 수는?

① 2명 ② 4명
③ 6명 ④ 8명
⑤ 10명

03 S고등학교의 학생 A ~ C 3명은 각자 다른 농도의 소금물을 가지고 있다. A는 농도 6%의 소금물, B는 농도 2%의 소금물, C는 농도 10%의 소금물을 가지고 있다. A와 B가 비커에 본인의 소금물을 각각 150g씩 부었을 때, 농도 5%의 소금물을 만들기 위해 C가 부어야 하는 소금물의 양은?

① 60g ② 70g
③ 80g ④ 90g
⑤ 100g

04 축구 경기를 하고 있는 A, B팀이 승부차기를 하고 있다. 어느 팀이든 한 골만 넣으면 경기가 바로 끝나는 상황일 때, 양 팀이 한 번씩 승부차기를 한 후에도 경기가 끝나지 않을 확률은?(단, A팀과 B팀의 승부차기 성공률은 각각 70%, 40%이다)

① 0.11
② 0.18
③ 0.28
④ 0.36
⑤ 0.46

05 예지는 원가가 1,000원인 음료수 500병을 구매하고 여기에 이윤을 붙여 공연장에서 판매하려 하였다. 그런데 운송 과정에서 100병이 파손되어 폐기하였다. 예지가 남은 음료수를 모두 판매한 결과 18만 원의 이익이 남았다면, 예지가 정가를 책정할 때 원가에 곱한 이윤의 비율은?

① 40%
② 45%
③ 55%
④ 65%
⑤ 70%

04 | 언어추리

01 제시된 명제가 모두 참일 때, 항상 참이 아닌 것은?

> • A가 선발되지 않으면, D가 선발된다.
> • A가 선발되면, C는 선발되지 않는다.
> • B가 선발되면, C도 선발된다.

① A가 선발되면, B도 선발된다.
② C가 선발되면, D도 선발된다.
③ B가 선발되면, A는 선발되지 않는다.
④ D가 선발되지 않으면, B도 선발되지 않는다.
⑤ D가 선발되지 않으면, C도 선발되지 않는다.

02 제시된 명제가 모두 참일 때, 항상 참인 것은?

> • 영서, 연수, 수희, 주림 4명은 서로의 키를 비교해 보았다.
> • 영서는 연수보다 크다.
> • 연수는 수희보다 작다.
> • 주림이는 가장 작지는 않지만, 수희보다는 작다.
> • 수희는 두 번째로 크다.
> • 키가 같은 사람은 아무도 없다.

① 수희가 제일 크다.
② 연수가 세 번째로 크다.
③ 연수는 주림이보다 크다.
④ 영서는 주림이보다 작다.
⑤ 연수가 가장 작다.

Easy

03 2인조 도난 사건에 대한 용의자로 A ~ E 5명이 지목되었다. 이들 중 거짓을 말하는 사람이 단 1명일 때, 범인 2명은?

> - A : B가 범인이면, D도 범인이다.
> - B : 범인 중 1명은 진실을 말하고 있다.
> - C : E는 범인이다.
> - D : C의 진술이 참이라면, B는 범인이다.
> - E : 나는 범인이 아니고, A가 범인이다.

① A, B ② A, C
③ B, D ④ B, E
⑤ D, E

Hard

04 다음 글의 내용이 참일 때, 항상 참인 것은?

> 만일 A정책이 효과적이라면, 부동산 수요가 조절되거나 공급이 조절된다. 만일 부동산 가격이 적정 수준에서 조절된다면, A정책이 효과적이라고 할 수 있다. 그리고 만일 부동산 가격이 적정 수준에서 조절된다면, 물가 상승이 없다는 전제하에서 서민들의 삶이 개선된다. 부동산 가격은 적정 수준에서 조절된다. 그러나 물가가 상승한다면, 부동산 수요가 조절되지 않고 서민들의 삶도 개선되지 않는다. 물론 물가가 상승한다는 것은 분명하다.

① 서민들의 삶이 개선된다.
② 부동산 공급이 조절된다.
③ A정책이 효과적이라면, 물가가 상승하지 않는다.
④ A정책이 효과적이라면, 부동산 수요가 조절된다.
⑤ A정책이 효과적이라도, 부동산 가격은 적정 수준에서 조절되지 않는다.

05 5층인 S빌라에 A ~ E 5명이 살고 있다. 다음 대화에서 1명이 거짓을 말하고 있다면, 거짓을 말하는 사람은?(단, 5명 모두 다른 층에 살고 있다)

> - A : C는 가장 위에 살고 있어.
> - B : D의 바로 위층에는 C가 살고 있어.
> - C : E보다 위에 사는 사람은 총 4명이야.
> - D : C의 바로 아래층에는 B가 살고 있어.
> - E : 내 바로 위층에는 A가 살고, 나는 D와 2층 차이가 나.

① A ② B
③ C ④ D
⑤ E

| 05 | 수열추리

※ 일정한 규칙으로 수를 나열할 때, 빈칸에 들어갈 수로 알맞은 것을 고르시오. [1~2]

01

| 3　1　7　5　11　9　15　(　)　19 |

① 10　　　　　　　　　　② 13
③ 15　　　　　　　　　　④ 18
⑤ 21

02

| $\frac{1}{6}$　$\frac{1}{3}$　$\frac{1}{2}$　$\frac{2}{3}$　$\frac{5}{6}$　(　) |

① $\frac{1}{6}$　　　　　　　　　　② $\frac{3}{5}$
③ $\frac{4}{7}$　　　　　　　　　　④ 1
⑤ 6

03 다음 수열에서 120번째 항의 값은?

| $\frac{2}{3}$　$\frac{2}{5}$　$\frac{2}{7}$　$\frac{2}{9}$　… |

① $\frac{2}{121}$　　　　　　　　　② $\frac{2}{123}$
③ $\frac{2}{231}$　　　　　　　　　④ $\frac{2}{239}$
⑤ $\frac{2}{241}$

04 일정한 규칙으로 수를 나열할 때, A-B의 값은?

| 11 | 10 | (A) | 15 | 103 | (B) | 310 | 28 |

① 11
② 12
③ 13
④ 14
⑤ 15

Easy
05 일정한 규칙으로 수를 나열할 때, X×Y의 값은?

| 2 | 9 | 17 | (X) | 5 | 19 | 8 | 7 | 55 | 10 | (Y) | 19 |

① 3
② 8
③ 21
④ 28
⑤ 53

CHAPTER 03 | 2024년 하반기 기출복원문제

정답 및 해설 p.018

| 01 | 언어이해

01 다음 글의 주제로 가장 적절한 것은?

> 인간의 존엄성, 자유, 평등과 같은 가치는 문화, 사회, 시대를 넘어 대부분의 사람들이 공유하고 동의하는 가치관인 보편적 가치로 알려져 있다. 그러나 보편적 가치는 사회에서 규정된 법과 서로 상충하는 경우가 생긴다. 예를 들어 난민 문제에서는 인도주의적 가치와 국가 안보를 위한 필요성이 서로 충돌할 수 있다. 이와 같이 보편적 가치와 법이 충돌하는 것은 기원전 고대 그리스의 소포클레스의 희곡 『안티고네』에서도 나타나고 있다.
> 오이디푸스의 딸인 안티고네는 두 명의 오빠 에테오클래스, 폴리네이케스가 있었는데, 이 두 명은 고대 폴리스인 테베의 왕권을 두고 전쟁을 하던 중 죽게 된다. 에테오클래스와 폴리네이케스가 죽고 난 뒤 왕위에 오른 안티고네의 외숙부 크레온은 에테오클래스는 성대하게 장례를 치러 주었지만, 외세의 군대를 끌고 온 폴리네이케스는 들판에 버려두어 누구든지 장례를 치르거나 애도를 한다면 사형에 처할 것이라고 공표한다. 그러나 안티고네는 자신의 양심에 따라 오빠인 폴리네이케스가 들판에 버려져 있는 것을 볼 수 없어 그의 시신을 묻어주었다가 붙잡힌다. 크레온은 자신의 명령을 어긴 안티고네에게 분노하여 그녀가 굶어 죽도록 산 채로 무덤에 가둔다. 이때 테베의 유명한 장님 예언가인 테이레시아스가 크레온을 찾아와 신의 법도에 따라 행동한 안티고네를 가두었으니 곧 큰 불행이 올 것이라고 예언하게 된다. 이에 크레온은 자신의 결정을 후회하고 안티고네를 풀어주려고 하였으나, 이미 안티고네는 무덤 속에서 목을 매달아 스스로 목숨을 끊은 상태였다. 이 사건으로 인해 크레온의 아들이자 안티고네의 약혼자인 하이몬은 아버지를 죽이려다 실패하여 스스로 목숨을 끊었고, 하이몬의 어머니이자 크레온의 아내인 에우리디케도 남편을 저주하며 목숨을 끊는 연속적인 비극이 일어나게 된다.
> 안티고네의 비극적 죽음은 개인의 신념과 사회적 법 사이의 충돌을 보여주고 있다. 이는 앞서 말한 것과 같이 고대 그리스에 한정된 것이 아니라 시대를 초월하여 현재에도 발생하는 문제로서 신념과 법이 충돌할 때 인간이 도덕적이기 위해서 어떤 선택을 해야 하는지 의문을 던지는 작품이다.

① 테베 내전의 정치적 갈등과 권력 다툼
② 개인의 양심과 사회적 질서의 차이 분석
③ 고대 그리스 시기 신의 법도가 가지는 의미
④ 개인의 의무와 국가의 권위 사이의 갈등과 결과
⑤ 자연법과 실정법 사이의 상충과 도덕적인 인간의 선택

Easy

02 다음 글을 읽고 추론한 내용으로 적절하지 않은 것은?

> 최근 자동차 회사에서는 친환경 에너지 시대에 맞춰 내연기관 대신 전기를 이용하는 전기 자동차를 생산하기 위해 많은 노력을 기울이고 있다. 전기 자동차에서 가장 중요한 기술을 꼽는다면 단연 2차 전지 기술일 것이다. 2차 전지(Secondary Cell)는 일회용 건전지와 달리 충전을 통해 반복해서 사용할 수 있는 전지를 말한다. 기존의 내연기관 자동차에서 시동을 걸 때 사용하는 납축 전지 또한 최초로 발명된 2차 전지이다. 2차 전지는 일반적으로 양극, 음극, 전해질, 분리막으로 구성되어 있다. 외부에서 전기를 2차 전지에 공급하면 2차 전지 내의 이온이 전해질을 통해 분리막을 넘어 한쪽 극으로 이동하게 되고, 2차 전지의 전기를 사용할 때는 다시 반대편 극으로 이온이 이동하면서 전기를 발생시키게 된다. 이와 같이 2차 전지는 이온이 극과 극으로 이동하면서 충전과 방전을 할 수 있는 전지이다.
>
> 현재 2차 전지에는 다양한 종류가 있다. 앞서 말했던 납축 전지가 최초의 2차 전지이며 이 외에도 니켈 카드뮴 전지, 니켈 수소 전지가 있지만, 가장 유명한 2차 전지는 스마트폰, 노트북, 전기 자동차 등 다양한 분야에서 사용되는 리튬 이온 전지이다. 리튬 이온 전지는 높은 에너지 밀도, 긴 수명, 빠른 충전 속도 등의 장점을 가져 미래 2차 전지 시장을 주도하고 있지만, 과방전 시의 전지 손상, 과충전 시의 폭발 사고 등 한계점을 가져 앞으로 더욱 많은 연구 및 개선이 필요한 전지이다.
>
> 그럼에도 불구하고 2차 전지는 친환경 에너지 시대를 실현하는 데 필수적인 역할을 한다. 전기 자동차의 장거리 주행, 신재생 에너지의 안정적인 공급, 스마트 그리드 구축 등 다양한 분야에서 활용되고 있으며, 탄소중립을 위한 필수 기술 중의 하나로 세계 곳곳에서는 더욱 높은 에너지 밀도, 빠른 충전 속도, 긴 수명, 안전한 사용 등 발전된 2차 전지를 개발하기 위해 많은 노력을 기울이고 있다. 대표적인 차세대 2차 전지로는 고체 전해질을 사용하는 전고체 전지, 황을 양극으로 사용하는 리튬 황 전지, 금속을 음극에, 공기를 양극에 사용하는 금속 공기 전지, 나트륨 이온 전지, 칼륨이나 마그네슘을 사용하는 다가이온 전지가 있으며, 이 외에도 소재 개발 및 제조 공정 연구도 활발하게 이루어지고 있다.
>
> 2차 전지는 우리의 삶을 편리하게 만들고 지속 가능한 미래를 위한 필수적인 기술이다. 차세대 2차 전지 기술은 다양한 산업 분야의 혁신을 이끌어낼 것이다. 안전성, 효율 등 해결해야 할 문제는 산적해 있지만 막대한 부가가치를 가지고 있으므로 새로운 시대를 열어갈 핵심 기술이 될 것이다.

① 2차 전지의 발전은 미래 산업의 혁신을 이끌어낼 것이다.
② 과충전 및 과방전은 2차 전지의 성능 및 수명을 단축시킨다.
③ 지속 가능한 개발을 위해 앞으로 2차 전지의 중요성이 더욱 강조될 것이다.
④ 최초의 2차 전지인 납축 전지는 현재까지도 전기 자동차의 시동을 걸 때 사용된다.
⑤ 2차 전지 내부의 이온은 전해질을 통해 양쪽의 극으로 이동하며 전기를 발생시킨다.

03 다음 글을 읽고 공공재·공공자원의 실패에 대한 해결책으로 적절하지 않은 것은?

재화와 서비스는 소비를 막을 수 있는지에 따라 배제성이 있는 재화와 배제성이 없는 재화로 분류한다. 또 어떤 사람이 소비하면 다른 사람이 소비할 기회가 줄어드는지에 따라 경합성이 있는 재화와 경합성이 없는 재화로 구분한다. 공공재는 배제성과 경합성이 없는 재화이며, 공공자원은 배제성이 없으면서 경합성이 있는 재화이다.

공공재는 수많은 사람에게 일정한 혜택을 주는 것으로 사회적으로 반드시 생산돼야 하는 재화이다. 하지만 공공재는 '무임승차' 문제를 낳는다. 무임승차 문제란 사람들이 어떤 재화와 서비스의 소비로 일정한 혜택을 보지만, 어떤 비용도 지불하지 않는 것을 말한다. 이런 공공재가 가진 무임승차 문제 때문에 공공재는 사회 전체가 필요로 하는 수준보다 부족하게 생산되거나 아예 생산되지 않을 수 있다. 어떤 사람이 막대한 비용을 들여 누구나 공짜로 소비할 수 있는 국방 서비스, 치안 서비스 같은 공공재를 제공하려고 하겠는가.

공공재와 마찬가지로 공공자원 역시 원하는 사람이면 누구나 공짜로 사용할 수 있다. 그러나 어떤 사람이 공공자원을 사용하면 다른 사람은 사용에 제한을 받는다. 배제성은 없으나 재화의 경합성만이 존재하는 이러한 특성 때문에 공공자원은 '공공자원의 비극'이라는 새로운 형태의 문제를 낳는다. 공공자원의 비극이란 모두가 함께 사용할 수 있는 공공자원을 아무도 아껴 쓰려고 노력하지 않기 때문에 머지않아 황폐해지고 마는 현상이다.

바닷속의 물고기는 어느 특정한 사람의 소유가 아니기 때문에 누구나 잡을 수 있다. 먼저 잡는 사람이 임자인 셈이다. 하지만 물고기의 수량이 한정돼 있다면 나중에 잡는 사람은 잡을 물고기가 없을 수도 있다. 이런 생각에 너도 나도 앞다투어 물고기를 잡게 되면 얼마 가지 않아 물고기는 사라지고 말 것이다. 이른바 공공자원의 비극이 발생하는 것이다. 공공자원은 사회 전체가 필요로 하는 수준보다 지나치게 많이 자원을 낭비하는 결과를 초래한다.

이와 같은 공공재와 공공자원이 가지는 문제를 해결하는 방안은 무엇일까? 공공재는 사회적으로 매우 필요한 재화와 서비스인데도 시장에서 생산되지 않는다. 정부는 공공재의 특성을 가지는 재화와 서비스를 직접 생산해 공급한다. 예를 들어 정부는 국방, 치안 서비스 등을 비롯해 철도, 도로, 항만, 댐 등 원활한 경제 활동을 간접적으로 뒷받침해 주는 사회간접자본을 생산한다. 이때 사회간접자본의 생산량은 일반적인 상품의 생산량보다 예측이 까다로울 수 있는데, 이용하는 사람이 국민 전체이기 때문에 그 수가 절대적으로 많을 뿐만 아니라 배제성과 경합성이 없는 공공재로서의 성격을 띠기 때문에 그러한 면도 있다. 이러한 문제를 해결하기 위해서 국가는 공공투자사업 전 사회적 편익과 비용을 분석하여 적절한 사업의 투자 규모 및 진행 여부를 결정한다.

공공자원은 어느 누구의 소유도 아니다. 너도 나도 공공자원을 사용하면 금세 고갈되고 말 것이다. 정부는 각종 규제로 공공자원을 보호한다. 공공자원을 보호하기 위한 규제는 크게 사용 제한과 사용 할당으로 구분할 수 있다. 사용 제한은 공공자원을 민간이 이용할 수 없도록 막아두는 것이다. 예를 들면 주인이 없는 산을 개발 제한 구역으로 설정하여 벌목을 하거나 개발하여 수익을 창출하는 행위를 할 수 없도록 하는 것이다. 사용 할당은 모두가 사용하는 것이 아닌, 일정 기간에 일정한 사람만 사용할 수 있도록 이용 설정을 해두는 것을 말한다. 예를 들어 어부가 포획할 수 있는 수산물의 수량과 시기를 정해 놓는 법이 있다. 이렇게 되면 무분별하게 공공자원이 사용되는 것을 피하고 사회적으로 필요한 수준에서 공공자원을 사용할 수 있다.

① 가로수의 은행을 따는 사람들에게 벌금을 부과한다.
② 치안 불안 해소를 위해 지역마다 CCTV를 설치한다.
③ 주인 없는 목초지에서 풀을 먹일 수 있는 소의 마릿수를 제한한다.
④ 국립공원에 사는 야생동물을 사냥하지 못하도록 하는 법을 제정한다.
⑤ 항상 붐비는 공용 주차장을 요일별로 이용 가능한 자동차를 정하여 사용한다.

04 다음 문단을 논리적 순서대로 바르게 나열한 것은?

(가) 다행히 성인 ADHD는 치료가 가능한 질환으로 보통 약물 치료와 비약물 치료를 병행한다. 약물 치료는 '염산메틸페니데이트' 등의 중추신경 자극제를 통해 집중력을 높이고 충동성을 감소시키는 데 도움을 준다. 비약물 치료에는 대표적으로 인지행동치료가 있는데 잘못된 생각과 행동 패턴을 바꾸고 스트레스 관리 능력을 향상시키는 데 도움을 준다. 이와 같이 약물 치료와 인지행동치료는 대표적인 ADHD 치료 방법으로 'ADHD의 표준 치료'라고도 불린다.

(나) 이처럼 ADHD는 성인에게도 나타날 수 있으며 성인이라고 숨겨야 할 질병은 더더욱 아니다. 많은 사람들이 ADHD로 인해 어려움을 겪고 있지만 적절한 치료와 관리를 통해 충분히 일상생활에 적응하고 성공적인 삶을 살 수 있다. 충동성, 주의력 결핍 등의 문제로 일상생활이 어려울 경우 주저하지 말고 전문가의 도움을 받는 것이 좋다.

(다) 주의력 결핍 및 과잉행동 장애(ADHD; Attention Deficit / Hyperactivity Disorder)는 연령이나 발달 수준에 비하여 주의력이 부족하여 일상생활에 지장이 있는 병적 상태를 의미한다. ADHD라고 하면 주로 뛰어다니고 산만한 아이들을 떠올리기 쉽다. 하지만 ADHD는 어른에게도 나타날 수 있는 질환이며, 성인 ADHD는 단순히 주의가 산만한 것을 넘어 일상생활 전반에 어려움을 초래할 수 있다.

(라) ADHD의 정확한 원인은 아직 밝혀지지 않았지만 유전적인 요인, 뇌 기능 이상, 환경적인 요인 등이 복합적으로 작용하는 것으로 알려져 있다. 특히 뇌의 도파민과 노르에피네프린과 같은 신경전달물질의 불균형이 ADHD와 깊은 관련이 있다는 연구 결과도 있다.

(마) 성인 ADHD는 어린 시절과 달리 과잉 행동보다는 주의력 결핍과 충동성이 더 두드러지는 경우가 많다. 업무에 집중하기 어렵고 자꾸 딴 생각을 하거나 일을 미루는 경향이 있다. 또한, 물건을 자주 잃어버리거나 약속 시간을 잘 지키지 못하는 등 조직적인 생활이 어렵다. 이 외에도 불안, 우울, 자존감 저하 등 다양한 정신적인 어려움을 겪기도 한다.

① (나) - (가) - (다) - (마) - (라)
② (나) - (라) - (마) - (가) - (다)
③ (다) - (가) - (나) - (라) - (마)
④ (다) - (마) - (라) - (가) - (나)
⑤ (라) - (다) - (가) - (나) - (마)

05 다음 글의 내용으로 적절하지 않은 것은?

> SNS에서 큰 인기를 얻은 디저트, 유명 연예인이 입었던 옷 등 우리는 일상생활에서 유행에 따라 소비욕구가 생기게 된다. 이는 단순히 물건을 구매하는 행위를 넘어 타인의 소비 행동을 따라하는 '모방소비' 현상을 보여준다.
>
> 모방소비는 다른 사람, 특히 유명인사나 인플루언서가 선택한 제품이나 서비스를 따라 소비하는 행동을 말한다. 이러한 소비는 단순히 상품을 구매하는 것을 넘어서, 자신의 사회적 지위나 개성을 표현하는 방식으로 나타날 수 있다. 예를 들어, 인기 있는 연예인이 착용한 의류나 사용하는 뷰티 제품을 구매하거나, 소셜 미디어에서 유행하는 트렌드에 맞춰 소비하는 경우가 이에 해당한다.
>
> 모방소비가 발생하는 이유는 여러 가지가 있다. 사회적 비교 이론에 따르면 사람들은 타인과의 비교를 통해 자신의 정체성을 확립하고 자신감을 얻으려 한다. 특히 유명인사나 동료들의 소비 행동을 따라 함으로써 사회적 소속감을 느끼려는 경향이 있다. 미디어와 광고의 영향도 크다. 미디어는 특정 제품이나 라이프스타일을 이상화하고, 이를 소비하는 것이 사회적 지위나 성공의 지표처럼 묘사한다. 사회적 압력도 한 원인인데, 특정 소비 트렌드나 제품을 사용하지 않으면 사회적 지위나 인정을 받지 못할 것이라는 불안감이 소비를 촉진시킨다.
>
> 이러한 모방소비는 여러 가지 문제점을 발생시킨다. 가장 큰 문제는 경제적 부담의 증가이다. 유명인사나 트렌드를 따라 하다 보면 불필요하게 고가의 제품을 구매하게 되고, 이는 결과적으로 경제적 부담으로 이어진다. 또한 개인의 정체성 상실이 일어날 수 있다. 타인의 소비를 따라 하다 보면 자신만의 취향과 개성을 찾기 어려워지고, 결국 남과 똑같은 소비를 반복하게 된다. 이 외에도 환경적인 문제도 발생할 수 있는데, 소비되는 제품이 단기적인 유행에 맞춰 빠르게 생산되고 소비되기 때문에 자원의 낭비와 환경오염을 초래할 수 있다.
>
> 그렇다면 모방소비의 문제를 해결하기 위해서는 어떻게 해야 할까? 가장 중요한 것은 소비자 교육이다. 소비자 스스로 광고와 미디어의 영향을 비판적으로 분석하고, 자신의 필요와 효용에 맞는 소비를 할 수 있도록 교육을 통해 도와주어야 한다. 또한 사회적 압력의 감소도 필요하다. 과도한 소비를 부추기는 사회적 분위기를 완화하고 개인의 취향과 선택을 존중하는 문화가 뒷받침되어야 할 것이다. 특히 광고나 콘텐츠가 소비를 과도하게 유도하지 않도록 규제하고 긍정적인 소비문화를 확산시킬 수 있도록 미디어의 책임 또한 중요하다.

① 모방소비는 개인의 취향과 소비에 대한 성찰을 어렵게 한다.
② 모방소비는 사람의 심리적 과정에서 자연스럽게 발생하는 것이다.
③ 개인의 필요와 소비 효용을 극대화시키기 위해 모방소비가 발생한다.
④ 모방소비 문제를 해결하기 위해서는 각종 매체의 책임 있는 역할이 필요하다.
⑤ 모방소비는 자신이 필요하지 않아도 다른 사람의 소비 행위를 따라서 소비하는 것이다.

| 02 | 자료해석

Easy

01 다음은 S사의 2023년 1분기 ~ 2024년 2분기의 영업이익, 영업수익, 영업비용에 대한 자료이다. 빈칸에 들어갈 수로 옳은 것은?

〈2023년 1분기 ~ 2024년 2분기 영업이익, 영업수익, 영업비용〉

(단위 : 억 원)

구분	2023년 1분기	2023년 2분기	2023년 3분기	2023년 4분기	2024년 1분기	2024년 2분기
영업이익	200,000	185,000	176,000	193,000	186,000	220,000
영업수익	637,000	658,000	676,000	676,000	662,000	750,000
영업비용	437,000	473,000	500,000		476,000	530,000

① 453,000
② 463,000
③ 473,000
④ 483,000
⑤ 493,000

02 다음은 2019 ~ 2023년 P시 및 Q시의 학생 수 현황에 대한 자료이다. 학생 수가 일정한 규칙을 보일 때, 2025년의 P시와 Q시의 학생 수의 차이는?

〈P시 및 Q시 학생 수 현황〉

(단위 : 명)

구분	2019년	2020년	2021년	2022년	2023년
P시	940	910	880	850	820
Q시	920	915	905	890	870

① 50명
② 55명
③ 60명
④ 65명
⑤ 70명

03

다음은 K공단에서 조사한 2018 ~ 2023년 건강보험 진료비 및 약품비 현황에 대한 자료이다. 이에 대한 설명으로 옳지 않은 것은?

〈건강보험 진료비 및 약품비 현황〉

(단위 : 억 원)

구분	2018년	2019년	2020년	2021년	2022년	2023년
진료비	750,000	810,000	820,000	890,000	980,000	1,050,000
약품비	180,000	200,000	210,000	220,500	245,000	260,000

① 약품비는 항상 진료비의 25% 이하이다.
② 2023년의 약품비는 2018년 대비 약 44% 증가하였다.
③ 진료비는 2023년에 처음으로 100조 원을 초과하였다.
④ 진료비 증가액이 전년 대비 가장 큰 해는 2022년이다.
⑤ 약품비 증가액이 전년 대비 가장 작은 해는 2020년이다.

04

다음은 2023년 S국의 쌀, 보리, 콩, 수수, 귀리의 수입 및 수출량에 대한 자료이다. 이에 대한 설명으로 옳은 것은?

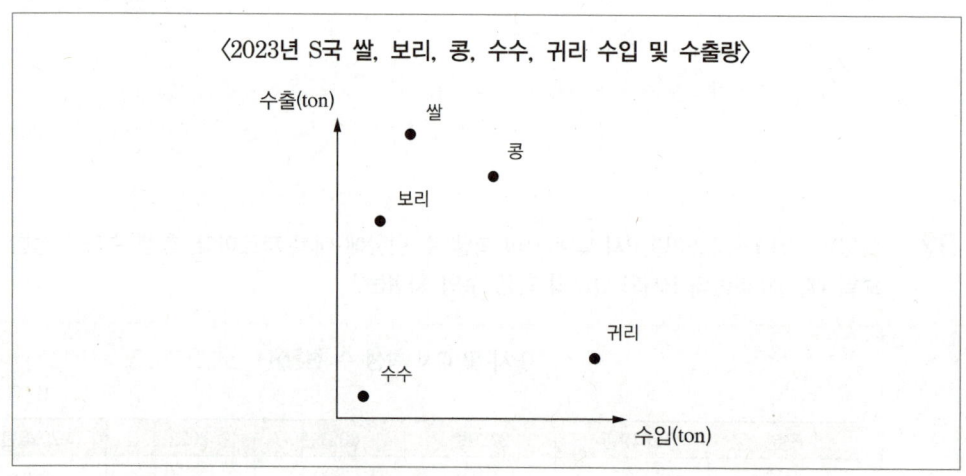

① 수입량이 가장 많은 곡식은 쌀이다.
② 수출량이 가장 많은 곡식은 귀리이다.
③ 보리는 수입량 대비 수출량이 가장 크다.
④ 수수는 수입량과 수출량 모두 가장 적다.
⑤ 콩은 수입량과 수출량 모두 세 번째로 많다.

05 다음은 2001 ~ 2023년 국제학업성취도평가 중 읽기 항목의 점수에 대한 자료이다. 이에 대한 〈보기〉의 설명 중 옳지 않은 것을 모두 고르면?

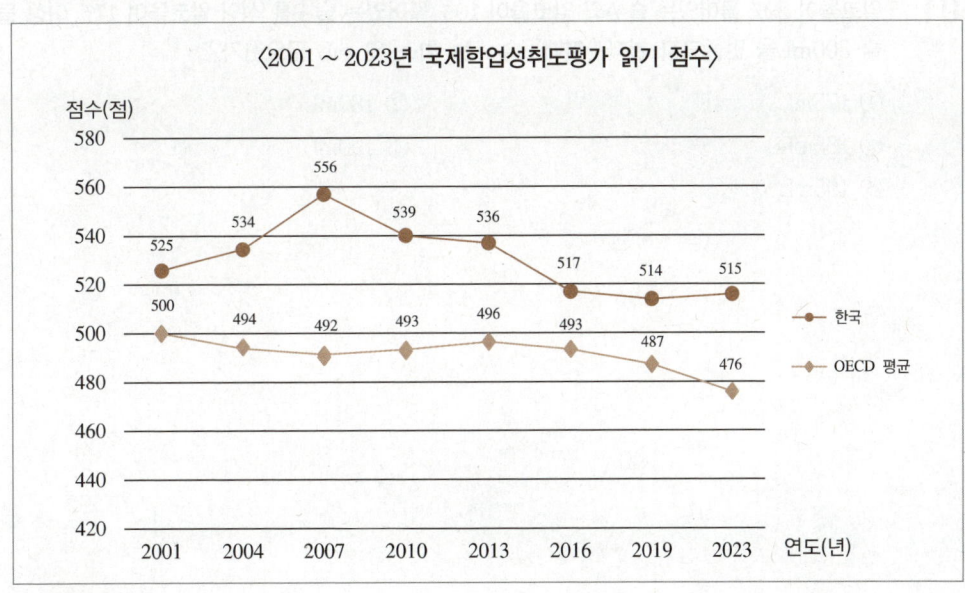

> **보기**
>
> 경제협력개발기구(OECD)의 주관하에 3년 주기로 시행하고 있는 국제학업성취도평가는 크게 수학, 읽기, 과학을 평가하고 있다. 위의 자료는 읽기 항목 점수에 대한 자료이며, ㉠ 한국은 항상 OECD 평균보다 높은 성적을 기록하고 있다. 특히 2007년의 읽기 점수는 2001 ~ 2023년 중 가장 높은 점수를 기록하였으며, ㉡ OECD 평균 점수와의 차이는 2023년이 가장 큰 것으로 기록되었다. 하지만 이후로 점수가 하락세를 보였으며, 비록 2023년에는 점수가 소폭 상승하였으나 전체적으로는 하락세를 보였다. 한편, ㉢ OECD 평균 읽기 점수는 2013년 이후 하락하였다. 이는 스마트폰 등 전자기기의 영향이 큰 것으로 전문가들은 추측하고 있다.

① ㉡
② ㉢
③ ㉠, ㉡
④ ㉡, ㉢
⑤ ㉠, ㉡, ㉢

| 03 | 창의수리

01 알코올이 22% 들어있는 술 A와 알코올이 10% 들어있는 술 B를 섞어 알코올이 17% 이상 들어있는 술 300mL을 만들고자 한다. 이때, 술 A는 최소 몇 mL 필요한가?

① 175mL
② 180mL
③ 185mL
④ 190mL
⑤ 195mL

02 S사 구내식당에서 판매하는 A햄버거와 B햄버거는 1,800원을 더 지불하면 세트메뉴로 변경할 수 있다. 또한 B햄버거 단품 가격이 A햄버거 단품 가격보다 400원 더 저렴하다고 한다. A햄버거와 B햄버거 모두 세트메뉴로 2개씩 변경하여 구매할 때 29,200원을 지불해야 한다면, B햄버거 단품의 가격은?

① 5,100원
② 5,300원
③ 5,500원
④ 5,700원
⑤ 5,900원

Easy
03 호수에 40m의 간격으로 나무를 심었더니 50그루를 심을 수 있었다. 이 호수에 25m 간격으로 나무를 심는다면 모두 몇 그루를 심을 수 있겠는가?

① 80그루
② 85그루
③ 90그루
④ 95그루
⑤ 100그루

04 15t 물탱크에 초당 20L를 채울 수 있는 A호스와 초당 90L를 채울 수 B호스를 이용하여 물을 채우고 있다. 하지만 실수로 초당 50L를 빼내는 C호스를 열면서 물을 채웠다고 한다. 이때, 물탱크에 물을 가득 채우는 데 걸리는 시간은?(단, 물 1L는 1kg으로 환산한다)

① 4분 10초 ② 4분 20초
③ 4분 30초 ④ 4분 40초
⑤ 4분 50초

Hard 05 S마을에서 운행 중인 순환선 마을버스가 4대 있는데, 이 버스를 1대 더 늘리면 배차간격이 2분 줄어든다고 한다. 마을버스의 평균 속력이 30km/h일 때, 이 버스의 순환 노선의 길이는?(단, 각 정거장의 길이와 버스 간의 거리는 모두 같고, 버스의 평균 속력은 변하지 않는다)

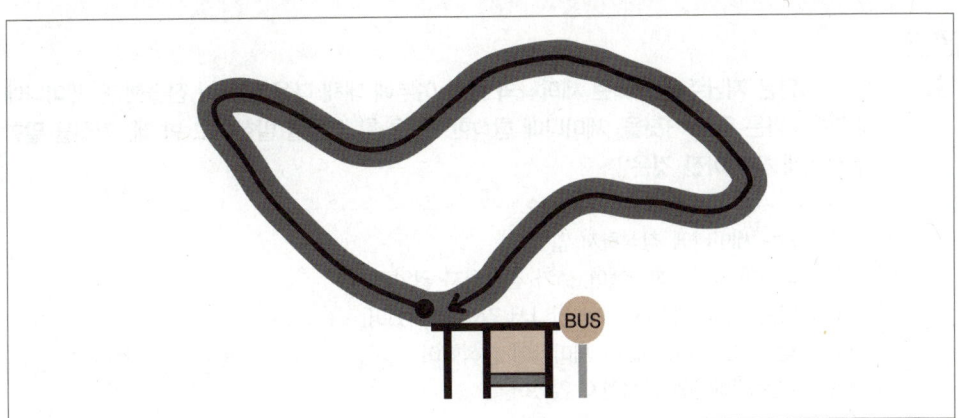

① 20km ② 30km
③ 40km ④ 50km
⑤ 60km

| 04 | 언어추리

01 간밤에 S회사에서 보관 중인 중요 문서가 도난당했다. 회사는 A ~ D 4명을 용의자로 지목했으며, 범인은 이들 중 1명이다. 다음 용의자들의 진술 중 문서를 훔친 범인은 항상 거짓을, 범인이 아닌 사람은 항상 참을 말한다고 할 때, 중요 문서를 훔친 사람은?

- A : D가 범인이야.
- B : C가 말한 것이 사실이라면 범인은 A나 D 중 1명이야.
- C : 나와 D는 범인이 아니야.
- D : B와 C는 범인이 아니야.

① A
② B
③ C
④ D
⑤ 알 수 없음

Easy

02 A ~ E 5명은 지난주에 개최된 세미나의 참석 여부에 대해 다음과 같이 진술했다. 세미나에 참석하지 않은 2명은 항상 거짓을, 세미나에 참석한 3명은 항상 참을 말한다고 할 때, 거짓을 말한 사람끼리 바르게 짝지어진 것은?

- A : B는 세미나에 참석하지 않았어.
- B : 아니야, 나는 참석했어. A가 참석하지 않았어.
- C : 나는 세미나실에서 D와 만나서 같이 참석했어.
- D : 맞아. C는 나랑 같이 세미나에 참석했어.
- E : A는 세미나에 참석하지 않았어.

① A, B
② A, E
③ B, E
④ C, D
⑤ D, E

03 다음 〈조건〉과 같이 A ~ E 5명이 일렬로 줄을 설 때, D는 왼쪽에서 몇 번째에 위치하는가?

조건
- A ~ E 5명은 왼쪽부터 오른쪽까지 일렬로 줄을 선다.
- A와 D 사이에는 1명이 있다.
- E는 B보다 왼쪽에 위치하며 둘 사이에는 2명이 있다.
- C의 오른쪽에는 D가 있다.

① 첫 번째　　　　　　　　　　② 두 번째
③ 세 번째　　　　　　　　　　④ 네 번째
⑤ 다섯 번째

Hard

04 TV광고 모델에 지원한 A ~ G 7명 중에서 2명이 선발되었다. 선발 내용에 대하여 5명이 다음 〈조건〉과 같이 진술하였다. 이 중 3가지 진술만 참일 때, 항상 선발되는 사람은?

조건
- A, B, G는 모두 탈락하였다.
- E, F, G는 모두 탈락하였다.
- C와 G 중에서 1명만 선발되었다.
- A, B, C, D 중에서 1명만 선발되었다.
- B, C, D 중에서 1명만 선발되었고, D, E, F 중에서 1명만 선발되었다.

① A　　　　　　　　　　　　② C
③ D　　　　　　　　　　　　④ E
⑤ G

| 05 | 수열추리

※ 일정한 규칙으로 수를 나열할 때, 빈칸에 들어갈 수로 알맞은 것을 고르시오. [1~3]

01

| 3 | −6 | −12 | 24 | 18 | −36 | −42 | ( ) | 78 |

① −84
② −72
③ 72
④ 84
⑤ 96

02

| $\frac{2}{3}$ | $\frac{10}{21}$ | $\frac{10}{27}$ | $\frac{10}{33}$ | $\frac{10}{39}$ | $\frac{10}{45}$ | ( ) | $\frac{10}{57}$ | $\frac{10}{63}$ |

① $\frac{10}{49}$
② $\frac{10}{51}$
③ $\frac{10}{52}$
④ $\frac{10}{54}$
⑤ $\frac{10}{56}$

Easy
03

| 4 | 5 | 9 | 14 | 23 | 37 | ( ) | 97 | 157 | 254 |

① 50
② 52
③ 55
④ 58
⑤ 60

04 일정한 규칙으로 수를 나열할 때, A+B의 값은?

| 3 | 6 | 2 | 12 | 4 | (A) | 28 | 392 | (B) | 6,768 |

① 412 ② 414
③ 416 ④ 418
⑤ 420

05 다음 수열의 11번째 항의 값은?

| −10 | −11 | −6 | 5 | 22 | 45 | 74 | ⋯ |

① 247 ② 250
③ 253 ④ 256
⑤ 259

CHAPTER 04 | 2024년 상반기 기출복원문제

정답 및 해설 p.025

| 01 | 언어이해

Easy

01 다음 글을 읽고 추론한 내용으로 적절하지 않은 것은?

> 한국인의 대표적 만성질환인 당뇨병은 소변을 통해 포도당이 대량으로 유출되는 병이다. 대한당뇨병학회가 공개한 자료에 따르면 2020년 기준 30세 이상 한국인 중 당뇨 유병자는 약 600만 명으로 6명 중 1명이 당뇨병을 앓는 것으로 나타났다.
> 우리 몸은 식사와 소화를 통해 생산한 포도당을 세포에 저장하기 위해 췌장에서 인슐린을 분비한다. 인슐린은 세포의 겉에 있는 인슐린 수용체와 결합하여 포도당을 글리코겐으로 변환하게 된다. 이 과정에서 문제가 생기면 혈액 속의 포도당을 처리하지 못해 당뇨병에 걸리게 되는데, 췌장에 문제가 생겨 인슐린이 분비되지 않으면 1형 당뇨, 인슐린 수용체가 부족하거나 인슐린 저항성이 생겨 인슐린 작용에 문제가 생기면 2형 당뇨로 구분한다. 특히 대부분의 당뇨병 환자는 2형 당뇨로, 전체 당뇨병 환자의 약 90%를 차지한다.
> 유전적 요인이 크게 작용하는 1형 당뇨는 평생 인슐린 주사에 의존해야 하며 비만, 운동부족 등 생활 습관적 요인이 크게 작용하는 2형 당뇨는 생활 습관 개선이나 경구 혈당강하제로 관리할 수 있지만 지속될 경우 인슐린 주사가 필요할 수 있다.

① 나쁜 생활 습관은 1형 당뇨를 유발할 수 있다.
② 2형 당뇨 초기에는 혈당강하제를 통해 혈당을 관리할 수 있다.
③ 당뇨병은 혈액 속에 남아있는 포도당이 소변을 통해 배출되는 병이다.
④ 2020년 당뇨 유병자 기준 2형 당뇨를 앓고 있는 30세 이상 한국인은 약 540만 명이다.
⑤ 포도당이 글리코겐으로 세포에 저장되기 위해서는 인슐린과 인슐린 수용체가 결합해야 한다.

Hard

02 다음 글의 내용으로 적절하지 않은 것은?

> 스톡홀름 증후군은 납치나 인질 상황에서 피해자가 가해자에게 동정심이나 애정을 느끼는 심리적 현상으로, 1973년 8월 스웨덴 스톡홀름의 신용은행 인질극 사건에서 유래하였다. 범인인 얀 에릭 올슨은 은행에 침입하여 4명을 인질로 잡고 교도소에 복역 중인 친구의 석방, 300만 스웨덴 크로나, 권총 2정, 방탄 헬멧과 조끼, 탈출을 위한 차량을 요구하며 6일 동안 인질극을 벌였는데, 이 과정에서 인질에게 공포감을 주면서도 친절과 호의를 베풀어 그들을 정신적으로 사로잡게 된다. 납치범의 작은 호의에 당시 인질들은 6일간의 감금 동안 경찰들을 적대적으로 대하며 납치범을 경찰로부터 보호하거나 심지어 납치범이 검거된 후 납치범들을 변호하는 모습을 보였고, 이 사건을 계기로 스톡홀름 증후군이라는 용어가 널리 사용되기 시작하였다.
>
> 스톡홀름 증후군은 학술적으로 검증된 현상은 아니지만, 정신과 의사 등 관련 전문가들은 스톡홀름 증후군이 생존 본능에서 비롯된다고 주장한다. 인질극과 같이 극도로 위협적인 상황에서 피해자는 자신의 생명을 지키기 위해 가해자와 감정적 유대를 형성하려고 하며, 특히 위협적인 가해자가 피해자에게 친절을 베풀거나, 폭력을 행사하지 않을 때 더욱 두드러지게 나타난다. 피해자는 극한의 상황에서 가해자의 친절을 실제보다 크게 받아들이게 되고, 나아가 가해자를 긍정적으로 인식하게 된다. 이는 피해자가 자신이 현재 상황을 통제할 수 없다는 무력감을 덜기 위한 일종의 심리적 방어기제이다.
>
> 피해자가 가해자에게 동조하거나 연대하는 모습은 외부인의 입장에서 봤을 때는 역설적이고 비합리적으로 보인다. 그러나 스톡홀름 증후군은 심리적으로 궁지에 몰려 극단적인 스트레스를 받아 발생하는 복잡한 감정의 결과이다. 피해자의 입장에서는 자신이 처한 현실을 부정하지 않고 받아들이기 위해, 또는 생존을 위해 가해자에게 동조할 수밖에 없는 것이다.
>
> 이러한 스톡홀름 증후군은 인질극과 같은 범죄 현장에서만 발생하는 것이 아니다. 가정 폭력이나 학대 상황에서도 유사한 심리적 현상이 나타날 수 있다. 피해자는 자신보다 더 큰 힘을 가진 사람의 학대에서 벗어나기 어려운 경우, 학대가 덜 고통스럽게 느껴지도록 하기 위해 가해자와 감정적 유대를 형성하려 한다. 이는 피해자가 가해자의 학대에서 벗어나지 못하게 하는 심각한 문제로 이어지게 된다.
>
> 스톡홀름 증후군은 복잡하고 다층적인 심리적 현상이므로 이를 정확히 이해하고 접근하는 것이 중요하다. 특히 피해자들은 자신의 감정이 왜곡되었음을 인식하지 못하는 경우가 많기 때문에 반드시 외부의 도움이 필요하다. 피해자의 입장을 이해하고 심리 상담과 치료를 통해 피해자가 자신의 감정을 객관적으로 바라보고 건강한 인간관계를 회복할 수 있도록 도와주어야 한다.

① 피해자가 무기력한 상황일수록 스톡홀름 증후군 현상이 나타나기 쉽다.
② 스톡홀름 증후군은 위협적인 가해자로부터의 생존을 위한 심리적 현상이다.
③ 스톡홀름 증후군은 극한의 상황에서 일시적으로 발생하는 심리적 현상이다.
④ 스톡홀름 증후군은 피해자의 심리적 방어기제로 인한 감정 왜곡이 원인이다.
⑤ 스톡홀름 증후군을 치료하기 위해서는 피해자의 심리·환경적 상황을 면밀히 살펴보아야 한다.

03 다음 글에서 〈보기〉의 문장이 들어갈 위치로 가장 적절한 곳은?

> 베블런 효과는 가격이 오를수록 수요가 증가하는 비정상적인 소비 현상을 설명하는 경제학 이론이다. (가) 일반적인 수요 법칙과 달리 베블런 효과는 주로 사치품이나 명품에서 나타나며, 소비자가 높은 가격을 지불함으로써 사회적 지위나 부를 과시하려는 것이다. (나) 베블런 효과의 문제점은 경제적 불균형과 과도한 소비를 초래할 수 있다는 점이다. 고가의 사치품에 대한 과시적 소비는 소득 격차를 더욱 부각하고 사회적 불평등을 심화시킬 수 있다. (다) 또한 이러한 소비 패턴은 실질적인 필요보다는 과시적 욕구에 기반하므로 자원의 비효율적 배분을 초래할 수 있다. (라) 기업 입장에서는 이러한 소비자 심리를 이용해 가격을 인위적으로 높이는 전략을 구사할 수 있지만, 이는 장기적으로 소비자 신뢰를 저하시킬 위험이 있다. (마) 베블런 효과는 소비자 행동 연구와 시장 전략 수립에 중요한 개념이지만, 그 부작용을 고려한 신중한 접근이 필요하다.

보기

예를 들어 고가의 명품 가방이나 시계는 그 자체의 기능보다 소유자의 재력 등 우월의식을 드러내는 역할을 한다.

① (가)   ② (나)
③ (다)   ④ (라)
⑤ (마)

04 다음 글의 서술상 특징으로 가장 적절한 것은?

> 현대의 도시에서는 정말 다양한 형태를 가진 건축물들을 볼 수 있다. 형태뿐만 아니라 건물 외벽에 주로 사용된 소재 또한 유리나 콘크리트 등으로 다양하다. 이렇듯 현대에는 몇 가지로 규정하는 것이 아예 불가능할 만큼 다양한 건축양식이 존재한다. 그러나 다양하고 복잡한 현대의 건축양식에 비해 고대의 건축양식은 매우 제한적이었다.
> 그리스 시기에는 주주식, 주열식, 원형식 신전을 중심으로 몇 가지의 공통된 건축양식을 보인다. 이러한 신전 중심의 그리스 건축양식은 시기가 지나면서 다른 건축물에 영향을 주었다. 신전에만 쓰이던 건축양식이 점차 다른 건물들의 건축에도 사용이 되며 확대되었던 것이다. 대표적으로 그리스 연못은 신전에 쓰이던 기둥의 양식들을 바탕으로 회랑을 구성하기도 하였다.
> 헬레니즘 시기를 맞이하면서 건축양식을 포함하여 예술 분야가 더욱 발전하며 고대 그리스 시기에 비해 다양한 건축양식이 생겨났다. 뿐만 아니라 건축 기술이 발달하면서 조금 더 다양한 형태의 건축이 가능해졌다. 다층구조나 창문이 있는 벽을 포함한 건축양식 등 필요에 따라서 실용적이고 실측적인 건축양식이 나오기 시작한 것이다. 또한 연극의 유행으로 극장이나 무대 등의 건축양식도 등장하기 시작하였다.
> 로마 시대에 이르러서는 원형 경기장이나 온천, 목욕탕 등 특수한 목적을 가진 건축물에도 아름다운 건축양식이 적용되었다. 현재에도 많은 사람이 관광지로 찾을 만큼, 로마시민들의 위락시설들에는 다양하고 아름다운 건축양식들이 적용되었다.

① 시대별 건축양식의 장단점을 분석하고 있다.
② 전문가의 말을 인용하여 신뢰도를 높이고 있다.
③ 역사적 순서대로 주제의 변천에 대해서 서술하고 있다.
④ 비유적인 표현 방법을 사용하여 문학적인 느낌을 주고 있다.
⑤ 현대에서 찾을 수 있는 건축물의 예시를 들어 독자의 이해를 돕고 있다.

Easy

05 다음 글의 주제로 가장 적절한 것은?

현재 우리나라의 진료비 지불제도는 여러 가지 종류를 시행하고 있지만 가장 주도적으로 시행되는 지불제도는 행위별수가제도이다. 행위별수가제는 의료기관에서 의료인이 제공한 의료서비스(행위, 약제, 치료 재료 등)에 대해 서비스 별로 가격(수가)을 정하여 사용량과 가격에 의해 진료비를 지불하는 제도로 의료보험 도입 당시부터 채택하고 있는 지불제도이다. 그러나 최근 관련 전문가들로부터 이러한 지불제도를 개선해야 한다는 목소리가 많이 나오고 있다.

조사에 의하면 우리나라의 국민의료비를 증대시키는 주요 원인은 고령화로 인한 진료비 증가와 행위별수가제로 인한 비용의 무한 증식이다. 현재 우리나라의 국민의료비는 OECD 회원국 중 최상위를 기록하고 있으며 앞으로 더욱 심화될 것으로 예측된다. 특히 행위별수가제는 의료행위를 할수록 지불되는 진료비가 증가하므로 CT, MRI 등 영상검사 등을 중심으로 의료 남용이나 과다 이용 문제가 발생하고 있으며, 병원의 이익 증대를 위하여 환자에게는 의료비 부담을, 의사에게는 업무 부담을, 건강보험에는 재정 부담을 증대시키고 있다.

이러한 행위별수가제의 문제점을 개선하기 위해 일부 질병군에서는 환자가 입원해서 퇴원할 때까지 발생하는 진료에 대하여 질병마다 미리 정해진 금액을 내는 제도인 포괄수가제를 시행 중이며, 요양병원, 보건기관에서는 입원 환자의 질병, 기능 상태에 따라 입원 1일당 정액수가를 적용하는 정액수가제를 병행하여 실시하고 있지만 비용 산정의 경직성, 의사 비용과 병원 비용의 비분리 등 여러 가지 문제점이 있어 현실적으로 효과를 내지 못하고 있다는 지적이 나오고 있다.

기획재정부와 보건복지부는 시간이 지날수록 건강보험 적자는 계속 증대되어 머지않아 고갈될 위기에 있다고 발표하였다. 당장 행위별수가제를 전면적으로 폐지할 수는 없으므로 기존의 다른 수가제의 문제점을 개선하여 확대하는 등 의료비 지불방식의 다변화가 구조적으로 진행되어야 할 것이다.

① 신포괄수가제의 정의
② 건강보험의 재정 상황
③ 행위별수가제의 한계점
④ 의료비 지불제도의 역할
⑤ 다양한 의료비 지불제도 소개

| 02 | 자료해석

01 다음은 성별 국민연금 가입자 현황에 대한 자료이다. 이에 대한 설명으로 옳은 것은?

〈성별 국민연금 가입자 수〉

(단위 : 명)

구분	사업장 가입자	지역 가입자	임의 가입자	임의계속 가입자	합계
남성	8,059,994	3,861,478	50,353	166,499	12,138,324
여성	5,775,011	3,448,700	284,127	296,644	9,804,482
합계	13,835,005	7,310,178	334,480	463,143	21,942,806

① 여성 가입자 수는 전체 가입자 수의 40% 이상이다.
② 남성 사업장 가입자 수는 남성 지역 가입자 수의 2배 미만이다.
③ 전체 지역 가입자 수는 전체 사업장 가입자 수의 50% 미만이다.
④ 여성 사업장 가입자 수는 나머지 여성 가입자 수를 모두 합친 것보다 적다.
⑤ 가입자 수가 많은 순서대로 나열하면 '사업장 가입자 – 지역 가입자 – 임의 가입자 – 임의계속 가입자' 순서이다.

Easy

02 다음은 지역별 인구 및 인구밀도에 대한 자료이다. 이에 대한 〈보기〉의 설명 중 옳은 것을 모두 고르면?

〈지역별 인구 및 인구밀도〉

(단위 : 천 명, 명/km²)

구분	2021년		2022년		2023년	
	인구	인구밀도	인구	인구밀도	인구	인구밀도
서울	10,032	16,574	10,036	16,582	10,039	16,593
부산	3,498	4,566	3,471	4,531	3,446	4,493
대구	2,457	2,779	2,444	2,764	2,431	2,750
인천	2,671	2,602	2,645	2,576	2,655	2,586

※ (인구밀도) = $\frac{(인구)}{(면적)}$

보기

㉠ 2021 ~ 2022년 동안 감소한 인구가 2022년 전체 인구에서 차지하는 비율은 부산보다 대구가 더 크다.
㉡ 인천의 면적은 1,000km²보다 넓다.
㉢ 부산의 면적은 대구의 면적보다 넓다.

① ㉠
② ㉡
③ ㉠, ㉡
④ ㉡, ㉢
⑤ ㉠, ㉡, ㉢

03 다음은 전년 동월 대비 2023년 특허 심사건수 증감 및 등록률 증감 추이에 대한 자료이다. 이에 대한 〈보기〉의 설명 중 옳지 않은 것을 모두 고르면?

〈특허 심사건수 증감 및 등록률 증감 추이(전년 동월 대비)〉

(단위 : 건, %)

구분	2023년 1월	2023년 2월	2023년 3월	2023년 4월	2023년 5월	2023년 6월
심사건수 증감	125	100	130	145	190	325
등록률 증감	1.3	−1.2	−0.5	1.6	3.3	4.2

보기

㉠ 2023년 3월에 전년 동월 대비 등록률이 가장 많이 낮아졌다.
㉡ 2023년 6월의 심사건수는 325건이다.
㉢ 2023년 5월의 등록률은 3.3%이다.
㉣ 2022년 1월 심사건수가 100건이라면, 2023년 1월 심사건수는 225건이다.

① ㉠
② ㉠, ㉡
③ ㉠, ㉡, ㉢
④ ㉡, ㉢, ㉣
⑤ ㉠, ㉡, ㉢, ㉣

Hard

04 다음은 2022년과 2023년 디지털 콘텐츠 제작 분야의 영역별 매출 현황에 대한 자료이다. 이에 대한 설명으로 옳지 않은 것은?

〈제작 분야의 영역별 매출 현황〉

(단위 : 억 원, %)

구분	정보	출판	영상	음악	캐릭터	애니메이션	게임	기타	합계
2022년	227 (10.8)	143 (6.8)	109 (5.2)	101 (4.8)	61 (2.9)	264 (12.6)	1,177 (56)	18 (0.9)	2,100 (100)
2023년	364 (13)	213 (7.6)	269 (9.6)	129 (4.6)	95 (3.4)	272 (9.7)	1,441 (51.5)	17 (0.6)	2,800 (100)

※ ( )는 총매출액에 대한 비율임

① 2023년 총매출액은 2022년 총매출액보다 700억 원 더 많다.
② 2022년과 2023년 모두 게임 영역이 차지하는 비율이 50% 이상이다.
③ 기타 영역을 제외한 모든 영역에서 2022년보다 2023년이 매출액이 더 많다.
④ 2022년과 2023년 총매출액에 대한 비율의 차이가 가장 적은 것은 기타 영역이다.
⑤ 음악, 애니메이션, 게임, 기타 영역은 2022년 대비 2023년에 매출액 비율이 감소하였다.

05 다음은 A ~ D휴대폰의 항목별 고객평가 점수에 대한 자료이다. 이에 대한 〈보기〉의 설명 중 옳은 것을 모두 고르면?

〈A ~ D휴대폰의 항목별 고객평가 점수〉

(단위 : 점)

구분	A휴대폰	B휴대폰	C휴대폰	D휴대폰
디자인	8	7	4	6
가격	4	6	7	8
해상도	5	6	8	4
음량	6	4	7	5
화면크기·두께	7	8	3	4
내장·외장메모리	5	6	7	8

※ 각 항목의 최고점 : 10점
※ 기본점수 산정방법 : 각 항목에서 제일 높은 점수 순대로 5점, 4점, 3점, 2점 배점
※ 성능점수 산정방법 : 해상도, 음량, 내장·외장메모리 항목에서 제일 높은 점수 순대로 5점, 4점, 3점, 2점 배점

보기

㉠ A ~ D휴대폰 중 기본점수 합계가 가장 높은 것은 C휴대폰이다.
㉡ A ~ D휴대폰 중 성능점수 합계가 가장 높은 것은 D휴대폰이다.
㉢ 각 항목의 고객평가 점수를 단순 합산한 점수가 가장 높은 것은 B휴대폰이다.
㉣ 성능점수 항목을 제외한 항목의 점수만을 단순 합산했을 때, B휴대폰의 점수는 C휴대폰의 점수의 1.5배이다.

① ㉠, ㉢
② ㉡, ㉣
③ ㉠, ㉡, ㉢
④ ㉠, ㉢, ㉣
⑤ ㉡, ㉢, ㉣

| 03 | 창의수리

01 어떤 일을 A가 5시간, B가 8시간 동안 하면 완료할 수 있고, 같은 일을 A가 6시간, B가 5시간 하면 완료할 수 있다고 한다. 이 일을 B가 혼자서 할 때 걸리는 시간은?

① 19시간
② 21시간
③ 23시간
④ 25시간
⑤ 27시간

02 S사 전체 신입사원의 남자와 여자의 비율은 55 : 45이고, 여자 신입사원 중에서 안경을 착용한 사원과 착용하지 않은 사원의 비율은 55 : 45였다. 신입사원을 1명을 고를 때 그 사원이 안경을 착용했을 확률이 30%라면, 남자 신입사원 중에서 안경을 착용한 신입사원의 비율은?

① $\dfrac{3}{110}$
② $\dfrac{21}{440}$
③ $\dfrac{7}{110}$
④ $\dfrac{21}{220}$
⑤ $\dfrac{21}{110}$

03 작년 S초등학교의 전교생 수는 480명이었다. 올해 남학생 수는 20% 증가하였고, 여학생 수는 10% 감소하여 올해 남학생 수와 여학생 수의 비율이 20 : 21이 되었다고 할 때, 올해 전교생 수는?

① 488명
② 492명
③ 496명
④ 500명
⑤ 504명

04 S사에서 제조하는 A, B제품 각각 1개를 만드는 데 필요한 X, Y원료의 양 및 개당 이익이 다음과 같을 때, 공장에서 얻을 수 있는 최대 이익은?(단, X원료는 18kg, Y원료는 20kg까지 사용할 수 있다)

〈A, B제품의 제조 X, Y원료 필요량 및 개당 이익〉

(단위 : g, 만 원)

구분	X원료 필요량	Y원료 필요량	개당 이익
A제품	600	500	6
B제품	400	500	5

① 210만 원 ② 220만 원
③ 230만 원 ④ 240만 원
⑤ 250만 원

05 다음과 같은 길에서 A지점에서 출발하여 B지점으로 도착하는 가장 짧은 경로의 경우의 수는?

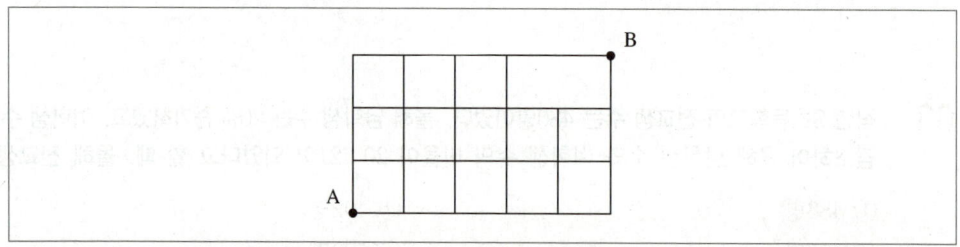

① 41가지 ② 44가지
③ 47가지 ④ 50가지
⑤ 53가지

06 S사는 3월 6일에 1차 전체회의를 진행하였다. 100일 후 2차 전체회의를 진행하고자 할 때, 2차 전체회의는 언제 진행되는가?

① 5월 31일　　　　　　　　② 6월 7일
③ 6월 14일　　　　　　　　④ 6월 21일
⑤ 6월 28일

Easy
07 S사가 자재를 보관하기 위해 가로 65m, 세로 55m인 건물을 매입하였다. 건물 보안을 위해 건물의 각 외벽으로부터 5m 떨어진 곳에 울타리를 설치할 때, 설치한 울타리의 길이는?

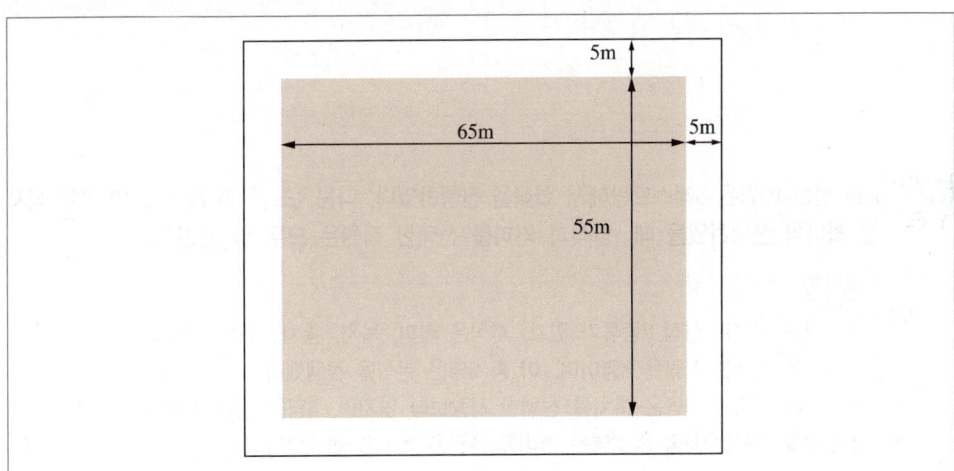

① 240m　　　　　　　　② 250m
③ 260m　　　　　　　　④ 270m
⑤ 280m

| 04 | 언어추리

Easy

01 다음 〈조건〉을 바탕으로 A~F 6명을 일렬로 줄 세울 때, 가능한 경우의 수는?

> **조건**
> - A는 B의 바로 뒤쪽에 서야 한다.
> - C는 D와 붙어 있어야 한다.
> - E는 맨 앞이나 맨 뒤에 서야 한다.

① 10가지 ② 12가지
③ 24가지 ④ 48가지
⑤ 64가지

02 A팀 직원 10명은 S레스토랑에서 회식을 진행하였다. 다음 〈조건〉과 같이 10명 모두 식사와 후식을 하나씩 선택하였을 때, 양식과 커피를 선택한 직원은 모두 몇 명인가?

> **조건**
> - 식사는 한식과 양식 2종류가 있고, 후식은 커피, 녹차, 홍차 3종류가 있다.
> - 홍차를 선택한 사람은 3명이며, 이 중 2명은 한식을 선택했다.
> - 녹차를 선택한 사람은 홍차를 선택한 사람보다 많지만, 5명을 넘지 않았다.
> - 한식을 선택한 사람 중 2명은 커피를, 1명은 녹차를 선택했다.

① 1명 ② 2명
③ 3명 ④ 4명
⑤ 5명

Hard

03 A ~ F 6명은 경기장에서 배드민턴 시합을 하기로 하였다. 경기장에 도착하는 순서대로 다음과 같은 토너먼트 배치표의 1 ~ 6에 1명씩 배치한 후 모두 도착하면 토너먼트 경기를 하기로 하였다. 다음 〈조건〉을 바탕으로 할 때, 항상 참이 아닌 것은?

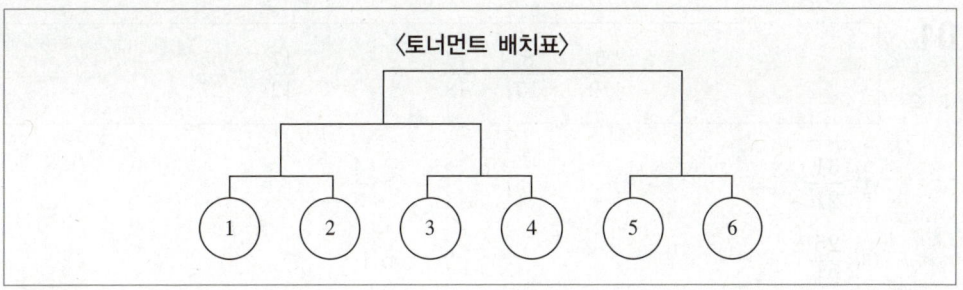

조건
- C는 A 바로 뒤에 도착하였다.
- F는 마지막으로 도착하였다.
- E는 D보다 먼저 도착하였다.
- B는 두 번째로 도착하였다.
- D는 C보다 먼저 도착하였다.

① A는 최대 두 번 경기를 하게 된다.
② B는 최대 세 번 경기를 하게 된다.
③ C는 다섯 번째로 도착하여 최대 두 번 경기를 하게 된다.
④ D는 첫 번째 경기에서 A와 승부를 겨룬다.
⑤ E는 가장 먼저 경기장에 도착하였다.

04 제시된 명제가 모두 참일 때, 항상 참인 것은?

- 마포역 부근의 어떤 정형외과는 토요일이 휴진이다.
- 공덕역 부근의 어떤 치과는 토요일이 휴진이다.
- 공덕역 부근의 모든 치과는 화요일이 휴진이다.

① 마포역 부근의 어떤 정형외과는 화요일이 휴진이다.
② 모든 공덕역 부근의 치과는 토요일이 휴진이 아니다.
③ 마포역 부근의 모든 정형외과는 화요일이 휴진이 아니다.
④ 공덕역 부근의 어떤 치과는 토요일과 화요일이 모두 휴진이다.
⑤ 마포역 부근의 어떤 정형외과는 토요일과 화요일이 모두 휴진이다.

| 05 | 수열추리

※ 일정한 규칙으로 수를 나열할 때, 빈칸에 들어갈 수로 알맞은 것을 고르시오. [1~5]

01

$$\frac{5}{12} \quad \frac{8}{15} \quad \frac{13}{18} \quad (\quad) \quad \frac{17}{12} \quad \frac{55}{27}$$

① $\frac{31}{21}$ ② $\frac{4}{3}$
③ $\frac{25}{21}$ ④ 1
⑤ $\frac{17}{21}$

Easy

02

$$0 \quad 0.01 \quad 0.05 \quad 0.14 \quad 0.3 \quad 0.55 \quad (\quad) \quad 1.4 \quad 2.04$$

① 0.72 ② 0.85
③ 0.91 ④ 1.04
⑤ 1.4

03

$$5 \quad 4 \quad 4\frac{1}{5} \quad 4\frac{4}{7} \quad 5 \quad (\quad) \quad 5\frac{12}{13} \quad 6\frac{2}{5}$$

① $5\frac{5}{11}$ ② $5\frac{6}{11}$
③ $5\frac{7}{11}$ ④ $5\frac{8}{11}$
⑤ $5\frac{9}{11}$

04

$\dfrac{1{,}000}{33}$ $\dfrac{994}{33}$ $\dfrac{994}{35}$ $\dfrac{988}{35}$ $\dfrac{988}{37}$ $\dfrac{982}{37}$ $\dfrac{982}{39}$ $\dfrac{976}{39}$ $\dfrac{976}{41}$ ( )

① $\dfrac{973}{41}$ ② $\dfrac{970}{41}$

③ $\dfrac{973}{43}$ ④ $\dfrac{970}{43}$

⑤ $\dfrac{970}{45}$

Hard

05

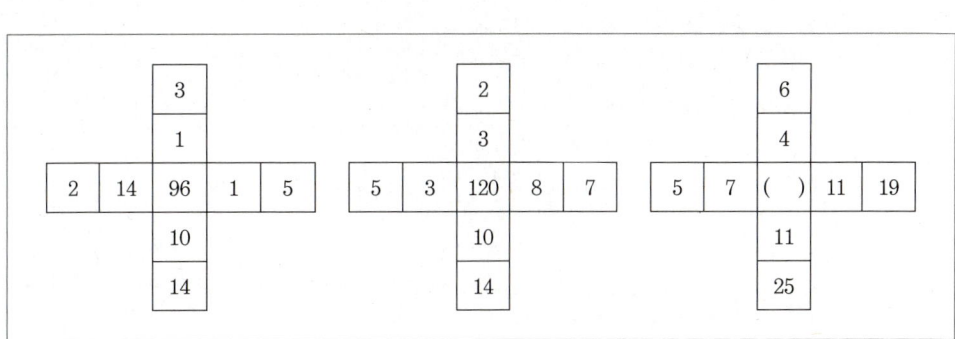

① 120   ② 240
③ 360   ④ 480
⑤ 600

CHAPTER 05 | 2023년 하반기 기출복원문제

| 01 | 언어이해

01 다음 글의 내용으로 적절하지 않은 것은?

> '갑'이라는 사람이 있다고 하자. 이때 사회가 갑에게 강제적 힘을 행사하는 것이 정당화되는 근거는 무엇일까? 그것은 갑이 다른 사람에게 미치는 해악을 방지하려는 데 있다. 특정 행위가 갑에게 도움이 될 것이라든가, 이 행위가 갑을 더욱 행복하게 할 것이라든가 또는 이 행위가 현명하다든가 혹은 옳은 것이라든가 하는 이유를 들면서 갑에게 이 행위를 강제하는 것은 정당하지 않다. 이러한 이유는 갑에게 권고하거나 이치를 이해시키거나 무엇인가를 간청하거나 할 때는 충분한 이유가 된다. 그러나 갑에게 강제를 가하는 이유 혹은 어떤 처벌을 가할 이유는 되지 않는다. 이와 같은 사회적 간섭이 정당화되기 위해서는 갑이 행하려는 행위가 다른 어떤 이에게 해악을 끼칠 것이라는 점이 충분히 예측되어야 한다. 한 사람이 행하고자 하는 행위 중에서 그가 사회에 대해서 책임을 져야 할 유일한 부분은 다른 사람과 관계되는 부분이다.

① 타인과 관계되는 행위는 사회적 책임이 따른다.
② 개인에 대한 사회의 간섭은 어떤 조건이 필요하다.
③ 행위 수행 혹은 행위 금지의 도덕적 이유와 법적 이유는 구분된다.
④ 한 사람의 행위는 타인에 대한 행위와 자신에 대한 행위로 구분된다.
⑤ 사회는 개인의 해악에 관해서는 관심이 있지만 그 해악을 방지할 강제성의 근거는 가지고 있지 않다.

02 다음 글의 내용으로 가장 적절한 것은?

> 뉴턴은 빛이 눈에 보이지 않는 작은 입자라고 주장하였고, 이것은 그의 권위에 의지하여 오랫동안 정설로 여겨졌다. 그러나 19세기 초에 토머스 영의 겹실틈 실험은 빛의 파동성을 증명하였다. 이 실험의 방법은 먼저 한 개의 실틈을 거쳐 생긴 빛이 다음에 설치된 두 개의 겹실틈을 지나가게 하여 스크린에 나타나는 무늬를 관찰하는 것이다.
> 이때 빛이 파동이냐 입자이냐에 따라 결괏값이 달라진다. 즉, 빛이 입자라면 일자 형태의 띠가 두 개 나타나야 하는데, 실험 결과 스크린에는 예상과 다른 무늬가 나타났다. 마치 두 개의 파도가 만나면 골과 마루가 상쇄와 간섭을 일으키듯이, 보강 간섭이 일어난 곳은 밝아지고 상쇄 간섭이 일어난 곳은 어두워지는 간섭무늬가 연속적으로 나타난 것이다. 그러나 19세기 말부터 빛의 파동성으로는 설명할 수 없는 몇 가지 실험적 사실이 나타났다. 1905년에 아인슈타인은 빛은 광량자라고 하는 작은 입자로 이루어졌다는 광량자설을 주장하였다. 빛의 파동성은 명백한 사실이었으므로 이것은 빛이 파동이면서 동시에 입자인 이중적인 본질을 가지고 있다는 것을 의미하는 것이었다.

① 뉴턴의 가설은 그의 권위에 의해 현재까지도 정설로 여겨진다.
② 겹실틈 실험은 한 개의 실틈을 거쳐 생긴 빛이 다음 설치된 두 개의 겹실틈을 지나가게 해서 그 틈을 관찰하는 것이다.
③ 겹실틈 실험 결과, 일자 형태의 띠가 두 개 나타났으므로 빛은 입자이다.
④ 토머스 영의 겹실틈 실험은 빛의 파동성을 증명하였지만, 이는 아인슈타인에 의해서 거짓으로 판명 났다.
⑤ 아인슈타인의 광량자설은 뉴턴과 토머스 영의 가설을 모두 포함한다.

03 다음 글이 비판의 대상으로 삼는 주장으로 가장 적절한 것은?

> 경제 문제는 대개 해결이 가능하다. 대부분의 경제 문제에는 몇 개의 해결책이 있다. 그러나 모든 해결책은 누군가가 상당한 손실을 반드시 감수해야 한다는 특징을 갖고 있다. 하지만 누구도 이 손실을 자발적으로 감수하고자 하지 않으며, 우리의 정치제도는 누구에게도 이 짐을 짊어지라고 강요할 수 없다. 우리의 정치적·경제적 구조로는 실질적으로 제로섬(Zero-sum)적인 요소를 지니는 경제 문제에 전혀 대처할 수 없기 때문이다.
> 대개의 경제적 해결책은 대규모의 제로섬적인 요소를 갖기 때문에 큰 손실을 수반한다. 모든 제로섬 게임에는 승자가 있다면 반드시 패자가 있으며, 패자가 존재해야만 승자가 존재할 수 있다. 경제적 이득이 경제적 손실을 초과할 수도 있지만, 손실의 주체에게 손실의 의미란 상당한 크기의 경제적 이득을 부정할 수 있을 만큼 매우 중요하다. 어떤 해결책으로 인해 평균적으로 사회는 더 잘살게 될 수도 있지만, 이 평균이 훨씬 더 잘살게 된 수많은 사람과 훨씬 더 못살게 된 수많은 사람을 감춘다. 만약 당신이 더 못살게 된 사람 중 하나라면 내 수입이 줄어든 것보다 다른 누군가의 수입이 더 많이 늘었다고 해서 위안을 얻지는 않을 것이다. 결국 우리는 우리 자신의 수입을 보호하기 위해 경제적 변화가 일어나는 것을 막거나 혹은 사회가 우리에게 손해를 입히는 공공정책이 강제로 시행되는 것을 막기 위해 싸울 것이다.

① 빈부격차를 해소하는 것만큼 중요한 정책은 없다.
② 사회의 총생산량이 많아지게 하는 정책이 좋은 정책이다.
③ 경제문제에서 모두가 만족하는 해결책은 존재하지 않는다.
④ 경제적 변화에 대응하는 정치제도의 기능에는 한계가 존재한다.
⑤ 경제정책의 효율성을 높이는 방법은 일관성을 유지하는 것이다.

Easy
04 다음 글의 중심 내용으로 가장 적절한 것은?

> 동양 사상이라 해서 언어와 개념을 무조건 무시하는 것은 결코 아니다. 만약 그렇다면 동양 사상은 경전이나 저술을 통해 언어화되지 않고 순전히 침묵 속에서 전수되어 왔을 것이다. 물론 이것은 사실이 아니다. 동양 사상도 끊임없이 언어적으로 다듬어져 왔으며 논리적으로 전개되어 왔다. 흔히 동양 사상은 신비주의적이라고 말하지만, 이것은 동양 사상의 한 면만을 특정 지우는 것이지 결코 동양의 철인(哲人)들이 사상을 전개함에 있어 논리를 무시했다거나 항시 어떤 신비적인 체험에 호소해서 자신의 주장들을 폈다는 것을 뜻하지는 않는다.
>
> 그러나 역시 동양 사상은 신비주의적임에 틀림없다. 거기서는 지고(至高)의 진리란 언제나 언어화될 수 없는 어떤 신비한 체험의 경지임이 늘 강조되어 왔기 때문이다. 최고의 진리는 언어 이전, 혹은 언어 이후의 무언(無言)의 진리이다. 엉뚱하게 들리겠지만, 동양 사상의 정수(精髓)는 말로써 말이 필요 없는 경지를 가리키려는 데에 있다고 해도 과언이 아니다. 말이 스스로를 부정하고 초월하는 경지를 나타내도록 사용된 것이다. 언어로써 언어를 초월하는 경지를 나타내고자 하는 것이야말로 동양 철학이 지닌 가장 특징적인 정신이다.
>
> 동양에서는 인식의 주체를 심(心)이라는 매우 애매하면서도 포괄적인 말로 이해해 왔다. 심(心)은 물(物)과 항시 자연스러운 교류를 하고 있으며, 이성은 단지 심(心)의 일면일 뿐인 것이다. 동양은 이성의 오만이라는 것을 모른다. 지고의 진리, 인간을 살리고 자유롭게 하는 생동적 진리는 언어적 지성을 넘어선다는 의식이 있었기 때문일 것이다. 언어는 언제나 마음을 못 따르며 둘 사이에는 항시 괴리가 있다는 생각이 동양인들의 의식 저변에 깔려 있는 것이다.

① 동양 사상은 신비주의적인 요소가 많다.
② 언어와 개념을 무시하면 동양 사상을 이해할 수 없다.
③ 동양 사상은 언어적 지식을 초월하는 진리를 추구한다.
④ 인식의 주체를 심(心)으로 표현하는 동양 사상은 이성적이라 할 수 없다.
⑤ 동양 사상에서는 언어는 마음을 따르므로 진리는 마음속에 있다고 주장한다.

05 다음 글을 읽고 〈보기〉의 내용으로부터 독립신문에 대해 추론한 내용으로 가장 적절한 것은?

독립신문은 우리나라 최초의 민간 신문이다. 사장 겸 주필(신문의 최고 책임자)은 서재필 선생이, 국문판 편집과 교정은 최고의 국어학자로 유명한 주시경 선생이 그리고 영문판 편집은 선교사 호머 헐버트가 맡았다. 창간 당시 독립신문은 이들 세 명에 기자 두 명과 몇몇 인쇄공들이 합쳐 단출하게 시작했다.

신문은 우리가 흔히 사용하는 'A4 용지'보다 약간 큰 '국배판(218×304mm)' 크기로 제작되었으며 총 4면 중 3면은 순 한글판으로, 나머지 1면은 영문판으로 발행했다. 제1호는 '독닙신문'이며 영문판은 'Independent(독립)'로 조판되었다. 내용을 살펴보면 제1면에는 대체로 논설과 광고가 실렸고, 제2면에는 관보·외국통신·잡보가, 제3면에는 물가·우체시간표·제물포 기선 출입항 시간표와 광고가 게재되었다.

독립신문은 민중을 개화시키고 교육하기 위해 발간된 것이지만, 그 이름에서부터 알 수 있듯 스스로 우뚝 서는 독립국을 만들고자 자주적 근대화 사상을 강조했다. 창간호 표지에는 '데일권 데일호, 조선 서울 건양 원년 사월 초칠일 금요일'이라고 표기했는데, '건양(建陽)'은 조선의 연호이고, 한성 대신 서울을 표기한 점과 음력 대신 양력을 쓴 점 모두 중국 사대주의에서 벗어난 자주독립을 꾀한 것으로 볼 수 있다.

독립신문이 발행되자 사람들은 모두 깜짝 놀랄 수밖에 없었다. 순 한글로 만들어진 것은 물론 유려한 편집 솜씨에 조판과 내용까지 완벽했기 때문이다. 무엇보다 제4면을 영어로 발행해 국내 사정을 외국에 알린다는 점은 호시탐탐 한반도를 노리던 일본 당국에 큰 부담을 안겨주었고, 더는 자기네들 마음대로 조선의 사정을 왜곡 보도할 수 없게 된 것이다.

날이 갈수록 독립신문을 구독하려는 사람은 늘어났고, 처음 300부씩 인쇄되던 신문이 곧 500부로, 나중에는 3,000부까지 확대되었다. 오늘날에는 한 사람이 신문 한 부를 읽으면 폐지 처리하지만, 과거에는 돌려가며 읽는 경우가 많았고 시장이나 광장에서 글을 아는 사람이 낭독해 주는 일도 빈번했기에 한 부의 독자 수는 50명에서 100명에 달했다. 이런 점을 감안해 보면 실제 독립신문의 독자 수는 10만 명을 넘어섰다고 가늠해 볼 수 있다.

보기

우리 신문이 한문은 아니 쓰고 다만 국문으로만 쓰는 것은 상하귀천이 다 보게 함이라. 또 국문을 이렇게 구절을 떼어 쓴즉 아무라도 이 신문을 보기가 쉽고 신문 속에 있는 말을 자세히 알아보게 함이라.

① 민중을 개화시키고 교육하기 위해 발간된 것으로 역사적·정치적으로 큰 의의를 가진다.
② 교통수단도 발달하지 않던 과거에는 활자 매체인 신문이 소식 전달에 있어 절대적인 역할을 차지했다.
③ 일본이 한반도를 집어삼키려 하던 혼란기에 우리만의 신문을 펴낼 수 있었다는 것에 큰 의의가 있다.
④ 중국의 지배에서 벗어나 자주독립을 꾀하고 스스로 우뚝 서는 독립국을 만들고자 자주적 사상을 강조했다.
⑤ 한글을 사용해야 누구나 읽을 수 있다는 점을 인식해 한문우월주의에 영향을 받지 않고, 소신 있는 행보를 보였다.

| 02 | 자료해석

01 다음은 A기업 지원자의 인턴 및 해외연수 경험과 합격 여부에 대한 자료이다. 이에 대한 〈보기〉의 설명 중 옳은 것을 모두 고르면?

〈A기업 지원자의 인턴 및 해외연수 경험과 합격 여부〉

(단위 : 명, %)

인턴 경험	해외연수 경험	합격 여부		합격률
		합격	불합격	
있음	있음	53	414	11.3
	없음	11	37	22.9
없음	있음	0	16	0
	없음	4	139	2.8

※ [합격률(%)] = $\frac{(합격자 \ 수)}{(합격자 \ 수)+(불합격자 \ 수)} \times 100$

※ 합격률은 소수점 둘째 자리에서 반올림한 값임

보기

㉠ 해외연수 경험이 있는 지원자가 해외연수 경험이 없는 지원자보다 합격률이 높다.
㉡ 인턴 경험이 있는 지원자가 인턴 경험이 없는 지원자보다 합격률이 높다.
㉢ 인턴 경험과 해외연수 경험이 모두 있는 지원자 합격률은 인턴 경험만 있는 지원자 합격률의 2배 이상이다.
㉣ 인턴 경험과 해외연수 경험이 모두 없는 지원자와 인턴 경험만 있는 지원자 간 합격률 차이는 30%p 이상이다.

① ㉠, ㉡
② ㉠, ㉢
③ ㉡, ㉢
④ ㉠, ㉡, ㉣
⑤ ㉡, ㉢, ㉣

Easy 02 다음은 임의로 표본 추출하여 조사한 S지역의 세대 간 직업 이동성에 대한 자료이다. 직업은 편의상 A, B, C로 구분하였다. 이에 대한 〈보기〉의 설명 중 옳은 것을 모두 고르면?

〈세대 간 직업 이동성 비율〉
(단위 : %)

부모의 직업 \ 자녀의 직업	A	B	C
A	45	48	7
B	5	70	25
C	1	50	49

※ 전체 부모 세대의 직업은 A가 10%, B가 40%, C가 50%이고, 조사한 부모당 자녀 수는 한 명임

보기

㉠ 자녀의 직업이 C일 확률은 $\frac{81}{100}$이다.
㉡ 자녀의 직업이 B인 경우에 부모의 직업이 C일 확률은 구할 수 없다.
㉢ 부모와 자녀의 직업이 모두 A일 확률은 $0.1 \times \frac{45}{100}$이다.
㉣ 자녀의 직업이 A일 확률은 부모의 직업이 A일 확률보다 낮다.

① ㉠, ㉢ ② ㉠, ㉣
③ ㉡, ㉢ ④ ㉡, ㉣
⑤ ㉢, ㉣

03 다음은 주요 5개국의 경제 및 사회 지표에 대한 자료이다. 이에 대한 설명으로 옳지 않은 것은?

〈주요 5개국의 경제 및 사회 지표〉

구분	1인당 GDP(달러)	경제성장률(%)	수출(백만 달러)	수입(백만 달러)	총인구(백만 명)
A국	27,214	2.6	526,757	436,499	50.6
B국	32,477	0.5	624,787	648,315	126.6
C국	55,837	2.4	1,504,580	2,315,300	321.8
D국	25,832	3.2	277,423	304,315	46.1
E국	56,328	2.3	188,445	208,414	24.0

※ (총 GDP)=(1인당 GDP)×(총인구)

① A국이 E국보다 총 GDP가 더 크다.
② 경제성장률이 가장 큰 나라가 총 GDP는 가장 작다.
③ 1인당 GDP에 따른 순위와 총 GDP에 따른 순위는 서로 동일하다.
④ 5개국 중 수출과 수입에 있어서 규모에 따라 나열한 순위는 서로 동일하다.
⑤ 총 GDP가 가장 큰 나라의 GDP는 가장 작은 나라의 GDP보다 10배 이상 더 크다.

Easy
04 S사는 예산 400만 원으로 공기청정기 40대를 구매하기로 하였다. 다음 두 업체 중 어느 곳에서 공기청정기를 구매하는 것이 유리하며, 얼마나 더 저렴한지 바르게 연결된 것은?

〈업체별 공기청정기 가격 및 할인 정보〉

구분	할인 정보	가격
A전자	• 8대 구매 시 2대 무료 증정 • 구매 금액 100만 원당 2만 원 할인	8만 원/대
B마트	• 20대 이상 구매 : 2% 할인 • 30대 이상 구매 : 5% 할인 • 40대 이상 구매 : 7% 할인 • 50대 이상 구매 : 10% 할인	9만 원/대

※ 1,000원 단위 이하는 절사함

    업체   저렴한 가격
① B마트   12만 원
② B마트   20만 원
③ A전자   82만 원
④ A전자   120만 원
⑤ A전자   148만 원

05 다음은 2013 ~ 2022년 물이용부담금 총액에 대한 자료이다. 이에 대한 〈보기〉의 설명 중 옳지 않은 것을 모두 고르면?

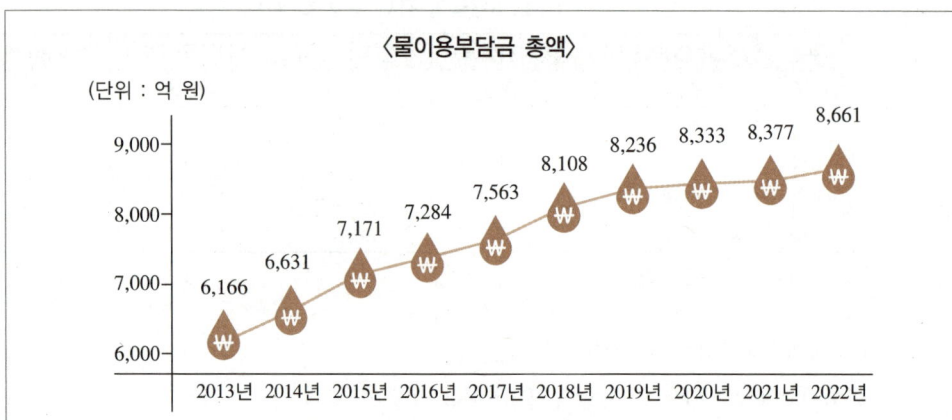

※ 상수원 상류지역에서의 수질개선 및 주민지원 사업을 효율적으로 추진하기 위한 재원 마련을 위해 최종수요자에게 물 사용량에 비례하여 물이용부담금을 부과함
※ 한강, 낙동강, 영·섬유역의 물이용부담금 단가는 170원/m^3, 금강유역은 160원/m^3임

보기
㉠ 물이용부담금 총액은 지속적으로 증가하는 추세를 보이고 있다.
㉡ 2014 ~ 2022년 중 물이용부담금 총액이 전년 대비 가장 많이 증가한 해는 2015년이다.
㉢ 2022년 물이용부담금 총액에서 금강유역 물이용부담금 총액이 차지하는 비중이 20%라면, 2022년 금강유역에서 사용한 물의 양은 약 10.83억m^3이다.
㉣ 2022년 물이용부담금 총액은 전년 대비 3.2% 이상 증가했다.

① ㉠
② ㉡
③ ㉢
④ ㉠, ㉣
⑤ ㉡, ㉢

| 03 | 창의수리

Easy

01 농도가 20%인 소금물 100g에서 50g을 덜어낸 뒤, 남아있는 소금물에 물을 더 넣어 농도 10%의 소금물을 만들려고 한다. 이때 필요한 물의 양은?

① 10g ② 20g
③ 30g ④ 40g
⑤ 50g

02 S회사 회계팀에는 A∼E 5명의 팀원이 속해 있다. 이들은 다가오는 감사에 대비하기 위해 월요일부터 금요일에 1명씩 돌아가면서 당직 근무를 하기로 하였다. D는 금요일에, E는 수요일에 당직 근무를 할 확률은?

① $\dfrac{1}{2}$ ② $\dfrac{1}{4}$
③ $\dfrac{1}{5}$ ④ $\dfrac{1}{10}$
⑤ $\dfrac{1}{20}$

03 보트를 타고 길이가 35km인 강을 왕복하려고 한다. 유속이 2km/h이고 보트의 속력이 12km/h일 때, 보트를 타고 강을 왕복하는 데 걸린 시간은?

① 7시간 ② 6시간
③ 5시간 ④ 4시간
⑤ 3시간

04 하이킹을 하는데 올라갈 때는 10km/h의 속력으로 달리고, 내려올 때는 올라갈 때보다 10km 더 먼 길을 20km/h의 속력으로 달렸다. 올라갔다가 내려오는 데 총 5시간이 걸렸다면, 올라갈 때 달린 거리는?

① 15km ② 20km
③ 25km ④ 30km
⑤ 35km

| 04 | 언어추리

Easy

01 S그룹의 A ~ D사원 4명은 각각 홍보팀, 총무팀, 영업팀, 기획팀 소속으로 3 ~ 6층의 서로 다른 층에서 근무하고 있다. 이들 중 1명이 거짓을 말하고 있을 때, 다음 중 바르게 추론한 것은?(단, 각 팀은 서로 다른 층에 위치하며, A ~ D사원은 진실만을 말하거나 거짓만을 말한다)

- A사원 : 저는 홍보팀과 총무팀 소속이 아니며, 3층에서 근무하고 있지 않습니다.
- B사원 : 저는 영업팀 소속이며, 4층에서 근무하고 있습니다.
- C사원 : 저는 홍보팀 소속이며, 5층에서 근무하고 있습니다.
- D사원 : 저는 기획팀 소속이며, 3층에서 근무하고 있습니다.

① A사원은 홍보팀 소속이다.
② B사원은 6층에서 근무하고 있다.
③ 홍보팀은 3층에 위치한다.
④ 기획팀은 4층에 위치한다.
⑤ D사원은 5층에서 근무하고 있다.

02 제시된 명제가 모두 참일 때, 항상 참인 것은?

- 서로 다른 음식을 판매하는 총 여섯 대의 푸드트럭이 이 사업에 신청하였고, 이들 중 세 대의 푸드트럭이 최종 선정될 예정이다.
- 치킨을 판매하는 푸드트럭이 선정되면, 핫도그를 판매하는 푸드트럭은 선정되지 않는다.
- 커피를 판매하는 푸드트럭이 선정되지 않으면, 피자를 판매하는 푸드트럭이 선정된다.
- 솜사탕을 판매하는 푸드트럭이 선정되면, 치킨을 판매하는 푸드트럭도 선정된다.
- 핫도그를 판매하는 푸드트럭이 최종 선정되었다.
- 피자를 판매하는 푸드트럭과 떡볶이를 판매하는 푸드트럭 중 하나만 선정된다.
- 솜사탕을 판매하는 푸드트럭이 선정되지 않으면, 떡볶이를 판매하는 푸드트럭이 선정된다.

① 치킨, 커피, 핫도그를 판매하는 푸드트럭이 선정될 것이다.
② 피자, 커피, 핫도그를 판매하는 푸드트럭이 선정될 것이다.
③ 피자, 솜사탕, 핫도그를 판매하는 푸드트럭이 선정될 것이다.
④ 핫도그, 커피, 떡볶이를 판매하는 푸드트럭이 선정될 것이다.
⑤ 핫도그, 피자, 떡볶이를 판매하는 푸드트럭이 선정될 것이다.

Easy

03 A~E 5명은 S시에서 개최하는 마라톤에 참가하였다. 제시된 명제가 모두 참일 때, 항상 참이 아닌 것은?

- A는 B와 C보다 앞서 달리고 있다.
- D는 A보다 뒤에 달리고 있지만, B보다는 앞서 달리고 있다.
- C는 D보다 뒤에 달리고 있지만, B보다는 앞서 달리고 있다.
- E는 C보다 뒤에 달리고 있지만, 5명 중 꼴찌는 아니다.

① 현재 1등은 A이다.
② 현재 꼴찌는 B이다.
③ E는 C와 B 사이에서 달리고 있다.
④ D는 A와 C 사이에서 달리고 있다.
⑤ 현재 순위에 변동 없이 결승점까지 달린다면 C가 4등을 할 것이다.

| 05 | 수열추리

※ 일정한 규칙으로 수를 나열할 때, 빈칸에 들어갈 수로 알맞은 것을 고르시오. [1~4]

01

| 0.8   0.9   2.7   0.7   6.6   0.3   14.5   ( ) |

① −0.5
② −0.6
③ −0.7
④ −0.8
⑤ −0.9

Easy

02

| 1   2   3   5   8   ( ) |

① 12
② 13
③ 14
④ 15
⑤ 16

03

| 6   4   4   21   5   32   19   ( )   10 |

① 18
② 16
③ 14
④ 12
⑤ 10

04

| 5 | 9 | 21 | 57 | 165 | 489 | ( ) |

① 1,355
② 1,402
③ 1,438
④ 1,461
⑤ 11,476

Hard

05 다음 수열의 11번째 항의 값은?

| 4 | 5 | 10 | 11 | 22 | 23 | ⋯ |

① 174
② 178
③ 186
④ 190
⑤ 195

CHAPTER 06 | 2023년 상반기 기출복원문제

정답 및 해설 p.039

| 01 | 언어이해

01 다음은 윤리적 소비에 대한 글이다. (가) ~ (다)와 관련된 사례를 〈보기〉에서 골라 바르게 연결한 것은?

> 윤리적 소비란 무의식적으로 하는 단순한 소비 활동이 아닌 자신의 소비 활동의 결과가 사람과 동물, 사회와 환경에 어떠한 영향을 끼칠지 고려하여 행동하는 것을 말한다. 이와 같은 소비 행위는 그 이념에 따라 다음과 같이 나눌 수 있다.
> (가) 녹색소비 : 환경보호에 도움이 되거나, 환경을 고려하여 제품을 생산 및 개발하거나 서비스를 제공하는 기업의 제품을 구매하는 친환경적인 소비 행위를 말한다.
> (나) 로컬소비 : 자신이 거주하는 지역의 경제 활성화를 돕고, 운반 시 소비되는 연료나 배출되는 환경오염 물질을 줄이기 위해 자신이 거주하는 지역에서 만들어진 상품과 서비스를 소비하는 지속 가능한 소비 행위를 말한다.
> (다) 공정무역 소비 : 불공정 무역구조로 인하여 선진국에 비해 경제적 개발이 늦은 저개발국가에서 발생하는 노동력 착취, 환경파괴, 부의 편중 등의 문제를 해소하기 위한 사회적 소비 운동이다. 이를 위해 소비자는 저개발국가의 생산자가 경제적 자립을 이루고 지속 가능한 발전을 할 수 있도록 '가장 저렴한 가격'이 아닌 '공정한 가격'을 지불한다.
> 이와 같이 소비자는 자신의 소비 행위를 통해 사회적 정의와 평등을 촉진하고, 환경 보호에 기여하는 등 사회적 영향력을 행사할 수 있다.

보기
- ㉠ A사는 비건 트렌드에 맞춰 기존에 사용해왔던 동물성 원료 대신 친환경 성분의 원료를 구입하여 화장품을 출시했다.
- ㉡ B레스토랑은 고객들에게 신선한 샐러드를 제공하고 지역 내 농가와의 상생을 위하여 인접 농가에서 갓 생산한 채소들을 구매한다.
- ㉢ C사는 해안가에 버려진 폐어망 및 폐페트병을 수집해 이를 원사로 한 가방 및 액세서리를 구매하여 유통한다.
- ㉣ D카페는 제3세계에서 생산하는 우수한 품질의 원두를 직수입하여 고객들에게 합리적인 가격에 제공한다.
- ㉤ E사는 아시아 국가의 빈곤한 여성 생산자들의 경제적 자립을 돕기 위해 이들이 생산한 의류, 생활용품, 향신료 등을 국내에 수입하여 판매하고 있다.

	(가)	(나)	(다)
①	㉠, ㉢	㉡	㉣, ㉤
②	㉠, ㉣	㉡	㉢, ㉤
③	㉣, ㉤	㉡	㉠, ㉢
④	㉠, ㉡, ㉢	㉤	㉣
⑤	㉠, ㉢, ㉤	㉡	㉣

Easy

02 다음 글을 읽고 추론한 내용으로 가장 적절한 것은?

> 레드와인이란 포도 과육을 압착하여 과즙을 만든 뒤, 여기에 포도 껍질과 씨를 넣고 양조통에서 일정시간 발효시켜 당분을 제거한 주류를 말한다. 이 과정에서 포도 껍질과 씨앗 등에 있던 탄닌 성분이 우러나게 되면서 레드와인은 특유의 떫고 신맛이 생긴다.
> 레드와인은 원재료인 포도의 품종에 따라 붉은색에서 보라색까지 색상에 차이가 생기며, 이는 특히 포도껍질과 관련이 있다. 또한 포도의 재배 환경에 따라서도 산도와 향, 와인 색상에도 차이가 생기는데, 날씨가 더울수록 산도가 약해지고 향은 진해진다.
> 이렇게 만들어진 레드와인은 적정량을 섭취하게 되면 항산화 성분을 얻을 수 있어 인체에 유익한 영향을 준다. 대표적인 효능으로는 레드와인의 섭취를 통해 얻은 항산화 성분의 영향으로 혈관질환의 개선, 인지기능의 향상, 호흡기관의 보호, 암 예방이 있다.
> 이외에도 지질 산화를 감소시키고 혈관 내벽을 두껍게 만들어 주기 때문에 고혈압과 관련된 심혈관계 질환에 도움이 되고, 세포의 노화를 감소시켜 치매와 세포 파괴 위험도 낮출 수 있다. 또한 소염 살균효과도 가지고 있어 호흡기에 환경 오염물질이 침투하지 않도록 보호하고, 폐에 악성 종양이 생기는 것도 예방한다.

① 레드와인은 포도에서 과육만을 추출하여 만든다.
② 같은 품종의 포도로 만든 레드와인의 색상은 동일하다.
③ 심혈관질환이 있는 모든 환자에게 일정량의 레드와인 섭취는 유익한 영향을 준다.
④ 진한 향의 레드와인을 선호할 경우 더운 지역의 포도로 제조한 것을 구매해야 한다.
⑤ 기온이 높은 환경에서 재배한 포도로 만든 와인일수록 레드와인 특유의 신맛이 강해진다.

03 다음 글의 논지를 강화하기 위한 내용으로 적절하지 않은 것은?

> 뉴턴은 이렇게 말했다. "플라톤은 내 친구이다. 아리스토텔레스는 내 친구이다. 하지만 진리야말로 누구보다 소중한 내 친구이다." 케임브리지에서 뉴턴에게 새로운 전환점을 준 사람이 있다. 수학자이며 당대 최고의 교수였던 아이작 배로우(Isaac Barrow)였다. 배로우는 뉴턴에게 수학과 기하학을 가르치고 그의 탁월함을 발견하여 후원자가 됐다. 이처럼 뉴턴은 타고난 천재가 아니라, 자신의 피나는 노력과 위대한 스승들의 도움을 통해 후천적으로 키워진 것이다.
>
> 뉴턴이 시대를 관통하는 천재로 여겨진 것은 "사과는 왜 땅에 수직으로 떨어질까?"라는 질문에서 시작했다. 이 질문을 던진 지 20여 년이 지나고 마침내 모든 물체가 땅으로 떨어지는 것은 지구 중력에 의한 만유인력이라는 개념을 발견한 것이 계기가 되었다. 사과가 떨어지는 것을 관찰하여 온갖 질문을 던지고, 새로운 가설을 만든 후에 그것을 증명하기 위해 오랜 시간 연구하고 실험을 한 결과가 위대한 발견으로 이어진 것이다. 위대한 발명이나 발견은 어느 한 순간 섬광처럼 오는 것이 아니다. 시작 단계의 작은 아이디어가 질문과 논쟁을 통해 점차 다른 아이디어들과 충돌하고 합쳐지면서 숙성의 시간을 가진 후에야 세상에 유익한 발명이나 발견이 나오는 것이다.
>
> 이전부터 천재가 선천적인 것인지, 후천적인 것인지에 대한 논란은 계속되어 왔다. 과거에는 천재가 신적인 영감을 받아 선천적으로 탄생한다는 주장이 힘을 얻었다. 플라톤의 저서 『이온』에도 음유 시인이 기술이나 지식이 아닌 신적인 힘과 영감을 받는 존재임이 언급된다. 그러나 아리스토텔레스의 『시학』은 『이온』과 조금 다른 관점을 취하고 있다. 기본적으로 시가 모방미학이라는 입장은 같지만, 아리스토텔레스는 이것이 신적인 힘을 모방한 것이 아닌 인간을 모방한 것이라고 믿었다.
>
> 최근 연구에 의하면 천재라 불리는 모든 사람들이 선천적으로 타고난 것이 아니고 후천적인 학습을 통해 수준을 점차 더 높은 단계로 발전시켰다고 한다. 선천적 재능과 후천적 학습을 모두 거친 절충적 천재가 각광받는 것이다. 이것이 우리에게 주는 시사점은 비록 지금은 창의적이지 않더라도 꾸준히 포기하지 않고 창의성을 개발하며 실현하는 방법을 배워서 실천한다면 모두가 창의적인 사람이 될 수 있다는 교훈이다. 타고난 천재가 아닌 훈련과 노력으로 새롭게 태어나는 창재(창의적인 인재)로 거듭나야 한다.

① 칸트는 천재가 선천적인 것이라고 하였다.
② 신적인 것보다 연습이 영감을 가져다주는 경우가 있다.
③ 세계적인 발레리나 강수진은 고된 연습으로 발이 기형적으로 변해 버렸다.
④ 뉴턴뿐만 아니라 아인슈타인 역시 끊임없는 연구와 노력을 통해 천재로 인정받았다.
⑤ 1만 시간의 법칙은 한 분야에서 전문가가 되기 위해서는 최소 1만 시간의 훈련이 필요하다는 것이다.

04 다음 글의 제목으로 가장 적절한 것은?

> 우리는 처음 만난 사람의 외모를 보고 그를 어떤 방식으로 대우해야 할지를 결정할 때가 많다. 그가 여자인지 남자인지, 얼굴색이 흰지 검은지, 나이가 많은지 적은지 혹은 그의 스타일이 조금은 상류층의 모습을 띠고 있는지 아니면 너무나 흔해서 별 특징이 드러나 보이지 않는 외모를 하고 있는지 등을 통해 그들과 나의 차이를 재빨리 감지한다. 일단 감지가 되면 우리는 둘 사이의 지위 차이를 인식하고 우리가 알고 있는 방식으로 그를 대하게 된다. 한 개인이 특정 집단에 속한다는 것은 단순히 다른 집단의 사람과 다르다는 것뿐만 아니라, 그 집단이 다른 집단보다는 지위가 높거나 우월하다는 믿음을 갖게 한다. 모든 인간은 평등하다는 우리의 신념에도 불구하고 왜 인간들 사이의 이러한 위계화(位階化)를 당연한 것으로 받아들일까? 위계화란 특정 부류의 사람들은 자원과 권력을 소유하고 다른 부류의 사람들은 낮은 사회적 지위를 갖게 되는 사회적이며 문화적인 체계이다. 다음에서 이러한 불평등이 어떠한 방식으로 경험되고 조직화되는지를 살펴보기로 하자.
>
> 인간이 불평등을 경험하게 되는 방식은 여러 측면으로 나눌 수 있다. 산업 사회에서의 불평등은 계층과 계급의 차이를 통해서 정당화되는데, 이는 재산, 생산 수단의 소유 여부, 학력, 집안 배경 등의 요소들의 결합에 의해 사람들 사이의 위계를 만들어낸다. 또한 모든 사회에서 인간은 태어날 때부터 얻게 되는 인종, 성, 종족 등의 생득적 특성과 나이를 통해 불평등을 경험한다. 이러한 특성들은 단순히 생물학적인 차이를 지칭하는 것이 아니라, 개인의 열등성과 우등성을 가늠하게 만드는 사회적 개념이 되곤 한다.
>
> 한편 불평등이 재생산되는 다양한 사회적 기제들이 때로는 관습이나 전통이라는 이름 아래 특정 사회의 본질적인 문화적 특성으로 간주되고 당연시되는 경우가 많다. 불평등은 체계적으로 조직되고 개인에 의해 경험됨으로써 문화의 주요 부분이 되었고, 그 결과 같은 문화권 내의 구성원들 사이에 권력 차이와 그에 따른 폭력이나 비인간적인 행위들이 자연스럽게 수용될 때가 많다.
>
> 문화 인류학자들은 사회 집단의 차이와 불평등, 사회의 관습 또는 전통이라고 얘기되는 문화 현상에 대해 어떤 입장을 취해야 할지 고민을 한다. 문화 인류학자가 이러한 문화 현상은 고유한 역사적 산물이므로 나름대로 가치를 지닌다는 입장만을 반복하거나 단순히 관찰자로서의 입장에 안주한다면, 이러한 차별의 형태를 제거하는 데 도움을 줄 수 없다. 실제로 문화 인류학 연구는 기존의 권력 관계를 유지시키는 다양한 문화적 이데올로기를 분석하고, 인간 간의 차이가 우등성과 열등성을 구분하는 지표가 아니라 동등한 다름일 뿐이라는 것을 일깨우는 데 기여해 왔다.

① 차이와 불평등
② 차이의 감지 능력
③ 문화 인류학의 역사
④ 위계화의 개념과 구조
⑤ 관습과 전통의 계승과 창조

05 다음 글의 내용으로 가장 적절한 것은?

> 미국 로체스터대 교수 겸 노화연구센터 공동책임자인 베라 고부노바는 KAIST 글로벌전략연구소가 '포스트 코로나, 포스트 휴먼 – 의료・바이오 혁명'을 주제로 개최한 제3차 온라인 국제포럼에서 "대다수 포유동물보다 긴 수명을 가진 박쥐는 바이러스를 체내에 보유하고 있으면서도 염증 반응이 일어나지 않는다."며 "박쥐의 염증 억제 전략을 생물학적으로 이해하면 코로나19는 물론 자가면역질환 등 다양한 염증 질환 치료제에 활용할 수 있을 것"이라고 말했다.
> 박쥐는 밀도가 높은 군집 생활을 한다. 또한 포유류 중 유일하게 날개를 지닌 생물로서 뛰어난 비행 능력과 비행 중에도 고온의 체온을 유지하는 것 등의 능력으로 먼 거리까지 무리를 지어 날아다니기 때문에 쉽게 질병에 노출되기도 한다. 그럼에도 오랜 기간 지구상에 존재하며 바이러스에 대항하는 면역 기능이 발달된 것으로 추정된다. 박쥐는 에볼라나 코로나 바이러스에 감염돼도 염증 반응이 일어나지 않기 때문에 대표적인 바이러스 숙주로 지목되고 있다.
> 고부노바 교수는 "인간이 도시에 모여 산 것도, 비행기를 타고 돌아다닌 것도 사실상 약 100년 정도로 오래되지 않아 박쥐만큼 바이러스 대항 능력이 강하지 않다."며 "박쥐처럼 약 6000~7000만 년에 걸쳐 진화할 수도 없다."라고 설명했다. 그러면서 "박쥐 연구를 통해 박쥐의 면역체계를 이해하고 바이러스에 따른 다양한 염증 반응 치료제를 개발하는 전략이 필요하다."라고 강조했다.
> 고부노바 교수는 "이 같은 비교생물학을 통해 노화를 억제하고 퇴행성 질환에 대응하기 위한 방법을 찾을 수 있다."며 "안전성이 확인된 연구 결과물들을 임상에 적용해 더욱 발전해 나가는 것이 필요하다."라고 밝혔다.

① 박쥐의 수명은 긴 편이지만 평균적인 포유류 생물의 수명보다는 짧다.
② 박쥐는 날개가 있는 유일한 포유류지만 짧은 거리만 날아서 이동이 가능하다.
③ 박쥐는 현재까지도 바이러스에 취약한 생물이지만 긴 기간 지구상에 존재할 수 있었다.
④ 박쥐가 많은 바이러스를 보유하고 있는 것은 무리생활과 더불어 수명과도 관련이 있다.
⑤ 박쥐의 면역은 인간에 직접 적용할 수 없기에 연구가 무의미하다.

06 다음 글의 내용으로 적절하지 않은 것은?

> 헌법의 개정이 어느 정도까지 가능한가에 대해서는 학자들마다 입장이 다른데, 이는 대체로 개정 무한계설과 개정 한계설로 나뉜다. 개정 무한계설은 헌법에 규정된 개정 절차를 밟으면 어떠한 조항이나 사항이더라도 개정할 수 있다는 입장이다. 개정 무한계설에서는 헌법 규범과 헌법 현실 사이의 틈을 해소할 수 있는 유일한 방법은 헌법 개정을 무제한 허용하는 것이라고 주장한다. 또한 헌법 제정 권력과 헌법 개정 권력의 구별을 부인하여 헌법 최고의 법적 권력은 헌법 개정 권력이라고 주장한다. 그리고 현재의 헌법 규범이나 가치에 의해 장래의 세대를 구속하는 것은 부당하다는 점을 밝힌다. 그러나 개정 무한계설은 법 규범이 가지는 실질적인 규범력의 차이는 외면한 채 헌법 개정에 있어서 형식적 합법성만을 절대시한다는 비판을 받는다.
>
> 개정 한계설은 헌법에 규정된 개정 절차를 따를지라도 특정한 조항이나 사항은 개정할 수 없다는 입장이다. 개정 한계설에서는 헌법 제정 권력과 헌법 개정 권력을 다른 것으로 구별하여 헌법 개정 권력은 헌법 제정 권력의 소재(所在)를 변경하거나 헌법 제정 당시의 국민적 합의인 헌법의 기본적 가치 질서를 변경할 수 없다고 주장한다. 또 헌법 제정자가 내린 근본적 결단으로서의 헌법은 개정 대상이 될 수 없다거나, 헌법 위에 존재하는 자연법*의 원리에 어긋나는 헌법 개정은 허용되지 않는다고 본다. 예를 들어 대한민국 헌법의 국민 주권 원리, 인간으로서의 존엄과 가치 보장은 헌법 개정 절차에 의해서도 개정할 수 없다는 것이다.
>
> *자연법 : 인간 이성을 통하여 발견한 자연적 정의 또는 자연적 질서를 사회 질서의 근본 원리로 생각하는 보편 타당한 법

① 개정 무한계설은 절차를 지킬 경우 국민 주권 원리도 개정 가능하다고 본다.
② 개정 무한계설은 헌법 개정을 통해 규범과 현실 사이의 격차를 줄일 수 있다고 본다.
③ 개정 무한계설은 형식적인 절차는 무시한 채 실질적인 규범력의 차이만 강조한다.
④ 개정 한계설은 제정 권력과 개정 권력을 구별한다.
⑤ 개정 한계설은 인간으로서의 존엄과 가치 보장을 개정하는 것은 자연법의 원리에 어긋난다고 본다.

02 자료해석

01 다음은 S사 여사원 150명과 남사원 100명이 한 달 평균 점심식사 비용을 조사하여 나타낸 상대도수분포 그래프이다. 이에 대한 설명으로 옳은 것은?

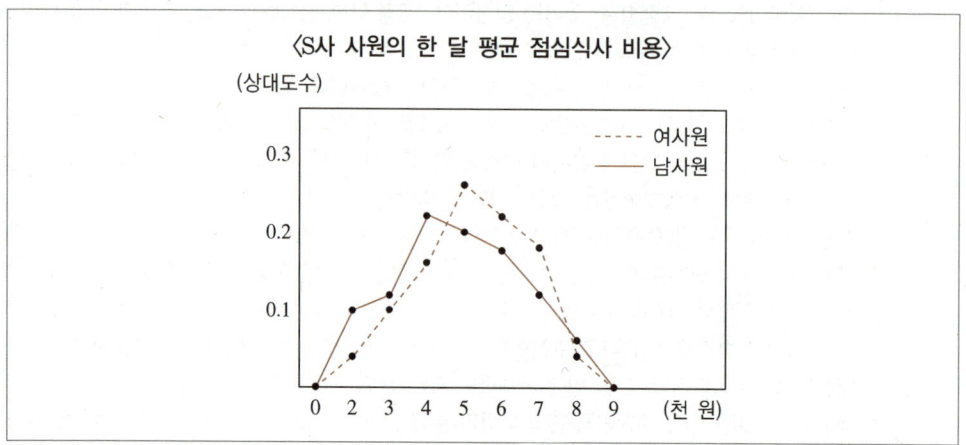

① 남사원이 여사원보다 식비를 더 많이 사용하였다.
② 식비가 6천 원 이상인 남사원 수는 30명 이하이다.
③ 식비가 4천 원 미만인 사원의 비율은 남사원이 여사원보다 낮다.
④ 식비가 5천 원 이상 7천 원 미만인 여사원 수는 여사원 전체의 40% 미만이다.
⑤ 상대도수의 분포다각형 모양의 그래프와 가로축으로 둘러싸인 부분의 넓이는 남사원과 여사원이 서로 동일하다.

Hard

02 다음은 S대학교 학생 2,500명을 대상으로 진행한 인터넷 쇼핑 이용 현황에 대한 자료이다. 이에 대한 설명으로 옳지 않은 것은?(단, 매년 조사 인원수는 동일하다)

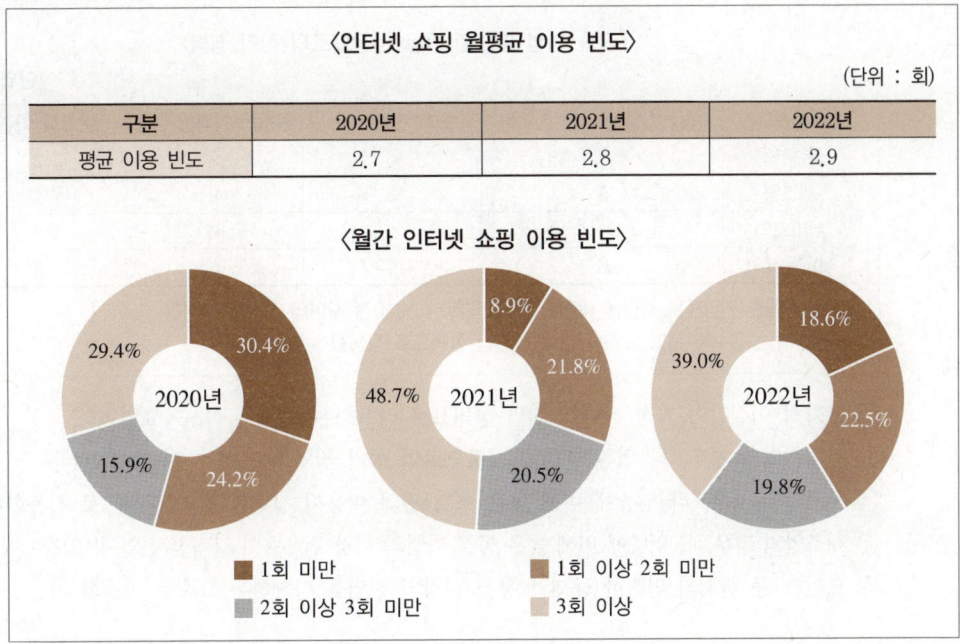

① 인터넷 쇼핑 월평균 이용 빈도는 지속적으로 증가했다.
② 2021년 월간 인터넷 쇼핑을 3회 이상 이용했다고 응답한 사람은 1,210명 이상이다.
③ 1회 이상 2회 미만 쇼핑했다고 응답한 사람은 2021년 대비 2022년에 3% 이상 증가했다.
④ 3년간의 인터넷 쇼핑 이용 빈도수를 누적했을 때, 두 번째로 많이 응답한 인터넷 쇼핑 이용 빈도수는 1회 미만이다.
⑤ 2022년 월간 인터넷 쇼핑을 2회 이상 3회 미만 이용했다고 응답한 사람은 2021년 1회 미만으로 이용했다고 응답한 사람보다 2배 이상 많다.

Easy

03 국내의 유통업체 S사는 몽골 시장으로 진출하기 위해 현지에 진출해 있는 기업들이 경험한 진입 장벽에 대하여 다음과 같이 조사하였다. 이에 대한 설명으로 옳은 것은?

〈진출 기업 업종별 몽골 시장으로의 진입 장벽〉

(단위 : 점)

구분	몽골 기업의 시장 점유율	초기 진입 비용	현지의 엄격한 규제	문화적 이질감
유통업	7	5	9	2
제조업	5	3	8	4
서비스업	4	2	6	8
식·음료업	6	7	5	6

※ 현지 진출 기업들은 경험을 바탕으로 요인별로 0~10점 사이의 점수를 부여함
※ 점수가 높을수록 해당 요인이 강력한 진입 장벽으로 작용함

① 문화적 이질감이 가장 강력한 진입 장벽으로 작용하는 업종은 식·음료업이다.
② 서비스업의 경우, 타 업종에 비해 시장으로의 초기 진입 비용이 가장 많이 든다.
③ 유통업의 경우, 타 업종에 비해 높은 초기 진입 비용이 강력한 진입 장벽으로 작용한다.
④ 제조업의 경우, 타 업종에 비해 높은 몽골 기업의 시장 점유율이 강력한 진입 장벽으로 작용한다.
⑤ 요인들 중 현지의 엄격한 규제가 몽골 시장의 진입을 방해하는 요소로 작용할 가능성이 가장 크다.

| 03 | 창의수리

01 A~C사원 3명이 P지점에서 동시에 출발하여 Q지점을 지나 R지점까지 가려고 한다. A사원은 P지점에서 R지점까지 시속 4km의 속도로 걷고, B사원은 P지점에서 Q지점까지는 시속 5km, Q지점에서 R지점까지는 시속 3km의 속도로 걸으면 A사원보다 12분 늦게 R지점에 도착한다. 이때, C사원이 P지점에서 Q지점까지는 시속 2km, Q지점에서 R지점까지는 시속 5km의 속도로 걷는다면, 도착 시간을 A사원과 바르게 비교한 것은?(단, P지점에서 R지점까지 거리는 4km이다)

① A사원보다 3분 늦게 도착한다.
② A사원보다 3분 빠르게 도착한다.
③ A사원보다 5분 빠르게 도착한다.
④ A사원보다 6분 늦게 도착한다.
⑤ A사원보다 6분 빠르게 도착한다.

Hard
02 다음과 같은 바둑판 도로망이 있다. 갑은 A지점에서 출발하여 B지점까지 최단 거리로 이동하고 을은 B지점에서 출발하여 A지점까지 최단 거리로 이동한다. 갑과 을이 동시에 출발하여 같은 속력으로 이동할 때, 갑과 을이 만나는 경우의 수는?

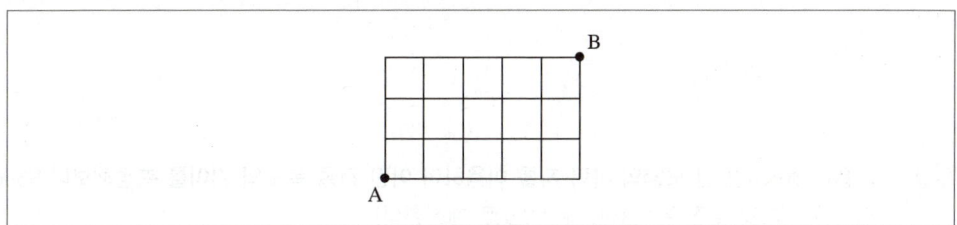

① 244가지 ② 574가지
③ 867가지 ④ 1,184가지
⑤ 1,342가지

03 민솔이네 가족은 S통신사를 이용한다. 민솔이는 79분을 사용하여 20,950원, 아빠는 90분을 사용하여 21,390원의 요금을 청구받았다. S통신사의 요금 부과 규칙이 다음과 같을 때, 101분을 사용한 엄마의 통화 요금은?

- 60분 이하 사용 시 기본요금 x원이 부과됩니다. … (1)
- 60분 초과 사용 시 (1)요금에 초과한 시간에 대한 1분당 y원이 추가로 부과됩니다. … (2)
- 100분 초과 시 (2)요금에 초과한 시간에 대한 1분당 $2y$원이 추가로 부과됩니다.

① 21,830원 ② 21,870원
③ 21,900원 ④ 21,930원
⑤ 21,960원

04 A, B 두 종목의 경기를 하여 각각에 대하여 상을 주는데 A종목은 50,000원을 주고 B종목은 30,000원을 주었다. 상을 받은 사람은 모두 30명이며, A, B 두 종목 모두에서 상을 받은 사람은 10명이다. 또한 A종목에서 상을 받은 사람은 B종목에서 상을 받은 사람보다 8명이 많았다. 이때, A종목에서 상을 받은 사람들이 받은 상금의 총합은?

① 1,100,000원 ② 1,200,000원
③ 1,300,000원 ④ 1,400,000원
⑤ 1,500,000원

Easy

05 지름이 30cm인 원 모양의 바퀴 자를 이용하여 어떤 건물 복도의 길이를 측정해보니 930cm였을 때, 바퀴 자의 회전수는?(단, $\pi = 3.1$로 계산한다)

① 6회 ② 8회
③ 10회 ④ 12회
⑤ 14회

| 04 | 언어추리

01 제시된 명제가 모두 참일 때, 항상 참이 아닌 것은?

- 비가 많이 내리면 습도가 높아진다.
- 겨울보다 여름에 비가 더 많이 내린다.
- 습도가 높으면 먼지가 잘 나지 않는다.
- 습도가 높으면 정전기가 잘 일어나지 않는다.

① 겨울은 여름보다 습도가 낮다.
② 먼지는 여름이 겨울보다 잘 난다.
③ 정전기가 잘 일어나면 비가 적게 온 것이다.
④ 비가 많이 오면 정전기가 잘 일어나지 않는다.
⑤ 여름에는 겨울보다 정전기가 잘 일어나지 않는다.

Hard

02 동아리 회비를 담당하고 있는 S팀장은 점심시간 후, 회비가 감쪽같이 사라진 것을 발견했다. 점심시간 동안 사무실에 있었던 사람은 A~E 5명이며, 이들 중 2명은 범인, 3명은 범인이 아니다. 범인은 거짓을, 범인이 아닌 사람은 진실을 말한다고 할 때, 다음 중 항상 참인 것은?

- A는 B, D 중 1명이 범인이라고 주장한다.
- B는 C가 범인이라고 주장한다.
- C는 B가 범인이라고 주장한다.
- D는 A가 범인이라고 주장한다.
- E는 A와 B가 범인이 아니라고 주장한다.

① A와 D 중 범인이 있다.
② B가 범인이다.
③ C와 E가 범인이다.
④ D는 범인이 아니다.
⑤ 범인이 누구인지 주어진 조건만으로는 알 수 없다.

CHAPTER 07 | 2022년 하반기 기출복원문제

정답 및 해설 p.044

| 01 | 언어이해

Easy
01 다음 글의 내용으로 가장 적절한 것은?

> 아파트를 분양받을 경우 전용면적, 공용면적, 공급면적, 계약면적, 서비스면적이라는 용어를 자주 접하게 된다.
> 전용면적은 아파트의 방이나 거실, 주방, 화장실 등을 모두 포함한 면적으로, 개별 세대 현관문 안쪽의 전용 생활공간을 말한다. 다만 발코니 면적은 전용면적에서 제외된다.
> 공용면적은 주거공용면적과 기타공용면적으로 나뉜다. 주거공용면적은 세대가 거주를 위하여 공유하는 면적으로 세대가 속한 건물의 공용계단, 공용복도 등의 면적을 더한 것을 말한다. 기타공용면적은 주거공용면적을 제외한 지하층, 관리사무소, 노인정 등의 면적을 더한 것이다.
> 공급면적은 통상적으로 분양에 사용되는 용어로 전용면적과 주거공용면적을 더한 것이다. 계약면적은 공급면적과 기타공용면적을 더한 것이다. 서비스면적은 발코니 같은 공간의 면적으로 전용면적과 공용면적에서 제외된다.

① 발코니 면적은 계약면적에 포함된다.
② 관리사무소 면적은 공급면적에 포함된다.
③ 계약면적은 전용면적, 주거공용면적, 기타공용면적을 더한 것이다.
④ 공용계단과 공용복도의 면적은 공급면적에 포함되지 않는다.
⑤ 개별 세대 내 거실과 주방의 면적은 주거공용면적에 포함된다.

※ 다음 글을 읽고 추론한 내용으로 가장 적절한 것을 고르시오. [2~3]

02

> 보름달 중에 가장 크게 보이는 보름달을 슈퍼문이라고 한다. 이때 보름달이 크게 보이는 이유는 달이 평소보다 지구에 가까이 있기 때문이다. 슈퍼문이 되려면 보름달이 되는 시점과 달이 지구에 가장 가까워지는 시점이 일치하여야 한다. 달의 공전 궤도가 완벽한 원이라면 지구에서 달까지의 거리가 항상 똑같을 것이다. 하지만 실제로는 타원 궤도여서 달이 지구에 가까워지거나 멀어지는 현상이 생긴다. 유독 달만 그런 것은 아니고 태양계의 모든 행성이 태양을 중심으로 타원 궤도로 돈다. 이것이 바로 그 유명한 케플러의 행성운동 제1법칙이다.
>
> 지구와 달의 평균 거리는 약 38만 km인 반면 슈퍼문일 때는 그 거리가 35만 7,000km 정도로 가까워진다. 달의 반지름은 약 1,737km이므로, 지구와 달의 거리가 평균 정도일 때 지구에서 보름달을 바라보는 시각도*는 0.52도 정도인 반면, 슈퍼문일 때는 시각도가 0.56도로 커진다. 반대로 보름달이 가장 작게 보일 때, 다시 말해 보름달이 지구에서 제일 멀 때는 그 거리가 약 40만 km여서 보름달을 보는 시각도가 0.49도로 작아진다.
>
> 밀물과 썰물이 생기는 원인은 지구에 작용하는 달과 태양의 중력 때문인데, 달이 태양보다는 지구에 훨씬 더 가깝기 때문에 더 큰 영향을 미친다. 달이 지구에 가까워지면 평소 달이 지구를 당기는 힘보다 더 강하게 지구를 당긴다. 그리고 달의 중력이 더 강하게 작용하면 달을 향한 쪽의 해수면은 평상시보다 더 높아진다. 실제 우리나라에서도 슈퍼문일 때 제주도 등 해안가에 바닷물이 평소보다 더 높게 밀려 들어와서 일부 지역이 침수 피해를 겪기도 했다.
>
> 한편 달의 중력 때문에 높아진 해수면이 지구와 함께 자전을 하다보면 지구의 자전을 방해하게 된다. 일종의 브레이크가 걸리는 셈이다. 이 때문에 지구의 자전 속도가 느려지게 되고 그 결과 하루의 길이에 미세하게 차이가 생긴다. 실제 연구 결과에 따르면 100만 년에 17초 정도씩 길어지는 효과가 생긴다고 한다.
>
> *시각도 : 물체의 양끝에서 눈의 결합점을 향하여 그은 두 선이 이루는 각을 의미함

① 지구에서 태양까지의 거리는 1년 동안 항상 일정하다.
② 해수면의 높이는 지구와 달의 거리와 관계가 없다.
③ 달이 지구에서 멀어지면 궤도에서 벗어나지 않기 위해 평소보다 더 강하게 지구를 잡아당긴다.
④ 지구와 달의 거리가 36만 km 정도일 때, 지구에서 보름달을 바라보는 시각도는 0.49도보다 크다.
⑤ 달의 중력 때문에 지구가 자전하는 속도는 점점 빨라지고 있다.

03

사람들은 단순히 공복을 채우기 위해서가 아니라 다른 많은 이유로 '먹는다.'는 행위를 행한다. 먹는다는 것에 대한 비생리학적인 동기에 대해서 연구하고 있는 과학자들에 따르면 비만인 사람들과 표준체중인 사람들은 식사 패턴에서 꽤나 차이를 보이는 것을 알 수 있다고 한다. 한 연구에서는 비만인 사람들에 대해 식사 전에 그 식사에 대한 상세한 설명을 하면 설명을 하지 않은 경우에 비해서 식사량이 늘었지만, 표준체중인 사람들에게서는 그런 현상이 보이지 않았다. 또한 표준체중인 사람들은 밝은 색 접시에 담긴 견과류와 어두운 색 접시에 담긴 견과류를 먹은 개수의 차가 거의 없는 것에 비해, 비만인 사람들은 밝은 색 접시에 담긴 견과류를 어두운 색 접시에 담긴 견과류보다 2배 더 많이 먹었다는 연구도 있다.

① 비만인 사람들은 표준체중인 사람들보다 감각이 예민하다.
② 표준체중인 사람들은 음식에 대한 욕구를 절제할 수 있다.
③ 표준체중인 사람들은 비만체중인 사람들에 비해 식사량이 적다.
④ 비만인 사람들은 표준체중인 사람들에 비해 외부 자극에 의해 식습관에 영향을 받기 쉽다.
⑤ 비만인 사람들은 생리학적인 필요성이라기보다 감정적 또는 심리적인 필요성에 쫓겨서 식사를 하고 있다.

Easy

04 다음 글을 읽고 추론한 내용으로 적절하지 않은 것은?

리플리 증후군이란 허구의 세계를 진실이라 믿고 거짓말과 거짓된 행동을 상습적으로 반복하는 반사회적 인격장애를 뜻한다. 리플리 증후군은 극단적인 감정의 기복을 보이는 등 불안정한 정신 상태를 갖고 있는 사람에게서 잘 나타나는 것으로 알려져 있다. 자신의 욕구를 충족시킬 수 없어 열등감과 피해의식에 시달리다가 상습적이고 반복적인 거짓말을 일삼으면서 이를 진실로 믿고 행동하게 된다. 거짓말을 반복하다가 본인이 한 거짓말을 스스로 믿어 버리는 증후군으로서 현재 자신의 상황에 만족하지 못하는 경우에 발생한다. 이는 '만족'이라는 상대적인 개념을 개인이 어떻게 받아들이고 느끼느냐에 따라 달라진다고 할 수 있다.

① 상대적으로 자신에게 만족감을 갖지 못한 사람에게 리플리 증후군이 나타난다.
② 리플리 증후군 환자는 거짓말을 통해 만족감을 얻고자 한다.
③ 열등감과 피해의식은 리플리 증후군의 원인이 된다.
④ 리플리 증후군 환자는 자신의 거짓말을 거짓말로 인식하지 못한다.
⑤ 자신의 상황에 불만족하는 모든 사람은 불안정한 정신 상태를 갖게 된다.

※ 다음 글의 내용으로 적절하지 않은 것을 고르시오. [5~6]

Hard
05

연방준비제도(이하 연준)가 고용 증대에 주안점을 둔 정책을 입안한다 해도 정책이 분배에 미치는 영향을 고려하지 않는다면 그 정책은 거품과 불평등만 부풀릴 것이다. 기술 산업의 거품 붕괴로 인한 경기 침체에 대응하여 2000년대 초에 연준이 시행한 저금리 정책이 이를 잘 보여준다.

특정한 상황에서는 금리 변동이 투자와 소비의 변화를 통해 경기와 고용에 영향을 줄 수 있다. 하지만 다른 수단이 훨씬 더 효과적인 상황도 많다. 가령 부동산 거품에 대한 대응책으로는 금리 인상보다 주택 담보 대출에 대한 규제가 더 합리적이다. 생산적 투자를 위축시키지 않으면서 부동산 거품을 가라앉힐 수 있기 때문이다.

경기 침체기라 하더라도 금리 인하는 은행의 비용을 줄여주는 것 말고는 경기 회복에 별다른 도움이 되지 않을 수 있다. 대부분의 부문에서 설비 가동률이 낮은 상황이라면 대출 금리가 낮아져도 생산적인 투자가 별로 증대하지 않는다. 2000년대 초가 바로 그런 상황이었기 때문에 당시의 저금리 정책은 생산적인 투자 증가 대신에 주택 시장의 거품만 초래한 것이다.

금리 인하는 국공채에 투자했던 퇴직자들의 소득을 감소시켰다. 노년층에서 정부로, 정부에서 금융업으로 부의 대규모 이동이 이루어져 불평등이 심화되었다. 이에 따라 금리 인하는 다양한 경로로 소비를 위축시켰다. 은퇴 후의 소득을 확보하기 위해 혹은 자녀의 학자금을 확보하기 위해 사람들은 저축을 늘렸다. 연준은 금리 인하가 주가 상승으로 이어질 것이므로 소비가 늘어날 것이라고 주장했다. 하지만 2000년대 초 연준의 금리 인하 이후 주가 상승에 따라 발생한 이득은 대체로 부유층에 집중되었으므로 대대적인 소비 증가로 이어지지 않았다.

2000년대 초 고용 증대를 기대하고 시행한 연준의 저금리 정책은 노동을 자본으로 대체하는 투자를 증대시켰다. 인위적인 저금리로 자본 비용이 낮아지자 이런 기회를 이용하려는 유인이 생겨났다. 노동력이 풍부한 상황인데도 노동을 절약하는 방향의 혁신이 강화되었고, 미숙련 노동자들의 실업률이 높은 상황인데도 가게들은 계산원을 해고하고 자동화 기계를 들여놓았다. 경기가 회복되더라도 실업률이 떨어지지 않는 구조가 만들어진 것이다.

① 2000년대 초 연준의 금리 인하로 국공채에 투자한 퇴직자의 소득이 줄어들어 금융업으로부터 정부로 부가 이동하였다.
② 2000년대 초 연준은 고용 증대를 기대하고 금리를 인하했지만, 결과적으로 고용 증대가 더 어려워지도록 만들었다.
③ 2000년대 초 기술 산업 거품의 붕괴로 인한 경기 침체기에 설비 가동률은 대부분의 부문에서 낮은 상태였다.
④ 2000년대 초 연준이 금리 인하 정책을 시행한 후 주택 가격과 주식 가격은 상승하였다.
⑤ 금리 인상은 부동산 거품 대응 정책 가운데 가장 효과적인 정책이 아닐 수 있다.

06

모든 동물은 생리적 장치들이 제대로 작동하기 위해서 체액의 농도를 어느 정도 일정하게 유지해야 한다. 이를 위해 수분의 획득과 손실의 균형을 조절하는 작용을 삼투 조절이라 한다. 동물은 서식지와 체액의 농도, 특히 염도 차이가 있을 경우, 삼투 현상에 따라 체내 수분의 획득과 손실이 발생하기 때문에 이러한 상황에서 체액의 농도를 일정하게 유지하는 것이 중요한 생존 과제이다.

삼투 현상이란 반(半)투과성 막을 사이에 두고 농도가 다른 양쪽의 용액 중 농도가 낮은 쪽의 용매가 농도가 높은 쪽으로 옮겨 가는 현상이다. 소금물에서는 물에 녹아 있는 소금을 용질, 그 물을 용매라고 할 수 있는데, 반투과성 막의 양쪽에 농도가 다른 소금물이 있다면 농도가 낮은 쪽의 물이 높은 쪽으로 이동하게 된다. 이때 양쪽의 농도가 같다면 용매의 순이동은 없다고 한다.

동물들은 이러한 삼투 현상에 대응하여 수분 균형을 어떻게 유지하느냐에 따라 삼투 순응형과 삼투 조절형으로 분류된다. 먼저 삼투 순응형 동물은 모두 해수(海水) 동물로, 체액과 해수의 염분 농도, 즉 염도가 같기 때문에 수분의 순이동은 없다. 게나 홍합, 갯지네 등이 여기에 해당한다. 이와 달리 삼투 조절형 동물은 체액의 염도와 서식지의 염도가 달라 체액의 염도가 변하지 않도록 삼투 조절을 하며 살아간다.

삼투 조절형 동물 중 해수에 사는 대다수 어류의 체액은 해수에 비해 염도가 낮기 때문에 체액의 수분이 빠져나갈 수 있다. 그래서 표피는 비투과성이지만 아가미의 상피세포를 통해 물을 쉽게 빼앗긴다. 이렇게 삼투 현상에 의해 빼앗긴 수분을 보충하기 위하여 이들은 계속 바닷물을 마시게 된다. 이로 인해 이들의 창자에서 바닷물의 70~80%가 혈관 속으로 흡수되는데, 이때 염분도 혈관 속으로 들어간다. 그러면 아가미의 상피 세포에 있는 염분 분비 세포를 작동시켜 과도해진 염분을 밖으로 내보낸다.

담수에 사는 동물들이 직면한 삼투 조절의 문제는 해수 동물과 정반대이다. 담수 동물의 체액은 담수에 비해 염도가 높기 때문에 아가미를 통해 수분이 계속 유입될 수 있다. 그래서 담수 동물들은 물을 거의 마시지 않고 많은 양의 오줌을 배출하여 문제를 해결하고 있다. 이들의 비투과성 표피는 수분의 유입을 막기 위한 것이다.

한편 육상에 사는 동물들 또한 다양한 경로를 통해 수분이 밖으로 빠져나간다. 오줌, 대변, 피부, 가스교환 기관의 습한 표면 등을 통해 수분을 잃기 때문이다. 그래서 육상 동물들은 물을 마시거나 음식을 통해 그리고 세포호흡으로 물을 생성하여 부족한 수분을 보충한다.

① 동물들은 체액의 농도가 크게 달라지면 생존하기 어렵다.
② 육상 동물은 세포호흡을 통해서도 수분을 보충할 수 있다.
③ 동물들이 삼투 현상에 대응하는 방법은 서로 다를 수 있다.
④ 동물의 체액과 서식지 물의 농도가 같으면 삼투 현상에 의한 수분의 순이동은 없다.
⑤ 담수 동물은 육상 동물과 마찬가지로 많은 양의 오줌을 배출하여 체내 수분을 일정하게 유지한다.

02 자료해석

01 다음은 연도별 S사의 경제 분야 투자규모에 대한 자료이다. 이에 대한 설명으로 옳지 않은 것은?

〈S사의 경제 분야 투자규모〉

(단위 : 억 원, %)

구분	2017년	2018년	2019년	2020년	2021년
경제 분야 투자규모	20	24	23	22	21
총지출 대비 경제 분야 투자규모 비중	6.5	7.5	8	7	6

① 2021년 총지출은 320억 원 이상이다.
② 2017 ~ 2021년 동안 경제 분야에 투자한 금액은 110억 원이다.
③ 2018년 경제 분야 투자규모의 전년 대비 증가율은 25% 이하이다.
④ 2019년에는 2020년보다 경제 분야 투자규모가 전년 대비 큰 비율로 감소하였다.
⑤ 2018 ~ 2021년 동안 경제 분야 투자규모와 총지출 대비 경제 분야 투자규모 비중의 전년 대비 증감 추이는 동일하지 않다.

02 다음은 농·축·수산물 안전성 조사결과에 대한 자료이다. 이에 대한 설명으로 옳지 않은 것은? (단, 비율은 소수점 셋째 자리에서 반올림한다)

〈단계별 농·축·수산물 안전성 조사결과〉

(단위 : 건)

구분	농산물		축산물		수산물	
	조사 건수	부적합 건수	조사 건수	부적합 건수	조사 건수	부적합 건수
생산단계	91,211	1,209	418,647	1,803	12,922	235
유통단계	55,094	516	22,927	106	8,988	49
합계	146,305	1,725	441,574	1,909	21,910	284

※ [부적합건수 비율(%)] = $\frac{(부적합 건수)}{(조사 건수)} \times 100$

① 농·축·수산물의 부적합 건수의 평균은 1천 3백 건 이상이다.
② 농·축·수산물별 부적합 건수 비율이 가장 높은 것은 농산물이다.
③ 유통단계에서의 부적합 건수 중 농산물 건수는 수산물 건수의 10배 이상이다.
④ 생산단계에서의 수산물 부적합 건수 비율은 농산물 부적합 건수 비율보다 높다.
⑤ 부적합 건수가 가장 많은 건수의 비율과 부적합 건수가 가장 적은 건수의 비율의 차이는 0.12%p이다.

03 다음은 2017년부터 2021년까지의 생활 폐기물 처리 현황에 대한 자료이다. 이에 대한 설명으로 옳지 않은 것은?(단, 비율은 소수점 둘째 자리에서 반올림한다)

〈생활 폐기물 처리 현황〉

(단위 : 톤)

구분	2017년	2018년	2019년	2020년	2021년
매립	9,471	8,797	8,391	7,613	7,813
소각	10,309	10,609	11,604	12,331	12,648
재활용	31,126	29,753	28,939	29,784	30,454
합계	50,906	49,159	48,934	49,728	50,915

① 매년 소각량 대비 매립량은 60% 이상이다.
② 매년 생활 폐기물 처리량 중 재활용량 비율이 가장 높다.
③ 전년 대비 소각량 증가율은 2019년이 2020년의 2배 이상이다.
④ 생활 폐기물 처리방법 중 매립량은 2017~2020년 동안 계속 감소하고 있다.
⑤ 생활 폐기물 처리 현황에서 2021년 재활용량 비율은 2017년 소각량 비율의 3배보다 작다.

Hard

04 다음은 한국과 미국의 소방직 및 경찰직 공무원의 현황에 대한 자료이다. 이에 대한 설명으로 옳지 않은 것은?(단, 비율은 소수점 둘째 자리에서 반올림한다)

〈한국과 미국의 소방직·경찰직 공무원 현황〉

(단위 : 명)

국가	구분	2019년	2020년	2021년
한국	전체 공무원	875,559	920,291	955,293
	소방직 공무원	39,582	42,229	45,520
	경찰직 공무원	66,523	72,392	79,882
미국	전체 공무원	1,882,428	2,200,123	2,586,550
	소방직 공무원	220,392	282,329	340,594
	경찰직 공무원	452,482	490,220	531,322

① 한국의 전년 대비 전체 공무원의 증가 인원수는 2020년이 2021년보다 많다.
② 한국의 소방직 공무원과 경찰직 공무원의 인원수 차이는 매년 감소하고 있다.
③ 미국의 경찰직 공무원이 미국 전체 공무원에서 차지하는 비율은 매년 감소하고 있다.
④ 미국의 소방직 공무원의 전년 대비 증가율은 2020년이 2021년보다 7.0%p 이상 더 높다.
⑤ 2019년 대비 2021년 공무원 증가 인원수는 한국은 소방직이 경찰직보다 적지만, 미국은 그 반대이다.

| 03 | 창의수리

Easy

01 농도가 14%로 오염된 물 50g이 있다. 오염 농도를 4%p 줄이기 위해 넣어야 하는 깨끗한 물의 양은?

① 5g ② 10g
③ 15g ④ 20g
⑤ 25g

02 어떤 자연수로 245를 나누면 5가 남고, 100을 나누면 4가 남는다고 한다. 이러한 자연수 중 가장 큰 수는?

① 12 ② 24
③ 36 ④ 48
⑤ 60

Hard

03 철도 길이가 720m인 터널이 있다. A기차는 이 터널을 완전히 빠져나갈 때까지 56초가 걸리고, 길이가 A기차보다 40m 짧은 B기차는 160초가 걸렸다. 두 기차가 터널 양 끝에서 동시에 출발하면 $\frac{1}{4}$ 지점에서 만난다고 할 때, B기차의 길이는?(단, 각 기차 속력은 일정하다)

① 50m ② 60m
③ 70m ④ 80m
⑤ 90m

04 어떤 두 소행성 간의 거리는 150km이다. 이 두 소행성이 서로를 향하여 각각 초속 10km와 5km로 접근한다면, 두 소행성은 몇 초 후에 충돌하겠는가?

① 5초 ② 10초
③ 15초 ④ 20초
⑤ 25초

04 | 언어추리

01 제시된 명제가 모두 참일 때, 항상 참인 것은?

- 바나나의 열량은 방울토마토의 열량보다 높다.
- 딸기의 열량은 사과의 열량보다 낮다.
- 사과의 열량은 바나나의 열량보다 낮다.

① 딸기의 열량이 가장 낮다.
② 사과의 열량이 가장 높다.
③ 바나나의 열량이 가장 높다.
④ 방울토마토의 열량이 가장 낮다.
⑤ 방울토마토는 딸기보다 열량이 높다.

02 다음 다섯 사람 중 오직 한 사람만이 거짓말을 하고 있다. 거짓말을 하고 있는 사람은?

- A : C는 거짓말을 하고 있다.
- B : C의 말이 참이면 E의 말도 참이다.
- C : B는 거짓말을 하고 있지 않다.
- D : A의 말이 참이면 내 말은 거짓이다.
- E : C의 말은 참이다.

① A
② B
③ C
④ D
⑤ E

CHAPTER 08 | 2022년 상반기 기출복원문제

| 01 | 언어이해

Easy

01 다음 글의 논지를 이끌 수 있는 첫 문장으로 가장 적절한 것은?

> 사람과 사람이 직접 얼굴을 맞대고 하는 접촉이 라디오나 텔레비전 등의 매체를 통한 접촉보다 결정적인 영향력을 미친다는 것이 일반적인 견해로 알려져 있다. 매체는 어떤 마음의 자세를 준비하게 하는 구실을 하여, 나중에 직접 어떤 사람에게서 새 어형을 접했을 때 그것이 텔레비전에서 자주 듣던 것이면 더 쉽게 그쪽으로 마음의 문을 열게 하는 면에서 영향력을 행사하기는 하지만, 새 어형이 전파되는 것은 매체를 통해서보다 상면하는 사람과의 직접적인 접촉에 의해서라는 것이 더 일반화된 견해이다. 사람들은 한두 사람의 말만 듣고 언어 변화에 가담하지는 않고, 주위의 여러 사람들이 다 같은 새 어형을 쓸 때 비로소 그것을 받아들이게 된다고 한다. 매체를 통해서보다 자주 접촉하는 사람들을 통해 언어 변화가 진전된다는 사실은 언어 변화의 여러 면을 바로 이해하는 하나의 핵심적인 내용이라 해도 좋을 것이다.

① 일반적으로 젊은 층이 언어 변화를 주도한다.
② 언어 변화는 결국 접촉에 의해 진행되는 현상이다.
③ 접촉의 형식도 언어 변화에 영향을 미치는 요소로 지적되고 있다.
④ 매체의 발달이 언어 변화에 중요한 영향을 미치는 것으로 알려져 있다.
⑤ 언어 변화는 외부와의 접촉이 극히 제한되어 있는 곳일수록 속도가 느리다.

02 다음 글에 대한 반론으로 가장 적절한 것은?

어떤 경제 주체의 행위가 자신과 거래하지 않는 제3자에게 의도하지 않게 이익이나 손해를 주는 것을 '외부성'이라 한다. 과수원의 과일 생산이 인접한 양봉업자에게 벌꿀 생산과 관련한 이익을 주는 것, 공장의 제품 생산이 강물을 오염시켜 주민들에게 피해를 주는 것 등이 대표적인 사례이다.

외부성은 사회 전체로 보면 이익이 극대화되지 않는 비효율성을 초래할 수 있다. 개별 경제 주체가 제3자의 이익이나 손해까지 고려하여 행동하지는 않을 것이기 때문이다. 예를 들어, 과수원의 이윤을 극대화하는 생산량이 Q_a라고 할 때, 생산량을 Q_a보다 늘리면 과수원의 이윤은 줄어든다. 하지만 이로 인한 과수원의 이윤 감소보다 양봉업자의 이윤 증가가 더 크다면, 생산량을 Q_a보다 늘리는 것이 사회적으로 바람직하다. 하지만 과수원이 자발적으로 양봉업자의 이익까지 고려하여 생산량을 Q_a보다 늘릴 이유는 없다.

전통적인 경제학은 이러한 비효율성의 해결책이 보조금이나 벌금과 같은 정부의 개입이라고 생각한다. 보조금을 받거나 벌금을 내게 되면 제3자에게 주는 이익이나 손해가 더 이상 자신의 이익과 무관하지 않게 되므로, 자신의 이익에 충실한 선택이 사회적으로 바람직한 결과로 이어진다는 것이다.

① 일반적으로 과수원은 양봉업자의 입장을 고려하지 않는다.
② 과수원 생산자는 자신의 의도와 달리 다른 사람들에게 손해를 끼칠 수 있다.
③ 과수원자에게 보조금을 지급한다면 생산량을 Q_a보다 늘리려 할 것이다.
④ 정부의 개입을 통해 외부성으로 인한 비효율성을 줄일 수 있다.
⑤ 정부의 개입 과정에서 시간과 노력이 많이 들게 되면 비효율성이 늘어날 수 있다.

Easy
03 다음 글의 빈칸에 들어갈 내용으로 가장 적절한 것은?

1979년 경찰관 출신이자 샌프란시스코 시의원이었던 댄 화이트는 시장과 시의원을 살해했다는 이유로 1급 살인죄로 기소되었다. 화이트의 변호인은 피고인이 스낵을 비롯해 컵케이크, 캔디 등을 과다 섭취해서 당분 과다로 뇌의 화학적 균형이 무너져 정신에 장애가 왔다고 주장하면서 책임 경감을 요구하였다. 재판부는 변호인의 주장을 인정하여 계획 살인죄보다 약한 일반 살인죄를 적용하여 7년 8개월의 금고형을 선고했다. 이 항변은 당시 미국에서 인기 있던 스낵의 이름을 따 '트윙키 항변'이라 불렸고 사건의 사회성이나 의외의 소송 전개 때문에 큰 화제가 되었다.

이를 계기로 1982년 슈엔달러는 교정시설에 수용된 소년범 276명을 대상으로 섭식과 반사회 행동의 상관관계에 대해 실험을 하였다. 기존의 식단에서 각설탕을 꿀로 바꾸어보고, 설탕이 들어간 음료수에서 천연 과일 주스를 주는 등으로 변화를 주었다. 이처럼 정제한 당의 섭취를 원천적으로 차단한 결과 시설 내 폭행, 절도, 규율 위반, 패싸움 등이 실험 전에 비해 무려 45%나 감소했다는 것을 알게 되었다. 따라서 이 실험을 통해 _____

① 과다한 영양 섭취가 범죄 발생에 영향을 미친다는 것을 알 수 있다.
② 과다한 정제당 섭취는 반사회적 행동을 유발할 수 있다는 것을 알 수 있다.
③ 가공 식품의 섭취가 일반적으로 폭력 행위를 증가시킨다는 것을 알 수 있다.
④ 정제당 첨가물로 인한 범죄 행위는 그 책임이 경감되어야 한다는 것을 알 수 있다.
⑤ 범죄 예방을 위해 교정시설 내에 정제당을 제공하지 말아야 한다는 것을 알 수 있다.

04 다음 글의 내용으로 가장 적절한 것은?

> 2009년 미국의 설탕, 옥수수 시럽, 기타 천연당의 1인당 연평균 소비량은 140파운드로, 독일·프랑스보다 50%가 많았고 중국보다는 9배가 많았다. 그런데 설탕이 비만을 야기하고 당뇨병 환자의 건강에 해롭다는 인식이 확산되면서 사카린과 같은 인공 감미료의 수요가 증가하였다.
> 세계 최초의 인공 감미료인 사카린은 1879년 미국 존스홉킨스대학에서 화학 물질의 산화 반응을 연구하다가 우연히 발견됐다. 당도가 설탕보다 약 500배 높은 사카린은 대표적인 인공 감미료로, 체내에서 대사되지 않고 그대로 배출된다는 특징이 있다. 그런데 1977년 캐나다에서 쥐를 대상으로 한 사카린 실험 이후 유해성 논란이 촉발되었다. 사카린을 섭취한 쥐가 방광암에 걸렸기 때문이다. 그러나 사카린의 무해성을 입증한 다양한 연구 결과로 인해 2001년 미국 FDA는 사카린을 다시 안전한 식품 첨가물로 공식 인정하였고, 현재도 설탕의 대체재로 사용되고 있다.
> 아스파탐은 1965년 위궤양 치료제를 개발하던 중 우연히 발견된 인공 감미료로, 당도가 설탕보다 약 200배 높다. 하지만 아스파탐도 발암성 논란이 끊이지 않았다. 미국 암협회가 안전하다고 발표했지만, 이탈리아의 한 과학자가 쥐를 대상으로 한 실험에서 아스파탐이 암을 유발한다고 결론내렸기 때문이다.

① 사카린과 아스파탐은 설탕보다 당도가 높고, 사카린은 아스파탐보다 당도가 높다.
② 사카린과 아스파탐은 모두 설탕을 대체하기 위해 거액을 투자해 개발한 인공 감미료이다.
③ 사카린은 유해성 논란으로 현재 미국에서는 더 이상 식품 첨가물로 사용되지 않고 있다.
④ 2009년 기준 중국의 설탕, 옥수수 시럽, 기타 천연당의 1인당 연평균 소비량은 20파운드 이상이었을 것이다.
⑤ 아스파탐은 암 유발 논란에 휩싸였지만, 2001년 미국 FDA로부터 안전한 식품 첨가물로 처음 공식 인정받았다.

05 다음 문단을 논리적 순서대로 바르게 나열한 것은?

(가) 문화재(문화유산)는 옛 사람들이 남긴 삶의 흔적이다. 그 흔적에는 유형의 것과 무형의 것이 모두 포함된다. 문화재 가운데 가장 가치 있는 것으로 평가받는 것은 다름 아닌 국보이며, 현행 문화재보호법 체계상 무형문화재는 국보에 포함되지 않는다. 즉 국보는 유형문화재만을 대상으로 한다.

(나) 국보 선정 기준에 따라 우리의 전통 문화재 가운데 최고의 명품으로 꼽힌 문화재로는 국보 1호 숭례문이 있다. 숭례문은 현존 도성 건축물 중 가장 오래된 건물이다. 다음으로 온화하고 해맑은 백제의 미소로 유명한 충남 서산 마애여래삼존상은 국보 84호이다. 또한 긴 여운의 신비하고 그윽한 종소리로 유명한 선덕대왕신종은 국보 29호, 유네스코 세계유산으로도 지정된 석굴암은 국보 24호이다. 이렇듯 우리나라 전통문화의 상징인 국보는 다양한 국보 선정의 기준으로 선발된 것이다.

(다) 문화재보호법에 따르면 국보는 특히 '역사적·학술적·예술적 가치가 큰 것, 제작 연대가 오래되고 그 시대를 대표하는 것, 제작 의장이나 제작 기법이 우수해 그 유례가 적은 것, 형태 품질 용도가 현저히 특이한 것, 저명한 인물과 관련이 깊거나 그가 제작한 것' 등을 대상으로 한다. 이것이 국보 선정의 기준인 셈이다.

(라) 이처럼 국보 선정의 기준으로 선발된 문화재는 지금 우리 주변에서 여전히 숨쉬고 있다. 우리와 늘 만나고 우리와 늘 교류한다. 우리에게 감동과 정보를 주기도 하고, 때로는 이 시대의 사람들과 갈등을 겪기도 한다. 그렇기에 국보를 둘러싼 현장은 늘 역동적이다. 살아있는 역사라 할 수 있다. 문화재는 그 스스로 숨쉬면서 이 시대와 교류하기에 우리는 그에 어울리는 시선으로 국보를 바라볼 필요가 있다.

① (가) – (나) – (라) – (다)
② (가) – (다) – (나) – (라)
③ (가) – (다) – (라) – (나)
④ (다) – (나) – (가) – (라)
⑤ (다) – (나) – (라) – (가)

06 다음 글의 중심 내용으로 가장 적절한 것은?

> 전국의 많은 근대건축물은 그동안 제도적 지원과 보호로부터 배제되고 대중과 소유주의 무관심 등으로 방치되어 왔다. 일부를 제외한 다수의 근대건축물이 철거와 멸실의 위기에 처해 있는 것이 사실이다.
>
> 국민이 이용하기 편리한 공간으로 용도를 바꾸면서도, 물리적인 본 모습은 유지하려는 노력을 일반적으로 '보전 가치'로 규정한다. 근대건축물의 보전 가치를 높이기 위해서는 자산의 상태를 합리적으로 진단하고, 소유자 및 이용자가 건물을 효율적으로 활용할 수 있도록 지원하는 관리 체계가 필수적이다.
>
> 하지만 지금까지 건축자산의 등록, 진흥계획 수립 등을 통해 관리주체를 공공화하려는 노력은 있었으나 구체적인 관리 기법이나 모니터링에 대한 고민은 부족했다. 즉, 기초조사를 통해 현황을 파악하고 기본적인 관리를 하는 수준에만 그치고 있었던 것이다. 그중에는 오랜 시간이 지나 기록도 없이 건물만 존재하는 경우가 많다.
>
> 근대건축물은 현대 건물과는 다른 건축양식과 특성을 지니고 있어 단순 정보의 수집으로는 건물의 현황을 제대로 관리하기가 어렵다. 그렇다면 보전 가치를 높이기 위해서는 어떤 대책이 필요할까? 먼저 일반인이 개별 소유하고 있는 건축물의 현황 정보를 통합하여 관리하기 위해서는 중립적이고 객관적인 공공의 참여와 지속적인 지원이 전제되어야 한다. 특히 근대건축물은 현행 건축·도시 관련 법률 등과 관련되어 다양한 민원과 행정업무가 수반되므로 법률 위반과 재정 지원 여부 등을 판단하는데 있어 객관성과 중립성이 요구된다. 또한 근대건축물 관리는 도시재생, 문화관광 등의 분야에서 개별 사업으로 추진될 가능성이 높아 일원화된 관리기준도 필요하다. 만약 그렇지 못하면 사업이 일회성으로 전개될 우려가 크기 때문이다. 근대건축물이 그 정체성을 유지하고 가치를 증진하기 위해서는 공공이 주축이 된 체계화·선진화된 관리방법론이 요구되는 이유이다.

① 근대건축물의 정의와 종류
② 근대건축물의 가치와 중요성
③ 현시대에 근대건축물이 지니고 있는 문제점
④ 현대 시민에게 요구되는 근대건축물에 대한 태도
⑤ 근대건축물을 공공에 의해 체계적으로 관리해야 하는 이유

07 다음 중 A의 주장에 대해 반박할 수 있는 내용으로 가장 적절한 것은?

> A : 우리나라의 장기 기증률은 선진국에 비해 너무 낮아. 이게 다 부모로부터 받은 신체를 함부로 훼손해서는 안 된다는 전통적 유교 사상 때문이야.
> B : 맞아. 그런데 장기 기증 희망자로 등록이 돼 있어도 유족들이 장기 기증을 반대하여 기증이 이뤄지지 않는 경우도 많아.
> A : 유족들도 결국 유교 사상으로 인해 신체 일부를 다른 사람에게 준다는 방식을 잘 이해하지 못 하는 거야.
> B : 글쎄, 유족들이 동의해서 기증이 이뤄지더라도 보상금을 받고 '장기를 팔았다.'는 죄책감을 느 끼는 유족들도 있다고 들었어. 또 아직은 장기 기증에 대한 생소함 때문일 수도 있어.

① 제도 변화만으로는 장기 기증률을 높이기 어렵다.
② 장기 기증 희망자는 반드시 가족들의 동의를 미리 받아야 한다.
③ 캠페인을 통해 장기 기증에 대한 사람들의 인식을 변화시켜야 한다.
④ 유족에게 지급하는 보상금 액수가 증가하면 장기 기증률도 높아질 것이다.
⑤ 장기 기증률이 낮은 이유에는 유교 사상 외에도 여러 가지 원인이 있을 수 있다.

02 | 자료해석

01 다음은 S고등학교 3학년 월별 모의고사 평균점수에 대한 자료이다. 빈칸에 들어갈 수로 옳은 것은?(단, 각 수치는 매월 일정한 규칙으로 변화한다)

〈S고등학교 3학년 월별 모의고사 평균점수〉

(단위 : 점)

구분	3월	4월	5월	6월	7월	8월	9월	10월
1반	350	345	340	340	347	366	378	365
2반	320	335		347	344	359	356	371
3반	297	312	327	330	346	361	378	375
4반	299	324	325	342	347	371	360	365
5반	316	327	358	369	358	367	374	370
6반	320	345	344	357	345	355	382	364

① 330　　② 331
③ 332　　④ 333
⑤ 334

02 다음은 S사의 A, B기계 생산량에 대한 자료이다. 2025년 두 기계의 총생산량은?

〈A, B기계 생산량〉

(단위 : 대)

구분	2015년	2016년	2017년	2018년	2019년	2020년
A기계	20	23	26	29	32	35
B기계	10	11	14	19	26	35

① 130대　　② 140대
③ 150대　　④ 160대
⑤ 170대

03 다음은 엔화 대비 원화 환율과 달러화 대비 원화 환율 추이에 대한 자료이다. 이에 대한 〈보기〉의 설명 중 옳은 것을 모두 고르면?

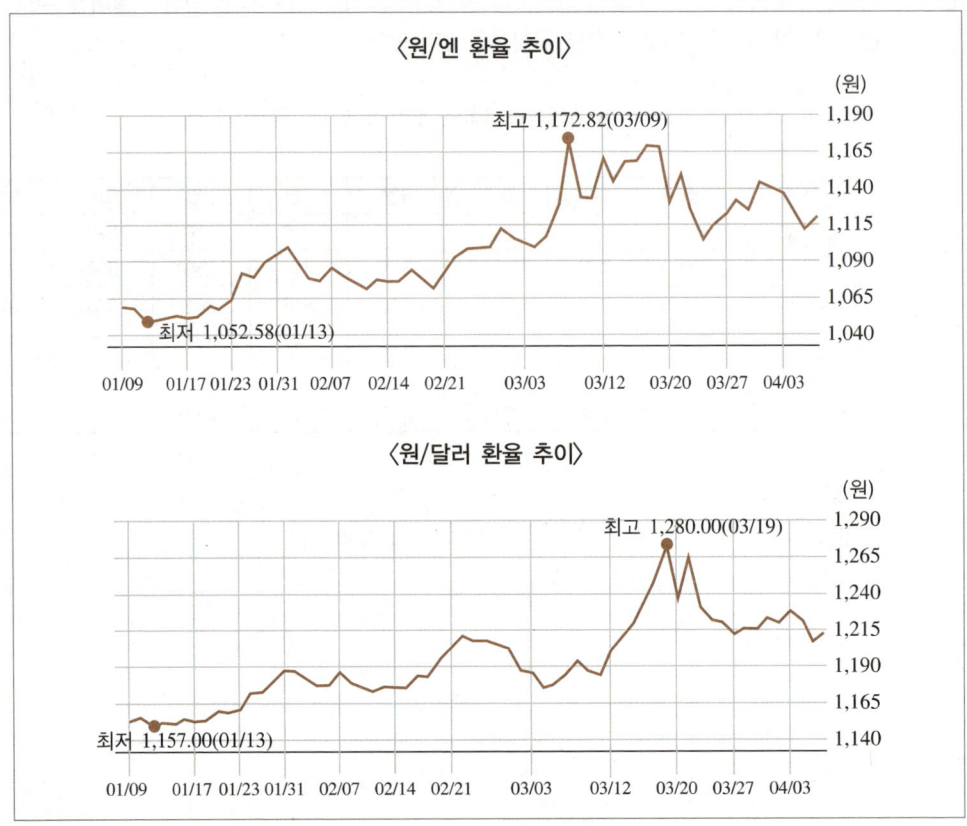

보기

㉠ 원/엔 환율은 3월 한 달 동안 1,200원을 상회하는 수준에서 등락을 반복했다.
㉡ 2월 21일의 원/달러 환율은 전주보다 상승하였다.
㉢ 3월 12일부터 3월 19일까지 달러화의 강세가 심화되는 추세를 보였다.
㉣ 3월 27일의 달러/엔 환율은 3월 12일보다 상승하였다.

① ㉠, ㉡　　　　　　　　② ㉠, ㉢
③ ㉡, ㉢　　　　　　　　④ ㉡, ㉣
⑤ ㉢, ㉣

| 03 | 창의수리

Easy

01 같은 헤어숍에 다니고 있는 A와 B는 일요일에 헤어숍에서 마주쳤다. 서로 마주친 이후 A는 10일마다, B는 16일마다 헤어숍에 방문했다. 두 사람이 다시 헤어숍에서 만났을 때의 요일은?

① 월요일
② 화요일
③ 수요일
④ 목요일
⑤ 금요일

02 가로의 길이가 5m, 세로의 길이가 12m인 직사각형 모양의 농구코트가 있다. 철수는 농구코트의 모서리에 서 있으며, 농구공은 농구코트 안에서 철수로부터 가장 멀리 떨어진 곳에 존재하고 있다. 최단거리로 농구공을 가지러 간다면 철수의 이동거리는?

① 5m
② 6m
③ 12m
④ 13m
⑤ 15m

03 농도가 서로 다른 소금물 A, B가 있다. 소금물 A를 200g, 소금물 B를 300g 섞으면 농도가 9%인 소금물이 되고, 소금물 A를 300g, 소금물 B를 200g 섞으면 농도가 10%인 소금물이 될 때, 소금물 B의 농도는?

① 7%
② 10%
③ 13%
④ 20%
⑤ 25%

04 | 언어추리

Easy

01 S마트는 4층짜리 매대에 과일들을 진열해 놓았다. 매대의 각 층에 서로 다른 과일이 한 종류씩 진열되어 있다. 다음 〈조건〉을 바탕으로 항상 참인 것은?

> **조건**
> - 정리된 과일은 사과, 귤, 감, 배의 네 종류이다.
> - 사과 위에는 아무 과일도 존재하지 않는다.
> - 배는 감보다 아래쪽에 올 수 없다.
> - 귤은 감보다는 높이 위치해 있지만, 배보다 높이 있는 것은 아니다.

① 사과는 3층 매대에 있을 것이다.
② 귤은 가장 아래층에 있을 것이다.
③ 귤은 배와 감 사이에 있을 것이다.
④ 배는 감 바로 위층에 있을 것이다.
⑤ 귤은 사과 바로 아래층에 있을 것이다.

02 S사는 회사 내 A~E 5개 팀이 사용하는 사무실을 회사 건물의 1~5층에 배치하고 있다. 각 팀의 배치는 2년에 한 번씩 새롭게 배치하며, 올해가 새롭게 배치될 해이다. 다음 〈조건〉을 바탕으로 항상 참인 것은?

> **조건**
> - 이전에 배치된 층에는 같은 부서가 또다시 배치되지 않는다.
> - A팀과 C팀은 1층과 3층을 사용한 적이 있다.
> - B팀과 D팀은 2층과 4층을 사용한 적이 있다.
> - E팀은 2층을 사용한 적이 있고, 5층에 배정되었다.
> - B팀은 1층에 배정되었다.

① A팀은 2층을 사용한 적이 있을 것이다.
② E팀은 3층을 사용한 적이 있을 것이다.
③ E팀은 5층을 사용한 적이 있을 것이다.
④ D팀은 이번에 확실히 3층에 배정될 것이다.
⑤ 2층을 쓸 가능성이 있는 것은 총 세 팀이다.

03 S백화점 명품관에서 도난 사건이 발생했다. CCTV 확인을 통해 그 시각 백화점 명품관에 있던 6명의 용의자 A~F가 검거됐다. 다음 이들의 대화에서 범인인 2명이 거짓말을 한다면, 거짓말을 한 사람끼리 바르게 짝지어진 것은?

- A : F가 성급한 모습으로 나가는 것을 봤어요.
- B : C가 가방 속에 무언가 넣는 모습을 봤어요.
- C : 나는 범인이 아닙니다.
- D : B 혹은 A가 훔치는 것을 봤어요.
- E : F가 범인인 게 확실해요. CCTV를 자꾸 신경 쓰고 있었거든요.
- F : 얼핏 봤는데, 제가 본 도둑은 C 아니면 E예요.

① A, C
② B, C
③ B, F
④ D, E
⑤ F, C

※ 제시된 명제가 모두 참일 때, 빈칸에 들어갈 내용으로 가장 적절한 것을 고르시오. [4~5]

04
- _____
- 선영이는 경식이보다 나이가 많다.
- 그러므로 재경이가 나이가 가장 많다.

① 선영이는 나이가 제일 적다.
② 재경이는 선영이와 나이가 같다.
③ 재경이는 선영이보다 나이가 많다.
④ 재경이는 경식이보다 나이가 많다.
⑤ 경식이는 재경이보다 나이가 많다.

Hard

05
- 어떤 키가 작은 사람은 농구를 잘한다.
- _____
- 어떤 순발력이 좋은 사람은 농구를 잘한다.

① 어떤 키가 작은 사람은 순발력이 좋다.
② 농구를 잘하는 어떤 사람은 키가 작다.
③ 순발력이 좋은 사람은 모두 키가 작다.
④ 키가 작은 사람은 모두 순발력이 좋다.
⑤ 어떤 키가 작은 사람은 농구를 잘하지 못한다.

CHAPTER 09 | 2021년 하반기 기출복원문제

정답 및 해설 p.054

| 01 | 언어이해

Easy

01 다음 글의 밑줄 친 ㉠의 사례로 보기 어려운 것은?

> 디지털 이미지는 사용자가 가장 손쉽게 정보를 전달할 수 있는 멀티미디어 객체이다. 일반적으로 디지털 이미지는 화소에 의해 정보가 표현되는데, M×N개의 화소로 이루어져 있다. 여기서 M과 N은 각각 가로와 세로의 화소 수를 의미하며, M과 N을 곱한 값을 해상도라 한다.
>
> 무선 네트워크와 모바일 기기의 사용이 보편화되면서 다양한 스마트 기기의 보급이 진행되고 있다. 스마트 기기는 그 사용 목적이나 제조 방식, 가격 등의 요인에 의해 각각의 화면 표시 장치들이 서로 다른 해상도와 화면 비율을 가진다. 이에 대응하여 동일한 이미지를 다양한 화면 표시 장치 환경에 맞출 필요성이 발생했다. 하나의 멀티미디어의 객체를 텔레비전용, 영화용, 모바일 기기용 등 표준적인 화면 표시 장치에 맞추어 각기 독립적인 이미지 소스로 따로 제공하는 것이 아니라, 하나의 이미지 소스를 다양한 화면 표시 장치에 맞도록 적절히 변환하는 기술을 요구하고 있다.
>
> 이러한 변환 기술을 '이미지 리타겟팅'이라고 한다. 이는 A×B의 이미지를 C×D 화면에 맞추기 위해 해상도와 화면 비율을 조절하거나 이미지의 일부를 잘라내는 방법 등으로 이미지를 수정하는 것이다. 이러한 수정에서 입력 이미지에 있는 콘텐츠 중 주요 콘텐츠는 그대로 유지되어야 한다. 즉, 리타겟팅 처리 후에도 원래 이미지의 중요한 부분을 그대로 유지하면서 동시에 왜곡을 최소화하는 형태로 주어진 화면에 맞게 이미지를 변형하여야 한다. 이러한 조건을 만족하기 위해 ㉠ 다양한 접근이 일어나고 있는데, 이미지의 주요한 콘텐츠 및 구조를 분석하는 방법과 분석된 주요 사항을 바탕으로 어떤 식으로 이미지 해상도를 조절하느냐가 주요 연구 방향이다.

① 광고 사진에서 화면 전반에 걸쳐 흩어져 있는 콘텐츠를 무작위로 추출하여 화면을 재구성하는 방법
② 풍경 사진에서 전체 풍경에 대한 구도를 추출하고 구도가 그대로 유지될 수 있도록 해상도를 조절하는 방법
③ 인물 사진에서 얼굴 추출 기법을 사용하여 인물의 주요 부분을 왜곡하지 않고 필요 없는 부분을 잘라내는 방법
④ 정물 사진에서 대상물의 영역은 그대로 두고 배경 영역에 대해서는 왜곡을 최소로 하며 이미지를 축소하는 방법
⑤ 상품 사진에서 상품을 충분히 인지할 수 있을 정도의 범위 내에서 가로와 세로의 비율을 화면에 맞게 조절하는 방법

Hard

02 다음 글을 읽고 추론한 내용으로 적절하지 않은 것은?

현대 사회에는 다양한 종류의 라이프로그가 있으며, 개인의 생활방식 변화와 새로운 기술의 출현에 따라 새로운 종류의 라이프로그가 계속 생겨나고 있다. 기본적인 라이프로그에는 사진, 비디오, 문서, 이메일, 일정 등이 있으며, 대화나 모임의 내용, 컴퓨터 사용 내역 등을 기록한 라이프로그도 있다. 또한 센서 기술의 발달로 다양한 센서에서 측정한 값이나 건강 상태의 기록 같은 라이프로그도 생겨나고 있다. 개인 정보기기와 저장 기술이 발전하면서 개인 콘텐츠를 손쉽게 생성할 수 있게 되었고, 유비쿼터스 컴퓨팅 기술의 발달로 지속적인 라이프로그 생성이 가능해졌다. 이러한 라이프로그는 효과적인 관리를 통해 개인의 생산성 향상, 소셜 릴레이션십 강화, 문화 수준의 증진, 삶의 질 향상, 개인화된 비즈니스 창출 등 다양한 효과를 기대할 수 있다. 이렇게 라이프로그 관리의 중요성에 대한 인식이 확산되면서 라이프로그를 효과적으로 관리하기 위한 라이프로그 관리 시스템들이 제안되었다.

기존 라이프로그 관리 시스템들은 기반 데이터 모델에 따라 크게 세 가지 부류로 나눌 수 있다. 먼저, 관계 데이터 모델 기반 라이프로그 관리 시스템은 라이프로그를 관계 데이터 모델로 모델링하고, 라이프로그에 대한 질의를 SQL*로 변환해 처리한다. 이러한 시스템은 질의 처리 성능이 뛰어난 반면 라이프로그 간 복잡한 관계에 기반한 관계 질의 처리를 제대로 지원하지 못한다. 반면, 온톨로지 기반 라이프로그 관리 시스템은 라이프로그를 자유로운 구조를 가지는 그래프로 모델링함으로써 복잡한 관계 질의를 가능하게 한다. 하지만, 이러한 시스템은 질의 작성이 어렵고 질의 처리 성능이 떨어진다. 마지막으로 구글 데스크톱이나 SIS와 같이 PC에 있는 모든 파일의 메타 데이터와 콘텐츠에 대해 텍스트 인덱스를 생성하고, 이를 기반으로 키워드 질의를 지원하는 파일 기반 라이프로그 관리 시스템도 존재한다. 이러한 시스템들은 라이프로그에 대한 키워드 검색만을 지원할 뿐, 관계 질의를 지원하지는 못한다.

개별 라이프로그들이 관리되는 상황에서 사람들이 더욱 관심을 가지게 되는 것은 여행, 결혼식, 돌잔치 등 기억에 남는 사건들일 것이다. 라이프로그 관리 시스템은 사용자의 이러한 요구사항을 충족시키기 위해 개별 라이프로그 관리에서 한발 더 나아가 라이프로그 그룹인 라이프 이벤트를 생성·편집·검색·플레이·공유할 수 있는 기능을 제공해야 한다. 기존 라이프로그 관리 시스템들은 라이프로그 그룹을 생성하고 브라우징하기 위한 간단한 기능만을 제공할 뿐, 총체적인 라이프 이벤트 관리와 관계 데이터 모델 기반의 라이프로그 관리 시스템과 그 응용 기능을 제공하지 못하고 있다. 사용자 질의에 대해 풍부한 결과를 제공하기 위해서는 수집된 라이프로그에 충분한 정보가 태깅(Tagging)되어 있어야 한다. 또한 라이프로그에 태깅된 정보가 잘못되었을 경우 이를 수정할 수 있어야 한다. 그러나 기존 라이프로그 관리 시스템에서는 라이프로그에 추가 정보를 간단히 태깅하는 기능만을 제공할 뿐, 기존 태그 정보를 수정하는 방법은 제공하고 있지 않거나 편리한 태깅 인터페이스를 제공하지 못하고 있다.

*SQL(Structured Query Language, 구조화 질의어) : 관계형 데이터베이스 관리 시스템에서 자료의 검색과 관리, 데이터베이스 스키마 생성과 수정, 데이터베이스 객체 접근 조정 관리를 위해 고안된 컴퓨터 언어

① 라이프로그는 헬스케어 분야에서 활용될 수 있다.
② 기존의 라이프로그 관리 시스템은 라이프로그 그룹 생성 기능을 갖추지 못했다.
③ 많은 사람들이 라이프로그 관리의 중요성을 인식하고 있다.
④ 기존 라이프로그 관리 시스템은 태깅된 정보 수정에 한계가 있다.
⑤ 라이프로그 간의 관계에 대한 관리가 중요해지고 있다.

03 다음 글의 내용으로 적절하지 않은 것은?

> 스마트 시티란 크게는 첨단 정보통신기술을 이용해 도시 생활 속에서 유발되는 교통 문제, 환경 문제, 주거 문제, 시설 비효율 등을 해결하여 시민들이 편리하고 쾌적한 삶을 누릴 수 있도록 한 '똑똑한 도시'를 뜻한다. 하지만 각국의 경제 및 발전 수준, 도시 상황과 여건에 따라 매우 다양하게 정의 및 활용되고, 접근 전략에도 차이가 있다.
> 스페인의 경우, 2013년 초부터 노후된 바르셀로나 도시 중심지 본 지구를 재개발하면서 곳곳에 사물 인터넷 기술을 기반으로 한 '스마트 시티' 솔루션을 시범 운영했다. 이 경험을 바탕으로 바르셀로나 곳곳이 스마트 환경으로 변화하고 있다. 가장 성공적인 프로젝트 중 하나는 센서가 움직임을 감지하여 에너지를 절약하는 스마트 LED 조명을 광범위하게 설치한 것이다. 이 스마트 가로등은 무선 인터넷의 공유기 역할을 하는 동시에 소음 수준과 공기 오염도를 분석하여 인구 밀집도까지 파악할 수 있다. 아울러 바르셀로나는 원격 관개 제어를 설치해 분수를 원격으로 제어하고, 빌딩을 스마트화해 에너지 모니터링을 시행하고 있다. 또 주차 공간에 차가 있는지를 감지하는 센서를 설치한 '스마트 주차'를 도입하기도 했다.
> 또 항저우를 비롯한 중국의 여러 도시들은 블록체인 기술을 사물인터넷과 디지털 월렛 등에 적용하여 페이퍼리스 사회를 구현하고 있다. 알리바바의 알리페이를 통해 항저우 택시의 98%, 편의점의 95% 정도에서 모바일 결제가 가능하며, 정부 업무, 차량, 의료 등 60여 종에 달하는 서비스를 이용할 수 있다.
> 우리나라도 2021년 입주를 목표로 세종과 부산에 스마트 시티 국가 시범도시를 조성하고 있다. 세종에서는 인공지능, 블록체인 기술을 기반으로 한 도시를 조성해 모빌리티, 헬스케어, 교육, 에너지환경, 거버넌스, 문화쇼핑, 일자리 등 7대 서비스를 구현한다. 이곳에서는 자율주행 셔틀버스, 전기공유차 등을 이용할 수 있고 개인 맞춤형 의료 서비스 등을 받을 수 있다. 또 부산에서는 고령화, 일자리 감소 등의 도시문제에 대응하기 위해 로봇, 물 관리 관련 신사업을 육성한다. 로봇이 주차를 하거나 물류를 나르는 등 일상생활에서 로봇 서비스를 이용할 수 있고 첨단 스마트 물 관리 기술을 적용해 한국형 물 특화 도시모델을 구축한다.

① 나라마다 스마트 시티에서 활용되는 기능은 다를 수 있다.
② 스페인의 스마트 시티에서는 직접 인구조사를 하지 않더라도 인구 밀집도를 파악할 수 있다.
③ 스페인의 스마트 시티에서는 '스마트 주차' 기능을 통해 대리주차가 가능하다.
④ 중국의 스마트 시티에서는 지갑을 가지고 다니지 않더라도 일부 서비스를 이용할 수 있다.
⑤ 맞춤형 의료 서비스가 필요한 환자의 경우 부산보다는 세종 스마트 시티가 더 적절하다.

04 다음 글을 읽고 추론할 수 있는 내용으로 적절한 것을 〈보기〉에서 모두 고르면?

대선후보 경선 여론조사에서 후보에 대한 지지 정도에 따라 피조사자들은 세 종류로 분류된다. 특정 후보를 적극적으로 지지하는 사람들과 소극적으로 지지하는 사람들 그리고 기타에 해당하는 사람들이다.

후보가 두 명인 경우로 한정해서 생각해 보자. 여론조사 방식은 설문 문항에 따라 두 가지로 분류된다. 하나는 선호도 방식으로 "차기 대통령 후보로 누구를 더 선호하느냐?"라고 묻는다. 선호도 방식은 적극적으로 지지하는 사람들과 소극적으로 지지하는 사람들을 모두 지지자로 계산하는 방식이다. 이 여론조사 방식에서 적극적 지지자들과 소극적 지지자들은 모두 지지 의사를 답한다.

다른 한 방식은 지지도 방식으로 "내일(혹은 오늘) 투표를 한다면 누구를 지지하겠느냐?"라고 묻는다. 특정 후보를 적극적으로 지지하는 지지자들은 두 경쟁 후보를 놓고 두 물음에서 동일한 반응을 보일 것이다. 문제는 어느 한 후보를 적극적으로 지지하지 않는 소극적 지지자들이다. 이들은 특정 후보가 더 낫다고 생각하기 때문에 선호도를 질문할 경우에는 특정 후보를 선호한다고 대답하지만, 지지 여부를 질문할 경우에는 지지하는 후보가 없다는 '무응답'을 선택한다. 따라서 지지도 방식은 적극적 지지자만 지지자로 분류하고 나머지는 기타로 분류하는 방식에 해당한다.

보기

㉠ A후보가 B후보보다 적극적 지지자의 수가 많고 소극적 지지자의 수는 적을 경우, 지지도 방식을 사용할 때 A후보가 B후보보다 더 많은 지지를 받을 것이다.

㉡ A후보가 B후보보다 적극적 지지자의 수는 적고 소극적 지지자의 수가 많을 경우, 선호도 방식을 사용할 때 A후보가 B후보보다 더 많은 지지를 받을 것이다.

㉢ A후보가 B후보보다 적극적 지지자와 소극적 지지자의 수가 각각 더 많다면, 선호도 방식에 비해 지지도 방식에서 A후보와 B후보 사이의 지지자 수의 격차가 더 클 것이다.

① ㉠
② ㉢
③ ㉠, ㉡
④ ㉠, ㉢
⑤ ㉡, ㉢

02 | 자료해석

01 다음은 S시 및 전국의 복지종합지원센터, 노인복지관, 자원봉사자, 등록노인 현황에 대한 자료이다. 이에 대한 〈보기〉의 설명 중 옳은 것을 모두 고르면?

〈S시 및 전국 복지종합지원센터, 노인복지관, 자원봉사자, 등록노인 현황〉

(단위 : 개소, 명)

구분	복지종합지원센터	노인복지관	자원봉사자	등록노인
A지역	20	1,336	8,252	397,656
B지역	2	126	878	45,113
C지역	1	121	970	51,476
D지역	2	208	1,388	69,395
E지역	1	164	1,188	59,050
F지역	1	122	1,032	56,334
G지역	2	227	1,501	73,825
H지역	3	363	2,185	106,745
I지역	1	60	529	27,256
전국	69	4,377	30,171	1,486,980

보기

㉠ A지역의 노인복지관과 자원봉사자의 수가 전국에서 차지하는 비중은 각각 25% 이상이다.
㉡ A~I지역 중 복지종합지원센터 1개소당 노인복지관 수가 100개소 이하인 지역은 A, B, D, I지역이다.
㉢ A~I지역 중 복지종합지원센터 1개소당 자원봉사자 수가 가장 많은 지역과 복지종합지원센터 1개소당 등록노인 수가 가장 많은 지역은 동일하다.
㉣ 노인복지관 1개소당 자원봉사자 수는 H지역이 C지역보다 많다.

① ㉠, ㉡
② ㉠, ㉢
③ ㉠, ㉣
④ ㉡, ㉢
⑤ ㉡, ㉣

Easy

02 다음은 산업분야별 신입사원에게 필요한 10개 직무역량 중요도에 대한 자료이다. 이에 대한 〈보기〉의 설명 중 옳은 것을 모두 고르면?

〈산업분야별 신입사원의 직무역량 중요도〉

(단위 : 점)

직무역량 \ 산업분야	신소재	게임	미디어	식품
의사소통능력	4.34	4.17	4.42	4.21
수리능력	4.46	4.06	3.94	3.92
문제해결능력	4.58	4.52	4.45	4.50
자기개발능력	4.15	4.26	4.14	3.98
자원관리능력	4.09	3.97	3.93	3.91
대인관계능력	4.35	4.00	4.27	4.20
정보능력	4.33	4.09	4.27	4.07
기술능력	4.07	4.24	3.68	4.00
조직이해능력	3.97	3.78	3.88	3.88
직업윤리	4.44	4.66	4.59	4.39

※ 중요도 만점 : 5점

보기
㉠ 신소재 산업분야에서 중요도 상위 2개 직무역량은 '문제해결능력'과 '수리능력'이다.
㉡ 산업분야별 직무역량 중요도의 최댓값과 최솟값 차이가 가장 큰 것은 '미디어'이다.
㉢ 각 산업분야에서 중요도가 가장 낮은 직무역량은 모두 '조직이해능력'이다.
㉣ 4개 산업분야 직무역량 중요도의 평균값이 가장 높은 직무역량은 '문제해결능력'이다.

① ㉠, ㉡
② ㉠, ㉢
③ ㉢, ㉣
④ ㉠, ㉡, ㉣
⑤ ㉡, ㉢, ㉣

03 다음은 A발전회사의 연도별 발전량 및 신재생에너지 공급 현황에 대한 자료이다. 이에 대한 〈보기〉의 중 옳은 것을 모두 고르면?

〈A발전회사의 연도별 발전량 및 신재생에너지 공급 현황〉

구분		2019년	2020년	2021년
발전량(GWh)		55,000	51,000	52,000
신재생에너지	공급의무율(%)	1.4	2.0	3.0
	자체공급량(GWh)	75	380	690
	인증서구입량(GWh)	15	70	160

※ [공급의무율(%)] = $\frac{(공급의무량)}{(발전량)} \times 100$

※ [이행량(GWh)] = (자체공급량) + (인증서구입량)

보기

㉠ 공급의무량은 매년 증가한다.
㉡ 2019년 대비 2021년 자체공급량의 증가율은 2019년 대비 2021년 인증서구입량의 증가율보다 작다.
㉢ 공급의무량과 이행량의 차이는 매년 증가한다.
㉣ 이행량에서 자체공급량이 차지하는 비중은 매년 감소한다.

① ㉠, ㉡
② ㉠, ㉢
③ ㉢, ㉣
④ ㉠, ㉡, ㉣
⑤ ㉡, ㉢, ㉣

| 03 | 창의수리

01 올해의 매출액과 순이익에 대한 내용이 다음과 같을 때, 올해 순이익은?[단, (순이익)=(매출액)-(원가)이다]

- 작년 순이익보다 올해 순이익은 100% 증가했다.
- 올해의 원가는 작년 원가보다 1천만 원 감소했고, 올해 매출액은 2억 9천만 원이다.
- 작년 원가는 작년 순이익과 동일하다.

① 2억 원 ② 2억 4천만 원
③ 2억 8천만 원 ④ 3억 원
⑤ 3억 2천만 원

Hard

02 S사의 체육대회에서 올해 운영을 위한 임원진(운영위원장 1명, 운영위원 2명)을 새롭게 선출하려고 한다. 추천받은 인원은 20명이며, 임원진으로 남자와 여자가 1명 이상씩 선출되어야 한다. 추천받은 인원의 남녀 성비가 6 : 4일 때, 올해 임원을 선출할 수 있는 경우의 수는?

① 916가지 ② 1,374가지
③ 1,568가지 ④ 2,464가지
⑤ 2,592가지

04 | 언어추리

01 세계 여러 나라가 참가하는 축구 경기가 개최되었다. 조별로 예선전이 진행되었으며 S조인 A ~ D국의 예선 결과가 발표되었다. 다음과 같이 전산 오류로 D국의 정보가 누락되었을 때, S조 예선 결과에 대해 참이 아닌 것은?

〈S조 예선 결과〉

(단위 : 회, 점)

구분	경기	승	무	패	득점	실점	승점
A국	3	2	0	1	8	7	6
B국	3	0	1	2	5	7	1
C국	3	1	0	2	4	6	3

※ 득점 : 경기에서 얻은 점수
※ 실점 : 경기에서 잃은 점수
※ 승점 : 경기에서 승리 시 3점, 무승부 시 1점, 패배 시 0점을 부여하여 합산한 점수
※ 각 조에서 승점이 가장 높은 국가가 본선에 진출할 수 있음

① A국은 예선전에서 1회 패하였지만 본선에 진출하였다.
② B국과 D국의 경기는 무승부로 끝났다.
③ D국은 예선전에서 2회 승리하였다.
④ D국은 A국과의 경기에서 승리하였다.
⑤ D국의 승점은 A국의 승점보다 1점이 높다.

Hard

02 다음 글의 내용이 참일 때, 항상 참인 것을 〈보기〉에서 모두 고르면?

> A부서는 새로운 프로젝트인 '하늘'을 진행할 예정이다. 이 부서에는 남자 사무관 가훈, 나훈, 다훈, 라훈 4명과 여자 사무관 모연, 보연, 소연 3명이 소속되어 있다. 다음 조건을 지키면서 이들 가운데 4명을 뽑아 '하늘' 전담팀을 꾸리고자 한다.
>
> • 남자 사무관 가운데 적어도 1명은 뽑아야 한다.
> • 여자 사무관 가운데 적어도 1명은 뽑지 말아야 한다.
> • 가훈, 나훈 중 적어도 1명을 뽑으면, 라훈과 소연도 뽑아야 한다.
> • 다훈을 뽑으면, 모연과 보연은 뽑지 말아야 한다.
> • 소연을 뽑으면, 모연도 뽑아야 한다.
>
> **보기**
> ㉠ 남녀 동수로 팀이 구성된다.
> ㉡ 다훈과 보연 둘 다 팀에 포함되지 않는다.
> ㉢ 라훈과 모연 둘 다 팀에 포함된다.

① ㉠
② ㉢
③ ㉠, ㉡
④ ㉡, ㉢
⑤ ㉠, ㉡, ㉢

Easy

03 제시문 A를 읽고, 제시문 B가 참인지 거짓인지 혹은 알 수 없는지 고르면?

> [제시문 A]
> • 오이보다 토마토가 더 비싸다.
> • 토마토보다 참외가 더 비싸다.
> • 파프리카가 가장 비싸다.
>
> [제시문 B]
> 참외가 두 번째로 비싸다.

① 항상 참이다.   ② 항상 거짓이다.   ③ 알 수 없다.

CHAPTER 10 | 2021년 상반기 기출복원문제

정답 및 해설 p.059

| 01 | 언어이해

Easy

01 다음 글을 읽고 추론한 내용으로 가장 적절한 것은?

> 한복(韓服)은 한민족 고유의 옷이다. 삼국시대의 사람들은 저고리, 바지, 치마, 두루마기를 기본적으로 입었다. 저고리와 바지는 남녀 공용이었으며, 상하 귀천에 관계없이 모두 저고리 위에 두루마기를 덧입었다. 삼국시대 이후인 남북국시대에는 서민과 귀족이 모두 우리 고유의 두루마기인 직령포(直領袍)를 입었다. 그런데 귀족은 직령포를 평상복으로만 입었고, 서민과 달리 의례와 같은 공식적인 행사에서는 입지 않았다. 고려시대에는 복식 구조가 크게 변했다. 특히 귀족층은 중국옷을 그대로 받아들여 입었지만, 서민층은 우리 고유의 복식을 유지하여 복식의 이중 구조가 나타났다. 조선시대에도 한복의 기본 구성은 지속되었다. 중기나 후기에 들어서면서 한복 디자인은 한층 단순해졌고, 띠 대신 고름을 매기 시작했다. 조선 후기에는 마고자와 조끼를 입기 시작했는데, 조끼는 서양 문물의 영향을 받은 것이었다.
> 한편 조선시대 관복에는 여러 종류가 있었다. 곤룡포(袞龍袍)는 임금이 일반 집무를 볼 때 입었던 집무복[상복 : 常服]으로, 그 흉배(胸背)*에는 금색 실로 용을 수놓았다. 문무백관의 상복도 곤룡포와 모양은 비슷했다. 그러나 무관 상복의 흉배에는 호랑이를, 문관 상복의 흉배에는 학을 수놓았다. 무관들이 주로 대례복으로 입었던 구군복(具軍服)은 무관 최고의 복식이었다. 임금도 전쟁 시에는 구군복을 입었는데, 임금이 입었던 구군복에만 흉배를 붙였다.
>
> *흉배 : 왕을 비롯한 문무백관이 입던 관복의 가슴과 등에 덧붙였던 사각형의 장식품

① 남북국시대의 서민들은 직령포를 공식적인 행사에서도 입었다.
② 고려시대에는 복식 구조가 크게 변하여 모든 계층에서 중국옷을 그대로 받아들여 입는 현상이 나타났다.
③ 조선시대 중기에 들어서면서 고름을 매기 시작했고, 후기에는 서양 문물의 영향으로 인해 마고자를 입기 시작했다.
④ 조선시대 무관이 입던 구군복의 흉배에는 호랑이가 수놓아져 있었다.
⑤ 조선시대 문관의 경우 곤룡포와 비슷한 모양의 상복에 호랑이가 수놓아진 흉배를 붙였다.

02 다음 글을 읽고 추론한 내용으로 적절하지 않은 것은?

'장가간다'와 '시집간다' 두 용어를 시간 순서대로 살펴보면 후자가 나중에 생겼다. 이것은 문화 변동의 문제로 볼 수 있다. 두 용어 다 '결혼한다'의 의미이다. 전자는 남자가 여자의 집으로, 후자는 여자가 남자의 집으로 가는 것을 말한다.

우리나라는 역사적으로 거주율(居住律)에 있어서 처거제를 오랫동안 유지하였다. 즉, 신혼부부가 부인의 본가에 거주지를 정하고 살림을 하면서 자녀를 키웠다. 이와 같은 거주율의 영향을 받아 고려시대까지 혈통률(血統律)에 있어서 모계제를 유지하는 삶의 방식을 취하였다.

조선시대 들어 유교적 혈통률의 영향을 받아 삶의 모습은 처거제 – 부계제로 변화하였다. 이러한 체제는 조선 전기까지 대부분 유지되었다. 친척관계 자료들을 수집하기 위해 마을을 방문할 경우, '처가로 장가를 든 선조가 이 마을의 입향조가 되었다.'는 얘기를 듣곤 하는데, 이것이 바로 처거제 – 부계제의 원리가 작동한 결과라고 말할 수 있다. 거주율과 혈통률을 결합할 경우, 혼인에 있어서는 남자의 뿌리를 뽑아서 여자의 거주지로 이전하고, 집안 계승의 측면에서는 남자 쪽을 선택하도록 한 것이다. 거주율에서는 여자의 입장을 유리하게 하고, 혈통률에서는 남자의 입장이 유리하도록 하는 균형적인 모습을 보여주고 있다.

삶의 진화 선상에서 생각한다면 어떤 시점에 처거제 – 모계제를 유지하는 가족제에서 '남자의 반란'이 있었다는 가설을 제기할 수 있다. 처거제에서 부거제로 전환된 시점을 정확하게 지목하기는 힘들지만 조선 후기에 부거제가 시행된 점에 대해서는 이론의 여지가 없다. 거주율이 바뀌었다는 것은 대단한 사회변동이다. 혁명 이상의 것이라고도 할 수 있다.

① 조선 전기와 후기 사이에 커다란 사회변동이 있었다.
② 우리나라에서 부계제가 부거제보다 먼저 등장하였다.
③ 고려시대의 남성은 외가에서 어린 시절을 보냈을 것이다.
④ 조선 전기에 이르러 가족관계에서 남녀 간 힘의 균형이 무너졌다.
⑤ 우리나라의 거주율과 혈통률은 모두 남자 위주로 변화하였다.

03 다음 글의 내용으로 가장 적절한 것은?

어떤 사람이 러시아 여행을 가려고 하는데 러시아어를 전혀 모른다. 그래서 그는 러시아 여행 시 의사소통을 하기 위해 특별한 그림책을 이용할 계획을 세웠다. 그 책에는 어떠한 언어적 표현도 없고 오직 그림만 들어 있다. 그는 그 책에 있는 사물의 그림을 보여줌으로써 의사소통을 하려고 한다. 예를 들어 빵이 필요하면 상점에 가서 빵 그림을 보여주는 것이다. 그 책에는 다양한 종류의 빵 그림뿐 아니라 여행할 때 필요한 것들의 그림이 빠짐없이 담겨 있다. 과연 이 여행자는 러시아 여행을 하면서 의사소통을 성공적으로 할 수 있을까? 유감스럽게도 그럴 수 없을 것이다. 예를 들어 그가 자전거 상점에 가서 자전거 그림을 보여준다고 해보자. 자전거 그림을 보여주는 게 자전거를 사겠다는 의미로 받아들여질 것인가, 아니면 자전거를 팔겠다는 의미로 받아들여질 것인가? 결국 그는 자신이 뭘 원하는지 분명하게 전달할 수 없는 곤란한 상황에 처하게 될 것이다.

구매자를 위한 그림과 판매자를 위한 그림을 간단한 기호로 구별하여 이런 곤란을 극복하려고 해볼 수도 있다. 예컨대 자전거 그림 옆에 화살표 기호를 추가로 그려서 오른쪽을 향한 화살표는 구매자를 위한 그림을, 왼쪽을 향한 화살표는 판매자를 위한 그림임을 나타내는 것이다. 하지만 이런 방법은 의사소통에 여전히 도움이 되지 않는다. 왜냐하면 기호가 무엇을 의미하는지는 약속에 의해 결정되기 때문이다. 상대방은 어떤 것이 판매를 의미하는 화살표이고, 어떤 것이 구매를 의미하는 화살표인지 전혀 알 수 없을 것이다. 설령 상대방에게 화살표가 의미하는 것을 전달했다 하더라도 자전거를 사려는 사람이 책을 들고 있는 여행자의 바로 옆에 있는 사람이 아니라 바로 여행자 자신이라는 것은 또 무엇을 통해 전달할 수 있을까? 여행자가 사고 싶어 하는 물건이 자전거를 그린 그림이 아니라 진짜 자전거라는 것은 또 어떻게 전달할 수 있을까?

① 언어적 표현의 의미는 확정될 수 없다.
② 약속에 의해서도 기호의 의미는 결정될 수 없다.
③ 한 사물에 대한 그림은 여러 의미로 이해될 수 있다.
④ 의미가 확정된 표현이 없어도 성공적인 의사소통은 가능하다.
⑤ 상이한 사물에 대한 그림들은 동일한 의미로 이해될 수 없다.

| 02 | 자료해석

Hard

01 다음은 지역별로 조사한 연령별 3월 및 4월 코로나 신규 확진자 수 현황에 대한 자료이다. 이에 대한 설명으로 옳은 것은?(단, 비율은 소수점 둘째 자리에서 반올림한다)

〈지역별·연령별 코로나 신규 확진자 수 현황〉

(단위 : 명)

구분 지역	기간	10대 미만	10대	20대	30대	40대	50대	60대	70대 이상	합계
A	3월	7	29	34	41	33	19	28	35	226
A	4월	5	18	16	23	21	2	22	14	121
B	3월	6	20	22	33	22	35	12	27	177
B	4월	1	5	10	12	18	14	5	13	78
C	3월	2	26	28	25	17	55	46	29	228
C	4월	2	14	22	19	2	15	26	22	122
D	3월	3	11	22	20	9	21	54	19	159
D	4월	1	2	21	11	5	2	41	12	95
E	3월	4	58	30	37	27	41	22	57	276
E	4월	2	14	15	21	13	22	11	44	142
F	3월	9	39	38	59	44	45	54	32	320
F	4월	2	29	33	31	22	31	36	12	196
G	3월	0	8	10	29	48	22	29	39	185
G	4월	0	3	2	22	11	8	2	13	61
H	3월	4	15	11	52	21	31	34	48	216
H	4월	3	9	4	14	9	20	12	22	93
I	3월	2	11	18	35	4	33	21	19	143
I	4월	0	4	4	12	4	21	7	2	54

① 각 지역의 10대 미만 4월 신규 확진자 수는 전월 대비 감소하였다.
② 3월 대비 4월 신규 확진자 수의 비율은 F지역이 G지역의 2배 이상이다.
③ 20대 신규 확진자 수가 10대 신규 확진자 수보다 적은 지역 수는 3월과 4월이 동일하다.
④ 3월 신규 확진자 수가 세 번째로 많은 지역의 4월 신규 확진자 수가 가장 많은 연령대는 20대이다.
⑤ H지역의 4월 신규 확진자 수가 4월 전체 지역의 신규 확진자 수에서 차지하는 비율은 10% 이상이다.

| 03 | 창의수리

Easy

01 A대리는 집에서 거리가 14km 떨어진 회사에 출근할 때 자전거를 이용해 1시간 30분 동안 이동하고, 퇴근할 때는 회사에서 6.8km 떨어진 가죽공방에 들렀다가 취미활동 후 10km 거리를 이동하여 집에 도착한다. 퇴근할 때 회사에서 가죽공방까지 18분, 가죽공방에서 집까지 1시간이 걸린다면 A대리가 출퇴근할 때의 평균속력은?

① 10km/h ② 11km/h
③ 12km/h ④ 13km/h
⑤ 14km/h

02 농도가 14%인 A설탕물 300g, 농도가 18%인 B설탕물 200g, 농도가 12%인 C설탕물 150g이 있다. A와 B설탕물을 합친 후 100g의 물을 더 담고, 여기에 C설탕물을 합친 후 200g만 남기고 버렸다. 이때, 마지막 설탕물 200g에 녹아있는 설탕의 양은?

① 25.6g ② 28.7g
③ 30.8g ④ 32.6g
⑤ 34.8g

Hard

03 S사는 이번 분기 실적에 따라 총 5천만 원의 성과급을 직원들에게 지급하려 한다. 이번 성과급을 다음과 같은 정보에 따라 지급할 때 1급에 지급되는 성과급의 총액은?

〈정보〉
- 직원의 실적에 따라 1~4급으로 나누어 지급한다.
- 개인당 성과급은 1급은 2급의 2배, 2급은 3급의 $\frac{3}{2}$배, 3급은 4급의 $\frac{4}{3}$배의 성과급을 지급받는다.
- 1급은 3명, 2급은 12명, 3급은 18명, 4급은 20명이 성과급 지급 대상이다.

① 2,500,000원 ② 4,000,000원
③ 6,500,000원 ④ 7,500,000원
⑤ 8,000,000원

04 초콜릿을 3명이 나눠 먹었을 때 2개가 남고, 4명이 나눠 먹었을 때도 2개가 남는다. 초콜릿이 25개 이하일 때, 이 초콜릿을 7명이 나눠 먹을 경우 남는 초콜릿의 개수는?(단, 모두 같은 양의 초콜릿을 먹는다)

① 0개 ② 1개
③ 2개 ④ 3개
⑤ 4개

| 04 | 언어추리

※ 다음 제시문을 읽고 각 문장이 항상 참이면 ①, 거짓이면 ②, 알 수 없으면 ③을 고르시오. [1~2]

- A~F 6명의 친구들이 달리기를 했다.
- A는 3등으로 들어왔다.
- B는 꼴찌로 들어왔다.
- C는 E 바로 앞에 들어왔다.
- D는 F 바로 앞에 들어왔다.

01 D가 4등이라면 E는 2등일 것이다.

① 참 ② 거짓 ③ 알 수 없음

02 C는 1등으로 들어왔다.

① 참 ② 거짓 ③ 알 수 없음

Hard
03 하경이는 A~C 3종류의 과자를 총 15개 구매하였다. 3종류의 과자를 다음 주어진 정보에 맞게 구매했을 때, 항상 참인 것을 〈보기〉에서 모두 고르면?

〈정보〉
- A~C과자는 각각 2개 이상 구매하였다.
- B과자는 A과자 개수의 2배 이상 구매하였다.
- C과자는 B과자 개수보다 같거나 많았다.
- A과자와 B과자 개수 합은 6개를 넘었다.

보기
㉠ 하경이는 B과자를 7개 이상 구매하지 않았다.
㉡ 하경이는 C과자를 7개 이상 구매했다.
㉢ 하경이는 A과자를 2개 구매했다.

① ㉠ ② ㉡
③ ㉢ ④ ㉠, ㉡
⑤ ㉡, ㉢

CHAPTER 11 | 2020년 하반기 기출복원문제

정답 및 해설 p.063

| 01 | 언어이해

01 다음 글을 읽고 추론한 내용으로 적절하지 않은 것은?

> 개발도상국으로 흘러드는 외국자본은 크게 원조, 부채, 투자가 있다. 원조는 다른 나라로부터 지원받는 돈으로, 흔히 해외 원조 혹은 공적개발원조라고 한다. 부채는 은행 융자와 정부 혹은 기업이 발행한 채권으로, 투자는 포트폴리오 투자와 외국인 직접투자로 이루어진다. 포트폴리오 투자는 경영에 대한 영향력보다는 경제적 수익을 추구하기 위한 투자이고, 외국인 직접투자는 회사 경영에 일상적으로 영향력을 행사하기 위한 투자이다.
> 개발도상국에 유입되는 이러한 외국자본은 여러 가지 문제점을 보이고 있다. 해외 원조는 개발도상국에 대한 경제적 효과가 있다고 여겨져 왔으나 최근 경제학자들 사이에서는 그러한 경제적 효과가 없다는 주장이 점차 힘을 얻고 있다.
> 부채는 변동성이 크다는 단점이 지적되고 있다. 특히 은행 융자는 변동성이 큰 것으로 유명하다. 예컨대 1998년 개발도상국에 대하여 이루어진 은행 융자 총액은 500억 달러였다. 하지만 1998년 러시아와 브라질, 2002년 아르헨티나에서 일어난 일련의 금융 위기가 개발도상국을 강타하여 1999 ~ 2002년의 4개년 동안에는 은행 융자 총액이 연평균 -65억 달러가 되었다가, 2005년에는 670억 달러가 되었다. 은행 융자만큼 변동성이 큰 것은 아니지만 채권을 통한 자본 유입 역시 변동성이 크다. 외국인은 1997년에 380억 달러의 개발도상국 채권을 매수했다. 그러나 1998 ~ 2002년에는 연평균 230억 달러로 떨어졌고, 2003 ~ 2005년에는 연평균 440억 달러로 증가했다.
> 한편 포트폴리오 투자는 은행 융자만큼 변동성이 크지는 않지만 채권에 비하면 변동성이 크다. 개발도상국에 대한 포트폴리오 투자는 1997년의 310억 달러에서 1998 ~ 2002년에는 연평균 90억 달러로 떨어졌고, 2003 ~ 2005년에는 연평균 410억 달러에 달했다.

① 개발도상국에 대한 투자는 경제적 수익뿐만 아니라 회사 경영에 영향력을 행사하기 위해서도 이루어질 수 있다.
② 해외 원조는 개발도상국에 대한 경제적 효과가 없다고 주장하는 경제학자들이 있다.
③ 개발도상국에 유입되는 외국자본에는 해외 원조, 은행 융자, 채권, 포트폴리오 투자, 외국인 직접투자가 있다.
④ 개발도상국에 대한 2005년의 은행 융자 총액은 1998년의 수준을 회복하지 못하였다.
⑤ 1998 ~ 2002년과 2003 ~ 2005년의 연평균 금액을 비교할 때, 개발도상국에 대한 포트폴리오 투자가 채권보다 증감액이 크다.

Hard
02 다음 글을 읽고 추론한 내용으로 가장 적절한 것은?

> 두뇌 연구는 지금까지 뉴런을 중심으로 진행되어 왔다. 뉴런 연구로 노벨상을 받은 카알은 뉴런이 '생각의 전화선'이라는 이론을 확립하여 사고와 기억 등 두뇌에서 일어나는 모든 현상을 뉴런의 연결망과 뉴런 간의 전기 신호로 설명했다. 그러나 두뇌에는 뉴런 외에도 신경교 세포가 존재한다. 신경교 세포는 뉴런처럼 그 수가 많지만 전기 신호를 전달하지 못한다. 이 때문에 과학자들은 신경교 세포가 단지 두뇌 유지에 필요한 영양 공급과 두뇌 보호를 위한 전기 절연의 역할만을 가진다고 여겼다.
>
> 최근 과학자들은 신경교 세포에서 그 이상의 기능을 발견했다. 신경교 세포 중에도 '성상세포'라 불리는 별 모양의 세포는 자신만의 화학적 신호를 가진다는 것이 밝혀졌다. 성상세포는 뉴런처럼 전기를 이용하지는 않지만, '뉴런송신기'라고 불리는 화학물질을 방출하고 감지한다. 과학자들은 이러한 화학적 신호의 연쇄반응을 통해 신경교 세포가 전체 뉴런을 조정한다고 추론했다.
>
> A연구팀은 신경교 세포가 전체 뉴런을 조정하면서 기억력과 사고력을 향상시킨다고 예상하고서, 이를 확인하기 위해 인간의 신경교 세포를 갓 태어난 생쥐의 두뇌에 주입했다. 쥐가 자라면서 주입된 인간의 신경교 세포도 성장했다. 이 세포들은 쥐의 뉴런들과 완벽하게 결합되어 쥐의 두뇌 전체에 걸쳐 퍼지게 되었다. 심지어 어느 두뇌 영역에서는 쥐의 뉴런의 숫자를 능가하기도 했다. 뉴런과 달리 쥐와 인간의 신경교 세포는 비교적 쉽게 구별된다. 인간의 신경교 세포는 매우 길고 무성한 섬유질을 가지기 때문이다. 쥐에 주입된 인간의 신경교 세포는 그 기능을 그대로 간직한다. 그렇게 성장한 쥐들은 다른 쥐들과 잘 어울렸고, 다른 쥐들의 관심을 끄는 것에 흥미를 보였다. 이 쥐들은 미로를 통과해 치즈를 찾는 테스트에서 더 뛰어났다. 보통의 쥐들은 네다섯 번의 시도 끝에 올바른 길을 배웠지만, 인간의 신경교 세포를 주입받은 쥐들은 두 번 만에 학습했다.

① 인간의 신경교 세포를 쥐에게 주입하면, 쥐의 뉴런은 전기 신호를 전달하지 못할 것이다.
② 인간의 뉴런 세포를 쥐에게 주입하면, 쥐의 두뇌에는 화학적 신호의 연쇄 반응이 더 활발해질 것이다.
③ 인간의 뉴런 세포를 쥐에게 주입하면, 그 뉴런 세포는 쥐의 두뇌 유지에 필요한 영양을 공급할 것이다.
④ 인간의 신경교 세포를 쥐에게 주입하면, 그 신경교 세포는 쥐의 뉴런을 보다 효과적으로 조정할 것이다.
⑤ 인간의 신경교 세포를 쥐에게 주입하면, 그 신경교 세포는 쥐의 신경교 세포의 기능을 갖도록 변화할 것이다.

03 다음 글을 읽고 알 수 있는 내용으로 가장 적절한 것은?

> 국내에서 벤처버블이 발생한 1999 ~ 2000년 동안 한국뿐 아니라 미국, 유럽 등 전세계 주요 국가에서 벤처버블이 나타났다. 미국 나스닥의 경우 1999년 초 이후에 주가가 급상승하여 2000년 3월을 전후해서 정점에 이르렀는데, 이는 한국의 주가 흐름과 거의 일치한다. 또한 한국에서는 1998년 5월부터 외국인의 종목별 투자한도를 완전 자유화하였는데, 외환위기 이후 해외투자를 유치하기 위한 이런 주식시장의 개방은 주가 상승에 영향을 미쳤다. 외국인 투자자들은 벤처버블이 정점에 이르렀던 1999년 12월에 벤처기업으로 구성되어 있는 코스닥 시장에서 투자금액을 이전 달의 1조 4천억 원에서 8조 원으로 늘렸으며 투자비중도 늘렸다.
>
> 또한 벤처버블 당시 국내에서는 인터넷이 급속히 확산되고 있었다. 초고속 인터넷 서비스는 1998년 첫 해에 1만 3천 가구에 보급되었지만 1999년에는 34만 가구로 확대되었다. 또한 1997년 163만 명이던 인터넷 이용자는 1999년에 천만 명으로 폭발적으로 증가하였다. 이처럼 초고속 인터넷의 보급과 인터넷 사용인구의 급증은 뚜렷한 수익모델이 없는 업체라 할지라도 인터넷을 활용한 비즈니스를 내세우면 투자자들 사이에서 높은 잠재력을 가진 기업으로 인식되는 효과를 낳았다.
>
> 한편 1997년 8월에 시행된 벤처기업 육성에 관한 특별조치법은 다음과 같은 상황으로 인해 제정되었다. 법 제정 당시 우리 경제는 혁신적 기술이나 비즈니스 모델에 의한 성장보다는 설비확장에 토대한 외형성장에 주력해 왔다. 그러나 급격한 임금상승, 공장용지와 물류 및 금융 관련 비용 부담 증가, 후발국가의 추격 등은 우리 경제가 하루빨리 기술과 지식을 경쟁력의 기반으로 하는 구조로 변화해야 할 필요성을 높였다. 게다가 1997년 말 외환위기로 30대 재벌의 절반이 부도 또는 법정관리에 들어가게 되면서 재벌을 중심으로 하는 경제성장 방식의 한계가 지적되었고, 이에 따라 우리 경제는 고용 창출과 경제성장을 주도할 새로운 기업군을 필요로 하게 되었다. 이로 인해 시행된 벤처기업 육성 정책은 벤처기업에 세제 혜택은 물론, 기술개발, 인력공급, 입지공급까지 다양한 지원을 제공하면서 벤처기업의 폭증에 많은 영향을 주게 되었다.

① 해외 주식시장의 주가 상승은 국내 벤처버블 발생의 주요 원인이 되었다.
② 벤처버블은 한국뿐 아니라 전 세계 모든 국가에서 거의 비슷한 시기에 발생했다.
③ 국내의 벤처기업 육성 정책 실행은 한국 경제구조 변화의 필요성과 관련을 맺고 있다.
④ 국내 초고속 인터넷 서비스 확대는 벤처기업을 활성화시켰으나 대기업 침체의 요인이 되었다.
⑤ 외환위기는 새로운 기업과 일자리 창출의 필요성을 불러왔고, 해외 주식을 대규모로 매입하는 계기가 되었다.

| 02 | 자료해석

Hard

01 추 A ~ E 5개가 있다. 다음 조합에 따른 추의 무게를 참고하였을 때 가장 무거운 추는 무엇이며, 그 무게는 얼마인가?

〈조합별 추 무게〉

(단위 : kg)

구분	추	무게
조합 1	A+B+C	10
조합 2	B+C+E	15
조합 3	A+D+E	13
조합 4	B+C+D	12
조합 5	B+D+E	14

① A, 6kg ② C, 7kg
③ D, 6kg ④ E, 6kg
⑤ E, 7kg

Easy

02 S사는 사무실을 새롭게 꾸미기 위해 바닥에 붙일 타일을 구매하려고 한다. 타일을 붙일 사무실 바닥의 크기는 가로 8m, 세로 10m이며, 다음 3개의 타일 중 하나를 선택하여 구매하려고 한다. 가장 저렴한 타일을 구매한다면 어느 타일을 선택하며, 선택된 타일의 가격이 바르게 짝지어진 것은?

〈업체별 타일 정보〉

(단위 : 원)

구분	크기(가로×세로)	단가	배송비
A타일	20cm×20cm	1,000	50,000
B타일	250mm×250mm	1,500	30,000
C타일	25cm×20cm	1,250	75,000

① A타일, 1,950,000원 ② A타일, 2,050,000원
③ B타일, 1,950,000원 ④ B타일, 2,050,000원
⑤ C타일, 1,950,000원

| 03 | 창의수리

Easy
01 며칠 전 S씨는 온라인 쇼핑몰 S마켓에서 1개당 7,500원인 A상품을 6개, 1개당 8,000원인 B상품을 5개를 구매하였고 배송비는 무료였다. 오늘 두 물건을 받아본 S씨는 두 물건을 모두 반품하고 회수되는 금액으로 1개당 5,500원인 C상품을 사려고 한다. A상품과 B상품을 함께 반품할 때 반품 배송비는 총 5,000원이며, C상품을 구매할 때에는 3,000원의 배송비가 발생한다. C상품을 몇 개 구매할 수 있는가?

① 14개 ② 15개
③ 16개 ④ 17개
⑤ 18개

02 S사의 회의실 기존 비밀번호는 862#이다. A부장은 기존 비밀번호에서 첫 번째에서 세 번째 자리까지는 0~9의 숫자를 사용하고, 마지막 네 번째 자리는 특수기호 #, *을 사용하여 비밀번호를 변경하였다. 이때 S사 회의실의 변경된 비밀번호가 기존 비밀번호 네 자리 중 한 자리와 그 문자가 같을 확률(예 726#)은?(단, 0~9의 숫자는 중복하여 사용할 수 있다)

① $\dfrac{154}{1,000}$ ② $\dfrac{243}{1,000}$

③ $\dfrac{376}{1,000}$ ④ $\dfrac{486}{1,000}$

⑤ $\dfrac{972}{1,000}$

Hard
03 A와 B는 주사위 두 개를 던져서 나온 눈의 합에 따라 게임판에 적힌 점수를 얻는 게임을 하였다. A와 B가 각각 한 번씩 주사위 두 개를 던지는 것을 한 판으로 하여 총 두 판을 진행하게 되며, 두 판의 점수 합이 큰 사람이 이기게 된다. A가 첫 판에 던진 두 주사위 눈의 합이 4였을 때, B가 이길 확률은?

주사위 눈의 합(점수)	2 (0점)	3 (2점)	4 (1점)
12 (0점)			5 (2점)
11 (0점)			6 (0점)
10 (2점)	9 (0점)	8 (1점)	7 (1점)

① $\dfrac{8,310}{36^3}$
② $\dfrac{9,310}{36^3}$
③ $\dfrac{14,310}{36^3}$
④ $\dfrac{15,310}{36^3}$
⑤ $\dfrac{16,310}{36^3}$

04 언어추리

01 S사의 배터리개발부, 생산기술부, 전략기획부, 품질보증부는 지원자의 전공에 따라 신입사원을 뽑았다. 다음 〈조건〉을 참고할 때, 항상 참인 것은?

> **조건**
> - S사의 배터리개발부, 생산기술부, 전략기획부, 품질보증부에서 순서대로 각각 2명, 1명, 1명, 3명의 신입사원을 뽑는다.
> - 배터리개발부는 재료공학을, 생산기술부는 화학공학, 전략기획부는 경영학, 품질보증부는 정보통신학과 졸업생을 뽑았다.
> - A ~ G 7명의 지원자가 S사 신입사원으로 합격하였으며, A, B, E지원자만 복수전공을 하였고 가능한 부서에 모두 지원하였다.
> - A지원자는 복수전공을 하여 배터리개발부와 생산기술부에 지원하였다.
> - B지원자는 경영학과 정보통신학을 전공하였다.
> - E지원자는 화학공학과 경영학을 전공하였다.
> - C지원자는 품질보증부에 지원하였다.
> - D지원자는 배터리개발부의 신입사원으로 뽑혔다.
> - F와 G지원자는 같은 학과를 졸업하였다.

① A지원자는 배터리개발부의 신입사원으로 뽑히지 않았다.
② B지원자는 품질보증부의 신입사원으로 뽑혔다.
③ E지원자는 생산기술부의 신입사원으로 뽑혔다.
④ F지원자는 품질보증부의 신입사원으로 뽑히지 않았다.
⑤ G지원자는 배터리개발부의 신입사원으로 뽑혔다.

CHAPTER 12 | 2020년 상반기 기출복원문제

|01| 언어이해

Easy

01 다음 글을 읽고 레드 와인의 효능으로 적절하지 않은 것은?

> 알코올이 포함된 술은 무조건 건강에 좋지 않다고 생각하는 사람들이 많다. 그러나 포도를 이용하여 담근 레드 와인은 의외로 건강에 도움이 되는 성분들을 다량으로 함유하고 있어 적당량을 섭취할 경우 건강에 효과적일 수 있다.
> 레드 와인은 심혈관 질환을 예방하는 데 특히 효과적이다. 와인에 함유된 식물성 색소인 플라보노이드 성분은 나쁜 콜레스테롤의 수치를 떨어트리고, 좋은 콜레스테롤의 수치를 상대적으로 향상시킨다. 이는 결국 혈액 순환 개선에 도움이 되어 협심증이나 뇌졸중 등의 심혈관 질환 발병률을 낮출 수 있다.
> 레드 와인은 노화 방지에도 효과적이다. 레드 와인은 항산화 물질인 폴리페놀 성분을 다량 함유하고 있는데, 활성산소를 제거하는 항산화 성분이 몸속에 쌓여 노화를 빠르게 촉진시키는 활성산소를 내보냄으로써 노화를 자연스럽게 늦출 수 있는 것이다.
> 또한 레드 와인을 꾸준히 섭취할 경우 섭취하기 이전보다 뇌의 활동량과 암기력이 높아지는 것으로 알려져 있다. 레드 와인에 함유된 레버라트롤이란 성분이 뇌의 노화를 막아주고 활동량을 높이는 데 도움을 주기 때문이다. 이를 통해 인지력과 기억력이 향상되고 나아가 노인성 치매와 편두통 등의 뇌와 관련된 질병을 예방할 수 있다.
> 레드 와인은 면역력을 상승시켜주기도 한다. 면역력이란 외부의 바이러스나 세균 등의 침입을 방어하는 능력을 말하는데, 레드 와인에 포함된 퀘르세틴과 갈산이 체온을 상승시켜 체내의 면역력을 높인다.
> 이외에도 레드 와인은 위액의 분비를 촉진하여 소화를 돕고 식욕을 촉진시키기도 한다. 그러나 와인을 마실 때 상대적으로 떫은맛이 강한 레드 와인부터 마시게 되면 탄닌 성분이 위벽에 부담을 주고 소화를 방해할 수 있다. 따라서 단맛이 적고 신맛이 강한 스파클링 와인이나 화이트 와인부터 마신 후 레드 와인을 마시는 것이 좋다.

① 위벽 보호
② 식욕 촉진
③ 노화 방지
④ 기억력 향상
⑤ 면역력 강화

02 다음 글의 밑줄 친 (가)와 (나)에 대해 추론할 수 있는 내용으로 가장 적절한 것은?

> 최근 경제신문에는 기업의 사회적 책임을 반영한 마케팅 용어들이 등장하고 있다. 그중 하나인 코즈 마케팅(Cause Marketing)은 기업이 환경, 보건, 빈곤 등과 같은 사회적인 이슈, 즉 코즈(Cause)를 기업의 이익 추구를 위해 활용하는 마케팅 기법으로, 기업이 추구하는 사익과 사회가 추구하는 공익을 동시에 얻는 것을 목표로 한다. 소비자는 사회적인 문제들을 해결하려는 기업의 노력에 호의적인 반응을 보이게 되고, 결국 기업의 선한 이미지가 제품 구매에 영향을 미치는 것이다.
> 미국의 카드 회사인 (가) 아메리칸 익스프레스는 1850년 설립 이후 전 세계에 걸쳐 개인 및 기업에 대한 여행이나 금융 서비스를 제공하고 있다. 1983년 아메리칸 익스프레스사는 기존 고객이 자사의 신용카드로 소비할 때마다 1센트씩, 신규 고객이 가입할 때마다 1달러씩 '자유의 여신상' 보수 공사를 위해 기부하기로 하였다. 해당 기간 동안 기존 고객의 카드 사용률은 전년 동기 대비 28% 증가하였고, 신규 카드의 발급 규모는 45% 증가하였다.
> 현재 코즈 마케팅을 활발하게 펼치고 있는 대표적인 사회적 기업으로는 미국의 신발 회사인 (나) 탐스(TOMS)가 있다. 탐스의 창업자는 여행을 하던 중 가난한 아이들이 신발을 신지도 못한 채로 거친 땅을 밟으면서 각종 감염에 노출되는 것을 보고 그들을 돕기 위해 신발을 만들었고, 신발 하나를 구매하면 아프리카 아이들에게도 신발 하나를 선물한다는 'One for One' 마케팅을 시도했다. 이를 통해 백만 켤레가 넘는 신발이 기부되었고, 소비자는 만족감을 얻는 동시에 어려운 아이들을 도왔다는 충족감을 얻게 되었다. 전 세계의 많은 소비자들이 동참하면서 탐스는 3년 만에 4,000%의 매출을 올렸다.

① (가)는 기업의 사익보다 공익을 우위에 둔 마케팅을 펼침으로써 신규 고객을 확보할 수 있었다.
② (가)가 큰 이익을 얻을 수 있었던 이유는 소비자의 니즈(Needs)를 정확히 파악했기 때문이다.
③ (나)는 기업의 설립 목적과 어울리는 코즈(Cause)를 연계시킴으로써 높은 매출을 올릴 수 있었다.
④ (나)는 높은 매출을 올렸으나, 기업의 일방적인 기부 활동으로 인해 소비자의 공감을 이끌어 내는 데 실패하였다.
⑤ (나)는 기업의 사회적 책임을 강조하기 위해 기업의 실익을 포기하였지만, 오히려 반대의 효과를 얻을 수 있었다.

| 02 | 자료해석

01 다음은 중성세제 브랜드별 용량 및 가격에 대한 자료이다. 각 브랜드가 용량에 대한 가격을 조정했을 때, 브랜드별 판매 가격 및 용량 변경 전과 변경 후의 판매 가격 차이가 바르게 연결된 것은?

〈브랜드별 중성세제 판매 가격 및 용량〉

(단위 : 원, L)

구분		A브랜드	B브랜드	C브랜드	D브랜드
변경 전	1L당 가격	8,000	7,000	3,960	4,300
	용량	1.3	1.4	2.5	2.4
변경 후	1L당 가격	8,200	6,900	4,000	4,500
	용량	1.2	1.6	2.0	2.5

	A브랜드	B브랜드	C브랜드	D브랜드
①	550원 증가	1,220원 감소	2,000원 증가	930원 증가
②	550원 감소	1,240원 증가	1,900원 감소	930원 증가
③	560원 증가	1,240원 감소	2,000원 감소	900원 감소
④	560원 감소	1,240원 증가	1,900원 감소	930원 증가
⑤	560원 감소	1,220원 증가	1,900원 감소	900원 감소

Hard
02 서울에서 사는 S씨는 휴일에 가족들과 경기도 맛집에 가기 위해 오후 3시에 집 앞으로 중형 콜택시를 불렀다. 집에서 맛집까지 거리는 12.56km이며, 집에서 맛집으로 출발하여 4.64km 이동하면 경기도에 진입한다. 맛집에 도착할 때까지 교통신호로 인해 택시가 멈췄던 시간은 8분이며, 택시의 속력은 이동 시 항상 60km/h 이상이었다. 다음 자료를 참고할 때, S씨가 지불하게 될 택시요금은? (단, 콜택시의 예약비용은 없으며, 교통신호로 인해 멈춘 시간은 모두 경기도 진입 후이다)

〈서울시 택시요금 계산표〉

구분			신고요금
중형택시	주간	기본요금	2km까지 3,800원
		거리요금	100원당 132m
		시간요금	100원당 30초
	심야	기본요금	2km까지 4,600원
		거리요금	120원당 132m
		시간요금	120원당 30초
	공통사항		- 시간·거리 부분 동시병산(15.33km/h 미만 시) - 시계 외 할증 20% - 심야(00:00 ~ 04:00)할증 20% - 심야·시계 외 중복할증 40%

※ 시간요금은 속력이 15.33km/h 미만이거나 멈춰 있을 때 적용됨
※ 서울시에서 다른 지역으로 진입 후 시계 외 할증(심야 거리 및 시간요금)이 적용됨

① 13,800원 ② 14,000원
③ 14,220원 ④ 14,500원
⑤ 14,920원

| 03 | 창의수리

01 다음과 같은 〈조건〉을 만족하는 100 이하의 자연수를 7로 나눴을 때의 나머지로 옳은 것은?

> **조건**
> - 3으로 나누면 1이 남는다.
> - 4로 나누면 2가 남는다.
> - 5로 나누면 3이 남는다.
> - 6으로 나누면 4가 남는다.

① 1　　　　　　　　　　② 2
③ 3　　　　　　　　　　④ 4
⑤ 5

[Easy]

02 다음 〈조건〉에 따라 문자 A, B, C, 1, 2, 3으로 6자리의 문자조합을 만든다고 할 때, 가능한 경우의 수는?

> **조건**
> - 1 ~ 3번째 자리에는 알파벳, 4 ~ 6번째 자리에는 숫자가 와야 한다.
> - 각 문자는 중복 사용이 가능하지만 동일한 알파벳은 연속으로 배치할 수 없다.
>   예 11A(○), 1AA(×), ABA(○)

① 225가지　　　　　　　② 256가지
③ 300가지　　　　　　　④ 324가지
⑤ 365가지

[Hard]

03 S회사에 있는 에스컬레이터는 일정한 속력으로 올라간다. A사원과 B사원은 동시에 에스컬레이터를 타고 올라가면서 서로 일정한 속력으로 한 걸음에 한 계단씩 걸어 올라간다. A사원의 걷는 속력이 B사원의 속력보다 2배 빠르고, A사원은 30걸음으로, B사원은 20걸음으로 에스컬레이터를 올라갔을 때, 이 에스컬레이터에서 항상 일정하게 보이는 계단의 수는?

① 38개　　　　　　　　② 40개
③ 56개　　　　　　　　④ 60개
⑤ 52개

04 S팀의 A~F 6명은 모여서 회의를 하기로 했다. 회의실에는 A, B, C, D, E, F의 순으로 자리가 지정되어 있었는데 이 사실을 모두 모른 채 각자 앉고 싶은 곳에 앉았다. 이때 E를 포함한 4명은 지정석에 앉지 않고 나머지 2명은 지정석에 앉았을 확률은?

① $\dfrac{1}{2}$
② $\dfrac{1}{3}$
③ $\dfrac{1}{4}$
④ $\dfrac{1}{8}$
⑤ $\dfrac{1}{9}$

05 S사 필기시험에 합격한 9명의 신입사원 중 7명의 점수는 78점, 86점, 61점, 74점, 62점, 67점, 76점이었다. 50점 이상만이 합격하였고 9명의 평균 점수는 72점이었으며 모두 자연수였다. 9명 중 최고점과 중앙값의 차이가 가장 클 때, 그 차이는?

① 18점
② 20점
③ 22점
④ 24점
⑤ 26점

CHAPTER 13 | 2019년 하반기 기출복원문제

정답 및 해설 p.070

| 01 | 언어이해

01 다음 (A)와 (B)를 종합하여 추론할 수 있는 내용으로 가장 적절한 것은?

> (A) 집적 인자란 생산이 일정 장소에서 어느 수준 이상 집중함으로써 얻어지는 생산 내지 판매상의 이익을 뜻한다. 공장이 서로 모여서 접촉함으로써 비용을 줄여 이익을 얻을 수 있는 것이므로 이를 집적 이익이라고 불렀다. 이러한 집적을 순수 집적이라고 하는데, 순수 집적에는 경영의 규모가 확대되어 이익을 얻는 규모 집적과 경영 단위 수가 많이 모여서 이익을 얻는 사회적 집적이 있다.
>
> (B) 운송비 최소점에서의 집적을 살펴보면 다음 그림에서 최소 규모의 세 개의 공장이 각각 운송비 최소점 P_1, P_2, P_3에 분산 입지하며 각 최소 운송비가 같다고 할 때 집적이 성립하기 위해서는 두 개 이상의 공장이 운송비 최소점에 입지해야 한다. 또 세 개의 공장이 집적하기 위해서는 각 공장의 a_3의 등비용선이 교차하는 면에서 집적 이익이 얻어질 수 있기 때문에 이 교차 면이 집적지로 성립하게 된다. 이때 등비용선이란 노동 공급 지점에서 절약되는 노동비와 최소 운송비 지점에서 그곳까지 이동할 때 투입되는 운송비 상승액이 동일한 지점을 연결한 선을 말한다.
>
>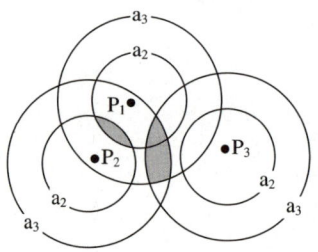

① 공장의 집적을 통해 이익을 얻을 수 있지만, 그에 따른 문제점이 발생할 수 있다.
② 사회적 집적보다 규모 집적을 통해 더 많은 이익을 얻을 수 있다.
③ 집적 이익을 최대화하기 위해서는 같은 업종의 공장을 집적시켜야 한다.
④ 두 공장이 집적하는 것보다 세 개의 공장이 집적하는 것이 더 많은 이익을 얻을 수 있다.
⑤ 공장의 집적으로 인해 이익보다 손해가 커질 경우 분산을 통해 문제를 해결할 수 있다.

※ 다음 글을 읽고 추론한 내용으로 적절하지 않은 것을 고르시오. [2~3]

Hard 02

비만 환자의 경우 식사 조절을 통한 섭취량 감소가 중요하므로 적절한 식이요법이 필요하다. 먼저 환자의 표준 체중에 대한 기초대사량과 활동대사량을 파악하고, 이에 따라 3대 영양소인 단백질과 지방, 탄수화물의 섭취량을 조절해야 한다.

표준 체중은 남성의 경우 $[키(m)]^2 \times 22\text{kg}$으로 계산하고, 여성의 경우에는 $[키(m)]^2 \times 21\text{kg}$으로 계산한다. 성인의 하루 기초대사량은 $1\text{kcal} \times (표준 체중) \times 24$로 계산하고, 활동대사량은 활동의 정도에 따라 기초대사량에 0.2배(정적 활동), 0.4배(보통 활동), 0.8배(격심한 활동)를 곱한다. 기초대사량에 활동대사량을 합한 값이 성인이 하루에 필요로 하는 칼로리가 된다.

필요한 칼로리가 정해지면 우선 단백질의 섭취량을 계산하고, 나머지를 지방과 탄수화물로 배분한다. 성인의 하루 단백질 섭취량은 표준 체중을 기준으로 0.8~1.2g/kg(평균 1.13g/kg)이며, 비만 환자가 저열량 식이 조절을 하는 경우에는 1.2~1.5g/kg(평균 1.35g/kg)으로 계산한다. 지방은 전체 필요 칼로리 중 20% 이하로 섭취하는 것이 좋으며, 콜레스테롤은 하루 300mg 이하로 제한하는 것이 좋다. 탄수화물의 경우 섭취량이 부족하면 단백질을 분해하여 포도당을 생성하게 되므로 케톤산증을 유발할 수 있다. 따라서 총 섭취 칼로리의 55~60% 정도의 섭취를 권장하며, 반드시 최소 100g 정도의 탄수화물을 섭취해야 한다.

① 신장 178cm인 성인 남성의 표준 체중은 약 69.7kg이 된다.
② 주로 정적 활동을 하는 남성의 표준 체중이 73kg이라면 하루에 필요한 칼로리는 2,102.4kcal이다.
③ 표준 체중이 55kg인 성인 여성의 경우 하루 평균 62.15g의 단백질을 섭취하는 것이 좋다.
④ 주로 보통 활동을 하는 비만 환자의 경우에도 하루에 반드시 최소 100g 정도의 탄수화물을 섭취해야 한다.
⑤ 주로 보통 활동을 하는 성인 남성의 하루 기초대사량이 1,728kcal라면 하루 300g 이하의 지방을 섭취하는 것이 좋다.

03

평생 소득 이론에 따르면 가계는 현재의 소득뿐 아니라 평생 동안의 소득을 계산하여 효용이 극대화되도록 각 기간의 소비를 배분한다. 이때 평생 소득이란 평생 동안 소비에 사용할 수 있는 소득으로, 이는 근로 소득과 같은 인적 자산뿐만 아니라 금융 자산이나 실물 자산과 같은 비인적 자산을 모두 포함한다.

다음은 평생 소득 이론을 이해하기 위한 식이다. ㉠은 어떤 개인이 죽을 때까지 벌어들이는 소득인 평생 소득을 보여준다. ㉡은 평생 소득을 남은 생애 기간으로 나눈 값으로, 연간 평균 소득에 해당한다. 이때 남은 생애 기간은 사망 나이에서 현재 나이를 뺀 기간이다.

㉠ (평생 소득)=(비인적 자산)+[(은퇴 나이)−(현재 나이)]×(근로 소득)
㉡ (연간 평균 소득)=α×(비인적 자산)+β×(근로 소득)

※ $\alpha = \dfrac{1}{(\text{사망 나이})-(\text{현재 나이})}$, $\beta = \dfrac{(\text{은퇴 나이})-(\text{현재 나이})}{(\text{사망 나이})-(\text{현재 나이})}$

㉡의 양변을 현재의 근로 소득으로 나누면 평균 소비 성향이 되는데, 이를 이용하면 근로 소득이 증가함에 따라 단기 평균 소비 성향이 감소하지만 장기 평균 소비 성향에는 큰 영향을 미치지 않는 이유를 설명할 수 있다. 즉, 근로 소득은 경기 변동에 민감하게 반응하기 때문에 경기가 좋아지면 단기간에 상승하지만, 비인적 자산은 경기에 민감하게 반응하지 않으므로 근로 소득이 상승하는 만큼 단기간에 상승하지 않는다. 하지만 장기적으로는 근로 소득과 비인적 자산이 거의 비슷한 속도로 성장하므로 소득의 증가에도 불구하고 평균 소비 성향은 일정하게 유지된다.

① 개인이 근로를 통해 벌어들인 소득 외에 주식이나 부동산, 자동차 등도 평생 소득에 포함된다.
② 평생 소득은 근로 소득에 은퇴 시점까지의 기간을 곱한 값에 비인적 자산을 합한 값이다.
③ 소비는 근로 소득뿐만 아니라 현재 보유하고 있는 비인적 자산의 규모에 의해서도 결정된다.
④ 평균 기대 수명의 증가로 정년이 증가한다면 평생 소득도 증가한다.
⑤ 연봉 상승으로 인해 근로 소득이 계속해서 증가한다면 평생 동안 평균 소비 성향은 계속해서 감소하게 된다.

04 다음 글을 읽고 추론한 내용으로 가장 적절한 것은?

> 세계대전이 끝난 후 미국의 비행기 산업이 급속도로 성장하기 시작하자 영국과 프랑스 정부는 미국을 견제하기 위해 초음속 여객기인 콩코드를 함께 개발하기로 결정했다. 양국의 지원을 받으며 탄생한 콩코드는 일반 비행기보다 2배 빠른 마하 2의 속도로 비행하면서 평균 8시간 걸리는 파리~뉴욕 구간을 3시간대에 주파할 수 있게 되었다. 그러나 콩코드의 낮은 수익성이 문제가 되었다. 콩코드는 일반 비행기에 비해 많은 연료가 필요했고, 몸체가 좁고 길어 좌석 수도 적었다. 일반 비행기에 300명 정도를 태울 수 있었다면 콩코드는 100명 정도만 태울 수 있었다. 연료 소비량은 많은데 태울 수 있는 승객 수는 적으니 당연히 항공권 가격은 비싸질 수밖에 없었다. 좁은 좌석임에도 불구하고 가격은 일반 항공편의 퍼스트클래스보다 3배 이상 비쌌고 이코노미석 가격의 15배에 달했다. 게다가 2000년 7월 파리발 뉴욕행 콩코드가 폭발하여 100명의 승객과 9명의 승무원 전원이 사망하면서 큰 위기가 찾아왔다. 수많은 고위층과 부자들이 한날한시에 유명을 달리함으로써 세계 언론의 관심이 쏠렸고 콩코드의 안정성에 대한 부정적인 시각이 팽창했다. 이후 어렵게 운항을 재개했지만, 승객 수는 좀처럼 늘지 않았다. 결국 유지비를 감당하지 못한 영국과 프랑스의 항공사는 27년 만에 운항을 중단하게 되었다.

① 영국과 프랑스는 전쟁에서 사용하기 위해 초음속 여객기 콩코드를 개발했다.
② 일반 비행기가 파리~뉴욕 구간을 1번 왕복하는 동안 콩코드는 최대 4번 왕복할 수 있다.
③ 콩코드의 탑승객 수가 늘어날수록 많은 연료가 필요하다.
④ 결국 빠른 비행 속도가 콩코드 폭발의 원인이 되었다.
⑤ 콩코드는 주로 돈이 많은 고위층이나 시간이 부족한 부유층이 이용했다.

02 자료해석

01 다음은 연령별 선물환거래 금액 비율에 대한 자료이다. 이에 대한 설명으로 옳은 것은?

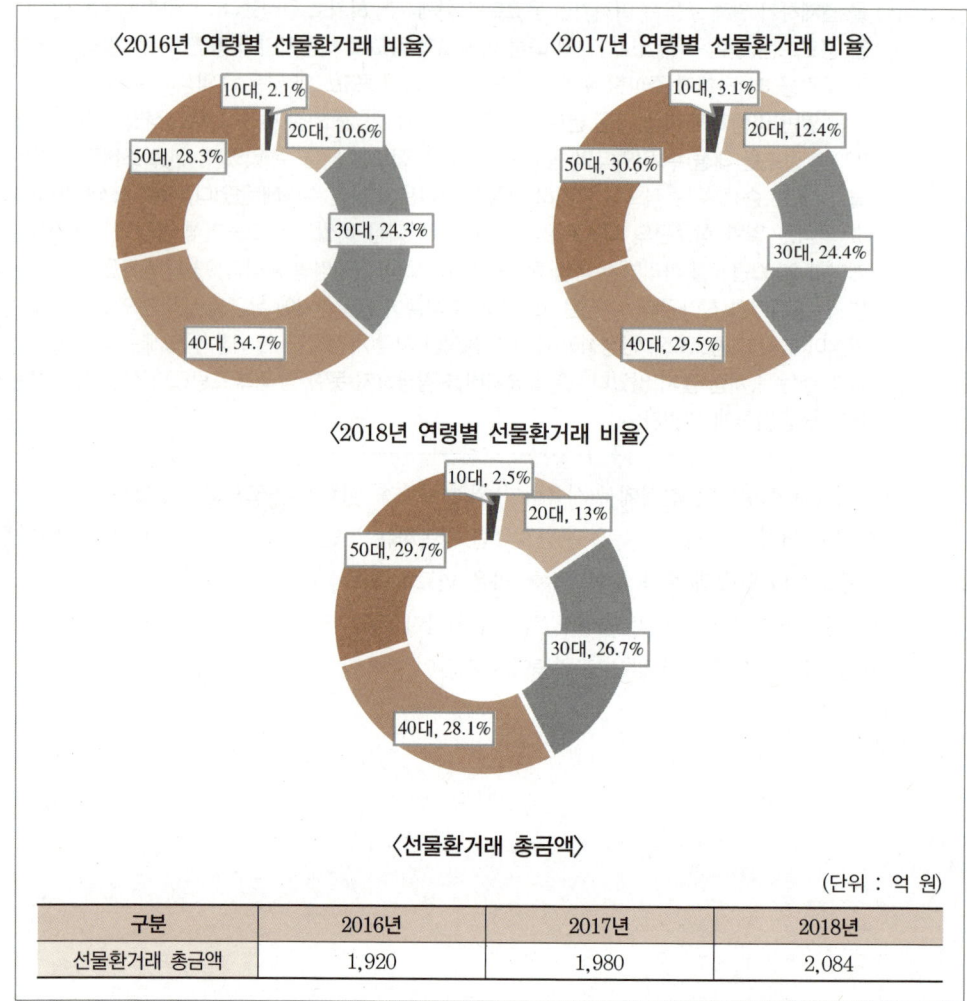

① 2017년 대비 2018년 50대 선물환거래 금액 증가량은 13억 원 이상이다.
② 2018년 10~40대 선물환거래 금액 총비율은 2017년 50대 비율의 2.5배 이상이다.
③ 2017~2018년의 전년 대비 10대와 20대의 선물환거래 금액 비율 증감 추이는 동일하다.
④ 2018년 30대의 선물환거래 비율은 2016년 30대 선물환거래 비율에 비해 2.6%p 높다.
⑤ 2017~2018년 동안 전년 대비 매년 40대 선물환거래 금액은 지속적으로 감소하고 있다.

| 03 | 창의수리

Easy

01 S사는 직원 휴게실의 앞문과 뒷문에 화분을 각각 1개씩 배치하려고 한다. 가지고 있는 화분을 배치하는 경우의 수가 총 30가지일 때, 전체 화분의 개수는?(단, 화분의 종류는 모두 다르다)

① 6개　　　　　　　　　　② 7개
③ 8개　　　　　　　　　　④ 9개
⑤ 10개

Hard

02 야구장 티켓 창구에는 N명의 손님이 대기 중이고, 1분에 x명의 손님이 지속적으로 증가하고 있다. 티켓 창구를 1개만 운영했을 때는 손님을 받는 데 40분이 걸렸고, 2개를 운영했을 때는 16분이 걸렸다. 만약 창구를 3개 운영한다면 손님을 받는 데 몇 분이 걸리겠는가?(단, 모든 창구의 업무 능력은 동일하며, 손님을 기다리지 않고 남은 손님이 없으면 업무를 종료한다)

① 6분　　　　　　　　　　② 7분
③ 8분　　　　　　　　　　④ 9분
⑤ 10분

03 서로 다른 5개의 A~E용액이 있다. 이 중 3개의 용액을 각각 10g씩 섞어서 30g의 혼합물을 만들었을 때 가격이 다음과 같을 때, 가장 비싼 용액은?

• A+B+C=1,720원	• A+B+E=1,570원
• B+C+D=1,670원	• B+C+E=1,970원
• B+D+E=1,520원	• C+D+E=1,800원

① A　　　　　　　　　　② B
③ C　　　　　　　　　　④ D
⑤ E

04 S대학교에서 인원을 모집하여 A지역과 B지역으로 여행을 가려고 한다. 여행에 사용할 수 있는 예산은 최대 100만 원이고, 숙소비로 최소 17만 원 이상, 교통비로 12만 원 이상 사용해야 한다. A지역과 B지역의 인당 숙소비와 교통비가 다음과 같다고 할 때, A지역으로 여행갈 수 있는 최대 인원수는?(단, 각 지역에는 최소 2명 이상이 가야 한다)

〈지역별 숙박비 및 교통비〉

구분	숙박비	교통비
A지역	7만 원	5천 원
B지역	5만 원	2만 원

① 9명　　　　　　　　　　② 10명
③ 11명　　　　　　　　　　④ 12명
⑤ 13명

Hard

05 S사원은 인사평가에서 A~D 4가지 항목의 점수를 받았다. 이 점수를 각각 1:1:1:1의 비율로 평균을 구하면 82.5점이고, 2:3:2:3의 비율로 평균을 구하면 83점, 2:2:3:3의 비율로 평균을 구하면 83.5점이다. 각 항목의 만점은 100점이라고 할 때, S사원이 받을 수 있는 최고점과 최저점의 차는?

① 45점　　　　　　　　　　② 40점
③ 30점　　　　　　　　　　④ 25점
⑤ 20점

06 처음 생산된 물건을 도매업자가 구입하여 1.2배의 가격으로 판매하고, 이를 소매업자가 구입하여 2배의 가격으로 판매한다. 소매업자가 온라인으로 판매하는 데에는 100개당 3,000원의 배송비가 발생한다. 500개를 온라인으로 구입했을 때의 가격이 447,000원이라고 하면 이 물건의 원가는?

① 360원　　　　　　　　　　② 380원
③ 400원　　　　　　　　　　④ 420원
⑤ 440원

| 04 | 언어추리

01 제시된 명제가 모두 참일 때, 빈칸에 들어갈 내용으로 가장 적절한 것은?

- 아이스크림을 좋아하면 피자를 좋아하지 않는다.
- 갈비탕을 좋아하지 않으면 피자를 좋아한다.
- _____
- 그러므로 아이스크림을 좋아하면 짜장면을 좋아한다.

① 피자를 좋아하면 짜장면을 좋아한다.
② 짜장면을 좋아하면 갈비탕을 좋아한다.
③ 갈비탕을 좋아하면 짜장면을 좋아한다.
④ 피자와 갈비탕을 좋아하면 짜장면을 좋아한다.
⑤ 짜장면을 좋아하지 않으면 피자를 좋아하지 않는다.

Hard

02 S휴게소의 물품 보관함에는 자물쇠로 잠긴 채 오랫동안 방치되고 있는 보관함 네 개가 있다. 휴게소 관리 직원인 L씨는 방치 중인 보관함을 정리하기 위해 사무실에서 보유하고 있는 1~6번까지의 열쇠로 네 개의 자물쇠를 모두 열어 보았다. 그 결과가 다음과 같을 때, 항상 참인 것은?(단, 하나의 자물쇠는 정해진 하나의 열쇠로만 열린다)

- 첫 번째 자물쇠는 1번 또는 2번 열쇠로 열렸다.
- 두 번째 자물쇠와 네 번째 자물쇠는 3번 열쇠로 열리지 않았다.
- 6번 열쇠로는 어떤 자물쇠도 열지 못했다.
- 두 번째 또는 세 번째 자물쇠는 4번 열쇠로 열렸다.
- 세 번째 자물쇠는 4번 또는 5번 열쇠로 열렸다.

① 3번 열쇠로는 어떤 자물쇠도 열지 못한다.
② 첫 번째 자물쇠는 반드시 1번 열쇠로 열린다.
③ 두 번째 자물쇠가 2번 열쇠로 열리면, 세 번째 자물쇠는 5번 열쇠로 열린다.
④ 세 번째 자물쇠가 5번 열쇠로 열리면, 네 번째 자물쇠는 2번 열쇠로 열린다.
⑤ 네 번째 자물쇠가 5번 열쇠로 열리면, 두 번째 자물쇠는 2번 열쇠로 열린다.

CHAPTER 14 | 2019년 상반기 기출복원문제

| 01 | 언어이해

Easy 01 다음 글을 읽고 추론한 내용으로 적절하지 않은 것은?

> 헝가리 출신의 철학자인 마이클 폴라니 교수는 지식(Knowledge)을 크게 명시적 지식(Explicit Knowledge)과 암묵적 지식(Tacit Knowledge) 두 가지로 구분했다. 이러한 구분은 흔히 자전거를 타는 아이에 비유되어, 이론과 실제로 간단히 나뉘어 소개되기도 한다. 하지만 암묵적 지식, 즉 암묵지를 단순히 '말로는 얻어지지 않는 지식'으로 단순화하여 이해하는 것은 오해를 낳을 소지가 있다. 암묵지는 지식의 배후에 반드시 '안다.'는 차원이 있음을 보여주는 개념이다. 이는 학습과 체험으로 습득되지만 겉으로 드러나지 않고 타인에게 말로 설명하기 힘들며, 무엇보다 본인이 지닌 지식이 얼마나 타인에게 유용한지 자각하지 못하는 일도 부지기수다.
>
> 일본의 경영학자 노나카 이쿠지로는 이러한 암묵지를 경영학 분야에 적용했다. 그는 암묵지를 크게 기술적 기능(Technical Skill)과 인지적 기능(Cognitive Skill)으로 나누었는데, 이 중 기술적 기능은 몸에 체화된 전문성으로 수없이 많은 반복과 연습을 통해 습득된다. 반대로 인지적 기능은 개인의 정신적 틀로 기능하는 관점이나 사고방식으로 설명할 수 있다. 즉, 기업의 입장에서 암묵지는 직원 개개인의 경험이나 육감이며, 이것들이 언어의 형태로 명시화(Articulation)됨으로써 명시적 지식, 즉 형식지로 변환하고, 다시 이를 내면화하는 과정에서 새로운 암묵지가 만들어지는 상호순환작용을 통해 조직의 지식이 증대된다고 보았다.

① 암묵지를 통해 지식에도 다양한 층위의 앎이 존재함을 확인할 수 있다.
② 암묵지를 통해 책만으로 지식을 완전히 습득하기 어려운 이유를 설명할 수 있다.
③ 암묵지를 습득하기 위해선 수없이 많은 반복과 연습이 필수적이다.
④ 암묵지를 통해 장인의 역할이 쉽게 대체될 수 없는 이유를 설명할 수 있다.
⑤ 암묵지와 형식지의 상순환작용을 통해 지식이 발전해 왔음을 알 수 있다.

02 다음 글의 밑줄 친 ㉠과 ㉡에 대해 추론할 수 있는 내용으로 가장 적절한 것은?

> 권리금(權利金)이란 흔히 상가 등을 빌리는 사람, 즉 ㉠ 차주(借主)가 빌려주는 사람, 다시 말해 ㉡ 대주(貸主)에게 내는 임차료 외에, 앞서 대주에게 빌렸던 사람인 전차주(前借主)에게 내는 관행상의 금전을 의미한다. 전차주가 해당 임대상가에 투자한 설비나 상가 개량비용, 기존 고객들과의 인지도, 유대관계 등 유무형의 대가를 차주가 고스란히 물려받는 경우의 가치가 포함된 일종의 이용 대가인 것이다. 하지만 이는 어디까지나 차주와 전차주의 사이에서 발생한 금전 관계로, 대주는 해당 권리금과 관련이 없으며 특별히 법률로 지정된 사항 또한 존재하지 않는다. 2001년, 상가건물 임대차보호법이 제정되기 전에 대주의 횡포에 대한 차주의 보호가 이루어지지 않았고, 이에 임차인들이 스스로 자신의 권리를 찾기 위해 새 차주에게 금전을 받았는데, 이것이 권리금의 시작이다. 권리금이 높은 상가일수록 좋은 상가라고 볼 수 있는 지표로 작용하는 데다 여전히 전차주의 입장에서는 자신의 권리를 지키기 위한 하나의 방안으로 관습처럼 이용되고 있어 이에 대한 평가를 섣불리 하기 힘든 것이 사실이다. 그러나 권리금이 임대료보다 높아지는 경우가 종종 발생하고 계약기간 만료 후 대주와 차주 사이의 금전적인 문제가 발생하기도 하면서 악습이라고 주장하는 사람도 있다.

① ㉠은 ㉡의 계약불이행으로 인하여 발생한 손해를 보장받을 수 없다.
② 권리금은 본래 상대적 약자인 ㉡이 ㉠으로부터 손해를 보호받기 위해 시작된 관행이다.
③ 장기적으로 권리금은 ㉠과 ㉡이 모두 요구할 수 있다.
④ 상대적으로 적은 권리금을 지불한 상가에서 높은 매출을 기록했다면 ㉡은 직접적으로 이득을 본 셈이다.
⑤ ㉡이 계약기간 만료 후 자신의 권리를 이행할 때 ㉠은 ㉡에게 손해를 보장받을 수 없다.

03 다음 글의 빈칸에 들어갈 내용으로 가장 적절한 것은?

> 미세먼지와 황사는 여러모로 비슷하면서도 뚜렷한 차이점을 지니고 있다. 삼국사기에도 기록되어 있는 황사는 중국 내륙 내몽골 사막에 강풍이 불면서 날아오는 모래와 흙먼지를 일컫는데, 장단점이 존재했던 과거와 달리 중국 공업지대를 지난 황사에 미세먼지와 중금속 물질이 더해지며 심각한 환경문제로 대두되었다. 이와 달리 미세먼지는 일반적으로는 대기오염물질이 공기 중에 반응하여 형성된 황산염이나 질산염 등 이온 성분, 석탄·석유 등에서 발생한 탄소화합물과 검댕, 흙먼지 등 금속화합물의 유해성분으로 구성된다.
> 미세먼지의 경우 통념적으로는 먼지를 미세먼지와 초미세먼지로 구분하고 있지만, 대기환경과 환경보전을 목적으로 하는 환경정책기본법에서는 미세먼지를 PM(Particulate Matter)이라는 단위로 구분한다. 즉, 미세먼지(PM_{10})의 경우 입자의 크기가 $10\mu m$ 이하인 먼지이고, 미세먼지($PM_{2.5}$)는 입자의 크기가 $2.5\mu m$ 이하인 먼지로 정의하고 있다. 이에 비해 황사는 통념적으로는 입자 크기로 구분하지 않으나 주로 지름 $20\mu m$ 이하의 모래로 구분하고 있다. 때문에 _____.

① 미세먼지의 역할 또한 분명히 존재함을 기억해야 할 것이다.
② 황사와 미세먼지의 차이를 입자의 크기만으로 구분 짓긴 어렵다.
③ 황사와 미세먼지의 근본적인 구별법은 그 역할에서 찾아야 할 것이다.
④ 황사 문제를 해결하기 위해서는 근본적으로 황사의 발생 자체를 억제할 필요가 있다.
⑤ 초미세먼지를 차단할 수 있는 마스크라 해도 황사와 초미세먼지를 동시에 차단하긴 어렵다.

04 다음 글의 내용으로 적절하지 않은 것은?

> 경제학자인 사이먼 뉴컴이 소개한 화폐와 실물 교환의 관계식인 '교환방정식'을 경제학자인 어빙 피셔가 발전시켜 재소개한 것이 바로 '화폐수량설'이다. 사이먼 뉴컴의 교환방정식은 'MV=PQ'로 나타나는데, M(Money)은 화폐의 공급, V(Velocity)는 화폐유통속도, P(Price)는 상품 및 서비스의 가격, Q(Quantity)는 상품 및 서비스의 수량이다. 즉 화폐 공급과 화폐유통속도의 곱은 상품의 가격과 거래된 상품 수의 곱과 같다는 항등식이다.
> 어빙 피셔는 이러한 교환방정식을 인플레이션율과 화폐공급의 증가율 간 관계를 나타내는 이론인 화폐수량설로 재탄생시켰다. 이중 기본 모형이 되는 피셔의 거래모형에 따르면 교환방정식은 'MV=PT'로 나타나는데, M은 명목화폐수량, V는 화폐유통속도, P는 상품 및 서비스의 평균가격, T(Trade)는 거래를 나타낸다. 다만 거래의 수를 측정하기 어렵기 때문에 최근에는 총거래 수인 T를 총생산량인 Y로 대체하여 소득모형인 'MV=PY'로 사용되고 있다.

① 사이먼 뉴컴의 교환방정식 'MV=PQ'에서 Q는 상품 및 서비스의 수량을 의미한다.
② 어빙 피셔의 화폐수량설은 최근 총거래 수를 총생산량으로 대체하여 사용하고 있다.
③ 교환방정식 'MV=PT'은 화폐수량설의 기본 모형이 된다.
④ 어빙 피셔의 교환방정식 'MV=PT'의 V는 교환방정식 'MV=PY'에서 Y와 함께 대체되어 사용되고 있다.
⑤ 어빙 피셔는 사이먼 뉴컴의 교환방정식을 인플레이션율과 화폐공급의 증가율 간 관계를 나타내는 이론으로 재탄생시켰다.

| 02 | 자료해석

Hard

01 다음은 연도별 제주도 감귤 생산량 및 면적에 대한 자료이다. 이를 참고하여 작성한 그래프로 옳은 것을 〈보기〉에서 모두 고르면?(단, 그래프의 면적 단위가 만 ha일 때, 백의 자리에서 반올림한다)

〈연도별 제주도 감귤 생산량 및 면적〉

(단위 : 톤, ha)

구분	생산량	면적
2008년	19,725	536,668
2009년	19,806	600,511
2010년	19,035	568,920
2011년	18,535	677,770
2012년	18,457	520,350
2013년	18,279	655,046
2014년	17,921	480,556
2015년	17,626	500,106
2016년	17,389	558,942
2017년	17,165	554,007
2018년	16,941	573,442

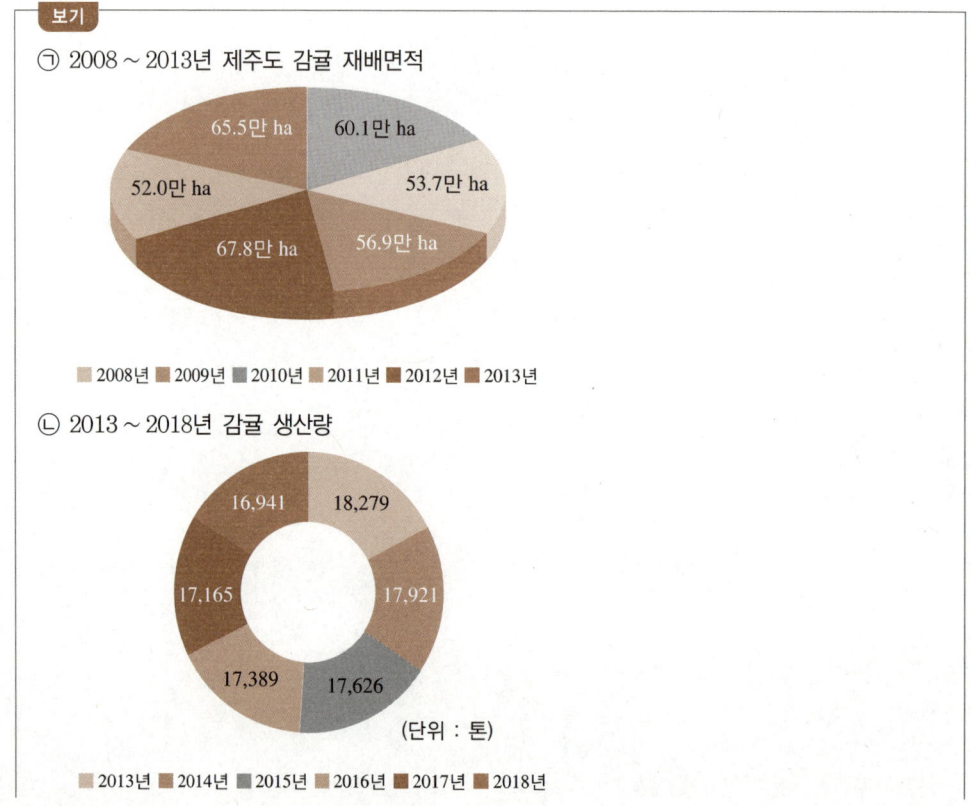

보기

㉠ 2008 ~ 2013년 제주도 감귤 재배면적

㉡ 2013 ~ 2018년 감귤 생산량

ⓒ 2008 ~ 2018년 감귤 생산량과 면적 변화

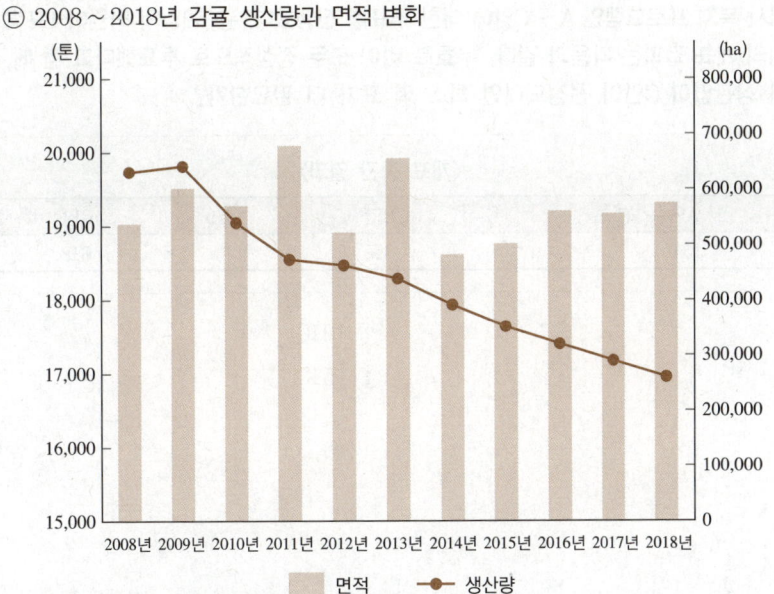

ⓓ 2010 ~ 2018년 감귤 생산량 전년 대비 감소량

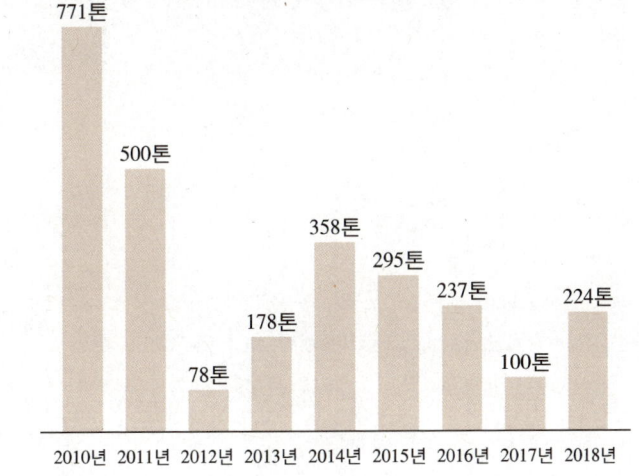

① ㄱ, ㄴ
② ㄱ, ㄷ
③ ㄴ, ㄷ
④ ㄴ, ㄹ
⑤ ㄷ, ㄹ

Easy

02 S사는 회사 복지 프로그램인 A~C안에 대한 투표를 진행했다. 총 50명의 직원이 1표씩 행사했고, 지금까지의 개표 결과는 다음과 같다. 무효표 없이 모두 정상적으로 투표했다고 할 때, A, B안의 득표수와 상관없이 C안이 선정되려면 최소 몇 표가 더 필요한가?

<개표 중간 결과>

A안	B안	C안
15표	8표	6표

① 12표
② 13표
③ 14표
④ 15표
⑤ 16표

| 03 | 창의수리

01 길이가 1cm씩 일정하게 길어지는 사각형 n개의 넓이를 모두 더하면 255cm^2이 된다. n개의 사각형을 연결했을 때 전체 둘레는?(단, 정사각형 한 변의 길이는 자연수이다)

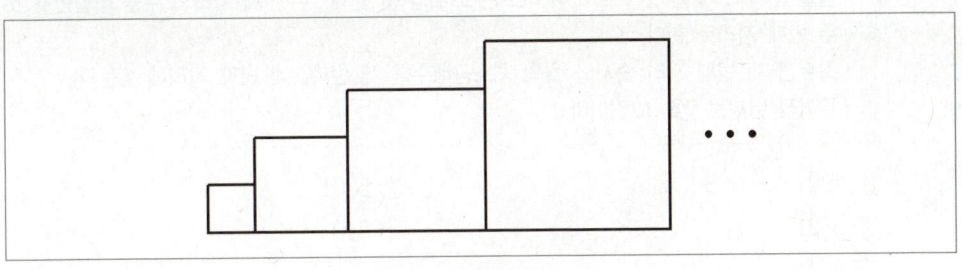

① 80cm ② 84cm
③ 88cm ④ 92cm
⑤ 96cm

02 회사 직원 중 1,000명에게 사내 복지제도에 대한 설문조사를 하였다. 조사 결과 30%는 만족, 30%는 보통, 40%는 불만족을 선택했고, 불만족을 선택한 인원의 70%가 여직원이었다. 불만족을 선택한 여직원의 수는 회사 전체 여직원 수의 20%이고, 남직원의 수는 회사 전체 남직원의 10%라고 할 때, 전체 직원 수는?

① 2,440명 ② 2,480명
③ 2,530명 ④ 2,570명
⑤ 2,600명

03 S회사의 감사팀은 과장 2명, 대리 3명, 사원 3명으로 구성되어 있다. A~D 4개 지역의 지사로 2명씩 나눠서 출장을 간다고 할 때, 각 출장 지역에 대리급 이상이 1명 이상 포함되어 있어야 하고 과장 2명이 각각 다른 지역으로 가야 한다. 과장과 대리가 같은 조로 출장을 갈 확률은?(단, 직급은 과장 - 대리 - 사원 순이다)

① $\frac{1}{2}$ ② $\frac{1}{3}$
③ $\frac{2}{3}$ ④ $\frac{3}{4}$
⑤ $\frac{3}{8}$

Easy

04 비밀번호가 4자리인 자물쇠의 비밀번호를 설정하려고 한다. 다음 〈조건〉과 같이 정할 때, 비밀번호로 가장 적절한 것은?

> **조건**
> - 월을 분자로, 일을 분모로 하여 나오는 소수점 첫 번째, 두 번째 자리의 수를 비밀번호 첫 번째, 두 번째 자리로 한다.
> - 소수점 세 번째 자리 숫자와 월의 최소공배수를 세 번째, 네 번째 자리에 넣는다.
> - 주어진 날짜는 7월 12일이다.

① 1821
② 5801
③ 5821
④ 8101
⑤ 8521

Hard

05 다음과 같이 $a_1, a_2, a_3, \cdots, a_{100}$까지의 수가 나열되어 있다. $a_{20}+a_{86}$의 값은?

> - $a_1+a_2+a_3+a_4+a_5+a_6+a_7=a_2+a_3+a_4+a_5+a_6+a_7+a_8$
> $=a_3+a_4+a_5+a_6+a_7+a_8+a_9$
> $\vdots$
> $=a_{94}+a_{95}+a_{96}+a_{97}+a_{98}+a_{99}+a_{100}$
> - $a_{11}=11, a_{22}=22, a_{33}=33, a_{44}=44, a_{55}=55, a_{66}=66, a_{77}=77$

① 66
② 77
③ 88
④ 99
⑤ 110

06 S사는 연구소를 4개의 A~D팀으로 나눠서 운영하고 있다. 작년 한 해 동안 A, B팀의 인원을 합하여 20% 감소하였고, C, D팀의 인원을 합하여 50% 감소해서 총인원수가 205명이 되었다. 올해는 재작년 인원수를 기준으로 A, B팀의 인원을 합하여 80% 증가하였고, C팀의 인원이 20% 감소, D팀의 인원이 20% 증가하여 총인원수가 390명이 되었다. 재작년 총인원수가 350명이었다고 하면, 당시 D팀의 인원수는 몇 명인가?(단, 연구소에는 A~D팀 외의 인원은 없다)

① 25명
② 30명
③ 40명
④ 45명
⑤ 50명

| 04 | 언어추리

01 S기업의 홍보팀에서 근무하고 있는 강대리, 김대리, 박사원, 유사원, 이사원 중 1명은 이번 회사 워크숍에 참석하지 않았다. 다음 이들의 대화 중 2명이 거짓말을 한다고 할 때, 워크숍에 참석하지 않은 사람은?(단, 5명은 모두 진실만을 말하거나 거짓만을 말한다)

- 강대리 : 나와 김대리는 워크숍에 참석했다. 나는 누가 워크숍에 참석하지 않았는지 알지 못한다.
- 박사원 : 유사원은 이번 워크숍에 참석하였다. 강대리님의 말은 모두 사실이다.
- 유사원 : 워크숍 불참자의 불참 사유를 세 사람이 들었다. 이사원은 워크숍에 참석했다.
- 김대리 : 나와 강대리만 워크숍 불참자의 불참 사유를 들었다. 이사원의 말은 모두 사실이다.
- 이사원 : 워크숍에 참석하지 않은 사람은 유사원이다. 유사원이 개인 사정으로 인해 워크숍에 참석하지 못한다고 강대리님에게 전했다.

① 강대리　　　　　　　　　　② 박사원
③ 유사원　　　　　　　　　　④ 김대리
⑤ 이사원

시대에듀
MEMO

PART 3

3개년 주요기업 기출복원문제

PART 3 | 3개년 주요기업 기출복원문제

정답 및 해설 p.082

| 01 | 언어

※ 다음 글을 읽고 추론한 내용으로 적절하지 않은 것을 고르시오. [1~4]

| 2025년 하반기 삼성그룹

01

ChatGPT를 시작으로 대규모 언어모델(LLM)에 대한 관심이 폭발적으로 증가하고 있다. 이러한 인공지능을 학습시키기 위해서는 방대한 양의 데이터를 빠르게 처리해야 하는데, 여기서 필요한 장치가 바로 HBM(High Bandwidth Memory, 고대역폭 메모리)과 HBF(High Bandwidth Flash, 고대역폭 플래시)이다.

HBM은 데이터를 저장하는 반도체 칩인 DRAM을 수직으로 쌓고, 실리콘 관통 전극(TSV)를 이용해 상하층을 연결한 것이다. 이렇게 하면, 데이터의 이동 거리가 매우 짧아지고, 여러 층을 동시에 사용할 수 있기 때문에 많은 데이터를 한 번에 주고받을 수 있다. 즉 HBM은 일반적인 메모리에 비해 대역폭이 넓어 속도가 비약적으로 빠르다. 그러나 현재 HBM은 DRAM의 높은 발열 등 다양한 제약으로 인해 12단 이상으로 쌓기 어렵고, 용량도 36GB 이상의 용량을 확보하기 어려운 상황이다. LLM 특성상 방대한 데이터를 다루어야 하므로 높은 용량의 메모리가 필요하지만, 이른바 '메모리 벽'에 막혀 기술 발전이 정체되고 있다.

이런 상황에서 주목받는 것이 바로 HBF이다. HBF는 HBM과 똑같이 메모리칩을 수직으로 쌓아 상하층을 연결해 올린 것이지만, DRAM 대신 낸드플래시를 쌓은 것이다. 흔히 USB 저장장치에 사용되는 낸드플래시는 DRAM보다 느리지만, 발열이 적고, 용량 확장성이 우수하기 때문에 HBF는 HBM보다 처리 속도는 느리지만 가용 용량은 수십 배 많을 것으로 예상된다.

전문가들은 앞으로 HBM과 HBF가 인공지능 기술에서 상호 보완적 역할을 할 것으로 보고 있다. 학습 등 빠른 연산이 필요한 부분은 HBM이 담당하고, 빅데이터의 저장은 HBF가 담당할 것으로 예측된다.

이처럼 HBM과 HBF는 각각 속도와 용량이라는 서로 다른 강점을 지니고 있다. 앞으로 인공지능이 더 복잡하고 거대한 데이터를 다루게 될수록, 두 기술은 경쟁하기보다는 함께 발전하며 인공지능의 성능을 끌어올리는 핵심 기반이 될 것으로 보인다.

① HBF는 HBM에 비해 상대적으로 발열이 적을 것이다.
② HBM에 있는 TSV는 HBF에도 동일하게 사용될 것이다.
③ HBM과 HBF는 목적에 따라 서로 다르게 사용될 것이다.
④ 메모리 기술의 발전은 인공지능 기술의 성능 향상에 직접적인 영향을 줄 것이다.
⑤ 인공지능 기술이 다루는 데이터가 점차 많아질수록 HBM보다 HBF가 더 효과적일 것이다.

02

다의어란 두 가지 이상의 의미가 있는 단어로 기본이 되는 핵심 의미를 중심 의미라 하고, 중심 의미에서 확장된 의미를 주변 의미라고 한다. 중심 의미는 일반적으로 주변 의미보다 언어 습득의 시기가 빠르며 사용 빈도가 높다.

다의어가 주변 의미로 사용되었을 때는 문법적 제약이 나타나기도 한다. 예를 들어 '한 살을 먹는다.'는 가능하지만, '한 살이 먹히다.'나 '한 살을 먹이다.'는 어법에 맞지 않는다. 또한 '손'이 '노동력'의 의미로 쓰일 때는 '부족하다, 남다' 등의 용언만 쓸 수 있어 중심 의미로 쓰일 때보다 결합하는 용언의 수가 적다.

다의어의 주변 의미는 기존 의미가 확장되어 생긴 것으로 새로 생긴 의미는 기존 의미보다 추상성이 강화되는 경향이 있다. '손'의 중심 의미가 확장되어 '손이 부족하다.', '손에 넣다.'처럼 각각 '노동력', '권한이나 범위'로 쓰이는 것이 그 예이다.

다의어의 의미들은 서로 관련성을 갖는다. 예를 들어 '줄'의 중심 의미는 '새끼 따위와 같이 무엇을 묶거나 동이는 데에 쓸 수 있는 가늘고 긴 물건'인데 길게, 연결된 모양이 유사하여 '길이로 죽 벌이거나 늘여 있는 것'의 의미를 갖게 되었다. 또한 연결이라는 속성이나 기능이 유사하여 '사회생활에서의 관계나 인연'의 뜻도 지니게 되었다.

그런데 다의어의 의미들이 서로 대립적 관계를 맺는 경우가 있다. 예를 들어 '앞'은 '향하고 있는 쪽이나 곳'이 중심 의미인데 '앞 세대의 입장', '앞으로 다가올 일'에서는 각각 '이미 지나간 시간'과 '장차 올 시간'을 가리킨다. 이것은 시간의 축에서 과거나 미래 중 어느 방향을 바라보는지에 따른 차이로서 이들 사이의 의미적 관련성은 유지된다.

① 동음이의어와 다의어는 단어의 문법적 제약이나 의미의 추상성 및 관련성 등으로 구분할 수 있을 것이다.
② '손에 넣다.'에서 '손'은 '권한이나 범위'의 의미로 사용될 수 있지만, '노동력'의 의미로 사용될 수 없을 것이다.
③ '먹다'가 중심 의미인 '음식 따위를 입을 통하여 배 속에 들여보내다.'로 사용된다면 '먹히다', '먹이다'로 제약 없이 사용될 것이다.
④ 아이들은 '앞'의 '향하고 있는 쪽이나 곳'의 의미를 '장차 올 시간'의 의미보다 먼저 배울 것이다.
⑤ '줄'의 '사회생활에서의 관계나 인연'의 의미는 '길이로 죽 벌이거나 늘여 있는 것'의 의미보다 사용 빈도가 높을 것이다.

03

커피 찌꺼기를 일컫는 커피박이라는 단어는 우리에게 생소한 편이다. 하지만 외국에서는 커피 웨이스트(Coffee Waste), 커피 그라운드(Coffee Ground) 등 다양한 이름으로 불린다. 커피박은 커피 원두로부터 액을 추출한 후 남은 찌꺼기를 말하는데 이는 유기물뿐만 아니라 섬유소, 리그닌, 카페인 등 다양한 물질을 풍부하게 함유하고 있어 재활용 가치가 높은 유기물 자원으로 평가받고 있다. 특히 우리나라는 높은 커피 소비국으로 2007년부터 2010년까지의 관세청 자료에 의하면 매년 지속적으로 커피원두 및 생두 수입이 지속적으로 증가한 것으로 나타났다. 1인당 연간 커피 소비량은 2019년 기준 평균 328잔 정도에 달하며 커피 한잔에 사용되는 커피콩은 0.2%, 나머지는 99.8%로 커피박이 되어 생활폐기물 혹은 매립지에서 소각처리된다.

이렇게 커피 소비량이 증가하고 있는 가운데 커피를 마시고 난 후 생기는 부산물인 커피박도 연평균 12만 톤 이상 발생하고 있는 것으로 알려져 있다. 이렇듯 막대한 양의 커피박은 폐기물로 분류되며 폐기처리만 해도 큰 비용이 발생된다.

따라서 우리나라와 같이 농업분야의 유기성 자원이 절대적으로 부족한 곳에서는 비료 원자재 대부분을 수입산에 의존하고 있는데, 원재료 매입비용이 적은 반면 부가가치를 창출할 수 있는 수익성이 매우 높은 재료로 고가로 수입된 커피박 자원을 재활용할 수 있다면 자원절감과 비용절감 두 마리 토끼를 잡을 수 있을 것으로 기대된다.

또한 커피박은 부재료 선택에 신경을 쓴다면 분명 더 나은 품질의 퇴비가 가능하다고 전문가들은 지적한다. 그 가운데 톱밥, 볏짚, 버섯폐배지, 한약재찌꺼기, 쌀겨, 스테비아분말, 채종유박, 깻묵 등의 부재료 화학성 pH는 4.9 ~ 6.4, 총탄소 4 ~ 54%, 총질소 0.08 ~ 10.4%, 탈질률 7.8 ~ 680으로 매우 다양했다. 그 중에서 한약재찌꺼기의 질소함량이 가장 높았고, 유기물 함량은 톱밥이 가장 높았다.

유기물 퇴비를 만들기 위한 조건은 수분함량, 공기, 탄질비, 온도 등이 중요하다. 흔히 유기퇴비의 원료로는 농가에서 쉽게 찾아볼 수 있는 볏짚, 나무껍질, 깻묵, 쌀겨 등이 있다. 그밖에 낙엽이나 산야초를 베어 퇴비를 만들어도 되지만 일손과 노동력이 다소 소모된다는 단점이 있다. 무엇보다 양질의 퇴비를 만들기 위해서는 재료로 사용되는 자재가 지닌 기본적인 탄소와 질소의 비율이 중요한데 탄질률은 20 ~ 30 : 1인 것이 가장 이상적이다. 농촌진흥청 관계자는 이에 대해 "탄질률은 퇴비의 분해 속도와 관련이 있어 지나치게 질소가 많거나 탄소성분이 많을 경우 양질의 퇴비를 얻을 수 없다. 또한 퇴비재료에 미생물이 첨가되면서 자연 분해되면 열이 발생하는데 이는 유해 미생물을 죽일 수 있어 양질의 퇴비를 얻기 위해서는 퇴비 더미의 온도를 50℃ 이상으로 유지하는 것이 바람직하다."고 밝혔다.

① 커피박을 이용하여 유기농 비료를 만드는 것은 환경 보호뿐만 아니라 경제적으로도 이득이다.
② 커피박과 함께 비료에 들어갈 부재료를 고를 때에는 질소나 유기물이 얼마나 들어있는지가 중요한 기준이다.
③ 비료에서 중요한 성분인 질소가 많이 함유되어 있을수록 좋은 비료라고 할 수 있다.
④ 퇴비 재료에 있는 유해 미생물을 50℃ 이상의 고온을 통해 없앨 수 있다.
⑤ 커피박을 이용하여 유기 비료를 만들 때 질소 보충이 필요한 사람이라면 한약재찌꺼기를 첨가하는 것이 좋다.

Hard

04

> 인간의 삶과 행위를 하나의 질서로 파악하고 개념과 논리를 통해 이해하고자 하는 시도는 소크라테스와 플라톤을 기점으로 시작된 가장 전통적인 방법론이라고 할 수 있다. 이는 결국 경험적이고 우연적인 요소를 배제하여 논리적 필연으로 인간을 규정하고자 한 것이다. 이에 반해 경험과 감각을 중시하고 욕구하는 실체로서의 인간을 파악하고자 한 이들이 소피스트들이다. 이 두 관점은 두 개의 큰 축으로 서구 지성사에 작용해 온 것이 사실이다.
>
> 하지만 이는 곧 소크라테스와 플라톤의 관점에서는 삶과 행위의 구체적이고 실제적인 일상이 무시된 채 본질적이고 이념적인 영역을 추구하였다는 것이며, 소피스트들의 관점에서는 고정적 실체로서의 도덕이나 정당화의 문제보다는 변화하는 실제적 행위만이 인정되었다는 이야기로 환원되어왔다. 그리고 이와 같은 문제를 제대로 파악한 것이 바로 고대 그리스의 웅변가이자 소피스트인 '이소크라테스'이다.
>
> 이소크라테스는 소피스트들에 대해서는 그들의 교육이 도덕이나 시민적 덕성의 함양과는 무관하게 탐욕과 사리사욕을 위한 교육에 그치고 있다고 비판했으며, 동시에 영원불변하는 보편적 지식의 무용성을 주장했다. 그는 시의적절한 의견들을 통해 더 좋은 결과에 이를 수 있는 능력을 얻으려는 자가 바로 철학자라고 주장했다. 그렇기에 이소크라테스의 수사학은 플라톤의 이데아론은 물론 소피스트들의 무분별한 실용성을 지양하면서도, 동시에 삶과 행위의 문제를 이론적이고도 실제적으로 해석하는 것으로 평가할 수 있다.

① 이소크라테스의 주장에 따르면 플라톤의 이데아론은 과연 그것이 현실을 살아가는 이들에게 무슨 의미가 있는가에 대한 필연적인 물음에 맞닥뜨리게 된다.
② 소피스트들의 주장과 관점은 현대사회의 물질만능주의를 이해하기에 적절한 사례가 된다.
③ 소피스트와 이소크라테스는 영원불변하는 보편적 지식의 존재를 부정하며 구체적이고 실제적인 일상을 중요하게 여겼다.
④ 이소크라테스를 통해 절대적인 진리를 추구하지 않는 것이 반드시 비도덕적인 일로 환원된다고는 볼 수 없음을 확인할 수 있다.
⑤ 훌륭한 말과 미덕을 갖춘 지성인은 이소크라테스가 추구한 목표에 가장 가까운 존재라고 할 수 있다.

05 다음 글에 대한 반박으로 가장 적절하지 않은 것은?

> 디지털 기술의 발전은 우리의 삶을 편리하게 만들었지만, 동시에 인간의 주의력과 정신적 여유를 빼앗아 가고 있다. 스마트폰 알림, 소셜미디어 피드, 끝없이 이어지는 영상 콘텐츠는 잠시의 틈도 허락하지 않으므로 정신적 피로의 원인이 된다. 우리는 언제 어디서나 연결되어 있지만, 정작 스스로와 마주할 시간은 점점 줄어들고 있다. 이러한 상황 속에서 '디지털 미니멀리즘'이 필요한 이유가 여기에 있다.
> 디지털 미니멀리즘은 기술을 완전히 거부하는 것이 아니라, 디지털 기술 사용에 명확한 목적과 기준을 두는 생활 태도이다. 즉, 단순히 시간을 줄이는 것이 아니라 '무엇을 위해' 기술을 사용하는지를 성찰하고, 불필요한 디지털 활동을 과감히 줄이는 것이다. 이는 기술의 효율성을 극대화하면서도 개인의 정신적 주권을 되찾는 실천이다.
> 실제로 디지털 기술의 사용은 생산성과 집중력을 떨어뜨릴 뿐 아니라, 인간관계의 질마저 약화시킨다. 얼굴을 마주보며 대화하는 대신 메시지로 감정을 전달하는 데 익숙해지고, SNS의 타인의 삶과 비교하며 불필요한 열등감을 느끼는 일이 잦다. 반면, 디지털 미니멀리즘을 실천하는 사람들은 일정한 시간 동안 스마트폰을 멀리하고, 오직 필요한 기능만 사용하며 오프라인의 몰입과 사유를 중시하므로 삶의 만족도와 정신적 안정감이 높아진다.
> 디지털 기기가 우리의 시간을 지배하도록 내버려 두는 한, 우리는 결코 온전한 자유를 누릴 수 없다. 진정한 자유는 연결로부터의 해방에서 시작된다. 따라서 우리는 기술의 노예가 아닌 주체로 서기 위해, 지금 이 순간부터라도 디지털 미니멀리즘을 실천해야 한다. 그것이야말로 현대 사회에서 인간다운 삶을 되찾는 첫걸음이다.

① 디지털 기술의 제한은 정보의 습득이 늦어지고, 창의적 아이디어의 교류가 위축되는 등 생산성이 위축된다.
② 디지털 기술의 완전한 단절을 위해서는 온라인에서 벗어나 자연 속에서 요가를 즐기는 등 다른 활동이 필요하다.
③ 온라인 상담, 명상 프로그램 등 디지털 기술이 오히려 정신적 안정과 자기 성찰을 돕는 기술적 수단이 될 수 있다.
④ 디지털 피로감이나 주의력 저하의 원인은 기술 그 자체가 아니라 비효율적 사용 방식과 개인의 자기통제 부족에 있다.
⑤ 디지털 미니멀리즘은 사회적 관계망이나 정보 접근 기회가 줄어들어 기본적 사회 참여 수단이 부족해지는 부작용이 발생할 수 있다.

06 다음 글에 대한 반박으로 가장 적절한 것은?

> 인간 배아의 유전자를 편집하는 기술을 허용해서는 안 된다. 첫째, 인간 배아의 유전자를 편집하는 기술은 아직 안전성이 확인되지 않았다. 따라서 예상치 못한 유전자 변형의 문제가 발생할 수 있을 뿐만 아니라, 그 문제가 미래 세대까지 영향을 끼칠 위험성이 있다. 둘째, 사회적 불평등이 심화할 수 있다. 왜냐하면 이 기술을 사용하는 데 많은 비용이 들 것으로 예상되기 때문에 소수의 사람들만이 기술의 혜택을 받게 될 것이다. 셋째, 인간은 그 자체로 존엄한 가치를 인정받고 소중한 생명으로 여겨져야 한다. 그런데 유전자 편집 기술은 유전자 중 결함이 있는 유전자가 있다는 것을 전제하고, 인간을 있는 그대로 인정하지 않는다는 윤리적 문제에서 벗어날 수 없다.

① 유전자 편집 기술을 개발하는 데 필요한 비용은 국가적 차원에서 해결해야 한다.
② 인간 배아에 대한 유전자 편집 기술을 사용하기 위해서는 의료계의 동의가 필요하다.
③ 의료계에 대한 경제적 지원을 늘린다면 유전자 편집 기술의 획기적 발전이 이루어질 수 있다.
④ 기술이 발전하여 비용을 낮출 수 있다면 유전자 편집 기술에 대한 혜택이 많은 사람에게 돌아갈 수 있다.
⑤ 우리 사회에 유전자 편집 기술이 도입되려면 먼저 사회적 인식 변화와 함께 관련된 구체적 제도가 만들어져야 한다.

07 다음 글의 주장에 대한 비판으로 적절하지 않은 것은?

> 동물실험이란 교육, 시험, 연구 및 생물학적 제제의 생산 등 과학적 목적을 위해 동물을 대상으로 실시하는 실험 또는 그 과학적 절차를 말한다. 전 세계적으로 매년 약 6억 마리의 동물들이 실험에 쓰이고 있다고 추정되며, 대부분의 동물들은 실험이 끝난 뒤 안락사를 시킨다.
> 동물실험은 대개 인체실험의 전 단계로 이루어지는데, 검증되지 않은 물질을 바로 사람에게 주입하여 발생하는 위험을 줄일 수 있다는 점에서 필수적인 실험이라고 말할 수 있다. 물론 살아있는 생물을 대상으로 하는 실험이기 때문에 대체(Replacement), 감소(Reduction), 개선(Refinement)으로 요약되는 3R 원칙에 입각하여 실험하는 것이 당연하다. 다른 방법이 있다면 그 방법을 채택할 것이며, 희생이 되는 동물의 수를 최대한 줄이고, 필수적인 실험 조건 외에는 자극을 주지 않아야 한다. 하지만 그럼에도 보다 안전한 결과를 도출해 내기 위한 동물실험은 필요악이며, 이러한 필수적인 의약실험조차 금지하려 한다는 것은 기술 발전 속도를 늦춰 약이 필요한 누군가의 고통을 감수하자는 이기적인 주장과 같다고 할 수 있다.

① 동물실험에서 안전성을 검증받은 이후 인체에 피해를 준 약물의 사례가 존재한다.
② 화장품 업체들의 동물실험과 같은 사례를 통해 생명과 큰 연관이 없는 실험은 필요악이라고 주장할 수 없다.
③ 3R 원칙과 같은 윤리적 강령이 법적인 통제력을 지니지 않은 이상 실제로 얼마나 엄격하게 지켜질 것인지는 알 수 없다.
④ 과거와 달리 현대에서는 인공 조직을 배양하여 실험의 대상으로 삼을 수 있으므로 동물실험 자체를 대체하는 것이 가능하다.
⑤ 아무리 엄격하게 통제된 실험이라고 해도 동물 입장에서 바라본 실험이 비윤리적이며 생명체의 존엄성을 훼손하는 행위라는 사실을 벗어날 수는 없다.

08 다음 〈보기〉에서 빈칸 (가), (나)에 들어갈 마케팅 핵심요소로 적절한 것을 찾아 바르게 연결한 것은?

> 신발 한 켤레를 구매하기 위해서는 신발 가게에서 단순히 마음에 드는 신발을 고르고 구매하면 된다. 그런데 그 신발이 소비자에게 판매되기 전에는 어떤 일들이 일어날까? 신발 가게는 신발 제조업체로부터 해당 제품을 다량으로 구매하여 가게에 진열해야 한다. 신발 가게에서 소비자에게 신발을 판매하는 것과 신발 제조업체에서 신발 가게에 물건을 납품하는 것 모두 '판매'이지만, 거래의 대상과 방식은 전혀 다르다. 이러한 차이를 구분하는 개념이 바로 B2B와 B2C이다.
> B2B는 'Business to Business'의 약자로, 기업이 다른 기업에게 제품이나 서비스를 판매하는 기업 간 거래를 의미한다. 기업이 다른 기업과 거래하는 주요 목적은 제품의 생산이나 재판매이므로 일반적으로 대량 구매 및 장기 공급 계약의 형태로 이루어진다. 거래 금액이 매우 커서 의사결정과정 및 거래 절차가 복잡하고, 장기적·지속적 관계가 필요하다. 따라서 B2B 마케팅의 핵심요소는 기업 간 ___(가)___ 이다.
> B2C는 'Business to Consumer'의 약자로, 기업이 개인 소비자에게 직접 제품이나 서비스를 판매하는 기업과 소비자 간의 거래를 의미한다. 소비자가 기업과 거래를 하는 주요 목적은 개인적 욕구 및 편의 충족이므로 대개 소량을 구매하고 일회성 거래의 형태로 이루어진다. 거래 금액이 적은 편이고 소비자의 취향이나 감정이 구매 결정에 큰 영향을 미친다. 따라서 B2C 마케팅의 핵심요소는 소비자의 ___(나)___ 이다.
> B2B와 B2C는 모두 기업의 판매 활동이지만 거래의 대상과 목적 그리고 마케팅 전략에서 뚜렷한 차이를 보인다. 그렇기 때문에 기업은 주요 거래 대상을 파악하고, 어떤 거래 형태를 중심으로 하느냐에 따라 제품 기획부터 홍보 방식까지 다른 전략을 세워야 한다. 이처럼 B2B와 B2C의 특성을 정확히 이해하는 것은 효율적인 마케팅의 출발점이자, 변화하는 시장 환경에 능동적으로 대응하기 위한 기본이 된다.

보기
ㄱ. 신뢰 구축
ㄴ. 소비욕구 자극
ㄷ. 가격 및 편의성
ㄹ. 브랜드 인지도
ㅁ. 관계 유지

	(가)	(나)
①	ㄴ	ㄱ, ㄷ, ㄹ, ㅁ
②	ㄱ, ㄷ	ㄴ, ㄹ, ㅁ
③	ㄱ, ㅁ	ㄴ, ㄷ, ㄹ
④	ㄱ, ㄷ, ㅁ	ㄴ, ㄹ
⑤	ㄴ, ㄹ, ㅁ	ㄱ, ㄷ

09 다음 글을 읽고 이해한 내용으로 가장 적절한 것을 〈보기〉에서 모두 고르면?

스마트폰, 스마트 워치 등 최근의 스마트기기에 사용되는 디스플레이는 십중팔구 OLED 디스플레이이다. OLED는 'Organic Light-Emitting Diode'의 약자로, 유기 발광 다이오드를 의미한다. OLED 디스플레이 안에는 색을 내는 픽셀이 수백에서 수천만 개가 있는데, 픽셀 하나하나는 전기가 흐를 때 자체적으로 빛을 발하는 유기화합물 발광체로 이루어져 있다.

OLED 디스플레이에서 픽셀이 색을 낼 수 있는 이유는 3개의 서브픽셀과 박막 트랜지스터(TFT; Thin-Film Transistor) 덕분이다. 1개의 픽셀 안에는 3개의 서브픽셀이 있는데, 빨간색(R), 초록색(G), 파란색(B)의 OLED로 구성되어 있다. 만약 픽셀이 빨간색의 빛을 내려면 빨간색의 OLED는 켜고, 나머지 OLED는 꺼야 한다.

그런데 이런 방식으로 픽셀이 색을 내기 위해서는 각각의 OLED의 밝기를 조절하는 스위치가 필요하다. 여기서 등장하는 것이 바로 박막 트랜지스터(TFT)이다. TFT를 이해하기 위해서는 트랜지스터에 대해 알 필요가 있다. 반도체 소자인 트랜지스터는 상황에 따라 전기가 흐르게 할 수 있고(도체), 전기가 흐르지 않게 할 수 있다(부도체).

일반적인 트랜지스터는 컬렉터, 베이스, 이미터로 구성되어 있다. 컬렉터와 이미터는 주 회로에 연결되어 전류가 흐르는데, 베이스가 이 흐름을 제어하는 역할을 한다. 이때 베이스에 가해지는 전류의 크기에 따라 컬렉터에서 이미터로 이어지는 전류의 양이 달라진다. 방식은 다르지만 TFT는 이와 비슷한 트랜지스터가 눈에 보이지 않을 정도로 작고 얇게 만들어진 것으로 각각의 서브픽셀마다 1개씩 연결되어 전류량을 조절하고, 조절된 전류량에 따라 연결된 OLED의 밝기를 조절한다.

이처럼 OLED 디스플레이에서 색을 내는 방법은 각각의 서브픽셀에 흐르는 전류를 TFT가 제어하여 색깔별 다이오드의 밝기를 조절하고, 조절된 빛의 3원색을 혼합되어 색을 내는 가산 혼합 방식의 디스플레이다.

이와 같이 OLED 디스플레이는 TFT에 의해 조절되는 OLED가 스스로 발광하기 때문에 기존의 LCD 디스플레이와 같이 백라이트가 필요하지 않으며, 액정층 같은 장치가 필요하지 않고, 매우 얇고 가볍게 제작할 수 있다. 특히 TFT에 의해 픽셀 단위에서 OLED의 밝기를 조절하기 때문에 응답속도가 빠르고, 고해상도의 화면을 정밀하게 구현할 수 있다는 강점이 있다.

보기
ㄱ. 1개의 픽셀 안에는 박막 트랜지스터가 1개씩 포함되어 있겠어.
ㄴ. OLED 디스플레이는 픽셀마다 독립적으로 색을 조절할 수 있겠네.
ㄷ. OLED 디스플레이는 색을 내기 위해 필터를 통과한 백색광을 사용하는구나.
ㄹ. 검은색 픽셀을 만들려면 3가지 서브픽셀에 흐르는 전류를 모두 차단해야겠네.

① ㄱ, ㄴ ② ㄱ, ㄷ
③ ㄴ, ㄷ ④ ㄴ, ㄹ
⑤ ㄷ, ㄹ

※ 다음 문장 또는 문단을 논리적 순서대로 바르게 나열한 것을 고르시오. [10~14]

Easy 10

| 2025년 상반기 삼성그룹

(가) 반도체 산업은 4차 산업혁명과 함께 더욱 중요한 위치를 차지하고 있다. 인공지능, 사물인터넷, 자율주행차, 5G 통신 등 첨단 기술의 발전에 따라 반도체의 수요와 역할이 지속적으로 확대되고 있다. 앞으로도 반도체는 고성능, 저전력, 소형화 등 다양한 기술적 진보를 이끌며 미래 산업의 핵심 동력으로 자리매김할 전망이다. 이에 따라 반도체 기술의 연구와 개발, 인재 양성의 중요성도 더욱 커지고 있다.

(나) 이러한 반도체는 그 기능에 따라 여러 종류로 나뉘는데, 가장 대표적인 것이 메모리 반도체이다. 메모리 반도체는 데이터를 저장하고 기억하는 역할을 하는 반도체로 컴퓨터, 스마트폰 등 다양한 전자기기에서 정보를 임시로 저장하거나 장기적으로 보관하는 데 사용된다. 대표적인 메모리 반도체는 DRAM, NAND Flash, ROM 등이 있으며 대량 생산에 적합하여 제조 공정이 비교적 단순하다.

(다) 반도체는 도체와 절연체의 중간 성질을 가진 물질로 주로 실리콘, 게르마늄 등이 널리 사용된다. 이러한 물질은 순수한 상태에서는 전기가 거의 흐르지 않지만, 불순물을 첨가하거나 열, 빛, 전압 등의 외부 자극을 가하면 전기 전도도가 크게 변하는데 이러한 성질 덕분에 반도체는 전자제품의 핵심 부품으로 활용되며, 현대 산업과 일상생활에서 필수적인 역할을 한다.

(라) 반면 시스템 반도체는 정보를 저장하는 것이 아니라 연산, 제어, 신호 변환 등 다양한 정보를 처리하는 기능을 담당한다. 시스템 반도체는 비메모리 반도체라고도 불리며, 대표적으로 중앙처리장치(CPU), 그래픽처리장치(GPU) 등이 있다. 이들 반도체는 컴퓨터, 스마트폰, 자동차, 가전제품 등에서 두뇌 역할을 하며, 복잡한 계산과 제어를 실시간으로 수행한다. 시스템 반도체는 메모리 반도체에 비해 설계가 복잡하고 다양한 기능이 집적되어 있어 제조 공정이 복잡하고 정밀도가 높은 특징이 있다.

① (가) – (다) – (나) – (라)
② (나) – (가) – (라) – (다)
③ (나) – (다) – (라) – (가)
④ (다) – (나) – (라) – (가)
⑤ (다) – (라) – (가) – (나)

11.
(가) 서울에 사는 주부 김모 씨는 세탁기나 청소기 등의 가전기기를 사용하기 전에 집안에 설치된 원격검침을 꼭 확인한다. 하루 중 전기료가 가장 저렴한 시간에 가전기기를 사용해 비용을 조금이라도 줄이고자 함이다.
(나) 이를 활용하여 전력 공급자는 전력 사용 현황을 실시간으로 파악하여 공급량을 탄력적으로 조절할 수 있고, 전력 소비자는 전력 사용 현황을 실시간으로 파악함으로써 이에 맞게 요금이 비싼 시간대를 피하여 사용 시간과 사용량을 조절할 수 있게 되는 것이다.
(다) 비현실적으로 들리는 이 사례들은 이제 우리의 일상이 될 수 있다. 이미 스마트폰을 이용해 외부에서 원격으로 집 안의 가전기기를 조작하고, 사물인터넷을 이용해 어떤 가전기기가 언제 전기를 가장 많이 쓰는지도 스마트폰 하나로 파악할 수 있는 시대이기 때문이다.
(라) 비슷한 사례로 직업상 컴퓨터 사용이 많은 웹디자이너 강모 씨 역시 전기료가 가장 저렴한 심야 시간을 활용해 작업을 하다 보니 어느새 낮과 밤이 바뀌는 지경에 이르렀다.
(마) 이러한 사물인터넷과 스마트그리드가 정착이 되면 미래의 전기 사용 패턴은 지금과 완전히 달라질 것이다. 기존에 발전 – 송전 – 배전 – 판매의 단계로 이루어지던 단방향 전력망이 전력 공급자와 소비자의 양방향 실시간 정보교환이 가능해지는 지능형 전력망으로 변화되기 때문이다.

① (가) – (나) – (다) – (라) – (마)
② (가) – (나) – (라) – (다) – (마)
③ (가) – (다) – (라) – (나) – (마)
④ (가) – (라) – (다) – (나) – (마)
⑤ (가) – (라) – (다) – (마) – (나)

12

(가) 물체의 회전 상태에 변화를 일으키는 힘의 효과를 돌림힘이라고 한다. 물체에 회전 운동을 일으키거나 물체의 회전 속도를 변화시키려면 물체에 힘을 가해야 한다. 같은 힘이라도 회전축으로부터 얼마나 멀리 떨어진 곳에 가해 주느냐에 따라 회전 상태의 변화 양상이 달라진다. 물체에 속한 점 X와 회전축을 최단 거리로 잇는 직선과 직각을 이루는 동시에 회전축과 직각을 이루도록 힘을 X에 가한다고 하자. 이때 물체에 작용하는 돌림힘의 크기는 회전축에서 X까지의 거리와 가해준 힘의 크기의 곱으로 표현되고 그 단위는 Nm(뉴턴미터)이다.

(나) 회전 속도의 변화는 물체에 알짜 돌림힘이 일을 해 주었을 때만 일어난다. 돌고 있는 팽이에 마찰력이 일으키는 돌림힘을 포함하여 어떤 돌림힘도 작용하지 않으면 팽이는 영원히 돈다. 일정한 형태의 물체에 일정한 크기와 방향의 알짜 돌림힘을 가하여 물체를 회전시키면 알짜 돌림힘이 한 일은 알짜 돌림힘의 크기와 회전 각도의 곱이고 그 단위는 줄(J)이다. 알짜 돌림힘이 물체를 돌리려는 방향과 물체의 회전 방향이 일치하면 알짜 돌림힘이 양(+)의 일을 하고 그 방향이 서로 반대이면 음(−)의 일을 한다.

(다) 동일한 물체에 작용하는 두 돌림힘의 합을 알짜 돌림힘이라 한다. 두 돌림힘의 방향이 같으면 알짜 돌림힘의 크기는 두 돌림힘의 크기의 합이 되고 그 방향은 두 돌림힘의 방향과 같다. 두 돌림힘의 방향이 서로 반대이면 알짜 돌림힘의 크기는 두 돌림힘의 크기의 차가 되고 그 방향은 더 큰 돌림힘의 방향과 같다. 지레에 힘을 주지만 물체가 지레의 회전을 방해하는 힘을 작용점에 주어 지레가 움직이지 않는 상황처럼, 두 돌림힘의 크기가 같고 방향이 반대이면 알짜 돌림힘은 0이 되고 이때를 돌림힘의 평형이라고 한다.

(라) 지레는 받침과 지렛대를 이용하여 물체를 쉽게 움직일 수 있는 도구이다. 지레에서 힘을 주는 곳을 힘점, 지렛대를 받치는 곳을 받침점, 물체에 힘이 작용하는 곳을 작용점이라 한다. 받침점에서 힘점까지의 거리가 받침점에서 작용점까지의 거리에 비해 멀수록 힘점에서 작은 힘을 주어 작용점에서 물체에 큰 힘을 가할 수 있다. 이러한 지레의 원리에는 돌림힘의 개념이 숨어 있다.

① (가) – (나) – (다) – (라)
② (가) – (다) – (라) – (나)
③ (가) – (라) – (다) – (나)
④ (라) – (가) – (나) – (다)
⑤ (라) – (가) – (다) – (나)

13

(가) 이 전위차에 의해 전기장이 형성되어 전자가 이동하게 된다. 일반적으로 전자가 이동하더라도 얇은 산화물에 이동이 막힐 것으로 생각하기 쉽지만, 이 경우에는 전자 터널링 현상이 발생하여 전자가 얇은 산화물을 통과하게 된다. 이 전자들은 플로팅 게이트로 전자가 모이게 되고, 이러한 과정을 거쳐 데이터가 저장되게 된다.

(나) 어떻게 낸드플래시 메모리에 데이터가 저장될까? 플로팅 게이트에 전자가 없는 상태의 낸드플래시 메모리의 컨트롤 게이트에 높은 전압을 가하면 수직 방향으로 컨트롤 게이트는 높은 전위, 기저 상태는 낮은 전위를 갖게 되어 전위차가 발생한다.

(다) 반대로 플로팅 게이트에 전자가 저장된 상태에서 컨트롤 게이트에 0V를 가하면 전위차가 반대로 발생하고, 전자 터널링 현상에 의해 플로팅 게이트에 저장된 전자가 얇은 산화물을 통과하여 기저상태로 되돌아간다. 이런 과정을 거쳐 데이터가 지워지게 된다.

(라) 낸드플래시 메모리는 MOSFET 구조 위에 얇은 산화물, 플로팅 게이트, 얇은 산화물, 컨트롤 게이트를 순서대로 쌓은 구조이며, 데이터의 입력 및 삭제를 반복하여 사용할 수 있는 비휘발성 메모리의 한 종류이다.

① (나) – (가) – (라) – (다)
② (나) – (다) – (가) – (라)
③ (나) – (라) – (가) – (다)
④ (라) – (가) – (다) – (나)
⑤ (라) – (나) – (가) – (다)

14

(가) 이러한 특징은 구엘 공원에 잘 나타나 있는데, 산의 원래 모양을 최대한 유지하기 위해 지면을 받치는 돌기둥을 만드는가 하면, 건축물에 식물을 심어 그 뿌리로 하여금 무너지지 않게 했다.

(나) 스페인을 대표하는 천재 건축가 가우디가 만든 건축물의 대표적인 특징을 꼽자면, 먼저 곡선을 들 수 있다. 그의 여러 건축물 중 곡선미가 가장 잘 나타나는 것은 바로 1984년 유네스코 세계문화유산으로 지정된 카사 밀라이다.

(다) 또 다른 특징으로는 자연과의 조화로, 그는 건축 역시 사람들이 살아가는 공간이자 자연의 일부라고 생각하여 가능한 자연을 훼손하지 않고 건축하는 것을 원칙으로 삼았다.

(라) 이 건축물의 표면에는 일렁이는 파도를 연상시키는 곡선이 보이는데, 이는 당시 기존 건축양식과는 거리가 매우 멀어 처음엔 조롱거리가 되었다. 하지만 훗날 비평가들은 그의 창의성을 인정하게 됐고 현대 건축의 출발점으로 지금까지 평가되고 있다.

① (가) – (나) – (라) – (다)
② (가) – (다) – (나) – (라)
③ (나) – (다) – (가) – (라)
④ (나) – (라) – (가) – (다)
⑤ (나) – (라) – (다) – (가)

※ 다음 글의 빈칸에 들어갈 내용으로 가장 적절한 것을 고르시오. [15~16]

Easy 15

| 2025년 상반기 CJ그룹

> 힐링(Healing)은 사회적 압박과 스트레스 등으로 손상된 몸과 마음을 치유하는 방법을 일컫는 말이다. 우리나라보다 먼저 힐링이 정착된 서구에서는 힐링을 질병 치유의 대체 요법 또는 영적·심리적 치료 요법 등으로 지칭하고 있다. 국내에서도 최근 힐링과 관련된 갖가지 상품이 유행하고 있다. 간단한 인터넷 검색을 통해 수천 가지의 상품을 확인할 수 있을 정도다. 종교적 명상, 자연 요법, 운동 요법 등 다양한 형태의 힐링 상품이 존재한다. 심지어 고가의 힐링 여행이나 힐링 주택 등의 상품도 나오고 있다. 그러나 _____ 우선 명상이나 기도 등을 통해 내면에 눈뜨고, 필라테스나 요가를 통해 육체적 건강을 회복하여 자신감을 얻는 것부터 출발할 수 있다.

① 힐링이 먼저 정착된 서구의 힐링 상품들을 참고해야 할 것이다.
② 많은 돈을 들이지 않고서도 쉽게 할 수 있는 일부터 찾는 것이 좋을 것이다.
③ 이러한 상품들의 값이 터무니없이 비싸다고 느껴지지는 않을 것이다.
④ 자신을 진정으로 사랑하는 법을 알아야 할 것이다.
⑤ 혼자만 할 수 있는 힐링 상품을 찾는 것보다는 다른 사람과 함께 하는 힐링 상품을 찾는 것이 좋을 것이다.

16.
우리는 도시의 세계에 살고 있다. 2010년에 인류 역사상 처음으로 세계 전체에서 도시 인구가 농촌 인구를 넘어섰다. 이제 우리는 도시가 없는 세계를 상상하기 힘들며 세계 최초의 도시들을 탄생시킨 근본적인 변화가 무엇이었는지를 상상하기도 쉽지 않다.

인류는 약 1만 년 전부터 5천 년 전까지 도시가 아닌 작은 농촌 마을에서 살았다. 이 시기 농촌 마을의 인구는 대부분 2천 명 정도였다. 약 5천 년 전부터 이라크 남부, 이집트, 파키스탄, 인도 북서부에서 1만 명 정도의 사람이 모여 사는 도시가 출현하였다. 이런 세계 최초의 도시들을 탄생시킨 원인은 무엇인가? 이 질문에 대해서 몇몇 사람들은 약 1만 년 전부터 5천 년 전 사이에 일어난 농업의 발전에 의해서 농촌의 인구가 점차적으로 증가해 도시가 되었다고 말한다. 과연 농촌의 인구는 점차적으로 증가했는가? 고고학적 연구는 그렇지 않다고 말해주는 듯하다. 농업 기술의 발전으로 마을이 점차적으로 거대해졌다면, 거주 인구가 2천 명과 1만 명 사이인 마을들이 빈번하게 발견되어야 한다. 그러나 2천 명이 넘는 인구를 수용한 마을은 거의 발견되지 않았다. 이 점은 약 5천 년 전 즈음 마을의 거주 인구가 비약적으로 증가했다는 것을 보여준다.

무엇 때문에 이런 거주 인구의 비약적인 변화가 가능했는가? 이 질문에 대한 답은 사회적 제도의 발명에서 찾을 수 있다.

따라서 거주 인구가 비약적으로 증가하기 위해서는 사람들을 조직하고, 이웃들 간의 분쟁을 해소하는 것과 같은 문제들을 해결하는 사회적 제도의 발명이 필수적이다. 이런 이유에서 도시의 발생은 사회적 제도의 발명에 영향을 받았다고 생각할 수 있다. 그리고 이런 사회적 제도의 출현은 이후 인류 역사의 모습을 형성하는 데 결정적인 역할을 한 사건이었다.

① 거주 인구가 2천 명이 넘지 않는 마을은 도시라고 할 수 없다.
② 2천 명 정도의 인구가 사는 농촌 마을도 행정조직과 같은 사회적 제도를 가지고 있었다.
③ 도시인의 삶이 사회적 제도에 의해 제한되었다는 사실은 수많은 역사적 자료에 의해 검증된다.
④ 사회적 제도 없이 사람들이 함께 모여 살 수 있는 인구 규모의 최대치는 2천 명 정도밖에 되지 않는다.
⑤ 농업 기술의 발전에 의해서 마을이 점차적으로 거대화되었다면, 약 1만 년 전 농촌 마을의 거주 인구는 2천 명 정도여야 한다.

17 다음 글의 주제로 가장 적절한 것은?

> BMO 금속 및 광업 관련 리서치 보고서에 따르면 최근 가격 강세를 지속해 온 알루미늄, 구리, 니켈 등 산업금속들이 4분기 중 공급부족 심화와 가격 상승세가 전망된다. 산업금속은 산업에 필수적으로 사용되는 금속들을 말하는데, 앞서 제시한 알루미늄, 구리, 니켈뿐만 아니라 비교적 단단한 금속에 속하는 은이나 금 등도 모두 산업에 많이 사용될 수 있는 금속이므로 산업금속의 카테고리에 속한다고 할 수 있다. 이러한 산업금속은 물품을 생산하는 기계의 부품으로서 필요하기도 하고, 전자제품 등의 소재로 쓰이기도 하기 때문에 특정 분야의 산업이 활성화되면 특정 금속의 가격이 뛰거나 심각한 공급난을 겪기도 한다.
>
> 지난 4일 금융투자업계에 따르면 최근 전세계적인 경제 회복 조짐과 함께 탈 탄소 트렌드, 즉 '그린 열풍'에 따른 수요 증가로 산업금속 가격이 초강세이다. 런던금속거래소에서 발표한 자료에 따르면 올해 들어 지난달까지 알루미늄은 20.7%, 구리가 47.8%, 니켈은 15.9% 각각 가격이 상승했다. 자료에서도 알 수 있듯이 구리 수요를 필두로 알루미늄, 니켈 등 전반적인 산업금속 섹터의 수요량이 증가하였다.
>
> 이는 전기자동차 산업의 확충과 관련이 있다. 전기자동차의 핵심적인 부품인 배터리를 만드는 데에 구리와 니켈이 사용되기 때문이다. 이때, 배터리 소재 중 니켈의 비중을 높이면 배터리의 용량을 키울 수 있으나 배터리의 안정성이 저하된다. 기존의 전기자동차 배터리는 니켈의 사용량이 높았기 때문에 더욱 안정성 문제가 제기되어 왔다. 그래서 연구 끝에 적정량의 구리를 배합하는 것이 배터리 성능과 안정성을 모두 향상시키기 위해서 중요하다는 것을 밝혀내었다. 구리가 전기자동차 산업의 핵심 금속인 셈이다.
>
> 이처럼 전기자동차와 배터리 등 친환경 산업에 필수적인 금속들의 수요는 증가하는 반면 세계 각국의 환경 규제 강화로 인해 금속의 생산은 오히려 감소하고 있기 때문에 산업금속에 대한 공급난과 가격 인상이 우려되고 있다.

① 전기자동차의 배터리 성능을 향상하는 기술
② 세계적인 '그린 열풍' 현상 발생의 원인
③ 필수적인 산업금속 공급난으로 인한 문제
④ 전기자동차 확충에 따른 구리 수요 증가 상황
⑤ 탈 탄소 산업의 대표 주자인 전기자동차산업

※ 다음 글의 제목으로 가장 적절한 것을 고르시오. [18~19]

18

제4차 산업혁명은 인공지능이 기존의 자동화 시스템과 연결되어 효율이 극대화되는 산업 환경의 변화를 의미한다. 2016년 세계경제포럼에서 언급되어, 유행처럼 번지는 용어가 되었다. 학자에 따라 바라보는 견해는 다르지만 대체로 기계학습과 인공지능의 발달이 그 수단으로 꼽힌다.

2010년대 중반부터 드러나기 시작한 제4차 산업혁명은 현재진행형이며, 그 여파는 사회 곳곳에서 드러나고 있다. 현재도 사람을 기계와 인공지능이 대체하고 있으며, 현재 일자리의 80~99%까지 대체할 것이라고 보는 견해도 있다.

만약 우리가 현재의 경제 구조를 유지한 채로 이와 같은 극단적인 노동 수요 감소를 맞게 된다면, 전후 미국의 대공황 등과는 차원이 다른 끔찍한 대공황이 발생할 것이다. 계속해서 일자리가 줄어들수록 중·하위 계층은 사회에서 밀려날 수밖에 없는데, 반면 자본주의 사회의 특성상 많은 비용을 수반하는 과학기술의 연구는 자본에 종속될 수밖에 없기 때문이다. 물론 지금도 이러한 현상이 없는 것은 아니지만, 아직까지는 단순노동이 필요하기 때문에 노동력을 제공하는 중·하위층들도 불합리한 부분들에 파업과 같은 실력행사를 할 수 있었다. 그러나 앞으로 자동화가 더욱 진행되어 노동의 필요성이 사라진다면 그들을 배려해야 할 당위성은 법과 제도가 아닌 도덕이나 인권과 같은 윤리적인 영역에만 남게 되는 것이다.

반면에, 이를 긍정적으로 생각한다면 이처럼 일자리가 없어졌을 때 극소수에 해당하는 경우를 제외한 나머지 사람들은 노동에서 완전히 해방되어, 인공지능이 제공하는 무제한적인 자원을 마음껏 향유할 수도 있을 것이다. 하지만 이러한 미래는 지금의 자본주의보다는 사회주의 경제 체제에 가깝다. 이 때문에 많은 경제학자와 미래학자들은 제4차 산업혁명 이후의 미래를 장밋빛으로 바꿔나가기 위해, 기본소득제 도입 등의 시도와 같은 고민들을 이어가고 있다.

① 제4차 산업혁명의 의의
② 제4차 산업혁명의 빛과 그늘
③ 제4차 산업혁명의 위험성
④ 제4차 산업혁명에 대한 준비
⑤ 제4차 산업혁명의 시작

19
평균연령이 증가하는 요즘은 무병장수로 오래 사는 것이 아닌 유병장수로 오래 사는 시대이다. 그러기 위해서는 내 몸의 어느 부분이 약하고 강한지 알아야 건강관리에 있어서도 수월해진다.
타고난 체형과 체질에 따라 우리 몸은 평생을 살아간다. 따라서 타고난 게 무엇인지 아는 것이 건강관리에 있어 가장 중요한 첫걸음이다.
타고난 게 무엇인지에 대해 알 수 있는 방법 중 하나는 사주팔자에 대한 분석이다. 이 사주팔자는 각 사람이 타고난 자연의 섭리에 대해 말해주기 때문이다. 이러한 분석을 통해서 우리는 우리 몸의 어느 부분이 강하고 또 약한지, 그리고 어느 질병에 특히 주의해야 하는지에 대해서도 알 수 있다. 질병은 음양과 오행으로 알 수 있다. 사주와 대운 그리고 세운의 음양오행을 배합하면 우리 몸이 어느 부분에 약하고 강한지를 알 수 있게 된다. 예를 들어 오행 중 목 기운은 간, 담, 쓸개와 연관이 있으므로 만일 목이 약하다면 간과 담을 주의해 건강관리를 해야 할 것이다. 하지만 목이 강하다고 무조건적으로 간과 담이 건강하다는 것은 아니다. 타고난 간과 담, 쓸개가 비록 강하더라도 지나친 자만으로 인해 술을 많이 마시는 등 건강관리를 소홀히 한다면 간 관련 질병은 언제든 생길 수 있다. 즉, 중요한 것은 사주를 통해 우리 몸을 파악하는 데서 그치는 것이 아닌, 약한 부분은 더 관리하고 강한 부분은 조절하여 관리해 질병을 미리 예방해야 한다는 것이다.

① 사주로 건강 관리하기
② 사주로 길흉화복 예측하기
③ 사주로 음양오행 배합하기
④ 사주 분석으로 질병 치료하기
⑤ 사주 분석으로 체형 및 체질 개선하기

※ 다음 글의 중심 내용으로 가장 적절한 것을 고르시오. [20~21]

2024년 하반기 CJ그룹

20

초고속 네트워크와 스마트기기의 발달은 콘텐츠 소비문화에 많은 변화를 가져왔다. 이제 우리는 시간과 장소의 제약 없이 음악이나 사진, 동영상 등 다채로운 문화 콘텐츠들을 만날 수 있다. 특히 1인 방송의 보편화로 동영상 콘텐츠의 생산과 공유는 더욱 자유로워져 1인 크리에이터라는 새로운 직업이 탄생하고 사회적인 이슈로 떠오르고 있다.

틱톡은 현재 전 세계에서 가장 주목받고 있는 영상 플랫폼 중에 하나이다. 2017년 정식으로 출시된 이래 2년이 채 되지 않은 짧은 기간 동안 수억 명의 유저들을 끌어 모아 유튜브, 인스타그램, 스냅챗 등 글로벌 서비스들과 경쟁하는 인기 플랫폼으로 성장했다. 특히 작년에는 왓츠앱, 페이스북 메신저, 페이스북에 이어 전 세계에서 4번째로 많이 다운로드된 비게임 어플로 기록되어 많은 콘텐츠 크리에이터들을 놀라게 했다. 틱톡이 이토록 빠른 성장세를 보인 비결은 무엇일까? 그 답은 15초로 영상의 러닝타임을 제한한 독특한 아이디어에 있다.

최근 현대인들의 여가시간이 줄어들면서 짧은 시간 동안 간편하게 문화 콘텐츠를 즐기는 스낵컬처가 각광받고 있다. 틱톡이 보여주는 '15초 영상'이라는 극단적인 형태는 이러한 트렌드를 반영한 것이다. 하지만 틱톡의 폭발적인 인기의 근본은 스낵컬처 콘텐츠의 수요를 공략했다는 데 국한되지 않는다. 틱톡은 1인 미디어 시대가 도래하면서 보다 많은 이들이 자신을 표현하고 싶어 한다는 점을 주목해 누구나 부담 없이 영상을 제작할 수 있는 형태의 솔루션을 개발해 냈다. 정형화된 동영상 플랫폼의 틀을 깨고 새로운 장르를 개척했다고도 할 수 있다. 누구나 크리에이터가 될 수 있는 동영상 플랫폼, 틱톡이 탄생함으로서 앞으로의 콘텐츠 시장은 더욱 다채로워질 것이라는 것이 필자의 소견이다.

① 1인 미디어의 등장으로 새로운 플랫폼이 생겨나고 있다.
② 1인 미디어는 문제가 많기 때문에 적절한 규제가 필요하다.
③ 틱톡은 올해 전 세계에서 4번째로 많이 다운로드된 비게임 어플이다.
④ 1인 미디어가 인기를 끄는 이유는 양질의 정보를 전달하기 때문이다.
⑤ 많은 1인 크리에이터들이 동영상 플랫폼을 통해 돈을 벌어들이고 있다.

Easy
21

쇼펜하우어에 따르면 우리가 살고 있는 세계의 진정한 본질은 의지이며 그 속에 있는 모든 존재는 맹목적인 삶에의 의지에 의해서 지배당하고 있다. 쇼펜하우어는 우리가 일상적으로 또는 학문적으로 접근하는 세계는 단지 표상의 세계일 뿐이라고 주장하는데, 인간의 이성은 단지 이러한 표상의 세계만을 파악할 수 있을 뿐이다. 그에 따르면 존재하는 세계의 모든 사물은 우선적으로 표상으로서 드러나게 된다. 시간과 공간 그리고 인과율에 의해서 파악되는 세계가 나의 표상인데, 이러한 표상의 세계는 오직 나에 의해서, 즉 인식하는 주관에 의해서만 파악되는 세계이다. 쇼펜하우어에 따르면 이러한 주관은 모든 현상의 세계, 즉 표상의 세계에서 주인의 역할을 하는 '나'이다.

이러한 주관을 이성이라고 부를 수도 있는데, 이성은 표상의 세계를 이끌어가는 주인공의 역할을 하는 것이다. 그러나 쇼펜하우어는 여기서 한발 더 나아가 표상의 세계에서 주인의 역할을 하는 주관 또는 이성은 의지의 지배를 받는다고 주장한다. 즉, 쇼펜하우어는 이성에 의해서 파악되는 세계의 뒤편에는 참된 본질적 세계인 의지의 세계가 있으므로 표상의 세계는 제한적이며 표면적인 세계일 뿐, 결코 이성에 의해서 또는 주관에 의해서 결코 파악될 수 없다고 주장한다. 오히려 그는 그동안 인간이 진리를 파악하는 데 최고의 도구로 칭송받던 이성이나 주관을 의지에 끌려 다니는 피지배자일 뿐이라고 비판한다.

① 세계의 본질로서 의지의 세계
② 표상 세계의 극복과 그 해결 방안
③ 의지의 세계와 표상의 세계 간의 차이
④ 표상 세계 안에서의 이성의 역할과 한계

※ 다음 글의 내용으로 적절하지 않은 것을 고르시오. [22~28]

Easy 22

> 로봇은 일반적으로 센서 및 작동기가 중앙처리장치에 연결된 로봇 신경 시스템으로 작동되지만, 이 경우 로봇의 형태에 구속받기 때문에 로봇이 유연하게 움직이는 데 제한이 있다. 로봇 공학자들은 여러 개의 유닛이 결합하는 '모듈러 로봇'이라는 개념을 고안해 이런 제약을 극복하려고 노력해 왔다. 벨기에 연구진은 로봇이 작업이나 작업 환경에 반응해 스스로 적당한 형태와 크기를 자동으로 선택하여 변경할 수 있는 모듈러 로봇을 개발했다. 이 로봇은 독립적인 로봇 형체를 갖추기 위해 스스로 쪼개지고 병합할 수 있으며, 감각 및 운동능력을 제어하면서도 스스로 분리되고 새 형체로 병합하는 로봇 신경 시스템을 갖췄다.
>
> 연구진은 또한 외부 자극에 의한 반응으로 모듈러 로봇이 독립적으로 움직이도록 설계했다. 외부 자극으로는 녹색 LED를 이용하였는데 이를 통해 개별 모듈러 로봇을 자극하면 로봇은 이 자극에 반응해 움직였다. 자극을 주는 녹색 LED가 너무 가깝게 있으면 뒤로 물러서기도 했다. LED 자극에 따라 10개의 모듈러 로봇은 스스로 2개의 로봇으로 합쳐지기도 하고 1개의 로봇으로 결합하기도 했다.
>
> 특히 이 모듈러 로봇은 외부 자극에 대한 반응이 제대로 작동되지 않는 부분을 다른 모듈로 교체하거나 제거하는 작업을 스스로 진행하여 치유할 수 있는 것이 특징이다. 연구진은 후속 연구를 통해 이 로봇을 이용해 벽돌과 같은 물체를 감지하고 들어 올리거나 이동시키는 작업을 할 수 있도록 할 계획이다.
>
> 이들은 '미래 로봇은 특정 작업에만 국한돼 설계되거나 구축되지 않을 것'이라며 '이번에 개발한 기술과 시스템이 다양한 작업에 유연하게 대응할 수 있는 로봇을 생산하는 데 기여하게 될 것'이라고 말했다.

① 일반적으로 로봇은 중앙처리장치에 연결된 로봇 신경시스템을 통해 작동된다.
② 모듈러 로봇은 작업 환경에 반응하여 스스로 형태와 크기를 선택할 수 있다.
③ 모듈러 로봇의 신경 시스템은 로봇의 감각 및 운동능력을 제어하면서도 로봇 스스로 분리되도록 한다.
④ 모듈러 로봇이 외부 자극에 대해 제대로 반응하지 않을 경우 관리자는 고장난 부분을 다른 모듈로 교체하거나 제거해 줘야 한다.
⑤ 모듈러 로봇의 기술을 통해 미래 로봇은 다양한 작업 환경에 대응할 수 있는 방향으로 개발될 것이다.

23   언어는 생성, 변천, 소멸과 같은 과정을 거치면서 발전해 간다. 또한 각 언어는 서로 영향을 미치고 영향을 받으면서 변천해 간다. 그런데 어떤 언어는 오랜 역사 동안 잘 변하지 않는가 하면, 어떤 언어는 쉽게 변한다. 한 나라의 여러 지역 방언들도 이와 같은 차이가 일어날 수 있다. 즉, 어떤 지역의 방언은 빨리 변천하여 옛말을 찾아보기 어려운 반면, 어떤 지역의 방언은 그 변천의 속도가 느려서 아직도 옛말의 흔적이 많이 남아 있는 것이다.
   방언의 변천은 지리적·문화적·정치적인 면에서 그 원인을 찾을 수 있다. 지리적으로는 교통이 원활히 활용되는 곳이 그렇지 않은 곳보다 전파가 빨리 이루어진다. 문화적으로는 문화가 발달한 곳에서 발달하지 못한 곳으로 영향을 미치게 된다. 이는 대개의 표준말이 수도를 중심으로 결정되며 도시의 언어가 시골의 언어에 침투됨이 쉽다는 말과 같다. 또한 정치적으로는 정치의 중심지가 되는 곳에서 지배를 받는 지역으로 전파된다.
   이러한 여러 요인으로 인한 방언의 전파에도 불구하고 자기 방언의 특성을 지키려는 노력을 하게 되는데 이것이 방언의 유지성이다. 각 지역의 방언은 그 유지성에도 불구하고 서로 영향을 끼쳐서 하나의 방언에서도 사실은 여러 방언의 요소가 쓰이고 있다. 따라서 각 방언을 엄밀히 분리한다는 것은 어려운 일이다.
   한편으로 방언은 통일되려는 성질도 가지고 있다. 즉, 국가, 민족, 문화가 동일한 지역 내에 살고 있는 주민들은 원활한 의사소통을 위하여 방언의 공통성을 추구하려는 노력을 하는 것이다. 그 대표적인 결과가 표준어의 제정이다.

① 방언의 변화 양상은 언어의 변화 양상과 유사하다.
② 방언에는 다른 지역 방언의 요소들이 포함되어 있다.
③ 방언의 통일성은 표준어 제정에 영향을 주었을 것이다.
④ 방언이 유지되려는 힘이 클수록 방언의 통일성은 강화될 것이다.
⑤ 정치적·문화적·지리적 조건은 방언의 유지성과 통합성에 영향을 끼친다.

24

영화 「인터스텔라」에 이런 장면이 나온다. 블랙홀 근처를 여행한 주인공이 다시 집으로 돌아왔을 때 자신의 아이는 이미 노인이 되어있는 것 말이다. 이러한 이유는 무엇일까? 이는 시간이 가지고 있는 상대성 때문이다.

1915년 아인슈타인이 발표한 '일반상대성이론'에 따르면 중력은 시간을 왜곡한다. 즉, 질량이 있는 물체가 시공간을 휘게 만든다는 것이다. 이는 당시 과학계에서는 받아들이기 어려운 주장이었으나 과학자 에딩턴이 일식에 태양 뒤에 숨은 별을 촬영하면서 입증되었다.

또한 과학자 슈바르츠실트는 아인슈타인의 일반상대성이론을 수학적으로 계산했는데 이를 통해 특정한 질량을 가진 물체가 시공간을 극도로 휘게 만들면 그 중력은 빛조차도 새어나올 수 없는 강한 힘을 가지게 될 것임을 예측했다. 이후 2019년 실제로 과학자들이 M87 은하의 블랙홀을 관찰하면서 이는 다시 한 번 증명되었다.

이러한 주장을 펼쳤던 아인슈타인도 처음에는 우주는 불변한다는 정적 우주론을 주장했다. 하지만 우주에 일반상대성이론을 대입하자 예상하지 못한 결과가 도출되었는데, 이는 큰 질량을 가진 은하들이 서로를 당기면서 마침내 우주가 붕괴된다는 것이었다. 아인슈타인은 이를 해결하기 위해 '우주상수 람다'를 사용하려 했으나 이는 실수였다며 다시 지우게 된다. 하지만 1998년 NASA에 의해 우주가 가속 팽창하고 있다는 사실이 드러나면서 오히려 우주상수 람다를 지운 것이 잘못된 선택이었다는 것이 드러났다.

① 시간이 상대성이 없었다면, 블랙홀 근처를 여행한 주인공이 다시 집으로 돌아왔을 때 자신의 아이와 동일하게 나이를 먹었을 것이다.
② 질량이 없는 물체는 시공간을 왜곡할 수 없을 것이다.
③ 특정한 질량을 가진 물체에 의해 시공간이 왜곡되면서 발생하는 힘은 빛조차도 통과할 수 없다.
④ 아인슈타인은 일반상대성이론을 통해 우주가 변한다는 것을 깨달았다.
⑤ 아인슈타인이 사용한 '우주상수 람다'는 잘못된 이론임이 밝혀졌다.

25

지난해 충청남도에서 청년농업인의 맞춤형 스마트팜인 '온프레시팜 1호'가 문을 열었다. 이는 청년농업인이 안정적으로 농업을 경영하여 자리 잡고 살아갈 수 있는 영농 터전을 마련하기 위한 맞춤형 사업이다. 이를 통해 이제 막 농업에 뛰어든 농작물 재배 능력이 낮고 영농 기반이 부족한 청년농업인들이 농촌 안에서 안정적으로 농작물을 생산하고, 경제적으로 정착할 수 있을 것으로 기대되고 있다.

온프레시팜은 에어로포닉스와 수열에너지를 접목시켜 토양 없이 식물 뿌리와 줄기에 영양분이 가득한 물을 분사해 농작물을 생산하는 방식이다. 이는 화석연료 대비 경제적으로 우수할 뿐만 아니라 병해충의 발생이 적고 시설적으로도 쾌적하다. 또한 토양이 없어 공간 활용에 유리하며, 재배 관리 자동화가 가능해 비교적 관리도 수월하다. 하지만 초기 시설비용이 많이 들고 재배 기술의 확보가 어려워 접근이 쉽지 않다.

① 온프레시팜 사업은 청년농업인들이 영농 활동을 지속할 수 있도록 지원하는 사업이다.
② 온프레시팜은 기존 농업인이 아닌 농촌에 새로 유입되고 있는 청년농업인을 위한 사업이다.
③ 온프레시팜 방식으로 농작물을 재배할 경우 흙 속에 살고 있는 병해충으로 인해 발생하는 피해를 예방할 수 있다.
④ 온프레시팜 방식은 같은 재배 면적에서 기존 농업방식보다 더 많은 농작물의 재배를 가능하게 한다.
⑤ 청년농업인들은 기존의 농업방식보다는 재배 관리 자동화가 가능한 온프레시팜 방식의 접근이 더 수월하다.

26

과거에는 공공 서비스가 경합성과 배제성이 모두 약한 사회 기반 시설 공급을 중심으로 제공되었다. 이런 경우 서비스 제공에 드는 비용은 주로 세금을 비롯한 공적 재원으로 충당을 한다. 하지만 복지와 같은 개인 단위 공공 서비스에 대한 사회적 요구가 증가함에 따라 관련 공공 서비스의 다양화와 양적 확대가 이루어지고 있다. 이로 인해 정부의 관련 조직이 늘어나고 행정 업무의 전문성 및 효율성이 떨어지는 문제점이 나타나기도 한다. 이 경우 정부는 정부 조직의 규모를 확대하지 않으면서 서비스의 전문성을 강화할 수 있는 민간 위탁 제도를 도입할 수 있다. 민간 위탁이란 공익성을 유지하기 위해 서비스의 대상이나 범위에 대한 결정권과 서비스 관리의 책임을 정부가 갖되, 서비스 생산은 민간 업체에게 맡기는 것이다.

민간 위탁은 주로 다음과 같은 몇 가지 방식으로 운용되고 있다. 가장 일반적인 것은 '경쟁 입찰 방식'이다. 이는 일정한 기준을 충족하는 민간 업체 간 경쟁 입찰을 거쳐 서비스 생산자를 선정, 계약하는 방식이다. 공원과 같은 공공 시설물 관리 서비스가 이에 해당한다. 이 경우 정부가 직접 공공 서비스를 제공할 때보다 서비스의 생산 비용이 절감될 수 있고 정부의 재정 부담도 경감될 수 있다. 다음으로는 '면허 발급 방식'이 있다. 이는 서비스 제공을 위한 기술과 시설이 기준을 충족하는 민간 업체에게 정부가 면허를 발급하는 방식이다. 자동차 운전면허 시험, 산업 폐기물 처리 서비스 등이 이에 해당한다. 이 경우 공공 서비스가 갖춰야 할 최소한의 수준은 유지하면서도 공급을 민간의 자율에 맡겨 공공 서비스의 수요와 공급이 탄력적으로 조절되는 효과를 얻을 수 있다. 또한 '보조금 지급 방식'이 있는데, 이는 민간이 운영하는 종합 복지관과 같이 안정적인 공공 서비스 제공이 필요한 기관에 보조금을 주어 재정적으로 지원하는 것이다.

① 과거 공공 서비스는 주로 공적 재원에 의해 운영됐다.
② 공공 서비스의 양적 확대에 따라 행정 업무 전문성이 떨어지는 부작용이 나타난다.
③ 서비스 생산을 민간 업체에게 맡김으로써 공공 서비스의 전문성을 강화할 수 있다.
④ 경쟁 입찰 방식은 정부의 재정 부담을 줄여준다.
⑤ 정부로부터 면허를 받은 민간 업체는 보조금을 지급받을 수 있다.

27

혐기성 미생물은 산소에 비해 에너지 대사 효율이 낮은 질소산화물로 에너지를 만든다. 혐기성 미생물이 에너지 대사 효율이 높은 산소를 사용하지 않는 이유는 무엇일까? 생물체가 체내에 들어온 영양분을 흡수하기 위해서는 산소를 매개로 한 여러 가지 화학 반응을 수행해야 한다. 영양분이 산화 반응을 통해 세포 안으로 흡수되면 전자가 나오는데, 이 전자가 체내에서 퍼지는 과정에서 ATP가 생긴다. 그리고 에너지를 생산하기 위해 산소를 이용하는 호흡 과정에서 독성 물질인 과산화물과 과산화수소와 같은 활성산소가 생긴다.

이 두 물질은 DNA나 단백질 같은 세포 속 물질을 산화시켜 손상시킨다. 일반 미생물은 활성산소로부터 자신을 보호하는 메커니즘이 발달했다. 사람도 몸속에 독성 산소화합물을 해독하는 메커니즘이 있어 활성산소로 인해 죽지는 않는다. 단지 주름살이 늘거나 신체기관이 서서히 노화될 뿐이다. 인체 내에서 '슈퍼 옥사이드 분해효소(SOD)'가 과산화물 분자를 과산화수소와 산소로 바꾸고, 카탈리아제가 과산화수소를 물과 산소로 분해하기 때문이다. 그러나 혐기성 미생물에는 활성산소를 해독할 기관이 없다. 그렇기 때문에 혐기성 미생물은 활성산소를 피하는 방향으로 진화해 왔다고 할 수 있다.

① 산소는 일반 생물체에 이로움과 함께 해로움을 주기도 한다.
② 체내 활성산소의 농도가 증가되면 생물체의 생명이 연장된다.
③ 혐기성 미생물은 활성산소를 분해하는 메커니즘을 갖지 못했다.
④ 활성산소가 생물체의 죽음을 유발하는 직접적인 원인은 아니다.
⑤ 혐기성 미생물은 활성산소를 피하는 방향으로 진화해 왔다.

Hard 28

수소와 산소는 H_2와 O_2의 분자 상태로 존재한다. 수소와 산소가 화합해서 물 분자가 되려면 이 두 분자가 충돌해야 하는데, 충돌하는 횟수가 많으면 많을수록 물 분자가 생기는 확률은 높아진다. 또한 반응하기 위해서는 분자가 원자로 분해되어야 한다. 좀 더 정확히 말하면, 각각의 분자에서 산소 원자끼리 그리고 수소 원자끼리의 결합력이 약해져야 한다. 높은 온도는 분자 간의 충돌 횟수를 증가시킬 뿐 아니라 분자를 강하게 진동시켜 분자의 결합력을 약하게 한다. 그리하여 수소와 산소는 이전까지 결합하고 있던 자신과 동일한 원자와 떨어져, 산소 원자 하나에 수소 원자 두 개가 결합한 물(H_2O)이라는 새로운 화합물이 되는 것이다.

① 수소 분자와 산소 분자가 충돌해야 물 분자가 생긴다.
② 수소 분자와 산소 분자가 원자로 분해되어야 반응을 할 수 있다.
③ 높은 온도는 분자를 강하게 진동시켜 결합력을 약하게 한다.
④ 산소 분자와 수소 분자가 각각 물(H_2O)이라는 새로운 화합물이 된다.
⑤ 산소 분자와 수소 분자의 충돌 횟수가 많아지면 물 분자가 될 확률이 높다.

29 다음 글을 읽고 알 수 없는 것은?

전 세계적인 과제로 탄소중립이 대두되자 친환경적 운송수단인 철도가 주목받고 있다. 특히 국제에너지기구는 철도를 에너지 효율이 가장 높은 운송수단으로 꼽으며, 철도 수송을 확대하면 세계 수송 부문에서 온실가스 배출량이 그렇지 않을 때보다 약 6억 톤이 줄어든다고 하였다.
특히 철도의 에너지 소비량은 도로의 22분의 1이고, 온실가스 배출량은 9분의 1에 불과하기에 탄소 배출이 높은 도로 운행의 수요를 친환경 수단인 철도로 전환한다면 수송 부문 총배출량이 획기적으로 감소할 것으로 전망하고 있다.
이에 발맞춰 우리나라의 S철도공단 역시 '녹색교통'인 철도 중심 교통체계를 구축하기 위해 박차를 가하고 있다. 정부 또한 '2050 탄소중립 실현' 목표에 맞춰 저탄소 철도 인프라 건설·관리로 탄소를 지속적으로 감축하고자 노력하고 있다.
S철도공단은 철도 인프라 생애주기 관점에서 탄소를 감축하기 위해 먼저 철도 건설 단계에서부터 친환경·저탄소 자재를 적용해 탄소 배출을 줄이고 있다. 실제로 중앙선 안동~영천 간 궤도 설계 당시 철근 대신에 저탄소 자재인 유리섬유 보강근을 콘크리트 궤도에 적용했으며, 이를 통한 탄소 감축효과는 약 6,000톤으로 추정된다. 이 밖에도 저탄소 철도 건축물 구축을 위해 2025년부터 모든 철도 건축물을 에너지 자립률 60% 이상(3등급)으로 설계하기로 결정했으며, 도심의 철도 용지는 지자체와의 협업을 통해 도심 속 철길 숲 등 탄소 흡수원이자 지역민의 휴식처로 철도부지 특성에 맞게 조성되고 있다.
S철도공단은 이와 같은 철도로의 수송 전환으로 약 20%의 탄소 감축 목표를 내세웠으며, 이를 위해서는 정부의 노력도 필요하다고 강조하였다. 특히 수송 수단 간 공정한 가격 경쟁이 이루어질 수 있도록 도로 차량에 집중된 보조금 제도를 화물차의 탄소배출을 줄이기 위한 철도 전환교통 보조금으로 확대하는 등 실질적인 방안의 필요성을 제기하고 있다.

① 녹색교통으로 철도 수송이 대두된 배경
② 국내의 탄소 감축 방안이 적용된 설계 사례
③ 철도 수송 확대를 통해 기대할 수 있는 효과
④ S철도공단의 철도 중심 교통체계 구축을 위한 방안
⑤ 정부가 철도 중심 교통체계 구축을 위해 시행한 조치

30 다음 글의 내용으로 가장 적절한 것은?

> 2차 전지는 충전과 방전을 반복해 사용할 수 있는 배터리로, 최근 전기차, 스마트폰, 태블릿, 에너지저장장치(ESS) 등 다양한 분야에서 필수적인 역할을 하고 있다. 2차 전지는 양극, 음극, 분리막, 전해질이라는 네 가지 핵심 소재로 구성된다. 대표적인 2차 전지인 리튬이온 배터리의 경우 양극에 있는 리튬이 충전 시 리튬이온이 전해질을 통해 분리막을 지나 음극으로 이동하며, 방전 시는 반대로 리튬이온이 음극에서 양극으로 이동하여 충전과 방전을 반복하게 된다. 따라서 2차 전지를 포함한 배터리의 용량은 주로 양극의 소재(양극재)에 따라 결정되지만, 충전이 가능한 2차 전지의 경우 충전 시 리튬이온을 받아 저장할 수 있는 음극의 소재(음극재)에 따라 배터리의 수명과 충전 효율이 결정되므로 최근 음극재가 2차 전지의 핵심 요소로 더욱 주목받고 있다.
>
> 2차 전지에서 음극재는 양극의 리튬이온을 받아 저장하고 방출하는 역할을 담당한다. 음극재를 구조적으로 살펴보면, 집전판 위에 음극활물질, 도전재, 바인더가 함께 쌓여 있는 형태이다. 집전판은 외부 회로와 활물질 사이에서 전자를 전달하는 역할을 하며, 음극활물질은 리튬이온을 저장하는 주체로 작용한다. 도전재는 전기가 잘 흐르도록 돕고, 바인더는 각 재료를 단단하게 고정하는 역할을 한다.
>
> 현재 가장 널리 사용되는 음극활물질은 흑연으로, 층상 구조 덕분에 리튬이온이 쉽게 출입할 수 있다. 게다가 가격이 저렴하고 안정적이며, 장기간 사용해도 성능 저하가 크지 않다는 장점이 있다. 반면, 에너지 밀도가 높지 않아 충전 속도를 높이는 데에는 한계가 존재한다.
>
> 이러한 한계를 극복하기 위해 최근에는 실리콘 음극재가 주목받고 있다. 흑연은 원자 6개에 1개의 리튬이온을 저장할 수 있지만, 실리콘은 리튬이온과 결합해 원자 5개로 22개의 리튬이온을 저장할 수 있어 흑연에 비해 실질적으로 저장할 수 있는 에너지 밀도가 약 10배가량 높다. 따라서 실리콘 음극재를 사용할수록 더 빠른 충전 속도를 가질 수 있다. 그러나 실리콘은 충전과 방전을 반복할 때 최대 300%까지 부피 팽창이 일어나므로 소재 및 배터리가 쉽게 손상되는 단점이 있어 실리콘 음극재의 상용화에는 아직 기술적 한계가 남아 있다. 이러한 단점을 극복하기 위하여 최근에는 흑연과 실리콘을 혼합해 사용하는 등 다양한 연구가 활발히 이루어지고 있다.
>
> 미래 산업의 주요 동력원으로서 2차 전지의 중요성은 더욱 커지고 있으며, 2차 전지의 성능을 좌우하는 핵심 소재인 음극재 기술의 중요성 또한 더욱 부각되고 있다. 배터리의 충전 속도, 수명 등 다양한 성능을 한 단계 끌어올릴 수 있는 음극재 기술의 발전은 앞으로 실리콘 등 신소재의 상용화가 가속화될 것으로 전망된다.

① 2차 전지의 음극에서 리튬이온은 집전판에 저장된다.
② 2차 전지의 용량은 주로 음극재의 종류에 따라 달라진다.
③ 같은 면적이라면 흑연이 실리콘보다 더 많은 리튬이온을 저장한다.
④ 음극재로 실리콘을 주로 사용할 경우 배터리의 변형이 일어날 수 있다.
⑤ 충전과 방전을 빠르게 하기 위해서는 리튬 외에 다른 소재를 사용해야 한다.

Hard
31 다음 중 '브레히트'가 〈보기〉의 입장을 가진 '아리스토텔레스'에게 제기할 만한 의문으로 가장 적절한 것은?

| 2024년 상반기 삼성그룹

> 오페라는 이른바 수준 있는 사람들이 즐기는 고상한 예술이라고 생각하는 사람들이 많다. 그런데 오페라 앞에 '거지'라든가 '서 푼짜리' 같은 단어를 붙인 '거지 오페라', '서 푼짜리 오페라'라는 것이 있다. 이렇게 어울리지 않는 단어들로 제목을 억지로 조합해 놓은 의도는 무엇일까?
> 영국 작가 존 게이는 당시 런던 오페라 무대를 점령했던 이탈리아 오페라에 반기를 들고, 1782년에 이와는 완전히 대조적인 성격의 거지 오페라를 만들었다. 그는 이탈리아 오페라가 일반인의 삶과 거리가 먼 신화나 왕, 귀족들의 이야기를 소재로 한데다가 영국 관객들이 이해하지 못하는 이탈리아어로 불린다는 점에 불만을 품었다. 그는 등장인물의 신분을 과감히 낮추고 음악 형식도 당시의 민요와 유행가를 곁들여 사회의 부패상을 통렬하게 풍자하였다. 이렇게 만들어진 거지 오페라는 이탈리아 오페라에 대항하는 서민 오페라로 런던에서 선풍적인 인기를 끌었다.
> 1928년에 독일의 극작가 브레히트는 작곡가 쿠르트 바일과 손잡고 거지 오페라를 번안한 서 푼짜리 오페라를 만들었다. 그는 형식과 내용 면에서 훨씬 적극적이고 노골적으로 당시 사회를 비판한다. 이 극은 밑바닥 사람들의 삶을 통해 위정자들의 부패와 위선을 그려 계급적 갈등과 사회적 모순을 드러내고 있다. 브레히트는 감정이입과 동일시에 근거를 둔 종래의 연극에 반기를 들고 낯선 기법의 서사극을 만들었다. 등장인물이 극에서 빠져나와 갑자기 해설자의 역할을 하게 함으로써 관객들이 극에 몰입하지 않고 지금 연극을 보고 있다는 사실을 자각하도록 한 것이다.
> 이처럼 존 게이와 브레히트는 종전의 극과는 다른 형식과 내용의 극을 지향했다. 제목을 서로 어울리지 않는 단어들로 조합하고 새로운 형식을 도입한 이유는 기존의 관점을 뒤집어 보게 하려는 의도였다. 그 이면에는 사회의 부조리를 풍자하고자 하는 의도가 깔려 있었다.

보기

> 아리스토텔레스는 예술을 통한 관객과 극중 인물의 감정 교류와 공감을 강조했다. 그는 관객들이 연극을 통해 타인의 경험과 감정, 상황을 받아들이고 나아가 극에 이입하고 몰두함으로써 쌓여 있던 감정을 분출하며 느끼는, 이른바 카타르시스를 경험하게 된다고 주장하였다.

① 극과 거리를 두고 보아야 오히려 카타르시스를 경험할 수 있지 않나요?
② 관객이 몰입하게 되면 사건을 객관적으로 바라보기 어려운 것 아닌가요?
③ 해설자 역할을 하는 인물이 있어야 관객의 몰입을 유도할 수 있지 않나요?
④ 낯선 기법을 쓰면 관객들이 극중 인물과 더 쉽게 공감할 수 있지 않을까요?
⑤ 동일시를 통해야만 풍자하고 있는 사회의 모습을 더 잘 알 수 있지 않을까요?

32 다음 글을 토대로 〈보기〉를 바르게 해석한 것은?

> 반도체 및 디스플레이 제조공정에서 사용되는 방법인 포토리소그래피(Photolithography)는 그 이름처럼 사진 인쇄 기술과 비슷하게 빛을 이용하여 복잡한 회로 패턴을 제조하는 공정이다. 포토리소그래피는 디스플레이에서는 TFT(Thin Film Transistor, 박막 트랜지스터) 공정에 사용되는데, 먼저 세정된 기판(Substrate) 위에 TFT 구성에 필요한 증착 물질과 이를 덮을 PR(Photo Resist, 감광액) 코팅을 올리고, 빛과 마스크 그리고 현상액과 식각 과정으로 PR 코팅과 증착 물질을 원하는 모양대로 깎아 내린 다음, 다시 그 위에 층을 쌓는 것을 반복하여 원하는 형태를 패터닝하는 것이다.
>
> 한편 포토리소그래피 공정에 사용되는 PR 물질은 빛의 반응에 따라 포지티브와 네거티브 두 가지 방식으로 분류되는데, 포지티브 방식은 마스크에 의해 빛에 노출된 부분이 현상액에 녹기 쉽게 화학구조가 변하는 것으로, 노광(Exposure) 과정에서 빛을 받은 부분을 제거한다. 반대로 네거티브 방식은 빛에 노출된 부분이 더욱 단단해지는 것으로 빛을 받지 못한 부분을 현상액으로 제거한다. 이후 원하는 패턴만 남은 PR층은 식각(Etching) 과정을 거쳐 PR이 덮여 있지 않은 부분의 증착 물질을 제거하고, 이후 남은 증착 물질이 원하는 모양으로 패터닝 되면 그 위의 도포되어 있던 PR층을 마저 제거하여 증착 물질만 남도록 하는 것이다.

보기

> 창우와 광수는 각각 포토리소그래피 공정을 통해 디스플레이 회로 패턴을 완성시키기로 하였다. 창우는 포지티브 방식을, 광수는 네거티브 방식을 사용하기로 하였는데, 광수는 실수로 포지티브 방식의 PR 코팅을 사용해 공정을 진행했음을 깨달았다.

① 창우의 디스플레이 회로는 증착, PR 코팅, 노광, 현상, 식각까지의 과정을 반복하여 완성되었을 것이다.
② 광수가 포토리소그래피의 매 공정을 검토했을 경우 최소 식각 과정을 확인하면서 자신의 실수를 알아차렸을 것이다.
③ 포토리소그래피 공정 중 현상 과정에서 문제가 발생했다면 창우의 디스플레이 기판에는 PR층과 증착 물질이 남아있지 않을 것이다.
④ 원래 의도대로라면 노광 과정 이후 창우가 사용한 감광액은 용해도가 높아지고, 광수가 사용한 감광액은 용해도가 낮아졌을 것이다.
⑤ 광수가 원래 의도대로 디스플레이 회로를 완성시키기 위해서는 최소한 노광 과정까지는 공정을 되돌릴 필요가 있다.

33 다음 글의 밑줄 친 ㉠~㉢에 대한 사례로 적절하지 않은 것은?

> 4차 산업혁명의 주제는 무엇일까? 제조업의 입장에서 4차 산업혁명은 ICT와 제조업의 결합을 의미하며, 여기에서 발생하는 제조업의 변화 양상은 크게 제조업의 서비스화, 제조업의 디지털화, 제조업의 스마트화 등으로 정리할 수 있다.
> 먼저 ㉠<u>제조업의 서비스화</u>에서의 핵심은 '아이디어를 구체화하는 시스템'이다. 제조업체는 제품과 서비스를 통합적으로 제공하고, 이를 통해 제품의 부가가치와 경쟁력을 높여 수익을 증대하고자 한다.
> 다음으로 ㉡<u>제조업의 디지털화</u>는 '디지털 인프라 혁명'이라고도 하며, 가상과 현실, 사람과 사물이 연결되는 초연결(Hyper-connected) 네트워크 통해 언제 어디서나 접속 가능한 환경을 조성하여 재화를 생산하는 것을 의미한다. 제조업체는 맞춤형 생산이 가능한 3D프린팅, 스마트 공장, 증강현실·가상현실 기반 콘텐츠, 클라우드 기반 정보 시스템 등을 생산과정에 활용한다.
> 마지막으로 ㉢<u>제조업의 스마트화</u>는 인공지능(AI), 로봇, 사물인터넷(IoT), 빅데이터, 클라우드, AR, VR, 홀로그램 등 지능 기술의 발달에 따른 '기술적 혁명'을 말한다. 이는 생산성 향상, 생산 공정 최적화 등을 달성하는 데 기여할 것으로 예상된다. 이러한 제조업의 스마트화는 생산인구 감소, 고임금, 자원 고갈(에너지, 인력, 장비, 설비 등) 등에 대비해 노동 생산성과 자원 효율성 제고를 위한 새로운 전략적 대응으로 등장하였다.

① ㉠ - 애플은 하드웨어와 소프트웨어뿐만 아니라 콘텐츠 생산자와 소비자를 연결하는 플랫폼인 애플 스토어 서비스를 구축하였다.
② ㉠ - 롤스로이스는 항공기 엔진과 관련 부품의 판매뿐만 아니라 ICT를 이용한 실시간 모니터링을 통해 엔진의 유지·보수 및 관리가 가능한 엔진 점검 서비스를 제공한다.
③ ㉡ - 포드는 'TechShop' 프로젝트를 통해 2,000여 명의 회원들이 자유롭게 자사의 3D프린터 제작 설비를 활용하여 아이디어를 시제품으로 구체화할 수 있도록 지원했다.
④ ㉡ - GE의 제조 공장에서는 제조 주기의 단축을 위한 기술을 축적하고 있으며, 하나의 공장에서 항공, 에너지, 발전 관련 등 다양한 제품군을 제조하는 설비를 갖추고자 노력하고 있다.
⑤ ㉢ - 지멘스의 제조 공장에서는 제품 개발 및 제조·기획을 관장하는 '가상생산' 시스템과 제품 수명 주기 관리를 통한 '공장생산' 시스템을 통합해 생산 효율성의 극대화를 추구한다.

34 다음 글의 밑줄 친 ㉠의 사례로 적절하지 않은 것은?

> ㉠ 닻내림 효과란 닻을 내린 배가 크게 움직이지 않듯 처음 접한 정보가 기준점이 돼 판단에 영향을 미치는 일종의 편향(왜곡) 현상을 말한다. 즉, 사람들이 어떤 판단을 하게 될 때 초기에 접한 정보에 집착해 합리적 판단을 내리지 못하는 현상을 일컫는 행동경제학 용어이다. 대부분의 사람들은 제시된 기준을 그대로 받아들이지 않고 기준점을 토대로 약간의 조정과정을 거치기는 하나, 그런 조정과정이 불완전하므로 최초 기준점에 영향을 받는 경우가 많다.

① 연봉 협상 시 본인의 적정 기준보다 더 높은 금액을 제시한다.
② 원래 1만 원이던 상품에 2만 원의 가격표를 붙이고 50% 할인한 가격에 판매한다.
③ 홈쇼핑에서 '이번 시즌 마지막 세일', '오늘 방송만을 위한 한정 구성', '매진 임박' 등의 표현을 사용하여 판매한다.
④ 명품 매장에서 최고가 상품들의 가격표를 보이게 진열하여 다른 상품들이 그다지 비싸지 않은 것처럼 느끼게 만든다.
⑤ '온라인 정기구독 연간 $25'와 '온라인 및 오프라인 정기구독 연간 $125' 사이에 '오프라인 정기구독 연간 $125'의 항목을 넣어 판촉한다.

35 다음 글의 밑줄 친 ㉠~㉢에 대한 설명으로 적절하지 않은 것은?

국내 연구팀이 반도체 집적회로에 일종의 ㉠'고속도로'를 깔아 신호의 전송 속도를 높이는 신개념 반도체 소재 기술을 개발했다. 탄소 원자를 얇은 막 형태로 합성한 2차원 신소재인 그래핀을 반도체 회로에 깔아 기존 금속 선로보다 많은 양의 전자를 빠르게 운송하는 것이다.

최근 반도체 내에 많은 소자가 집적되면서 소자 사이의 신호를 전송하는 ㉡'도로'인 금속 재질의 선로에 저항이 기하급수적으로 증가하는 문제가 발생했다. 이러한 집적화의 한계를 극복하기 위해 연구팀은 금속 재질 대신 그래핀을 신호 전송용 길로 활용했다.

그래핀은 탄소 원자가 육각형으로 결합한, 두께 0.3나노미터의 얇은 2차원 물질로, 전선에 널리 쓰이는 구리보다 전기 전달 능력이 뛰어나며 전자 이동속도 100배 이상 빨라 이상적인 반도체용 물질로 꼽힌다. 그러나 너무 얇다 보니 전류나 신호를 전달하는 데 방해가 되는 저항이 높고, 전하 농도가 낮아 효율이 떨어진다는 단점이 있었다.

연구팀은 이런 단점을 해결하고자 그래핀에 불순물을 얇게 덮는 방법을 생각했다. 그래핀 표면에 비정질 탄소를 흡착시켜 일종의 ㉢'코팅'처럼 둘러싼 것이다. 연구 결과 이 과정에서 신호 전달을 방해하던 저항은 기존 그래핀 선로보다 60% 감소했고, 신호 손실은 약 절반 정도로 줄어들었으며, 전달할 수 있는 전하의 농도는 20배 이상 증가했다. 이를 통해 연구팀은 금속 선로의 수백분의 1 크기로 작으면서도 효율성은 그대로인 고효율, 고속 신호 전송 선로를 완성하였다.

① 연구팀은 ㉡을 ㉠으로 바꾸었다.
② 반도체 내에 많은 소자가 집적될수록 ㉡에 저항이 증가한다.
③ ㉠은 구리보다 전기 전달 능력과 전자 이동속도가 뛰어나다.
④ 연구팀은 전자의 이동속도를 높이기 위해 ㉠에 ㉢을 하였다.
⑤ ㉠은 그래핀, ㉡은 금속 재질, ㉢은 비정질 탄소를 의미한다.

36 다음 글에 나타난 필자의 주장을 강화할 수 있는 논거로 옳은 것을 〈보기〉에서 모두 고르면?

> 에너지 빈곤 요인은 상호복합적이기 때문에 에너지 복지정책도 이에 따라 복합적인 형태로 접근해야 한다. 단순 가격보조 형태의 에너지 복지대책을 확대하는 것은 낮은 에너지 효율성이라는 에너지 빈곤 요인을 제거하지 못하기 때문에 행정적 부담만 지속적으로 증가할 것이다. 따라서 에너지 빈곤 해소의 가장 중요한 포인트는 에너지 효율성을 높여 에너지 소비량을 줄이는 방향으로 정책을 설계하는 것이며 이를 통해 가격보조 효과가 발생할 수 있도록 유도해야 하는 것이다.
> 에너지 복지 프로그램은 크게 '공급형', '효율형', '전환형' 세 가지로 유형화할 수 있다. 정부가 주로 활용하고 있는 '공급형'은 긴급 구호형태를 띄는 연료비 보존 및 단전 유예 등을 들 수 있다. 그러나 공급형은 에너지 수요관리를 해야 하는 에너지 정책과 상충하고, 복지효과 역시 지속적이지 않다는 단점이 있다. 이를 발전시킨 것이 미국의 저소득층 에너지 효율화 집수리 서비스(WAP, Weatherization Assistance Program)와 같은 '효율형' 에너지 복지 대책이다. 이는 에너지 수요를 줄이면서도, 중장기적으로는 요금 절감 효과가 있어 '공급형'에 비해 훨씬 효과가 높은 것으로 평가받고 있다. 또한 저소득층을 에너지 효율화 집수리 사업에 고용하여 일자리 창출 효과도 높일 수 있다. 마지막으로 에너지원 자체를 재생가능 에너지로 전환해 주는 '전환형' 방법이 있다. 앞의 두 유형보다 복지・환경 효과는 더 높은 데 비해 재원이 많이 소요되고, 법・제도적으로도 보완해야 할 점이 많다는 점에서 시기상조로 보는 시각도 존재한다.
> 따라서 중단기적으로는 '효율형' 에너지 복지 대책에 집중하되, '전환형' 에너지 복지 프로그램을 병행하는 단계적 접근 전략이 필요하다. 그러나 현재 우리나라의 에너지 복지 정책들은 에너지 비용을 지원하는 단기적이고, 화석 에너지 중심의 기본적인 수준에 머물고 있다. 이에 따라 복지 효과는 지속되지 못하고, 오히려 에너지 사용량이 늘어나 에너지 절감과 같은 환경 보호 효과는 다른 정책에 역행하는 양상을 나타내고 있다. 따라서 한국의 에너지 복지 정책 역시 단계적인 에너지 효율 개선과 에너지 전환을 위한 발전으로 확장할 필요가 있다.

보기

㉠ 저소득층에게 에너지 지원은 필수이다.
㉡ 현물이나 현금을 지원하는 것은 일시적 미봉책에 불과하다.
㉢ 에너지 복지 사업은 고용 창출과 환경보호를 고려해야 한다.

① ㉠
② ㉡
③ ㉠, ㉡
④ ㉡, ㉢
⑤ ㉠, ㉡, ㉢

※ 다음 글을 읽고 추론한 내용으로 가장 적절한 것을 고르시오. [37~38]

| 2024년 하반기 두산그룹

37

사람의 눈은 지름 약 2.3cm의 크기로 앞쪽이 볼록 튀어나온 공처럼 생겼으며 탄력이 있다. 눈의 가장 바깥 부분은 흰색의 공막이 싸고 있으며 그 안쪽에 검은색의 맥락막이 있어 눈동자를 통해서만 빛이 들어가도록 되어 있다. 눈의 앞쪽은 투명한 각막으로 되어 있다. 빛은 이 각막을 통과하여 그 안쪽에 있는 렌즈 모양의 수정체에 의해 굴절되어 초점이 맞추어져 망막에 상을 맺는다. 이 망막에는 빛의 자극을 받아들이는 시신경세포가 있다.

이 시신경세포는 원뿔 모양의 '원추세포'와 간상세포(桿狀細胞)로도 불리는 막대 모양의 '막대세포'라는 두 종류로 이루어진다. 원추세포는 눈조리개의 초점 부근 좁은 영역에 주로 분포되어 있으며 그 세포 수는 막대세포에 비해 매우 적다. 이에 반해 막대세포는 망막 전체에 걸쳐 분포되어 있고 그 세포 수는 원추세포에 비해 매우 많다. 원추세포와 막대세포는 각각 다른 색깔의 빛에 민감한데, 원추세포는 파장이 500나노미터 부근의 빛(노랑)에, 막대세포는 파장이 560나노미터 부근의 빛(초록)에 가장 민감하다.

원추세포는 그 수가 많지 않으므로 우리 눈은 어두운 곳에서 색을 인식하는 능력은 많이 떨어지지만 밝은 곳에서는 제 기능을 잘 발휘하는데, 노란색 근처의 빛(붉은색 – 주황색 – 노란색 구간)이 특히 눈에 잘 띈다. 노란색이나 붉은색으로 경고나 위험 상황을 나타내는 것은 이 때문이다. 이 색들은 밝은 곳에서 눈에 잘 띄어 안전을 위해 효율적이지만 날이 어두워지면 무용지물이 될 수도 있다.

인간의 눈은 우리 주위에 가장 흔한 가시광선에 민감하도록 진화되어 왔다고 할 수 있다. 즉, 우리 주위에 가장 흔하고 강한 노란빛에 민감하도록 진화해 왔을 것이고 따라서 우리가 노란색에 가장 민감함은 자연스러운 일이다. 그러나 시신경세포의 대부분은 막대세포들인데, 이 막대세포는 비타민 A에서 생긴 로돕신이라는 물질이 있어 빛을 감지할 수 있다. 로돕신은 빛을 받으면 분해되어 시신경을 자극하고, 이 자극이 대뇌에 전달되어 물체를 인식한다. 그 세포들은 비록 색을 인식하지는 못하지만 초록색 빛을 더 민감하게 인식한다. 즉, 비록 색깔을 인식하지 못한다 할지라도 어두운 곳에서는 초록색 물체가 잘 보이는 것이다.

① 시신경세포의 로돕신이 시신경을 자극함으로써 물체의 색을 인식할 수 있다.
② 눈조리개의 초점 부근 좁은 영역에 분포하는 세포는 막대 모양을 하고 있다.
③ 막대세포의 수보다 원추세포의 수가 많다면 밝은 곳에서도 초록색 물체가 잘 보일 것이다.
④ 어두운 터널 내에는 노란색의 경고 표지판보다 초록색의 경고 표지판을 설치하는 것이 더 효과적이다.
⑤ 위험 지역에 노란색이나 붉은색의 경고등을 설치하는 것은 우리 눈의 막대세포의 수와 관련이 있다.

38

1896년 『독립신문』 창간을 계기로 여러 가지의 애국가 가사가 신문에 게재되기 시작했는데, 어떤 곡조에 따라 이 가사들을 노래로 불렀는지는 명확하지 않다. 다만 대한제국이 서구식 군악대를 조직해 1902년 '대한제국 애국가'라는 이름의 국가(國歌)를 만들어 나라의 주요 행사에 사용했다는 기록은 남아 있다. 오늘날 우리가 부르는 애국가의 노랫말은 외세의 침략으로 나라가 위기에 처해있던 1907년을 전후하여 조국애와 충성심을 북돋우기 위하여 만들어졌다.

1935년 해외에서 활동 중이던 안익태는 오늘날 우리가 부르고 있는 국가를 작곡하였다. 대한민국 임시정부는 이 곡을 애국가로 채택해 사용했으나 이는 해외에서만 퍼져나갔을 뿐, 국내에서는 광복 이후 정부수립 무렵까지 애국가 노랫말을 스코틀랜드 민요에 맞춰 부르고 있었다. 그러다가 1948년 대한민국 정부가 수립된 이후 현재의 노랫말과 함께 안익태가 작곡한 곡조의 애국가가 정부의 공식 행사에 사용되고 각급 학교 교과서에도 실리면서 전국적으로 애창되기 시작하였다.

애국가가 국가로 공식화되면서 1950년대에는 대한뉴스 등을 통해 적극적으로 홍보가 이루어졌다. 그리고 「국기게양 및 애국가 제창 시의 예의에 관한 지시(1966)」 등에 의해 점차 국가의례의 하나로 간주되었다.

1970년대 초에는 공연장에서 본공연 전에 애국가가 상영되기 시작하였다. 이후 1980년대 중반까지 주요 방송국에서 국기강하식에 맞춰 애국가를 방송하였다. 주요 방송국의 국기강하식 방송, 극장에서의 애국가 상영 등은 1980년대 후반 중지되었으며 음악회와 같은 공연 시 애국가 연주도 이때 자율화되었다.

오늘날 주요 행사 등에서 애국가를 제창하는 경우에는 부득이한 경우를 제외하고 4절까지 제창하여야 한다. 애국가는 모두 함께 부르는 경우에는 전주곡을 연주한다. 다만, 약식 절차로 국민의례를 행할 때 애국가를 부르지 않고 연주만 하는 의전행사(외국에서 하는 경우 포함)나 시상식·공연 등에서는 전주곡을 연주해서는 안 된다.

① 1940년 해외에서는 안익태가 만든 애국가 곡조를 들을 수 없었다.
② 1990년대 초반에는 국기강하식 방송과 극장에서의 애국가 상영이 의무였다.
③ 오늘날 우리가 부르는 애국가의 노랫말은 1896년 『독립신문』에 게재되지 않았다.
④ 시상식에서 애국가를 부르지 않고 연주만 하는 경우에는 전주곡을 연주할 수 있다.

※ L사 마케팅 부서 소속인 귀하는 자사 요식업 매장의 매출 증대 방안을 모색하던 중 다음과 같은 글을 읽었다. 이어지는 질문에 답하시오. [39~40]

언택트란 접촉을 뜻하는 '콘택트(Contact)'에 부정을 뜻하는 '언(Un)'을 붙여 만든 신조어로, 고객과 대면하지 않고 서비스나 상품을 판매하는 기술이 생활 속에서 확산되는 현상을 가리킨다. 쉽게 말해 키오스크(Kiosk), 드론, VR(가상현실) 쇼핑, 챗봇 등으로 대표되는 첨단기술을 통해 사람 간의 대면 없이 상품이나 서비스를 주고받을 수 있게 된 것을 '언택트'라고 하는 것이다. 최근 많은 기업과 기관에서 언택트를 핵심으로 한 이른바 '언택트 마케팅'을 펼치고 있는데, 그 영역이 대면 접촉이 불가피했던 유통업계로까지 확장되면서 사람들의 관심을 모으고 있다.

어느새 우리 일상에 자리한 ㉠ 언택트 마케팅의 대표적인 예로 들 수 있는 것이 앞서 언급한 키오스크 무인 주문 시스템이다. 특히 패스트푸드 업계에서 키오스크가 대폭 확산 중인데, A업체는 2014년 처음 키오스크를 도입한 후 꾸준히 늘려가고 있고, B업체도 올해까지 전체 매장의 50% 이상인 250개 곳에 키오스크를 확대할 예정이다. 이러한 흐름은 패스푸드점에만 국한되는 것이 아니며, 더 진화한 형태로 다양한 업계에서 나타나고 있다. 최근 커피전문점에서는 스마트폰 앱을 통해 주문과 결제를 완료한 후 매장에서 제품을 수령하기만 하면 되는 시스템을 구축해 나가고 있고, 마트나 백화점은 무인시스템 도입을 가속화하는 것에서 한 발 더 나아가 일찌감치 '쇼핑 도우미 로봇' 경쟁을 펼치고 있다.

이처럼 언택트 마케팅의 봇물이 터지는 이유는 무엇일까? 소비자들이 더 간편하고 편리한 것을 추구하는 데 따른 결과이기도 하지만, 판매 직원의 과도한 관심에 불편을 느끼는 소비자들이 늘고 있는 것도 한 요인으로 볼 수 있다. 특히 젊은 층에서 대면 접촉에 부담을 느끼는 경향이 두드러지는데, 이를 반영하듯 '관계'와 '권태기'를 합성한 신조어인 '관태기' 그리고 모바일 기기에 길들여진 젊은 층이 메신저나 문자는 익숙한 반면 전화 통화를 두려워한다는 뜻의 '콜포비아'라는 신조어가 화제가 되기도 했다. 언택트 마케팅의 확산을 주도한 또 다른 요인으로는 인공지능(AI)과 빅데이터, 사물인터넷(IoT) 등 이른바 '4차 산업혁명'을 상징하는 기술의 진화를 꼽을 수 있다. 하지만 우리는 기술의 진화보다 소비자들이 언택트 기술에 익숙해지고, 나아가 편안하게 느끼기 시작했다는 것에 더 주목할 필요가 있다. 언택트 마케팅을 이해하고 전망하는 데 있어 절대 간과해선 안 될 것이 언택트 기술을 더 이상 낯설게 여기지 않는 인식이라는 이야기다.

언택트 기술의 보편화는 구매의 편의성을 높이고 소비자가 원하는 '조용한 소비'를 가능하게 한다는 점에서 긍정적으로 볼 수도 있으나, 일자리 감소와 같은 노동시장의 변화와 디지털 환경에 익숙하지 않은 고령층을 소외시키는 '언택트 디바이드(Untact Divide)'를 낳을 수 있다는 점도 무시할 수 없다. 이와 관련해서 한 소비트렌드 분석센터는 '비대면 접촉도 궁극적으로는 인간이 중심이 되어야 한다.'라며 굳이 인력이 필요하지 않은 곳은 기술로 대체하고, 보다 대면 접촉이 필요한 곳에는 인력을 재배치하는 기술과 방법이 병행되어야 하며, 그에 따라 그동안 무료로 인식됐던 인적 서비스가 프리미엄화되는 동시에 차별화의 핵심 요소로 등장할 것이라는 전망을 내놓고 있다.

39 다음 중 윗글의 내용으로 적절하지 않은 것은?

① 소비자들은 언택트 기술을 더 이상 낯설게 여기지 않는다.
② 언택트 기술은 소비자가 원하는 '조용한 소비'를 가능하게 한다.
③ 최대한 인력을 언택트 기술로 대체하여 인력 낭비를 줄여야 한다.
④ 언택트 마케팅은 대면 접촉이 불가피했던 유통업계로까지 확장되고 있다.
⑤ 키오스크 무인주문 시스템은 다양한 업계에서 더 진화한 형태로 나타나고 있다.

Easy
40 다음 중 밑줄 친 ㉠의 확산 원인으로 적절하지 않은 것은?

① 인공지능, 사물인터넷 등 기술의 진화
② 대면 접촉에 부담을 느끼는 젊은 층의 경향
③ 디지털 환경에 익숙하지 않은 고령층의 증가
④ 더욱더 간편하고 편리한 것을 추구하는 소비자
⑤ 판매 직원의 과도한 관심에 불편을 느끼는 소비자의 증가

※ L사 문화재단 소속인 귀하는 상사로부터 업무 이해도를 높이기 위해 L사 사보에 실린 다음 글을 분석하라는 지시를 받았다. 이어지는 질문에 답하시오. [41~42]

방송의 발달은 가정에서 뉴스, 교양, 문화, 예술 등을 두루 즐길 수 있게 한다는 점에서 일상생활 양식에 큰 변화를 가져왔다. 영국 런던의 공연장에서 열창하는 파바로티의 모습이나 미국의 야구장에서 경기하는 선수들의 멋진 모습을 한국의 안방에서 위성 중계 방송을 통해 실시간으로 볼 수 있게 되었다. 대중들은 고급문화와 대중문화를 막론하고 모든 종류의 문화 예술과 오락 프로그램을 저렴한 비용으로 편안하게 즐길 수 있게 되었다. 방송의 발달이 고급문화와 대중문화의 경계를 허물어 버린 셈이다.

20세기 말에 들어와 위성 텔레비전 방송과 인터넷 방송이 발달하면서 고급문화와 대중문화의 융합 차원을 넘어 전 세계의 문화가 더욱 융합하고 혼재하는 현상을 보이기 시작했다. 위성 방송의 발전 및 방송 프로그램의 국제적 유통은 국가 간 그리고 종족 간의 문화 차이를 좁히는 기능을 했다. 이렇게 방송이 세계의 지구촌화 현상을 더욱 가속화하면서 각국의 다양한 민족이 즐기는 대중문화는 동질성을 띠게 되었다.

디지털 위성 방송, HDTV, VOD 등 방송 기술의 눈부신 발전은 방송이 다룰 수 있는 내용의 범위와 수준을 이전과 비교할 수 없을 만큼 높이 끌어올렸고 우리의 일상생활 패턴까지 바꾸어 놓았다. 또한 이러한 기술의 발전으로 인해 방송은 오늘날 매우 중요한 광고 매체의 하나로 자리 잡게 되었다. 방송이 지닌 이와 같은 성격은 문화에 큰 영향을 주는 요인으로 작용했다. 커뮤니케이션 학자 마샬 맥루한은 방송의 이러한 성격과 관련하여 "미디어는 곧 메시지이다."라고 말한 바 있다. 이 말은 방송의 기술적·산업적 기반이 방송의 내용에 매우 큰 영향을 끼친다는 의미로 해석할 수 있다. 요즘의 대중문화는 거의 매스 미디어에 의해 형성된다고 해도 과언이 아닐 정도로 방송의 기술적 측면이 방송의 내용적 측면, 즉 문화에 미치는 영향력이 크다.

이러한 방송의 위상 변화는 방송에 의한 대중문화의 상업주의적, 이데올로기적 성격을 그대로 드러낸다. 이를 단적으로 보여 주는 한 가지 예가 '스타 현상'이다. 오늘날의 사회적 우상으로서 대중의 사랑을 한 몸에 받는 리오넬 메시, BTS 등은 방송이 만들어 낸 대중 스타들이다. 이러한 슈퍼스타들은 대중의 인기로 유지되는 문화 산업 시장을 독점하는 문화 상품이다. 현대 사회에서 방송이 만들어 낸 스타들은 로웬달이 말하는 '소비적 우상들'인 것이다. 이러한 대중문화 우상들의 상품화를 배경으로 하여 형성된 문화 산업 구조는 대중을 정치적 우중으로 만들기도 한다.

앞으로도 방송의 기술적·산업적 메커니즘은 대중문화에 절대적인 영향을 미칠 것으로 보인다. 방송 메커니즘은 다양하면서도 차별화된 우리의 문화적 갈증을 풀어 주기도 하지만 대중문화의 상업주의, 소비주의, 향락주의를 더욱 심화시킬 우려 또한 크다. 21세기의 대중문화가 보다 생산적이고 유익한 것이 될 수 있을지는 우리가 방송에 의한 폐해를 경계하는 한편, 방송 내용에 예술적 가치, 진실성, 지적 성찰 등을 얼마나 담아낼 수 있는가에 달려 있다.

| 2024년 하반기 롯데그룹

41 다음 중 윗글의 내용으로 적절하지 않은 것은?

① 방송이 문화에 미치는 영향력을 고찰하고 있다.
② 전문가의 견해를 인용하여 논지를 강화하고 있다.
③ 구체적 사례를 들어 방송의 특성을 부각하고 있다.
④ 방송의 속성을 친숙한 대상에 빗대어 유추하고 있다.
⑤ 기술 발전에 따른 방송의 위상 변화를 서술하고 있다.

| 2024년 하반기 롯데그룹

42 다음 중 윗글의 중심 내용으로 가장 적절한 것은?

① 대중문화에 미치는 방송의 부정적 영향을 경계해야 한다.
② 고급문화와 대중문화의 정체성을 확보하는 일이 중요하다.
③ 문화 산업 시장을 독점하기 위한 전략을 만드는 일이 중요하다.
④ 스타 시스템을 통해 문화 산업 발전의 수장을 만들어 내야 한다.
⑤ 매스 미디어의 기술적·산업적 메커니즘을 광고 매체에 활용해야 한다.

※ L사 인사팀 소속인 귀하는 워크숍에 참석하여 다음과 같은 내용의 발표를 진행하였다. 이어지는 질문에 답하시오. [43~44]

기업은 근로자에게 제공하는 보상에 비해 근로자가 더 많이 노력하기를 바라는 반면, 근로자는 자신이 노력한 것에 비해 기업으로부터 더 많은 보상을 받기를 바란다. 이처럼 기업과 근로자 간의 이해가 상충하는 문제를 완화하기 위해 근로자가 받는 보상에 근로자의 노력이 반영되도록 하는 약속이 인센티브 계약이다. 인센티브 계약에는 명시적 계약과 암묵적 계약을 이용하는 두 가지 방식이 존재한다.

명시적 계약은 법원과 같은 제삼자에 의해 강제되는 약속이므로 객관적으로 확인할 수 있는 조건에 기초해야 한다. 근로자의 노력은 객관적으로 확인할 수 없으므로 노력 대신에 노력의 결과인 성과에 기초하여 근로자에게 보상하는 약속이 명시적인 인센티브 계약이다. 이 계약은 근로자로 하여금 자신의 노력을 증가시키도록 하는 매우 강력한 동기를 부여한다. 가령, 근로자에 대한 보상 체계가 '고정급+a×성과($0 \leq a \leq 1$)'라고 할 때, 인센티브 강도를 나타내는 a가 커질수록 근로자는 고정급에 따른 기본 노력 외에도 성과급에 따른 추가적인 노력을 더 하게 될 것이다. 왜냐하면 기본 노력과 달리 추가적인 노력에 따른 성과는 a가 커질수록 더 많은 몫을 자신이 갖게 되기 때문이다. 따라서 a를 늘리면 근로자의 노력 수준이 증가함에 따라 추가적인 성과가 더욱 늘어나, 추가적인 성과 가운데 많은 몫을 근로자에게 주더라도 기업의 이윤은 늘어난다.

그러나 명시적인 인센티브 계약이 가진 두 가지 문제점으로 인해 a가 커짐에 따라 기업의 이윤이 감소하기도 한다. 첫째, 명시적인 인센티브 계약은 근로자의 소득을 불확실하게 만든다. 왜냐하면 근로자의 성과는 근로자의 노력뿐만 아니라 작업 상황, 여건, 운과 같은 우연의 요인에 의해서도 영향을 받기 때문이다. 그런데 소득이 불확실해지는 것을 근로자가 받아들이게 하기 위해 기업은 근로자에게 위험 프리미엄* 성격의 추가적인 보상을 지급해야 한다. 따라서 a가 커지면 기업이 근로자에게 지급해야 하는 보상이 늘어나 기업의 이윤이 줄기도 한다. 둘째, 명시적인 인센티브 계약은 근로자들이 보상을 잘 받기 위한 노력에 치중하도록 하는 인센티브 왜곡 문제를 발생시킨다. 성과 가운데에는 측정하기 쉬운 것도 있지만 그렇지 않은 것도 있기 때문이다. 중요하지만 성과 측정이 어려워 충분히 보상받지 못하는 업무를 근로자들이 등한시하게 되면 기업 전체의 성과에 해로운 결과를 초래하게 된다. 따라서 a가 커지면 인센티브를 왜곡하는 문제가 악화되어 기업의 이윤이 줄기도 하는 것이다.

합당한 성과 측정 지표를 찾기 힘들고 인센티브 왜곡의 문제가 중요한 경우에는 암묵적인 인센티브 계약이 더 효과적일 수 있다. 암묵적인 인센티브 계약은 성과와 상관없이 근로자의 노력에 대한 주관적인 평가에 기초하여 보너스, 복지 혜택, 승진 등의 형태로 근로자에게 보상하는 것이다. ㉠ 암묵적 계약은 법이 보호할 수 있는 계약을 실제로 맺는 것이 아니다. 이에 따르면 상대방과 협력 관계를 계속 유지하는 것이 장기적으로 이익일 경우에 자발적으로 상대방의 기대에 부응하도록 행동하는 것을 계약의 이행으로 본다. 물론 어느 한쪽이 상대방의 기대를 저버림으로써 얻게 되는 단기적 이익이 크다고 생각하여 협력 관계를 끊더라도 법적으로 이를 못하도록 강제할 방법은 없다. 하지만 상대방의 신뢰를 잃게 되면 그때부터 상대방의 자발적인 협력을 기대할 수 없게 된다. 따라서 암묵적인 인센티브 계약에 의존할 때에는 기업의 평가와 보상이 공정하다고 근로자가 신뢰하게 하는 것이 중요하다.

*위험 프리미엄 : 소득의 불확실성이 커질 때 근로자는 사실상 소득이 줄어든 것으로 느끼게 되는데, 이를 보전하기 위해 기업이 지급해야 하는 보상

43 다음 중 윗글의 내용으로 적절하지 않은 것은?

① 기업과 근로자 사이의 이해 상충은 근로자의 노력을 반영하는 보상을 통해 완화할 수 있는 문제이다.
② 법이 보호할 수 있는 인센티브 계약으로 근로자의 노력을 늘리려는 것이 오히려 기업에 해가 되는 경우가 있다.
③ 명시적인 인센티브 계약에서 노력의 결과인 성과에 기초하는 것은 노력 자체를 객관적으로 확인할 수 없기 때문이다.
④ 합당한 성과 측정 지표를 찾기 힘들 경우에는 객관적 평가보다 주관적 평가에 기초한 보상이 더 효과적일 수 있다.
⑤ 성과를 측정하기 어려운 업무에 종사하는 근로자에 대한 보상에서는 명시적인 인센티브의 강도가 높은 것이 효과적이다.

44 다음 중 밑줄 친 ㉠에 대한 설명으로 적절하지 않은 것은?

① 법원과 같은 제삼자가 강제할 수 없는 약속이다.
② 객관적으로 확인할 수 있는 조건에 기초한 약속이다.
③ 자신에게 이익이 되기 때문에 자발적으로 이행하는 약속이다.
④ 상대방의 신뢰를 잃음으로써 초래되는 장기적 손실이 클수록 더 잘 지켜지는 약속이다.
⑤ 상대방의 기대를 저버림으로써 얻게 되는 단기적 이익이 작을수록 더 잘 지켜지는 약속이다.

45 다음 글의 논지와 가장 가까운 주장은?

> 환경 결정론을 간단히 정의하면 모든 인간의 행동, 노동과 창조 등은 환경 내의 자연적 요소들에 의해 미리 결정되거나 통제된다는 것이다. 이에 대하여 환경 가능론은 자연 환경은 단지 인간이 반응할 수 있는 다양한 가능성의 기회를 제공할 뿐이며, 인간은 환경을 변화시킬 수 있는 능동적인 힘을 가지고 있다고 반박한다.
>
> 환경 결정론 사조 형성에 영향을 준 사상은 1859년에 발표된 다윈의 진화론이다. 다윈의 진화 사상과 생물체가 환경에 적응한다는 개념은 인간도 특정 환경에 적응해야 한다는 것으로 수용되었다. 이러한 철학적 배경하에 형성되기 시작한 환경 결정론의 발달에 공헌한 사람으로는 라첼, 드모랭, 샘플 등이 있다. 라첼은 인간도 자연 법칙 아래에서 살고 있다고 보았으며, 문화의 형태도 자연적 조건에 의해 결정되고 적응한 결과로 간주하였다. 드모랭은 보다 극단적으로 사회 유형은 환경적 힘의 산물로 보고 초원 지대의 유목 사회, 지중해 연안의 상업 사회를 환경 결정론적 사고에 입각하여 해석하였다.
>
> 환경 결정론이 인간의 의지와 선택의 자유를 인정하지 않는다는 점이 문제라면 환경 가능론은 환경이 제공한 많은 가능성 중 왜 어떤 가능성이 선택되어야 하는가를 설명하기 힘들다. 과학 기술의 발달에 의해 인간이 자연의 많은 장애물을 극복하게 된 것은 사실이지만, 실패로 인해 고통받는 사례도 많다. 사실 결정론이냐 가능론이냐 결론을 내리는 것은 그리 중요하지 않다. 인간과 환경의 관계는 매우 복잡하며, 지표상의 경관은 자연적인 힘과 문화적인 힘에 의해 이루어지기 때문에 어떤 한 가지 결정 인자를 과소평가하거나 과장하면 안 된다. 인간 활동의 결과로 인한 총체적인 환경 파괴 문제가 현대 문명 전반의 위기로까지 심화되는 오늘날, 인간과 자연의 진정한 상호 관계는 어떠해야 할지 생각해야 할 것이다. 이제 자연이 부여한 여러 가지 가능성 중에서 자연 환경과 조화를 이룰 수 있는 가능성을 선택해야 할 때이다.

① 인간과 자연은 항상 대립하고 있어. 자연의 위력 앞에서 우리는 맞서 싸워야 해.
② 자연의 힘은 대단해. 몇 해 전 동남아 대해일을 봤지? 인간이 얼마나 무력한지 알겠어.
③ 우리는 잘 살기 위해서 자연을 너무 훼손했어. 이제는 자연과 공존하는 삶을 생각해야 해.
④ 인간은 자연의 위대함 앞에 굴복해야 돼. 인간의 끝없는 욕망이 오늘의 재앙을 불러왔다고 봐야 해.
⑤ 인간의 능력은 초자연적이야. 이런 능력을 잘 살려 나간다면 에너지 부족 사태쯤이야 충분히 해결할 거야.

| 02 | 수리

| 2025년 하반기 삼성그룹

01 작년 S문구점에서는 지우개 A, B를 합쳐 1,200원에 판매하였다. 올해 A지우개의 가격이 30% 증가하였고, B지우개의 가격은 10% 증가하였더니, 두 지우개를 합친 가격이 작년보다 200원 증가하였다. 올해 A지우개의 가격은 얼마인가?

① 400원
② 480원
③ 520원
④ 540원
⑤ 620원

| 2025년 하반기 삼성그룹

02 S사의 A팀 직원 7명은 한식 또는 중식으로 점심을 선택하려고 한다. 7명 중 3명이 한식을 고르고, 나머지 4명은 중식을 고를 때, 팀원을 나누는 경우의 수는?(단, 선택한 메뉴에 따라 나눈다)

① 35가지
② 44가지
③ 86가지
④ 210가지
⑤ 840가지

| 2025년 하반기 삼성그룹

03 A, B동아리에 매년 가입하는 회원 수가 다음과 같은 규칙을 보일 때, 두 동아리 회원 수의 합이 최초로 160명이 넘는 연도는?

〈A, B동아리의 가입 회원 수〉

(단위 : 명)

구분	2024년	2025년	2026년	2027년
A동아리 회원 수	14	23	37	56
B동아리 회원 수	13	17	22	28

① 2028년
② 2029년
③ 2030년
④ 2031년
⑤ 2032년

04 A, B자동차의 매년 판매율이 다음과 같은 규칙을 보일 때, B자동차의 전년 대비 판매율이 A자동차의 전년 대비 판매율의 40배 이상 되는 최초 연도는?

〈A, B자동차의 판매 증감률〉

(단위 : %)

구분	2021년	2022년	2023년	2024년	2025년
A자동차	8.7	7.6	6.5	5.4	4.3
B자동차	1.2	3.6	7.2	12	18

① 2026년 ② 2027년
③ 2028년 ④ 2029년
⑤ 2030년

05 A와 B는 이번 분기 동안 각자 개인 업무 1개씩과 A와 B가 함께 처리해야 하는 협력업무 1개를 완료해야 한다. A는 자신의 개인 업무를 완료하는 데 24일이 걸리고, B는 자신의 개인 업무를 완료하는 데 39일이 걸린다. A와 B의 협력업무의 경우, A가 혼자 하면 56일이 걸리고, B가 혼자 하면 64일이 걸린다. 이들이 동시에 개인 업무를 시작하여, 협력업무까지 연달아 완료하는 데에는 최소 며칠이 소요되겠는가?

① 46일 ② 51일
③ 56일 ④ 61일
⑤ 66일

06 S사는 작년에 A제품과 B제품을 합쳐 총 3,200개를 생산하였다. 올해는 작년 대비 A제품의 생산량을 25%, B제품의 생산량을 35% 증가시켜 총 4,200개를 생산한다고 할 때, 올해 A, B제품의 생산량 차이는?

① 900개 ② 1,000개
③ 1,100개 ④ 1,200개
⑤ 1,300개

Easy

07 S전자에서는 냉장고 3대, 세탁기 4대, 청소기 2대 중 3대를 신제품 행사에 전시하려고 한다. 이때, 적어도 1대는 냉장고를 전시할 확률은?(단, 모든 가전제품은 서로 다른 모델이다)

① $\frac{12}{21}$
② $\frac{13}{21}$
③ $\frac{14}{21}$
④ $\frac{5}{7}$
⑤ $\frac{16}{21}$

08 C전자 매장의 TV와 냉장고의 판매량 비율은 작년 3 : 2에서 올해 13 : 9로 변하였다. 올해 TV와 냉장고의 총판매량이 작년보다 10% 증가하였을 때, 냉장고의 판매량은 작년보다 몇 % 증가하였는가?

① 11.5%
② 12%
③ 12.5%
④ 13%
⑤ 1.35%

09 어느 회사의 작년 직원 수는 올해보다 5% 많았고, 내년에는 올해보다 4% 늘려 28명을 추가로 고용할 예정이다. 이 회사의 작년 직원 수와 내년 직원 수의 차이는 몇 명인가?

① 7명
② 8명
③ 9명
④ 10명
⑤ 11명

10 A, B, C 3개의 회사에서 중국 바이어와의 계약을 성사시키기 위해 각자 미팅을 준비하고 있다. A, B, C회사가 미팅 후 계약을 성사시킬 확률은 각각 $\frac{1}{4}$, $\frac{1}{3}$, $\frac{1}{2}$일 때, 중국 바이어가 한 회사하고만 계약할 확률은?

① $\frac{2}{9}$
② $\frac{1}{4}$
③ $\frac{1}{3}$
④ $\frac{11}{24}$
⑤ $\frac{1}{2}$

Easy

| 2025년 상반기 S-OIL

11 A기차와 B기차가 36m/s의 일정한 속력으로 달리고 있다. 600m 길이의 터널을 완전히 지나는 데 A기차가 25초, B기차가 20초 걸렸다면 각 기차의 길이가 바르게 짝지어진 것은?

	A기차	B기차		A기차	B기차
①	150m	120m	②	200m	130m
③	200m	150m	④	300m	100m
⑤	300m	120m			

| 2025년 상반기 S-OIL

12 A가 혼자 하면 4일, B가 혼자 하면 6일 걸리는 일이 있다. A가 먼저 2일 동안 일을 하고 남은 양을 B가 끝마치려 한다. B는 며칠 동안 일을 해야 하는가?

① 2일 ② 3일
③ 4일 ④ 5일
⑤ 6일

| 2025년 상반기 S-OIL

13 농도 4%의 소금물이 들어있는 컵에 농도 10%의 소금물을 부었더니, 농도 8%의 소금물 600g이 만들어졌다고 할 때, 처음 들어있던 농도 4%의 소금물은 얼마인가?

① 160g ② 180g
③ 200g ④ 220g
⑤ 240g

Easy

| 2024년 하반기 롯데그룹

14 L사 패스트푸드 매장 A지점의 매출액이 작년 대비 25%가 상승하여 a원만큼 세금이 부과되었다. 작년에 부과된 세금은?(단, 당해 매출액의 2%가 세금으로 부과된다)

① $0.5a$원 ② $0.6a$원
③ $0.7a$원 ④ $0.8a$원
⑤ $0.9a$원

| 2024년 하반기 롯데그룹

15 L사 문화재단의 갑부서, 을부서, 병부서에서 대표로 2명씩 미디어 사업 확장을 위한 회의에 참석하였다. 원탁에 같은 부서 사람끼리 옆자리에 앉는 방식으로 자리를 배치한다고 할 때, 6명이 앉을 수 있는 경우의 수는?

① 15가지 ② 16가지
③ 17가지 ④ 18가지
⑤ 19가지

| 2024년 하반기 LG그룹

16 L공장에서 제조하는 휴대폰 액세서리는 원가가 700원이고 표시된 정가는 a원이다. 서울의 A매장에서 이 액세서리를 표시된 정가에서 14% 할인하여 50개 팔았을 때의 이익과 B매장에서 20% 할인하여 80개 팔았을 때의 이익이 같다고 한다. 이때, a의 각 자리의 수를 모두 더한 값은?

① 1 ② 2
③ 3 ④ 4
⑤ 5

| 2024년 상반기 두산그룹

17 경림이와 소정이가 같은 지점에서 출발하여 서로 반대 방향으로 걸어갔다. 경림이는 시속 $x$km, 소정이는 시속 6km로 걸어갔더니 2시간 20분 후에 둘 사이의 거리가 24.5km가 되었다. 이때, 경림이의 걸음 속도는?

① 4km/h ② 4.5km/h
③ 5km/h ④ 5.5km/h
⑤ 6km/h

| 2024년 상반기 삼성그룹

18 영업부 5명의 직원이 지방으로 1박 2일 출장을 갔다. 이때 1, 2, 3인실 방에 배정되는 경우의 수는?(단, 각 방은 하나씩 있으며 1, 2, 3인실이 꼭 다 채워질 필요는 없다)

① 50가지 ② 60가지
③ 70가지 ④ 80가지
⑤ 90가지

| 2024년 상반기 삼성그룹

19 한 학교의 올해 남학생과 여학생 수는 작년에 비해 남학생은 8% 증가, 여학생은 10% 감소했다. 작년의 전체 학생 수는 820명이고, 올해는 작년에 비해 10명이 감소하였다고 할 때, 작년 여학생 수는?

① 400명 ② 410명
③ 420명 ④ 430명
⑤ 440명

| 2024년 상반기 KT그룹

20 민지네 과일가게에서는 토마토와 배를 각각 1개당 90원, 210원에 판매를 하고, 1개의 무게는 각각 120g, 450g이다. 한 바구니에 토마토와 배를 몇 개씩 담아 무게를 재어보니 6.15kg이었고, 가격은 3,150원이었다. 바구니의 무게가 990g이며 가격은 300원이라고 할 때, 바구니 안에 들어있는 배의 개수는?

① 5개 ② 6개
③ 7개 ④ 8개
⑤ 9개

| 2024년 상반기 KT그룹

21 소연이가 집에서 마트까지 시속 6km의 속력으로 걸어가서 40분 동안 물건을 구매한 후 같은 길을 시속 4km로 걸어 집으로 돌아왔더니 2시간 30분이 걸렸다. 이때 집에서 마트까지의 거리는?

① 4.1km ② 4.4km
③ 4.9km ④ 5.4km
⑤ 6.3km

| 2023년 하반기 삼성그룹

22 A~H 8명의 후보 선수 중 4명을 뽑을 때, A, B, C를 포함하여 뽑을 확률은?

① $\frac{1}{14}$ ② $\frac{1}{5}$
③ $\frac{3}{8}$ ④ $\frac{1}{2}$
⑤ $\frac{3}{5}$

Hard

23 길이가 390m인 터널을 완전히 통과하는 데 9초가 걸리는 A열차와 길이가 365m인 터널을 완전히 통과하는 데 10초가 걸리는 B열차가 있다. 두 열차가 서로 마주보는 방향으로 달려 완전히 지나가는 데 걸리는 시간은 4.5초이다. B열차의 길이가 335m라면, A열차의 길이는?

① 365m
② 360m
③ 355m
④ 350m
⑤ 345m

Easy

24 세빈이는 지난 주말에 등산을 하였다. 올라갈 때에는 시속 4km로 걷고 내려올 때에는 올라갈 때보다 2km 더 먼 거리를 시속 6km의 속력으로 걸어 내려왔다. 올라갈 때와 내려올 때 걸린 시간이 같았다면 내려올 때 걸린 시간은?

① 1시간
② 1.5시간
③ 2시간
④ 2.5시간
⑤ 3시간

Hard

25 직원 A ~ P 16명이 야유회에 가서 4명씩 4개의 조로 행사를 한다. 첫 번째 이벤트에서 같은 조였던 사람은 두 번째 이벤트에서 같은 조가 될 수 없다. 두 번째 이벤트에서 1, 4조가 〈보기〉처럼 주어졌을 때, 두 번째 이벤트에서 나머지 2개 조의 조원을 정하는 방법의 경우의 수는?

> **보기**
> • 1조 : I, J, K, L
> • 4조 : M, N, O, P

① 8가지
② 10가지
③ 12가지
④ 14가지
⑤ 16가지

| 2023년 상반기 KT그룹

26 무게가 1개당 15g인 사탕과 20g인 초콜릿을 합하여 14개를 사는데 총무게가 235g 이상 250g 이하가 되도록 하려고 한다. 이때 구매할 수 있는 사탕의 최대 개수는?

① 7개　　　　　　　　　② 8개
③ 9개　　　　　　　　　④ 10개
⑤ 11개

| 2023년 상반기 삼성그룹

27 남학생 4명과 여학생 3명을 원형 모양의 탁자에 앉힐 때, 여학생 3명이 이웃해서 앉을 확률은?

① $\dfrac{1}{21}$　　　　　　　　② $\dfrac{1}{20}$
③ $\dfrac{1}{15}$　　　　　　　　④ $\dfrac{1}{7}$
⑤ $\dfrac{1}{5}$

| 2025년 하반기 LG그룹

28 제시된 수열이 모두 같은 규칙일 때, 두 번째 수열의 5번째 항에 해당하는 수는?

3	7	12	18	25	33
		6	10	…	

① 25　　　　　　　　　② 28
③ 45　　　　　　　　　④ 57
⑤ 63

※ 일정한 규칙으로 수를 나열할 때, 빈칸에 들어갈 수로 알맞은 것을 고르시오. [29~41]

Easy

| 2024년 하반기 KT그룹

29

| | 51 | 58 | 42 | 49 | ( ) | 40 | 24 |

① 39　　　　　　　　　② 36
③ 35　　　　　　　　　④ 33
⑤ 31

| 2024년 하반기 KT그룹

30

| | 4,567　22　4　　371　11　2　　8,521　16　( ) |

① 4　　　　　　　　　② 5
③ 6　　　　　　　　　④ 7
⑤ 8

| 2024년 하반기 LG그룹

31

| | $2\frac{3}{4}$ | $4\frac{7}{26}$ | ( ) | $8\frac{15}{118}$ | $10\frac{19}{188}$ | $12\frac{23}{274}$ | $14\frac{27}{376}$ |

① $6\dfrac{11}{90}$　　　　　　　　② $6\dfrac{11}{80}$
③ $6\dfrac{11}{72}$　　　　　　　　④ $6\dfrac{11}{64}$
⑤ $6\dfrac{11}{56}$

32

| 3.98 | 8.95 | 15.9 | 24.83 | 35.74 | 48.63 | ( ) | 80.35 | 99.18 |

① 63.5
② 64.3
③ 65.8
④ 66.9
⑤ 67.2

33

| 1 | −2 | 1 | −2 | 4 | −8 | 1 | −2 | ( ) |

① 8
② 9
③ 10
④ 11
⑤ 12

34

| 100 | 80 | 61 | 43 | ( ) | 10 | −5 |

① 24
② 25
③ 26
④ 27
⑤ 28

| 2024년 상반기 KT그룹

35

$$77 \quad 35 \quad 42 \quad -7 \quad 49 \quad (\ ) \quad 105 \quad -161$$

① -54 ② -56
③ -58 ④ -60
⑤ -64

| 2023년 하반기 KT그룹

Hard
36

$$0.2 \quad (\ ) \quad 2.8 \quad 20.6 \quad 146.2 \quad 1026.4$$

① 0.4 ② 1.4
③ 1.5 ④ 1.6
⑤ 2.4

| 2023년 하반기 KT그룹

37

$$\underline{1\ \ 2\ \ 2} \quad \underline{2\ \ 4\ \ 2} \quad \underline{3\ \ 12\ \ (\ )}$$

① 4 ② 5
③ 6 ④ 7
⑤ 8

38
| 2023년 상반기 KT그룹

5 1 2   3 9 4   8 ( ) 6

① 2
② 7
③ 10
④ 11
⑤ 12

Hard 39
| 2023년 상반기 KT그룹

$\frac{7}{11}$ $\frac{2}{22}$ $-\frac{4}{44}$ $-\frac{11}{77}$ $-\frac{19}{121}$ ( )

① $-\frac{26}{150}$
② $-\frac{28}{176}$
③ $-\frac{22}{154}$
④ $-\frac{38}{242}$
⑤ $-\frac{45}{242}$

40
| 2025년 하반기 LG그룹

−4	9	7	7
17	−9	22	8
9	( )	−8	9
4	9	16	−3

① 16
② 17
③ 18
④ 19
⑤ 20

41

1	3	5	7
11	15	19	23
30	35	40	45
98	( )	74	62

① 80 ② 82
③ 84 ④ 86
⑤ 88

2025년 하반기 삼성그룹

42 다음은 연도별 A, B도시의 전력 사용량을 나타낸 자료이다. 조사기간 내 A도시 증가율과 B도시 증가율의 평균은?(단, 증가율은 백분율로 구한다)

〈연도별 전력 사용량〉

(단위 : MWh)

구분	2021년	2022년	2023년	2024년
A도시	460	540	552	529
B도시	510	675	605	612

① 12.5% ② 14.0%
③ 16.5% ④ 17.0%
⑤ 17.5%

43 다음은 6년간 S기업의 주력제품 생산량을 정리한 자료이다. 이에 대한 설명으로 옳지 않은 것은? (단, 증감률은 소수점 셋째 자리에서 반올림한다)

⟨S기업 주력제품 생산량⟩

(단위 : 천 개)

구분	A제품	B제품	C제품	D제품
2019년	120	200	150	180
2020년	138	220	165	189
2021년	152	210	181	200
2022년	168	231	195	210
2023년	184	250	210	205
2024년	201	275	225	215

① 2019년 대비 2024년 생산 증가량이 가장 큰 제품은 A제품이다.
② 조사기간 중 전년 대비 제품 생산 감소율이 가장 큰 제품은 B제품이다.
③ 주력제품 중 전년 대비 2023년 생산량 증감률의 절댓값이 가장 큰 제품은 B제품이다.
④ C제품의 2019년 생산량이 전년 대비 20% 증가하였다면, 2018년 C제품의 생산량은 125,000개이다.
⑤ 모든 제품에 대해 2025년 생산량이 2024년보다 10% 많을 것으로 예상한다면, 가장 많이 생산하는 제품과 가장 적게 생산하는 제품의 생산량 차이는 81,400개이다.

※ 다음은 S기업의 6년간 매출액과 전년 대비 변화율을 나타낸 자료이다. 이어지는 질문에 답하시오.
[44~45]

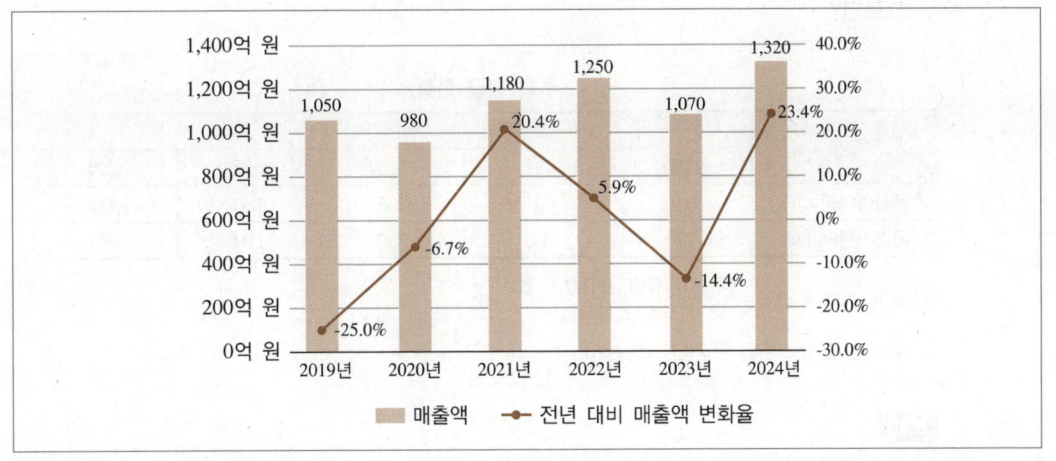

| 2025년 하반기 삼성그룹

44 다음 중 2018년의 매출액으로 옳은 것은?

① 1,250억 원 ② 1,350억 원
③ 1,400억 원 ④ 1,650억 원
⑤ 1,700억 원

| 2025년 하반기 삼성그룹

45 조사기간 동안 S기업에서 사용한 비용이 항상 매출액의 70%일 때, 2019년 대비 2024년의 순이익의 변화율은?(단, 순이익은 [(매출액)−(비용)]이며, 변화율은 백분율로 구하고, 소수점 둘째 자리에서 반올림한다)

① 21.4% ② 25.7%
③ 26.8% ④ 31.5%
⑤ 32.6%

46 다음은 어느 지역의 주화 공급 현황에 대한 자료이다. 이에 대한 〈보기〉의 설명 중 옳은 것을 모두 고르면?

〈주화 공급 현황〉

구분	액면가				합계
	10원	50원	100원	500원	
공급량(십만 개)	340	215	265	180	1,000
공급기관 수(개)	170	90	150	120	530

※ (평균 주화 공급량) = $\dfrac{(주화\ 종류별\ 공급량의\ 합)}{(주화\ 종류\ 수)}$

※ (주화 공급액) = (주화 공급량) × (액면가)

보기

ㄱ. 주화 공급량이 주화 종류별로 각각 20십만 개씩 증가한다면, 이 지역의 평균 주화 공급량은 270십만 개이다.
ㄴ. 주화 종류별 공급기관당 공급량은 10원 주화가 500원 주화보다 적다.
ㄷ. 10원과 500원 주화는 각각 10%씩, 50원과 100원 주화는 각각 20%씩 공급량이 증가한다면, 이 지역의 평균 주화 공급량의 증가율은 15% 이하이다.
ㄹ. 총 주화 공급액 규모가 12% 증가해도 주화 종류별 주화 공급량의 비율은 변하지 않는다.

① ㄱ, ㄴ
② ㄱ, ㄷ
③ ㄷ, ㄹ
④ ㄱ, ㄷ, ㄹ
⑤ ㄴ, ㄷ, ㄹ

| 2025년 하반기 LG그룹

47 다음은 철도 화물의 품목별 수송량 구성비에 대한 자료이다. 이에 대한 설명으로 옳지 않은 것은?

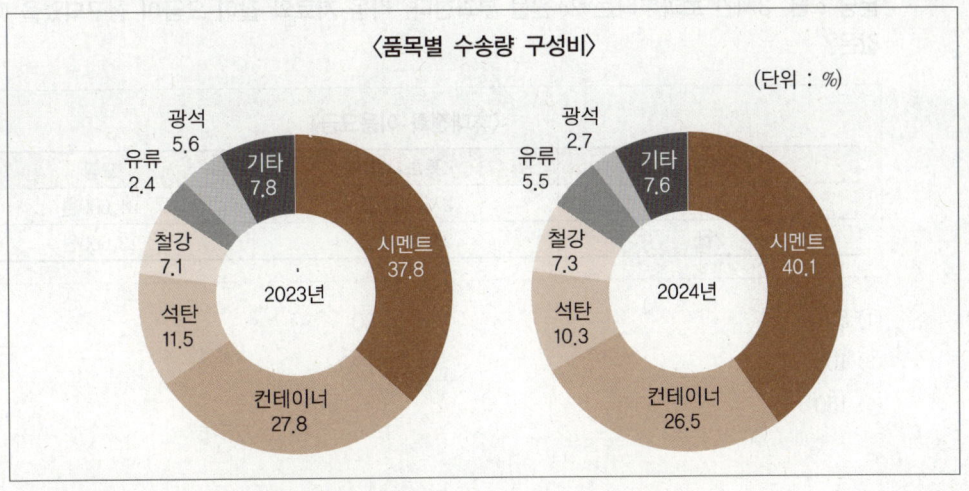

① 2023년 대비 2024년에 구성비가 증가한 품목은 3개이다.
② 컨테이너 수송량은 2023년에 비해 2024년에 감소하였다.
③ 구성비가 가장 크게 변화한 품목은 유류이다.
④ 2023년과 2024년에 가장 큰 비율을 차지하는 품목은 같다.
⑤ 2023년엔 유류가, 2024년엔 광석이 단일 품목 중 가장 작은 비율을 차지한다.

| 2025년 상반기 CJ그룹

48 다음은 C지역의 연도별 건강보험금 부과액 및 징수액에 대한 자료이다. 직장가입자 건강보험금 징수율이 가장 높은 해와 지역가입자의 건강보험금 징수율이 가장 높은 해를 바르게 연결한 것은?

〈건강보험금 부과액 및 징수액〉

(단위 : 백만 원)

구분		2021년	2022년	2023년	2024년
직장가입자	부과액	6,706,712	5,087,163	7,763,135	8,376,138
	징수액	6,698,187	4,898,775	7,536,187	8,368,972
지역가입자	부과액	923,663	1,003,637	1,256,137	1,178,572
	징수액	886,396	973,681	1,138,763	1,058,943

※ (징수율) = $\frac{(징수액)}{(부과액)} \times 100$

	직장가입자	지역가입자		직장가입자	지역가입자
①	2024년	2022년	②	2024년	2021년
③	2023년	2022년	④	2023년	2021년
⑤	2022년	2021년			

Easy
49 어느 통신회사는 휴대전화의 통화시간에 따라 월 2시간까지는 기본요금, 2시간 초과 3시간까지는 분당 a원, 3시간 초과부터는 $2a$원을 부과한다. 다음 자료와 같이 요금이 청구되었을 때, a의 값은?

2025년 상반기 S-OIL

〈휴대전화 이용요금〉

구분	통화시간	요금
1월	3시간 30분	21,600원
2월	2시간 20분	13,600원

① 50
② 80
③ 100
④ 120
⑤ 150

Easy
50 다음은 로봇산업현황 중 국내시장 규모를 나타낸 자료이다. 제조업용 로봇 생산액의 2021년 대비 2023년의 성장률은?(단, 소수점 둘째 자리에서 반올림한다)

2024년 하반기 KT그룹

〈국내시장(생산기준) 규모〉

(단위 : 억 원, %)

구분	2021년		2022년			2023년		
	생산액	구성비	생산액	구성비	전년 대비	생산액	구성비	전년 대비
제조업용 로봇	6,272	87.2	6,410	85.0	2.2	7,016	84.9	9.5
서비스용 로봇	447	6.2	441	5.9	-1.1	483	5.9	9.4
전문 서비스용	124	1.7	88	1.2	-29.1	122	1.5	38.4
개인 서비스용	323	4.5	353	4.7	9.7	361	4.4	2.2
로봇부품 및 부분품	478	6.6	691	9.1	44.5	769	9.2	11.4
합계	7,197	100	7,542	100	4.8	8,268	100	9.6

① 7.3%
② 8.9%
③ 10.2%
④ 11.9%
⑤ 13.4%

51

구분	1년 후	2년 후	3년 후	4년 후	5년 후
파일 개수	1	3	7	15	31

① 511천 개
② 765천 개
③ 1,023천 개
④ 1,685천 개
⑤ 2,047천 개

52

① 40,068원
② 41,080원
③ 42,952원
④ 43,085원
⑤ 44,065원

| 2024년 상반기 삼성그룹

53 다음은 수도권에서의 배, 귤, 사과 판매량에 대한 자료이다. 수도권 중 서울에서 판매된 배의 비율을 a, 경기도에서 판매된 귤의 비율을 b, 인천에서 판매된 사과의 비율을 c라고 할 때, $a+b+c$의 값은?(단, 수도권은 서울, 경기, 인천이다)

〈수도권 배, 귤, 사과 판매량〉

(단위 : 개)

구분	서울	경기	인천
배	800,000	1,500,000	200,000
귤	7,500,000	3,000,000	4,500,000
사과	300,000	450,000	750,000

① 0.9
② 0.94
③ 0.98
④ 1.02
⑤ 1.06

Easy

| 2024년 상반기 삼성그룹

54 S시에서 운영하는 시립도서관에서 보유하고 있는 책의 수가 다음과 같은 규칙을 보일 때, 2023년 5월에 보유하고 있는 책의 수는?

〈S시 시립도서관 보유 책 현황〉

(단위 : 권)

구분	2022년 6월	2022년 7월	2022년 8월	2022년 9월	2022년 10월
보유 중인 책의 수	500	525	550	575	600

① 700권
② 725권
③ 750권
④ 775권
⑤ 800권

2024년 상반기 삼성그룹

55 S베이커리에서 제조되는 초콜릿의 개수가 다음과 같은 규칙을 보일 때, 2023년 11월에 제조되는 초콜릿의 개수는?

〈S베이커리 제조되는 초콜릿 수 변화〉

(단위 : 개)

구분	2023년 1월	2023년 2월	2023년 3월	2023년 4월	2023년 5월	2023년 6월
초콜릿의 개수	10	20	30	50	80	130

① 210개 ② 340개
③ 550개 ④ 890개
⑤ 1,440개

2024년 하반기 CJ그룹

56 다음은 주요 곡물별 수급 현황에 대한 자료이다. 이에 대한 설명으로 옳지 않은 것은?

〈주요 곡물별 수급 현황〉

(단위 : 백만 톤)

구분		2021년	2022년	2023년
소맥	생산량	695	650	750
	소비량	697	680	735
옥수수	생산량	885	865	950
	소비량	880	860	912
대두	생산량	240	245	260
	소비량	237	240	247

① 전체적으로 2023년에 생산과 소비가 가장 활발하였다.
② 2023년 생산량 대비 소비량의 비중이 가장 낮았던 곡물은 대두이다.
③ 2021년부터 2023년까지 대두의 생산량과 소비량이 지속적으로 증가하였다.
④ 2022년에 옥수수는 다른 곡물에 비해 전년 대비 소비량의 변화가 가장 작았다.
⑤ 2021년 전체 곡물 생산량과 2023년 전체 곡물 생산량의 차이는 140백만 톤이다.

※ 다음은 S사 직원들의 명함 제작 기준에 대한 자료이다. 이어지는 질문에 답하시오. [57~58]

〈명함 제작 기준〉
(단위 : 원)

구분	100장	추가 50장
국문	10,000	3,000
영문	15,000	5,000

※ 고급 종이로 제작할 경우 정가의 10% 가격 추가됨

| 2024년 상반기 삼성그룹

57 올해 신입사원이 입사해서 국문 명함을 만들었다. 명함은 1인당 150장씩 지급하며, 일반 종이로 만들어 총 제작비용은 195,000원이다. 이때 신입사원의 수는?

① 12명 ② 13명
③ 14명 ④ 15명
⑤ 16명

| 2024년 상반기 삼성그룹

58 이번 신입사원 중 해외영업부로 배치받은 사원들에게는 고급 종이로 영문 명함을 200장씩 만들어 주려고 한다. 해외영업부 신입사원이 총 8명일 때 명함 제작비용 총액은?

① 158,400원 ② 192,500원
③ 210,000원 ④ 220,000원
⑤ 247,500원

| 2023년 하반기 삼성그룹

Easy

59 다음은 S사의 2020 ~ 2022년 데스크탑 PC와 노트북 판매 실적 현황에 대한 자료이다. 전년 대비 2022년의 판매량 증감률을 바르게 짝지은 것은?

〈S사 데스크탑 PC 및 노트북 판매 실적〉

(단위 : 천 대)

구분	2020년	2021년	2022년
데스크탑 PC	5,500	5,000	4,700
노트북	1,800	2,000	2,400

	데스크탑 PC	노트북		데스크탑 PC	노트북
①	6%	20%	②	6%	10%
③	−6%	20%	④	−6%	10%
⑤	−6%	5%			

| 2025년 상반기 삼성그룹

60 다음은 A ~ C 3사의 2024년 1분기 매출액과 전분기 대비 변동률을 나타낸 자료이다. 이에 대한 설명으로 옳은 것은?(단, 모든 계산은 소수점 셋째 자리에서 반올림한다)

〈2024년 1분기 매출액 및 전분기 대비 매출액 변동률〉

(단위 : 억 원, %)

구분	1분기 매출액	2분기 변동률	3분기 변동률	4분기 변동률
A사	16	+12	−11	−20
B사	11	−8	+9	+8
C사	9	+6	−5	+30

① 3사의 분기별 매출액 순위는 4분기에 변한다.
② A사의 2분기 매출액은 같은 분기 C사의 1.5배 이상이다.
③ B사의 4분기 매출액은 같은 분기 A사의 매출액을 초과하였다.
④ B사의 4분기 매출액은 1분기 매출액보다 10% 이상 증가하였다.
⑤ 4분기에 감소한 A사 매출액의 절댓값은 4분기에 증가한 C사 매출액의 절댓값보다 작다.

61 다음은 A공장에서 근무하는 근로자들의 임금수준 분포에 대한 자료이다. 근로자 전체에게 지급된 임금(월 급여)의 총액이 2억 원일 때, 이에 대한 〈보기〉의 설명으로 옳은 것을 모두 고르면?

〈A공장 근로자의 임금수준 분포〉

임금수준(만 원)	근로자 수(명)
월 300 이상	4
월 270 이상 300 미만	8
월 240 이상 270 미만	12
월 210 이상 240 미만	26
월 180 이상 210 미만	30
월 150 이상 180 미만	6
월 150 미만	4
합계	90

보기

㉠ 근로자당 평균 월 급여액은 230만 원 이하이다.
㉡ 절반 이상의 근로자들이 월 210만 원 이상의 급여를 받고 있다.
㉢ 월 180만 원 미만의 급여를 받는 근로자의 비율은 약 14%이다.
㉣ 적어도 15명 이상의 근로자가 월 250만 원 이상의 급여를 받고 있다.

① ㉠
② ㉢
③ ㉠, ㉡
④ ㉡, ㉢
⑤ ㉠, ㉡, ㉢

2024년 상반기 삼성그룹

62 다음은 A~D사의 2020년부터 2023년까지의 DRAM 판매 수익에 대한 자료이다. 이에 대한 설명으로 옳지 않은 것은?

〈2020~2023년 DRAM 판매 수익〉

(단위 : 조 원)

구분	2020년	2021년	2022년	2023년
A사	20	18	9	22
B사	10	6	-2	8
C사	10	7	-6	-2
D사	-2	-5	-8	-4

※ 그해의 판매 수익이 음수라면 적자를 기록한 것임

① A~D사의 2022년 전체 판매 수익은 적자를 기록하였다.
② 2021~2023년 A~D사의 전년 대비 수익 증감 추이는 모두 같다.
③ 2022년 A~D사의 전년 대비 판매 수익 감소율은 모두 50% 이하이다.
④ 2020년 대비 2023년의 판매 수익이 가장 크게 증가한 곳은 A사이다.
⑤ B사와 D사의 2020년 대비 2023년의 판매 수익이 감소한 금액은 같다.

2023년 하반기 삼성그룹

63 다음은 어느 도서관의 일정 기간 도서 대여 횟수에 대한 자료이다. 이에 대한 설명으로 옳지 않은 것은?

〈도서 대여 횟수〉

(단위 : 회)

구분	비소설		소설	
	남자	여자	남자	여자
40세 미만	20	10	40	50
40세 이상	30	20	20	30

① 40세 미만보다 40세 이상의 전체 대여 횟수가 더 적다.
② 소설을 대여한 전체 횟수가 비소설을 대여한 전체 횟수보다 많다.
③ 남자가 소설을 대여한 횟수가 여자가 소설을 대여한 횟수의 70% 이하이다.
④ 40세 이상의 전체 대여 횟수에서 소설 대여 횟수가 차지하는 비율은 40% 이상이다.
⑤ 40세 미만의 전체 대여 횟수에서 비소설 대여 횟수가 차지하는 비율은 20% 이상이다.

Easy
64 다음은 자동차 판매현황에 대한 자료이다. 이에 대한 〈보기〉의 설명 중 옳은 것을 모두 고르면?

| 2023년 하반기 삼성그룹

〈자동차 판매현황〉
(단위 : 천 대)

구분	2020년	2021년	2022년
소형	30	50	40
준중형	200	150	180
중형	400	200	250
대형	200	150	100
SUV	300	400	200

보기

㉠ 2020 ~ 2022년 동안 판매량이 지속적으로 감소하는 차종은 2종류이다.
㉡ 2021년 대형 자동차 판매량은 전년 대비 30% 미만 감소했다.
㉢ 3년 동안 SUV 자동차의 총판매량은 대형 자동차 총판매량의 2배이다.
㉣ 2021년 대비 2022년에 판매량이 증가한 차종 중 증가율이 가장 높은 차종은 준중형이다.

① ㉠, ㉢
② ㉡, ㉢
③ ㉡, ㉣
④ ㉠, ㉡, ㉣
⑤ ㉠, ㉢, ㉣

03 | 추리

※ 다음 명제가 모두 참일 때, 빈칸에 들어갈 내용으로 가장 적절한 것을 고르시오. [1~8]

| 2025년 하반기 삼성그룹

01
- C회로에 전기가 흐르지 않으면, A회로에는 전기가 흐른다.
- C회로에 전기가 흐르면, B회로에도 전기가 흐른다.
- _____

① B회로에 전기가 흐르면, C회로에도 전기가 흐른다.
② B회로에 전기가 흐르면, A회로에는 전기가 흐르지 않는다.
③ A회로에 전기가 흐르면, B회로에는 전기가 흐르지 않는다.
④ B회로에 전기가 흐르지 않으면, A회로에는 전기가 흐른다.
⑤ C회로에 전기가 흐르지 않으면, B회로에는 전기가 흐르지 않는다.

| 2025년 하반기 삼성그룹

02
- A스위치가 꺼지면, B스위치가 켜지거나 C스위치가 꺼진다.
- A스위치가 켜지면, D스위치가 꺼진다.
- _____

① B스위치가 꺼지면, D스위치는 꺼진다.
② D스위치가 꺼지면, C스위치는 켜진다.
③ D스위치가 켜지면, C스위치는 켜진다.
④ B와 C스위치가 모두 켜지면, D스위치는 꺼진다.
⑤ B스위치가 꺼지고, C스위치가 켜지면, D스위치는 꺼진다.

03

- A메모리 셀과 B메모리 셀이 충전되면, C메모리 셀은 방전된다.
- D메모리 셀이 방전되면, C메모리 셀은 충전된다.
- _____

① A메모리 셀이 충전되면, D메모리 셀은 충전된다.
② D메모리 셀이 충전되면, C메모리 셀은 방전된다.
③ C메모리 셀이 방전되면, B메모리 셀이나 D메모리 셀이 방전된다.
④ D메모리 셀이 방전되면, A메모리 셀이나 B메모리 셀이 방전된다.
⑤ D메모리 셀이 충전되면, A메모리 셀과 B메모리 셀 모두 충전된다.

04

- 모든 1과 사원은 가장 실적이 많은 2과 사원보다 실적이 많다.
- 가장 실적이 많은 4과 사원은 모든 3과 사원보다 실적이 적다.
- 3과 사원 중 일부는 가장 실적이 많은 2과 사원보다 실적이 적다.
- 따라서 _____

① 1과 사원 중 가장 적은 실적을 올린 사원과 같은 실적을 올린 사원이 4과에 있다.
② 3과 사원 중 가장 적은 실적을 올린 사원과 같은 실적을 올린 사원이 4과에 있다.
③ 모든 2과 사원은 4과 사원 중 일부보다 실적이 적다.
④ 어떤 1과 사원은 가장 실적이 많은 3과 사원보다 실적이 적다.
⑤ 어떤 3과 사원은 가장 실적이 적은 1과 사원보다 실적이 적다.

Easy
05
- S사의 메신저는 모두 보안 네트워크를 사용한다.
- S사의 신입은 모두 S사의 메신저만 사용한다.
- _____

① S사의 신입이 아니면 보안 네트워크를 사용하지 않는다.
② 메신저가 보안 네트워크를 사용하면 모두 S사의 메신저이다.
③ S사의 신입이 사용하는 메신저는 모두 보안 네트워크를 사용한다.
④ 메신저가 보안 네트워크를 사용하지 않으면 모두 S사의 메신저이다.
⑤ S사의 메신저를 사용하지 않는 직원은 모두 보안 네트워크를 사용한다.

06
- S대학의 어떤 신입생은 기숙사에 거주한다.
- 기숙사에 거주하는 사람은 모두 도보로 등교한다.
- _____

① S대학의 어떤 신입생은 도보로 등교한다.
② 도보로 등교하는 사람은 모두 신입생이다.
③ S대학의 신입생이 아니면 도보로 등교하지 않는다.
④ S대학의 기숙사에 거주하는 사람은 모두 신입생이다.
⑤ 어떤 사람이 도보로 등교하면 기숙사에 거주하는 것이다.

07
- 회의에 참석하려면 명함이 필요하다.
- _____
- 출장을 나가면 회의에 반드시 참석할 수 있다.

① 명함이 없어도 회의에 참석할 수 있다.
② 회의에 참석하려면 출장을 나가야 한다.
③ 출장을 나가면 반드시 명함을 지참한다.
④ 명함이 있는 사람은 모두 회의에 참석한다.
⑤ 출장을 나가면 회의에 참석하지 못할 수도 있다.

08

- 날씨가 좋으면 야외 활동을 한다.
- 날씨가 좋지 않으면 행복하지 않다.
- _____

① 날씨가 좋으면 행복한 것이다.
② 야외 활동을 하면 날씨가 좋은 것이다.
③ 야외 활동을 하지 않으면 행복하지 않다.
④ 행복하지 않으면 날씨가 좋지 않은 것이다.
⑤ 날씨가 좋지 않으면 야외 활동을 하지 않는다.

09 다음 명제가 모두 참일 때, 참이 아닌 것은?

- 많이 먹으면 살이 찐다.
- 살이 찐 사람은 체내에 수분이 많다.
- 체내에 수분이 많으면 술에 잘 취하지 않는다.

① 술에 잘 취하지 않는 사람은 체내에 수분이 많다.
② 많이 먹으면 체내에 수분이 많다.
③ 체내에 수분이 많지 않은 사람은 많이 먹지 않는다.
④ 살이 찌지 않은 사람은 많이 먹지 않는다.
⑤ 술에 잘 취하는 사람은 체내에 수분이 많지 않다.

※ 제시된 명제가 모두 참일 때, 항상 참인 것을 고르시오. [10~11]

Easy
10 | 2025년 상반기 CJ그룹

- 나는 눈이 큰 여자는 모두 좋아한다.
- 서희는 눈이 큰 여자다.
- 가인이는 코가 예쁜 여자다.
- 민정이는 손이 큰 여자다.

① 민정이는 수지보다 예쁘다.
② 가인은 나를 좋아한다.
③ 나는 서희를 좋아한다.
④ 나는 코가 예쁜 여자를 좋아한다.
⑤ 서희는 손이 큰 여자다.

11 | 2023년 하반기 KT그룹

- 사과를 좋아하면 배를 좋아하지 않는다.
- 귤을 좋아하면 배를 좋아한다.
- 귤을 좋아하지 않으면 오이를 좋아한다.

① 귤을 좋아하면 사과를 좋아한다.
② 배를 좋아하면 오이를 좋아한다.
③ 사과를 좋아하면 오이를 좋아한다.
④ 배를 좋아하지 않으면 사과를 좋아한다.
⑤ 사과를 좋아하면 오이를 좋아하지 않는다.

※ 제시된 내용을 바탕으로 내린 A, B의 결론에 대한 판단으로 옳은 것을 고르시오. [12~13]

| 2023년 하반기 KT그룹

12
- 휴가는 2박 3일이다.
- 혜진이는 수연이보다 하루 일찍 휴가를 간다.
- 지연이는 수연이보다 이틀 늦게 휴가를 간다.
- 태현이는 지연이보다 하루 일찍 휴가를 간다.
- 수연이는 화요일에 휴가를 간다.

A : 수요일에 휴가 중인 사람의 수와 목요일의 휴가 중인 사람의 수는 같다.
B : 태현이는 금요일까지 휴가이다.

① A만 옳다.
② B만 옳다.
③ A, B 모두 옳다.
④ A, B 모두 틀리다.
⑤ A, B 모두 옳은지 틀린지 판단할 수 없다.

| 2023년 상반기 LG그룹

13
- 자동차 외판원인 C~H 6명의 판매실적을 비교했다.
- C는 D에게 실적에서 앞섰다.
- E는 F에게 실적에서 뒤졌다.
- G는 H에게 실적에서 뒤졌지만, C에게는 실적에서 앞섰다.
- D는 F에게 실적에서 앞섰지만, G에게는 실적에서 뒤졌다.

A : 실적이 가장 좋은 외판원은 H이다.
B : 실적이 가장 나쁜 외판원은 E이다.

① A만 옳다.
② B만 옳다.
③ A, B 모두 옳다.
④ A, B 모두 틀리다.
⑤ A, B 모두 옳은지 틀린지 판단할 수 없다.

14 A~F 6명은 모두 S사의 폴더블 스마트폰(플립 또는 폴드)을 가지고 있다. 다음 대화 중 A를 제외한 1명이 항상 거짓을 말하고, 나머지는 항상 참을 말할 때, 거짓을 말한 사람은 누구인가?

- A : 우리 중에 3명은 플립을 사용하고, 3명은 폴드를 사용하고 있어.
- B : 나는 C랑 같이 플립을 사용하고 있어.
- C : F는 폴드를 사용하고 있어.
- D : 나는 E랑 같은 형태의 스마트폰을 사용하고 있어.
- E : A와 B는 다른 형태의 스마트폰을 사용하고 있어.
- F : D는 E랑 다른 형태의 스마트폰을 사용하고 있어.

① B
② C
③ D
④ E
⑤ F

15 S백화점에는 할인 상품을 판매하는 이벤트홀이 2군데 있다. 다음 〈조건〉에 따라 일주일동안 빠짐없이 아동복, 남성복, 여성복 매장이 이벤트홀이 비지 않게 입점한다고 할 때, 항상 거짓인 것은?

조건
- S백화점 이벤트홀은 월~토 6일간 운영하며, 1곳당 1개 매장이 입점할 수 있다.
- 1번 입점 시, 2일간 유지하며, 다시 입점하기 위해서는 1일 이상의 준비기간이 필요하다.
- 남성복 매장은 월요일에 입점하지 않는다.
- 모든 매장은 일주일에 최소 2번 입점한다.
- 토요일에 입점하면 월요일까지 유지한다.

① 모든 매장은 동일한 이벤트홀에 연이어 입점할 수 없다.
② 아동복 매장은 남성복 매장과 동일한 입점 일정을 가진다.
③ 어떤 매장이 월요일에 입점하면 다음 입점일은 목요일이다.
④ 금요일 이벤트홀에 아동복 매장이 있었다면, 남성복 매장도 있었다.
⑤ 화요일 이벤트홀에 여성복 매장이 있었다면 아동복 매장은 준비기간이다.

16 A ~ G 7명은 주말 여행지를 고르기 위해 다음 〈조건〉과 같이 투표를 진행하였다. 7명 중 투표를 하지 않은 2명을 고르면?

> **조건**
> - D나 G 중 적어도 1명이 투표하지 않으면, F는 투표한다.
> - F가 투표하면, E는 투표하지 않는다.
> - B나 E 중 적어도 1명이 투표하지 않으면, A는 투표하지 않는다.
> - A를 포함하여 투표한 사람은 모두 5명이다.

① B, E
② B, F
③ C, D
④ C, F
⑤ F, G

17 왼쪽부터 순서대로 빨간색, 갈색, 검은색, 노란색, 파란색 5개의 컵이 일렬로 놓여 있다. 그중 4개의 컵에는 각각 물, 주스, 맥주, 포도주가 들어 있고, 하나의 컵은 비어 있다. 다음 내용이 항상 참일 때, 각 컵에 들어 있는 내용물이 바르게 연결된 것은?

> - 물은 항상 포도주가 들어 있는 컵의 바로 오른쪽 컵에 들어 있다.
> - 주스는 항상 비어 있는 컵의 바로 왼쪽 컵에 들어 있다.
> - 맥주는 빨간색 또는 검은색 컵에 들어 있다.
> - 맥주가 빨간색 컵에 들어 있지 않으면 파란색 컵에는 물이 들어 있지 않다.
> - 포도주는 빨간색, 검은색, 파란색 컵 중에 들어 있다.

① 빨간색 컵 – 물
② 갈색 컵 – 포도주
③ 검은색 컵 – 맥주
④ 노란색 컵 – 포도주
⑤ 파란색 컵 – 주스

| 2025년 상반기 삼성그룹

18 A~E 5명은 이번에 새로 출시한 S사의 스마트폰을 구입하려고 한다. 스마트폰 내장 메모리 용량은 128GB, 256GB, 512GB 3가지가 있고, 5명이 다음 〈조건〉과 같이 용량을 선택할 때, A와 B가 고른 스마트폰 내장 메모리 용량의 합은?

조건
- C는 D보다 큰 용량을 선택하였다.
- B와 E는 같은 용량을 선택하였다.
- A와 D는 다른 용량을 선택하였다.
- 가장 작은 용량을 선택한 사람은 2명이다.

① 384GB   ② 512GB
③ 640GB   ④ 770GB
⑤ 1,024GB

| 2025년 상반기 삼성그룹

19 S사의 세탁기는 〈조건〉과 같이 A~D 4개의 세탁과정과 X, Y 2개의 건조과정을 거쳐 작동한다. 다음 중 S사 세탁기의 세탁 및 건조과정이 순서대로 바르게 나열된 것은?

조건
- A, B, C, D는 세탁과정이고, X, Y는 건조과정이다.
- 건조 과정은 세탁 과정이 모두 끝난 뒤에 진행한다.
- A는 세탁의 가장 마지막에 진행하는 마무리 과정이다.
- C는 B보다 늦게 진행한다.
- D와 Y사이에는 2개의 과정이 있다.
- D과정 직후에는 세탁의 마무리 과정을 할 수 없다.

① B-C-D-A-X-Y   ② B-D-C-A-X-Y
③ B-D-C-A-Y-X   ④ D-B-C-A-X-Y
⑤ D-C-B-A-Y-X

20 현수, 주현, 지연, 재현, 형호 5명은 명절에 고향에 내려가기 위해 각자 기차표를 예매했다. 모두 서로 다른 열의 좌석을 예매했을 때, 다음 〈조건〉에 따라 바르게 추론한 것은?(단, 앞 열일수록 입구와 가깝다)

> **조건**
> - 현수의 좌석은 지연이와 주현이의 좌석보다 입구와 가깝다.
> - 재현이의 좌석은 지연이의 좌석보다 앞이고, 형호의 좌석보다는 뒤이다.
> - 입구와 형호의 좌석 간 거리는 입구와 현수의 좌석 간 거리보다 길다.
> - 주현이의 좌석이 입구와 가장 멀리 떨어져 있다.

① 현수는 5명 중 가장 뒤쪽 열의 좌석을 예매했다.
② 형호는 현수 바로 뒤의 좌석을 예매했다.
③ 형호는 재현이와 지연 사이의 좌석을 예매했다.
④ 형호는 현수와 재현 사이의 좌석을 예매했다.
⑤ 재현이는 지연 바로 앞의 좌석을 예매했다.

21 S씨는 월요일부터 금요일까지 회사 근처의 식당에서 점심을 먹는다. 회사 근처에는 한식, 일식, 중식 식당 3곳이 있고, S씨가 다음 〈조건〉에 따라 점심을 먹을 때, 항상 참이 아닌 것은?

> **조건**
> - 월요일부터 금요일까지 점심을 3개의 식당 중 1곳에서 식사한다.
> - 모든 식당을 한 주에 한 번은 반드시 방문한다.
> - 일식은 2일 연속하여 먹는다.
> - 일식을 먹은 전 날은 반드시 한식을 먹는다.
> - 금요일은 한식을 먹는다.

① 중식은 한 주에 두 번 먹는다.
② 목요일은 한식을 먹을 수 없다.
③ 화요일은 중식을 먹을 수 없다.
④ 수요일은 반드시 일식을 먹는다.
⑤ 중식을 먹은 다음 날은 반드시 한식을 먹는다.

22 L사 문화재단에서 근무하는 A~E사원 5명 중 1명은 이번 주 금요일에 열리는 미디어 세미나에 참석해야 한다. 다음 A~E사원의 대화에서 2명이 거짓말을 한다고 할 때, 이번 주 금요일 세미나에 참석하는 사람은?

- A사원 : 나는 금요일 세미나에 참석하지 않아.
- B사원 : 나는 금요일에 중요한 미팅이 있어. D사원이 세미나에 참석할 예정이야.
- C사원 : 나와 D사원은 금요일에 부서 회의에 참석해야 하므로 세미나는 참석할 수 없어.
- D사원 : C와 E사원 중 1명이 참석할 예정이야.
- E사원 : 나는 목요일부터 금요일까지 휴가라 참석할 수 없어. 그리고 C사원의 말은 모두 사실이야.

① A사원 ② B사원
③ C사원 ④ D사원
⑤ E사원

Hard

23 L사의 인사부, 미디어홍보부, 기획재정부, 경영전략부에 지원한 5명은 선발 결과에 대해 다음과 같이 진술하였다. 이 중 1명의 진술만 거짓일 때, 항상 참인 것은?(단, 부서별로 1명이 합격한다)

- 지원자 1 : 지원자 2가 인사부에 선발되었다.
- 지원자 2 : 지원자 3은 인사부 또는 경영전략부에 선발되었다.
- 지원자 3 : 지원자 4는 기획재정부가 아닌 다른 부서에 선발되었다.
- 지원자 4 : 지원자 5는 경영전략부에 선발되었다.
- 지원자 5 : 나는 경영전략부에 선발되었는데, 지원자 1은 선발되지 않았다.

① 지원자 1은 미디어홍보부에 선발되었다.
② 지원자 2는 인사부에 선발되었다.
③ 지원자 3은 경영전략부에 선발되었다.
④ 지원자 4는 미디어홍보부에 선발되었다.
⑤ 지원자 5는 기획재정부에 선발되었다.

24 L기숙사에서 도난사건이 발생하였다. 물건을 훔친 사람은 1명이며, 기숙사생 A~D 4명은 다음과 같이 진술하였다. 이들 중 1명만이 진실을 말했을 때, 물건을 훔친 범인은?(단, L기숙사에는 A~D 4명만 거주 중이며, 이들 중 반드시 범인이 있다)

- A : 어제 B가 훔치는 것을 봤다.
- B : C와 D는 계속 같이 있었으므로 2명은 범인이 아니다.
- C : 나와 B는 어제 하루 종일 각자 방에만 있었으므로 둘 다 범인이 아니다.
- D : C와 나는 계속 같이 있었으니, A와 B 중에 범인이 있다.

① A
② B
③ C
④ D
⑤ 알 수 없음

25 L사 영업부 직원들은 사무실 자리 배치를 〈조건〉에 따라 바꾸기로 했다. 변경한 사무실 자리 배치에 대한 설명으로 옳지 않은 것은?

〈사무실 자리 배치표〉

부장	A	B	성대리	C	D
	E	김사원	F	이사원	G

조건
- 같은 직급은 옆자리에 배정하지 않는다.
- 사원 옆자리와 앞자리는 비어있을 수 없다.
- 부장은 동쪽을 바라보며 앉고 부장의 앞자리에는 상무 또는 부장이 앉는다.
- 부장을 제외한 직원들은 마주보고 앉는다.
- L사 영업부 직원은 부장, 사원 2명(김사원, 이사원), 대리 2명(성대리, 한대리), 상무 1명(오상무), 차장 1명(최차장), 과장 2명(김과장, 박과장)이다.

① 최차장 앞자리에 빈자리가 있다.
② A와 D는 빈자리다.
③ F와 G에 김과장과 박과장이 앉는다.
④ C에 최차장이 앉으면 E에는 오상무가 앉는다.
⑤ B와 C에 오상무와 박과장이 앉으면 F에는 한대리가 앉을 수 있다.

| 2024년 상반기 삼성그룹

26 8개의 좌석이 있는 원탁에 수민, 성찬, 진모, 성표, 영래, 현석 6명이 앉아 있다. 앉아 있는 〈조건〉이 다음과 같다고 할 때, 항상 참인 것은?

조건
- 수민이와 현석이는 서로 옆자리이다.
- 성표의 맞은편에는 진모가, 현석이의 맞은편에는 영래가 앉아 있다.
- 영래와 수민이는 둘 다 한쪽 옆자리만 비어 있다.
- 진모의 양 옆자리에는 항상 누군가가 앉아 있다.

① 영래의 오른쪽에는 성표가 앉는다.
② 현석이의 왼쪽에는 항상 진모가 앉는다.
③ 성표는 어떤 경우에도 빈자리 옆이 아니다.
④ 성찬이는 어떤 경우에도 빈자리 옆이 아니다.
⑤ 진모와 수민이는 1명을 사이에 두고 앉는다.

| 2024년 상반기 삼성그룹

27 S사는 직원 A~F 6명 중에서 임의로 선발하여 출장을 보내려고 한다. 다음 〈조건〉에 따라 출장 갈 인원을 결정할 때, A가 출장을 간다면 출장을 가는 최소 인원은?

조건
- A가 출장을 가면 B와 C 중 1명은 출장을 가지 않는다.
- C가 출장을 가면 D와 E 중 적어도 1명은 출장을 가지 않는다.
- B가 출장을 가지 않으면 F는 출장을 간다.

① 1명 ② 2명
③ 3명 ④ 4명
⑤ 5명

Easy
28 어느 사무실에 도둑이 들어서 갑 ~ 무 5명의 용의자를 대상으로 조사를 했다. 이 중 1명만 진실을 말하고 나머지는 거짓을 말한다고 할 때, 범인은?

- 갑 : 을이 범인이에요.
- 을 : 정이 범인이 확실해요.
- 병 : 저는 확실히 도둑이 아닙니다.
- 정 : 을은 거짓말쟁이에요.
- 무 : 제가 도둑입니다.

① 갑
② 을
③ 병
④ 정
⑤ 무

Hard
29 A ~ F 6명은 각각 뉴욕, 파리, 방콕, 시드니, 런던, 베를린 중 한 곳으로 여행을 가고자 한다. 다음 〈조건〉에 따라 여행지를 고를 때, 항상 참인 것은?

조건
- 여행지는 서로 다른 곳으로 선정한다.
- A는 뉴욕과 런던 중 한 곳을 고른다.
- B는 파리와 베를린 중 한 곳을 고른다.
- D는 방콕과 런던 중 한 곳을 고른다.
- A가 뉴욕을 고르면 B는 파리를 고른다.
- B가 베를린을 고르면 E는 뉴욕을 고른다.
- C는 시드니를 고른다.
- F는 A ~ E가 선정하지 않은 곳을 고른다.

① A가 뉴욕을 고를 경우, E는 런던을 고른다.
② B가 베를린을 고를 경우, F는 뉴욕을 고른다.
③ D가 런던을 고를 경우, B는 파리를 고른다.
④ E가 뉴욕을 고를 경우, D는 런던을 고른다.
⑤ F는 뉴욕을 고를 수 없다.

30 A~E 5명은 S카페에서 마실 것을 주문하고자 한다. 〈조건〉에 따라 메뉴판에 있는 것을 주문했을 때, 항상 참인 것은?

〈S카페 메뉴판〉			
커피류		음료류	
아메리카노	1,500원	핫초코	2,000원
에스프레소	1,500원	아이스티	2,000원
카페라테	2,000원	오렌지주스	2,000원
모카치노	2,500원	에이드	2,500원
카푸치노	2,500원	생과일주스	3,000원
카라멜 마끼야또	3,000원	허브티	3,500원
바닐라라테	3,500원		
아포카토	4,000원		

조건
- A~E는 서로 다른 것을 주문하였다.
- A와 B가 주문한 것의 가격은 같다.
- B는 커피를 마실 수 없어 음료류를 주문하였다.
- C는 B보다 가격이 비싼 음료류를 주문하였다.
- D는 S카페에서 가장 비싼 것을 주문하였다.
- E는 오렌지주스 또는 카페라테를 주문하였다.

① A는 최소 가격이 1,500원인 메뉴를 주문하였다.
② B는 허브티를 주문하였다.
③ C는 핫초코를 주문하였다.
④ D는 음료류를 주문하였다.
⑤ 5명이 주문한 금액의 합은 최대 15,500원이다.

31 A~E 5명이 기말고사를 봤는데, 이 중 2명은 부정행위를 하였다. 부정행위를 한 2명은 거짓을 말하고 부정행위를 하지 않은 3명은 진실을 말할 때, 다음 진술을 보고 부정행위를 한 사람끼리 바르게 짝지어진 것은?

- A : D는 거짓말을 하고 있어.
- B : A는 부정행위를 하지 않았어.
- C : B가 부정행위를 했어.
- D : 나는 부정행위를 하지 않았어.
- E : C가 거짓말을 하고 있어.

① A, B
② B, C
③ C, D
④ C, E
⑤ D, E

32 S부서는 회식 메뉴를 선정하려고 한다. 제시된 〈조건〉에 따라 주문할 메뉴를 선택한다고 할 때, 다음 중 반드시 주문할 메뉴끼리 바르게 짝지어진 것은?

조건
- 삼선짬뽕은 반드시 주문한다.
- 양장피와 탕수육 중 하나는 반드시 주문한다.
- 자장면을 주문하는 경우, 탕수육은 주문하지 않는다.
- 자장면을 주문하지 않는 경우에만 만두를 주문한다.
- 양장피를 주문하지 않으면, 팔보채를 주문하지 않는다.
- 팔보채를 주문하지 않으면, 삼선짬뽕을 주문하지 않는다.

① 삼선짬뽕, 탕수육, 만두
② 삼선짬뽕, 탕수육, 양장피
③ 삼선짬뽕, 팔보채, 양장피
④ 삼선짬뽕, 자장면, 양장피
⑤ 삼선짬뽕, 탕수육, 양장피, 자장면

| 2023년 하반기 삼성그룹

Hard
33 원형 테이블에 번호 순서대로 앉아 있는 5명의 여자 1~5 사이에 5명의 남자 A~E가 1명씩 앉아야 한다. 〈조건〉을 따르면서 자리를 배치할 때, 다음 중 참이 아닌 것은?

> **조건**
> - A는 짝수번호의 여자 옆에 앉아야 하고, 5 옆에는 앉을 수 없다.
> - B는 짝수번호의 여자 옆에 앉을 수 없다.
> - C가 3 옆에 앉으면 D는 1 옆에 앉는다.
> - E는 3 옆에 앉을 수 없다.

① A는 1과 2 사이에 앉을 수 없다.
② D는 4와 5 사이에 앉을 수 없다.
③ C가 2와 3 사이에 앉으면 A는 반드시 3과 4 사이에 앉는다.
④ E가 1과 2 사이에 앉으면 C는 반드시 4와 5 사이에 앉는다.
⑤ E가 4와 5 사이에 앉으면 A는 반드시 2와 3 사이에 앉는다.

| 2023년 하반기 KT그룹

34 다음과 같은 대화를 하는 5명 중 2명은 진실만을 말하고, 3명은 거짓만을 말하고 있다. 지훈이 거짓을 말할 때, 다음 중 진실을 말하는 사람끼리 짝지어진 것은?

> - 동현 : 정은이는 지훈이와 영석이를 싫어해.
> - 정은 : 아니야. 난 둘 중 1명은 좋아해.
> - 선영 : 동현이는 정은이를 좋아해.
> - 지훈 : 선영이는 거짓말만 해.
> - 영석 : 선영이는 동현이를 싫어해.
> - 선영 : 맞아. 그런데 정은이는 지훈이와 영석이 둘 다 좋아해.

① 동현, 선영 ② 동현, 영석
③ 정은, 영석 ④ 정은, 선영
⑤ 선영, 영석

35 다음 A~C 세 명은 물건을 훔친 용의자들이다. 이들 중 두 명이 진실을 말하고 있다면, 거짓말을 한 사람과 범인을 각각 바르게 연결한 것은?

- A : 난 거짓말하지 않는다. 난 범인이 아니다.
- B : 난 진실을 말한다. 범인은 A이다.
- C : B는 거짓말을 하고 있다. 범인은 B다.

	거짓말을 한 사람	범인
①	A	A
②	B	A
③	B	B
④	C	B
⑤	C	C

36 K사의 기획팀에서 근무하고 있는 직원 A~D 4명은 서로의 프로젝트 참여 여부에 대하여 다음과 같이 진술하였고, 이들 중 단 1명만이 진실을 말하였다고 할 때, 반드시 프로젝트에 참여하는 사람은?

- A : 나는 프로젝트에 참여하거나 B가 프로젝트에 참여하지 않는다.
- B : A와 C 중 적어도 1명은 프로젝트에 참여한다.
- C : 나와 B 중 적어도 1명은 프로젝트에 참여하지 않는다.
- D : B와 C 중 1명이라도 프로젝트에 참여한다면, 나도 프로젝트에 참여한다.

① A
② B
③ C
④ D
⑤ 없음

37 A~D 4명이 참여한 달리기 시합에서 동순위 없이 순위가 완전히 결정되었고, A, B, C는 각자 다음과 같이 진술하였다. 이들의 진술이 자신보다 낮은 순위의 사람에 대한 진술이라면 참이고, 높은 순위의 사람에 대한 진술이라면 거짓이라고 할 때, 항상 참인 것은?

- A : C는 1위이거나 2위이다.
- B : D는 3위이거나 4위이다.
- C : D는 2위이다.

① A는 1위이다.
② B는 2위이다.
③ D는 4위이다.
④ A가 B보다 순위가 높다.
⑤ C가 D보다 순위가 높다.

Hard

38 C사는 A~E제품 5개를 대상으로 내구성, 효율성, 실용성 3개 영역에 대해 1~3등급을 기준에 따라 평가하였다. A~E제품에 대한 평가 결과가 다음과 같을 때, 항상 참이 되지 않는 것은?

- 모든 영역에서 3등급을 받은 제품이 있다.
- 모든 제품이 3등급을 받은 영역이 있다.
- A제품은 내구성 영역에서만 3등급을 받았다.
- B제품만 실용성 영역에서 3등급을 받았다.
- C, D제품만 효율성 영역에서 2등급을 받았다.
- E제품은 1개의 영역에서만 2등급을 받았다.
- A, C제품이 모든 영역에서 받은 등급의 총합은 서로 같다.

① A제품은 효율성 영역에서 1등급을 받았다.
② B제품은 내구성 영역에서 3등급을 받았다.
③ C제품은 내구성 영역에서 3등급을 받았다.
④ D제품은 실용성 영역에서 2등급을 받았다.
⑤ E제품은 실용성 영역에서 2등급을 받았다.

39 L사의 A ~ D 4명은 각각 다른 팀에 근무하는데, 각 팀은 2 ~ 5층에 위치하고 있다. 〈조건〉을 참고할 때, 항상 참인 것은?

조건
- A ~ D 중 2명은 부장, 1명은 과장, 1명은 대리이다.
- 대리의 사무실은 B보다 높은 층에 있다.
- B는 과장이다.
- A는 대리가 아니다.
- A의 사무실이 가장 높다.

① A는 부장이다.
② B는 2층에 근무한다.
③ C는 대리이다.
④ 대리는 4층에 근무한다.
⑤ 부장 중 1명은 반드시 2층에 근무한다.

40 S사는 자율출퇴근제를 시행하고 있다. 출근시간은 오후 12시 이전에 자유롭게 할 수 있으며 본인 업무를 마치면 바로 퇴근한다. 다음 1월 28일의 업무에 대한 일지를 고려할 때, 항상 참인 것은?

- 점심시간은 오후 12시부터 오후 1시까지이며, 점심시간에는 업무를 하지 않는다.
- 업무 1개당 1시간이 소요되며, 출근하자마자 업무를 시작하여 쉬는 시간 없이 근무한다.
- S사에 근무 중인 K팀의 A, B, C, D는 1월 28일에 전원 출근했다.
- A와 B는 오전 10시에 출근했다.
- B와 D는 오후 3시에 퇴근했다.
- C는 팀에서 업무가 가장 적어 가장 늦게 출근하고 가장 빨리 퇴근했다.
- D는 B보다 업무가 1개 더 많았다.
- A는 C보다 업무가 3개 더 많았고, 팀에서 가장 늦게 퇴근했다.
- 이날 K팀은 가장 늦게 출근한 사람과 가장 늦게 퇴근한 사람을 기준으로, 오전 11시에 모두 출근하였으며 오후 4시에 모두 퇴근한 것으로 보고되었다.

① A는 4개의 업무를 하고 퇴근했다.
② B의 업무는 A의 업무보다 많았다.
③ C는 오후 2시에 퇴근했다.
④ A와 B는 팀에서 가장 빨리 출근했다.
⑤ 업무를 마친 C가 D의 업무 중 1개를 대신했다면 D와 같이 퇴근할 수 있었다.

앞선 정보 제공! 도서 업데이트

언제, 왜 업데이트될까?

도서의 학습 효율을 높이기 위해 자료를 추가로 제공할 때!
공기업·대기업 필기시험에 변동사항 발생 시 정보 공유를 위해!
공기업·대기업 채용 및 시험 관련 중요 이슈가 생겼을 때!

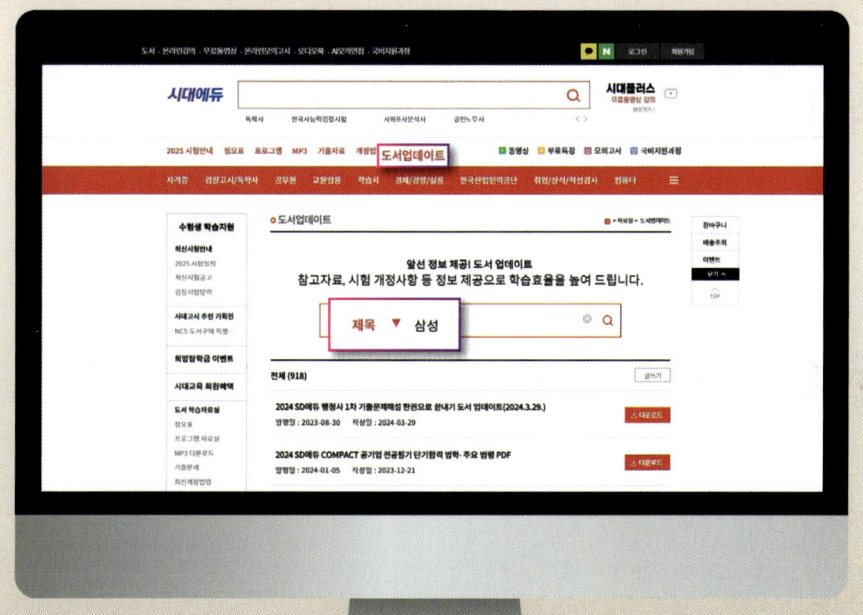

01 시대에듀 도서 www.sdedu.co.kr/book 홈페이지 접속

02 상단 카테고리 「도서업데이트」 클릭

03 해당 기업명으로 검색

참고자료, 시험 개정사항 등 정보 제공으로 학습효율을 높여 드립니다.

시대에듀
대기업 인적성검사 시리즈

신뢰와 책임의 마음으로 수험생 여러분에게 다가갑니다.

대기업 인적성 "기본서" 시리즈

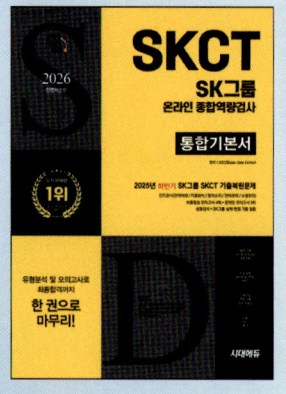

대기업 취업 기초부터 합격까지! 취업의 문을 여는
Master Key!

※ 도서의 이미지 및 구성은 변동될 수 있습니다.

대기업 인적성 "기출이 답이다" 시리즈

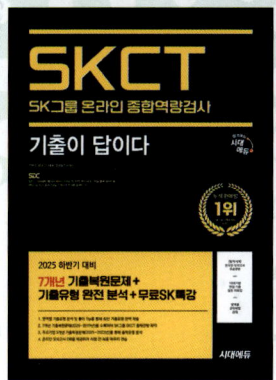   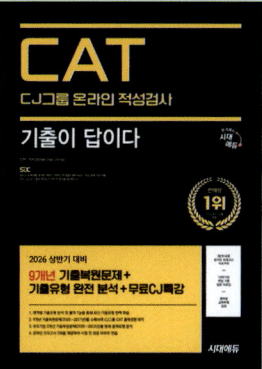

역대 기출문제와 주요기업 기출문제를 한 권에! 합격을 위한
Only Way!

대기업 인적성 "사이다 모의고사" 시리즈

실제 시험과 동일하게 마무리! 합격으로 가는
Last Spurt!

PART 2

기출복원문제

정답 및 해설

끝까지 책임진다! 시대에듀!

QR코드를 통해 도서 출간 이후 발견된 오류나 개정법령, 변경된 시험 정보, 최신기출문제, 도서 업데이트 자료 등이 있는지 확인해 보세요! **시대에듀 합격 스마트 앱**을 통해서도 알려 드리고 있으니 구글 플레이나 앱 스토어에서 다운받아 사용하세요. 또한, 파본 도서인 경우에는 구입하신 곳에서 교환해 드립니다.

CHAPTER 01 | 2025년 하반기 기출복원문제

| 01 | 언어이해

01	02	03	04	05
⑤	④	②	①	③

01 정답 ⑤

제시문에 따르면 오리엔탈리즘은 서구의 정치·경제적 권력을 기반으로 형성되는 담론이다. 즉 동양을 해석하는 주체는 항상 서구이며, 권력 비대칭이 핵심 요소다. ⑤의 경제·정치 권력을 전혀 사용하지 않는다는 전제는 지문과 모순된다. 또한 제시문은 오리엔탈리즘을 서구가 동양을 타자화하며 만들어낸 이미지라고 설명한다. 그런데 선택지 ⑤는 동양이 스스로 오리엔탈리즘 이미지를 생산한다고 하여 주체를 바꾸고 있다. 따라서 오리엔탈리즘의 작동방식과 가장 거리가 먼 것은 ⑤이다.

02 정답 ④

낮은 수준으로 가격을 책정할 시 수입이 줄어들고, 너무 높은 수준으로 매기면 소비자들이 이용을 포기해 수입이 줄어들 수 있다.

[오답분석]
① 독점적 지위를 가진 생산자는 이부가격을 설정할 수 있으며, 놀이공원은 이부가격설정의 예 중 하나이다.
② 독점적 지위를 가진 생산자는 시장 가격을 임의의 수준으로 설정할 수 있다.
③ 소비자 잉여와 생산자 잉여의 합을 총잉여라 한다.
⑤ 소비자가 어떤 상품을 구매하기 위하여 지불할 용의가 있는 금액보다 실제로 지불한 가격이 낮아 얻는 이득을 소비자 잉여라 한다.

03 정답 ②

제시문은 고전주의의 예술관을 설명한 후 이에 반하는 수용미학의 등장을 설명하고, 수용미학을 처음 제시한 야우스의 주장에 대해 설명한다. 이어서 이것을 체계화한 이저의 주장을 소개하고 이저가 생각한 독자의 역할을 제시한 뒤 이것의 의의에 대해 설명하고 있는 글이다. 따라서 (가) 고전주의 예술관과 이에 반하는 수용미학의 등장 - (라) 수용미학을 제기한 야우스의 주장 - (다) 야우스의 주장을 정리한 이저 - (나) 이저의 이론 속 텍스트와 독자의 상호작용의 의의 순으로 나열하는 것이 적절하다.

04 정답 ①

제시문에 따르면 열원에서 만들어진 냉온수를 압력 손실 없이 실별로 분배한 뒤 환수하는 분배기는 주로 난방용으로 이용되어 왔으나, 냉방기에도 이용이 가능하다.

[오답분석]
② 분배기는 냉온수를 압력 손실 없이 실별로 분배한 뒤 환수한다.
③ 난방 시 열을 공급하고 냉방 시 열을 제거하는 열매체를 생산하는 장치는 열원이다.
④ 각 실의 바닥, 벽, 천장 표면에 설치되어 열매체를 순환시키는 것은 패널이다.
⑤ 복사 냉난방 패널 시스템은 열매체의 온도가 낮아 난방 시 에너지 절약 성능이 뛰어나다.

05 정답 ③

제시문에서 기존의 문학 연구의 여러 방법들이 문학 작품 자체만을 관찰하는 '작품 내재적인 형식 - 심미적 관찰방법'과 작품과 관련된 주변 세계도 함께 관찰하는 '작품 외재적인 역사 - 사회적 관찰방법'으로 크게 구별된다고 주장하였기 때문에 기존의 문학 연구가 사회적 관찰방법을 도외시한다는 것은 글의 내용으로 적절하지 않다.

오답분석
① 수용미학은 텍스트의 구조와 독서구조가 수용자의 심미적 경험에서 얽혀 짜이는 가운데 심미적으로 구체화되는 과정에 해석의 초점을 둔다.
② 수용미학은 1960년 말 서독 문예학계에서 시작된 문학 연구의 한 방법론이다.
④ 수용미학은 '작품이란 그 생성과 수용방식과는 무관하게 영향을 미치고 작용한다.'는 전제하에, 문학 텍스트의 자율성만을 중시한 고전미학의 작품 해석 태도를 비판한다.
⑤ 수용자를 통해 탄생된 '작품'은 작가의 생산물인 '텍스트' 이상의 것으로, 곧 텍스트가 '독자의 의식 속에서 재정비되어 다시 구성된 것'을 의미한다.

|02| 자료해석

01	02	03	04	05					
④	①	②	③	④					

01 정답 ④

E과제에 대한 전문가 3의 점수는 $70 \times 5 - (100 + 40 + 70 + 80) = 60$점이고, A ~ E과제의 평균점수와 최종점수는 다음과 같다.

구분	평균점수	최종점수
A	$\dfrac{100+70+60+50+80}{5}=72$점	$\dfrac{70+60+80}{3}=70$점
B	$\dfrac{80+60+40+60+60}{5}=60$점	$\dfrac{60+60+60}{3}=60$점
C	$\dfrac{60+50+100+90+60}{5}=72$점	$\dfrac{60+90+60}{3}=70$점
D	$\dfrac{80+100+90+70+40}{5}=76$점	$\dfrac{80+90+70}{3}=80$점
E	70점	$\dfrac{60+70+80}{3}=70$점

따라서 평균점수와 최종점수가 같은 과제는 B, E이다.

02 정답 ①

이산화탄소의 농도가 계속해서 증가하고 있는 것과 달리 오존전량은 2018년부터 2021년까지 차례로 감소하고 있다.

오답분석
② 이산화탄소의 농도는 2018년 387.2에서 시작하여 2024년 395.7ppm으로 해마다 증가했다.
③ 2019년 오존전량은 1DU 감소하였고, 2020년에는 2DU, 2021년에는 3DU 감소하였다. 2024년에는 8DU 감소하였다.
④ 2024년 이산화탄소 농도는 2019년의 388.7ppm에서 395.7ppm으로 7ppm 증가했다.
⑤ 2024년 오존전량은 335DU로, 2018년의 331DU보다 4DU 증가했다.

03 정답 ②

- 2023년 응시자수 대비 합격자수의 비율
  : $297 \div 1,112 \times 100 ≒ 26\%$
- 2022년 응시자수 대비 합격자수의 비율
  : $245 \div 985 \times 100 ≒ 24\%$

따라서 2023년과 2022년의 응시자수 대비 합격자수의 비율의 차는 2%p이다.

04 정답 ③

표에 제시된 수치 단위가 작아 눈으로 풀 수 있는 문제이다. 2010년과 2040년의 수치를 확인해 가면서 3배 이상 되는 국가만 빠르게 선별한다.
따라서 2010년 대비 2040년의 고령화율이 3배 이상 되는 나라는 ㉠ 한국(3배), ㉢ 브라질(3배), ㉣ 인도(4배)이다.

㉠ 한국 : $\frac{33}{11} = 3$배

㉡ 미국 : $\frac{26}{13} = 2$배

㉢ 일본 : $\frac{36}{18} = 2$배

㉣ 브라질 : $\frac{21}{7} = 3$배

㉤ 인도 : $\frac{16}{4} = 4$배

05 정답 ④

㉢ 2022 ~ 2024년에 사망자 수는 1,850명 → 1,817명 → 1,558명으로 감소하고 있고, 부상자 수는 11,840명 → 12,956명 → 13,940명으로 증가하고 있다.

㉣ 각 연도의 검거율을 구하면 다음과 같다.

- 2021년 : $\frac{12,606}{15,280} \times 100 = 82.5\%$
- 2022년 : $\frac{12,728}{14,800} \times 100 = 86\%$
- 2023년 : $\frac{13,667}{15,800} \times 100 = 86.5\%$
- 2024년 : $\frac{14,350}{16,400} \times 100 = 87.5\%$

따라서 검거율은 매년 높아지고 있다.

오답분석

㉠ 사고건수는 2022년까지 감소하다가 2023년부터 증가하고 있고, 검거 수는 매년 증가하고 있다.

㉡ 2022년과 2023년의 사망률 및 부상률은 다음과 같다.

- 2022년 사망률 : $\frac{1,850}{14,800} \times 100 = 12.5\%$,
- 2022년 부상률 : $\frac{11,840}{14,800} \times 100 = 80\%$
- 2023년 사망률 : $\frac{1,817}{15,800} \times 100 = 11.5\%$,
- 2023년 부상률 : $\frac{12,956}{15,800} \times 100 = 82\%$

따라서 사망률은 2022년이 더 높지만 부상률은 2023년이 더 높다.

| 03 | 창의수리

01	02	03	04	05					
④	③	④	②	②					

01 정답 ④

제시된 조건에 따라 태풍의 영향권을 표시하면 다음과 같다.

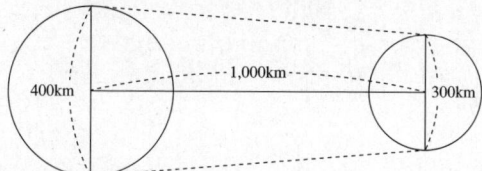

표시된 영향권의 넓이를 구하기 위해서는 발생 시 태풍 영향권 넓이의 절반과, 소멸 시 태풍 영향권 넓이의 절반과, 이동 경로의 사다리꼴 넓이를 구하면 된다.

• 발생 시 태풍 영향권 넓이의 절반 : $3.14 \times 200^2 \times \frac{1}{2} = 62,800 \text{km}^2$

• 소멸 시 태풍 영향권 넓이의 절반 : $3.14 \times 150^2 \times \frac{1}{2} = 35,325 \text{km}^2$

• 이동 경로의 사다리꼴 넓이 : $(400+300) \times 1,000 \times \frac{1}{2} = 350,000 \text{km}^2$

따라서 태풍 영향권의 넓이는 $62,800+35,325+350,000=448,125\text{km}^2$이다.

02 정답 ③

• 농도가 10%인 소금물 800g에 들어있는 소금의 양 : $800 \times \frac{10}{100} = 80\text{g}$

• 소금 80g이 들어있는 농도가 16%인 소금물의 물의 양 : $80 \times \frac{100}{16} = 500\text{g}$

• 물 300g이 증발하는 데 걸리는 시간 : $300\text{g} \div 15\text{g/h} = 20$시간

따라서 20시간이 걸린다.

03 정답 ④

11월 회원의 남녀의 비가 2:3이므로 각각 $2a$명, $3a$명이라 하고, 12월에 가입한 남녀 회원의 수를 각각 x명, $2x$명으로 놓으면 다음과 같은 식이 성립한다.

• $2a+3a<260 \cdots \bigcirc$
• $(2a+x)+(3a+2x)>320 \cdots \bigcirc$

12월에 남녀의 비가 5:8이므로 $(2a+x):(3a+2x)=5:8 \rightarrow a=2x$이다.

이를 ㉠, ㉡에 대입하여 정리하면 다음과 같은 식이 성립한다.

• $4x+6x<260 \cdots \bigcirc'$
• $5x+8x>320 \cdots \bigcirc'$

㉠'은 $10x<260$이므로 $x<26$이고 ㉡'은 $13x>320$이므로 $x>\frac{320}{13}$이다.

공통범위는 $24.6\cdots<x<26$이고 x는 자연수이므로 $x=25$이다.

따라서 12월 현재 전체 회원 수는 $5a+3x=13x=325$명이다.

04　정답 ②

주어진 조건에 따라 앉을 수 있는 경우는 다음과 같다.
• 임원진 2명을 A와 B에 배치하는 경우의 수 : 3!×4!=144

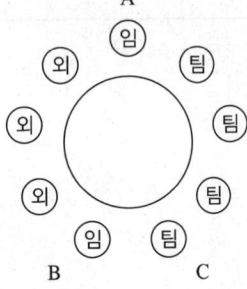

• 임원진 2명을 A와 C에 배치하는 경우의 수 : 3!×4!=144

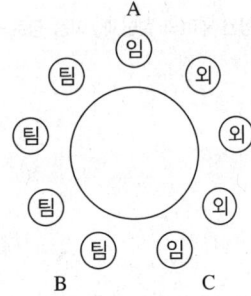

따라서 구하고자 하는 경우의 수는 144+144=288가지이다.

05　정답 ②

제품 1개를 판매했을 때 얻는 이익은 2,000×0.15원이므로 정가는 2,300원이다.
판매이익은 160×300=48,000원이고, 하자 제품에 대한 보상금액은 8×2×2,300=36,800원이다.
따라서 얻은 이익은 48,000-36,800=11,200원이다.

| 04 | 언어추리

01	02	03	04	05					
④	②	⑤	④	①					

01 정답 ④

i) A가 진실을 말하는 경우

구분	A	B	C	D
피아노	×	×		
바이올린		×		×
트럼펫			○	○
플루트	△			

ii) B가 진실을 말하는 경우

구분	A	B	C	D
피아노	○	×		
바이올린		○		×
트럼펫			○	×
플루트	×			

iii) C가 진실을 말하는 경우

구분	A	B	C	D
피아노	○	○		
바이올린		×		○
트럼펫			○	×
플루트	△			

iv) D가 진실을 말하는 경우

구분	A	B	C	D
피아노	○	×		
바이올린		×		×
트럼펫			×	×
플루트	○			

따라서 B가 참일 경우 주어진 조건에 따라 A는 피아노, B는 바이올린, C는 트럼펫, D는 플루트를 연주하며, 피아노를 연주하는 A는 재즈, 트럼펫과 바이올린을 연주하는 B와 C는 클래식 그리고 플루트를 연주하는 D는 클래식과 재즈 모두를 연주한다.

02　정답 ②

먼저 B의 진술이 거짓일 경우 A와 C는 모두 프로젝트에 참여하지 않으며, C의 진술이 거짓일 경우 B와 C는 모두 프로젝트에 참여한다. 따라서 B와 C의 진술은 동시에 거짓이 될 수 없으므로 둘 중 한 명의 진술은 반드시 참이 된다.
- B의 진술이 참인 경우
  A는 프로젝트에 참여하지 않으며, B와 C는 모두 프로젝트에 참여한다. B와 C 모두 프로젝트에 참여하므로 D는 프로젝트에 참여하지 않는다.
- C의 진술이 참인 경우
  A의 진술은 거짓이므로 A는 프로젝트에 참여하지 않으며, B는 프로젝트에 참여한다. C는 프로젝트에 참여하지 않으나, B가 프로젝트에 참여하므로 D는 프로젝트에 참여하지 않는다.

따라서 반드시 프로젝트에 참여하는 사람은 B이다.

03　정답 ⑤

A~E의 진술에 따르면 B와 D의 진술은 반드시 동시에 참이나 거짓이 되어야 하며, A와 B의 진술 역시 동시에 참이나 거짓이 되어야 한다. 이때 B의 진술이 거짓일 경우, A와 D의 진술 모두 거짓이 되므로 2명이 거짓을 말한다는 조건에 어긋난다.

따라서 진실을 말하고 있는 심리상담사는 A, B, D이며, 거짓을 말하고 있는 심리상담사는 C와 E가 된다. 이때, 진실을 말하고 있는 B와 D의 진술에 따라 근무시간에 자리를 비운 사람은 C가 된다.

04　정답 ④

각 조건을 정리하면 다음과 같다.
- 스페인 반드시 방문
- 프랑스 → ~영국
- 오스트리아 → ~스페인
- 벨기에 → 영국
- 오스트리아, 벨기에, 독일 중 2개 이상

세 번째 명제의 대우 명제는 '스페인 → ~오스트리아'이고, 스페인을 반드시 방문해야 하므로 오스트리아는 방문하지 않을 것이다. 그러면 마지막 조건에 따라 벨기에와 독일은 방문한다. 네 번째 조건에 따라 영국도 방문하고, 그러면 두 번째 조건에 따라 프랑스는 방문하지 않는다.

따라서 아름이가 방문할 국가는 스페인, 벨기에, 독일, 영국이며, 방문하지 않을 국가는 오스트리아와 프랑스임을 알 수 있다.

05　정답 ①

철수가 민수보다, 영희가 민수보다, 철수가 영희보다 결승선에 먼저 들어왔다.
따라서 철수 - 영희 - 민수 순으로 결승선에 들어왔다.

| 05 | 수열추리

01	02	03	04	05					
①	②	①	③	①					

01 정답 ①

앞의 항에 ×3, ÷9, ×27, ÷81, ×243, ÷729, …인 수열이다.
따라서 ( )=729÷729=1이다.

02 정답 ②

앞의 항에 +8, $-\frac{1}{2}$, ×2를 번갈아 적용하는 수열이다.
따라서 ( )=101+8=109이다.

03 정답 ①

나열된 수를 각각 A, B, C라고 하면 다음 식이 성립한다.
$A\ B\ C \to A \times B + 2 = C$
따라서 ( )=(10−2)÷2=4이다.

04 정답 ③

앞의 항에 ÷2를 하는 수열이다.
따라서 A=128, B=4이므로, A÷B=32이다.

05 정답 ①

홀수 항은 +2, 짝수 항은 +7을 하는 수열이다.
따라서 10번째 항의 값은 25+7=32이다.

CHAPTER 02 | 2025년 상반기 기출복원문제

| 01 | 언어이해

01	02	03	04	05
⑤	⑤	②	②	②

01 정답 ⑤

1차 전지와 2차 전지 모두 양극, 음극, 전해질로 구성되어 내부에서 일어나는 화학 반응을 통해 전류가 흐르는 것이다.

오답분석
① 세 번째 문단의 마지막 문장에서 2차 전지의 단점으로 초기 구입비용이 높다고 하였다.
② 1차 전지는 화학 반응이 비가역적이고, 2차 전지는 화학 반응이 가역적이므로 가장 큰 차이점은 재사용의 가능 여부이다.
③ 전기차, 재생에너지 저장장치 등 첨단 산업에서 2차 전지의 중요성이 부각되고 있으므로 미래 산업에서는 2차 전지의 가치가 더욱 높을 것이다.
④ 1차 전지는 리모컨, 벽시계, 손전등과 같이 저전력으로 장기간 사용하는 간단한 장비에 쓰이며, 2차 전지는 스마트폰, 노트북, 전기차 등 첨단 장비에 주로 쓰인다.

02 정답 ⑤

대상포진은 수두 – 대상포진 바이러스에 감염된 경우 띠 모양의 발진과 수포 등 눈에 띄는 증상이 나타나는 질병이다. 또한 제시문에서는 사전에 검진을 받는 것보다 면역력 강화, 예방접종 실시 등의 예방책이 중요함을 강조하고 있다.

오답분석
① 60세 이하의 사람도 면역력이 약해지면 잠복해 있던 대상포진 바이러스가 활성화되어 감염될 수 있다.
② 대상포진은 수두 – 대상포진 바이러스에 의해 발생하는 질병으로, 과거에 수두에 걸렸을 때 대상포진 바이러스가 신경절에 잠복해 있다가 면역력이 저하되면 활성화되어 발병하는 것이다. 따라서 수두에 걸리지 않으면 대상포진에 걸리지 않는다.
③ 대상포진의 주요 발병 원인은 면역력의 저하이므로 생활습관 개선을 통해 면역력을 강화하는 것은 대상포진 예방에 큰 도움이 된다.
④ 만성질환으로 인해 면역력이 저하된 경우 예방접종을 통해 발병 위험을 크게 줄일 수 있다. 특히 한 번의 접종으로 상당 기간 대상포진에 대한 면역력을 유지할 수 있기 때문에 예방접종은 고령층이나 만성질환자에게 적극 권장된다고 하였다.

03 정답 ②

프톨레마이오스의 세계지도는 2세기 그리스 – 로마 시대에 제작된 지도이다. 두 번째 문단의 마지막 문장에서 프톨레마이오스의 세계지도가 당시의 사람들이 가지고 있었던 세계관을 직접적으로 보여준다고 서술하고 있으며, 세 번째 문단의 마지막 문장에서도 프톨레마이오스의 세계지도가 고대의 세계관과 지리 지식을 반영하는 동시에 그 시대의 한계를 고스란히 담고 있다고 하였다.

오답분석
① 첫 번째 문단에서 프톨레마이오스의 『지리학』을 바탕으로 제작된 프톨레마이오스 세계지도에서 곡선의 경도와 위도선을 처음으로 도입했다고 서술하고 있다.

③ 프톨레마이오스의 세계지도는 당시 정밀한 측정 도구의 부재 및 여행자와 상인, 군사 원정대 등으로부터 전해들은 단편적인 지식에 의존해 제작되어 실제와 다른 지형이나 크기가 지도에 반영되었다.
④ 프톨레마이오스 세계지도의 제작 시기는 2세기 무렵이며, 인쇄술의 발달은 한참 뒤인 15세기에 이루어졌고, 이때 유럽 각지에 널리 보급되었다.
⑤ 첫 번째 문단에서 곡선의 경도와 위도선을 처음으로 도입하여 프톨레마이오스의 시대에 지구가 이미 구형이었음을 인식했다고 서술하고 있다.

04 정답 ②

시니어 산업의 성장은 사회가 고령화됨에 따라 경제력을 갖추고 디지털 환경에 익숙한 구매력을 가진 노년층이 많아지면서 일어난 현상이다. 따라서 고령화사회가 심해질수록 시니어 산업은 성장할 것임을 추론할 수 있다.

오답분석
① 시니어 하우징은 전통적인 노년층의 단순 거주 기능을 넘어 건강관리, 취미활동, 커뮤니티 형성 등 삶의 질을 높이는 주거 서비스를 의미한다. 따라서 요양원 운영은 시니어 하우징 사업으로 보기 어렵다.
③ 최근에는 인공지능과 사물인터넷 등 첨단 기술이 시니어 사업과 결합하고 있으며, 디지털 환경에 익숙한 디지털 시니어가 등장하고 있으므로 전통적인 기술이 선호되는 사업으로는 볼 수 없다.
④ 그레이 르네상스는 노년층이 소비와 사회 변화를 이끄는 주체로 떠오르면서 생긴 현상이다. 첨단 기기를 잘 다루는 노년층의 등장은 디지털 시니어에 더 가까운 개념이다.
⑤ 고령층 일자리 창출 사업의 주요 목적은 단순한 생계형 일자리에서 벗어나 전문성과 경험을 살리는 것이다.

05 정답 ②

제시문은 사대부의 시조문학을 두 갈래로 나누어 설명하는 글이다. 따라서 (다) 시조문학의 두 경향인 강호가류(江湖歌類)와 오륜가류(五倫歌類)의 소개 – (라) 강호가류에 대한 설명 – (나) 접속어 '한편'으로 시작하는 오륜가류에 대한 설명 – (가) 사대부들의 문학관에 대한 설명 순으로 나열하는 것이 적절하다.

| 02 | 자료해석

01	02	03	04	05					
②	③	①	④	⑤					

01 정답 ②

하루 동안 고용할 수 있는 인원을 구하기 위해서는 먼저 다음과 같이 1인당 하루 인건비를 구해야 한다.
• (1인당 하루 인건비)=(수당)+(산재보험료)+(고용보험료)
　$=50{,}000+50{,}000\times0.504\%+50{,}000\times1.3\%$
　$=50{,}000+252+650=50{,}902$원
• (하루 동안 고용할 수 있는 인원수)=[(본예산)+(예비비)]÷(1인당 하루 인건비)
　$=600{,}000\div50{,}902≒11.8$명
따라서 S업체가 하루 동안 고용할 수 있는 최대 인원은 11명이다.

02 정답 ③

인구성장률 그래프의 경사가 완만할수록 인구수 변동이 적다.

오답분석
① 인구성장률은 1970년 이후 계속 감소하고 있다.
② 총인구가 감소하려면 인구성장률 그래프가 (−)값을 가져야 하는데 2011년과 2015년에는 (+)값을 갖는다.
④ 1990년 총인구가 더 적다.
⑤ 2025년부터 총인구가 감소하고 있다.

03 정답 ①

• 1~4월까지의 총반품금액에 대한 4월 반품금액의 비율
 − 2월 반품금액 : 1,700,000−(2월 반품금액)−160,000−30,000=1,360,000원
  ∴ (2월 반품금액)=150,000원
 − 4월 반품금액 : 300,000+150,000+180,000+(4월 반품금액)=900,000원
  ∴ (4월 반품금액)=270,000원
 그러므로 1~4월까지의 총반품금액에 대한 4월 반품금액의 비율은 $\frac{270,000}{900,000} \times 100 = 30\%$이다.

• 1~4월까지의 총배송비에 대한 1월 배송비의 비율
 − 3월 배송비 : 2,200,000−180,000−140,000−(3월 배송비)=1,840,000원
  ∴ (3월 배송비)=40,000원
 − 1월 배송비 : (1월 배송비)+30,000+40,000+60,000=160,000원
  ∴ (1월 배송비)=30,000원
 그러므로 1~4월까지의 총배송비에 대한 1월 배송비의 비율은 $\frac{30,000}{160,000} \times 100 = 18.75\%$이다.

따라서 구하고자 하는 값은 30−18.75=11.25%p이다.

04 정답 ④

ⓒ A~D기업의 주당 순이익은 다음과 같다.
 • A : $\frac{10,000}{20,000} = 0.5$ • B : $\frac{200,000}{100,000} = 2$
 • C : $\frac{125,000}{500,000} = 0.25$ • D : $\frac{60,000}{80,000} = 0.75$
 따라서 주당 순이익은 'B−D−A−C' 순으로 높으며, 이는 주식가격이 높은 순서와 일치한다.

ⓒ (자기자본)=(발행 주식 수)×(액면가)이므로 (발행 주식 수)=$\frac{(자기자본)}{(액면가)}$이다.

이에 따라 A~D기업의 발행 주식 수는 다음과 같다.
 • A : $\frac{100,000}{5} = 20,000$주   • B : $\frac{500,000}{5} = 100,000$주
 • C : $\frac{250,000}{0.5} = 500,000$주   • D : $\frac{80,000}{1} = 80,000$주

따라서 D기업의 발행 주식 수는 A기업의 발행 주식 수의 $\frac{80,000}{20,000} = 4$배이다.

오답분석

ㄱ. ㄴ의 해설에 따르면 주당 순이익은 C기업이 가장 낮다.
ㄹ. A~D기업의 자기자본 순이익률은 다음과 같다.
- A : $\frac{10,000}{100,000}=0.1$
- B : $\frac{200,000}{500,000}=0.4$
- C : $\frac{125,000}{250,000}=0.5$
- D : $\frac{60,000}{80,000}=0.75$

따라서 자기자본 순이익률은 D기업이 가장 높고, A기업이 가장 낮다.

05 정답 ⑤

상품별 할인가 판매 시의 괴리율은 각각 다음과 같다.
- 세탁기 : $\frac{640,000-580,000}{640,000}\times100≒9.3\%$
- 무선청소기 : $\frac{181,000-170,000}{181,000}\times100≒6.0\%$
- 오디오세트 : $\frac{493,000-448,000}{493,000}\times100≒9.1\%$
- 골프채 : $\frac{786,000-720,000}{786,000}\times100≒8.3\%$
- 운동복 : $\frac{212,500-180,000}{212,500}\times100≒15.2\%$

따라서 할인가 판매 시 권장 소비자 가격과의 괴리율이 가장 높은 상품은 15.2%의 운동복이다.

| 03 | 창의수리

01	02	03	04	05
④	③	①	⑤	⑤

01 정답 ④

A씨는 S산 정상에서 30분간 휴식하였으므로 이동하는 데 걸린 시간은 3시간 30분(3.5시간)이다. 또한 S산 입구에서 정상까지의 등산로의 거리를 $x$km라고 하면 다음의 식이 성립한다.

$3.5=\frac{x}{1.8}+\frac{x}{2.4}$

→ $3.5=\frac{10x}{18}+\frac{10x}{24}=\frac{20x+15x}{36}=\frac{35}{36}x$

∴ $x=3.5\times\frac{36}{35}=3.6$

따라서 A씨가 이용한 등산로의 거리는 3.6km이다.

02 정답 ③

S사의 작년 남직원의 수를 x명, 여직원의 수를 y명이라고 하면 다음의 식이 성립한다.
$x+y=100 \rightarrow y=100-x \cdots$ ㉠
$1.1x+1.2y=114 \cdots$ ㉡
㉠을 ㉡에 대입하면 다음의 식이 성립한다.
$1.1x+1.2\times(100-x)=114$
$\rightarrow 1.1x+120-1.2x=114$
$\rightarrow -0.1x=-6$
$\therefore x=60, y=40$
따라서 작년 남직원의 수가 60명이므로 올해 증가한 남직원의 수는 $60\times0.1=6$명이다.

03 정답 ①

C가 부어야 할 소금물의 양을 xg이라고 하면, A~C가 비커에 부은 소금물에 담긴 소금의 양은 각각 다음과 같다.
- A : $150\times0.06=9$g
- B : $150\times0.02=3$g
- C : $x\times0.1=0.1x$g

3명의 학생이 각자의 소금물을 혼합하여 5%의 소금물을 만들기 위해서는 전체 소금물의 양 대비 전체 소금의 양이 5%가 되어야 하므로 다음의 식이 성립한다.

$\dfrac{9+3+0.1x}{150+150+x}\times100=5\%$

$\rightarrow \dfrac{12+0.1x}{300+x}=0.05$

$\rightarrow 12+0.1x=0.05\times(300+x)$

$\rightarrow 12+0.1x=15+0.05x$

$\rightarrow 0.05x=3$

$\therefore x=60$

따라서 C는 소금물 60g을 부어야 한다.

04 정답 ⑤

한 골만 넣으면 경기가 바로 끝난다고 하였으므로 현재 상황은 양 팀이 동점임을 알 수 있다. 양 팀이 한 번씩 승부차기를 하고도 경기가 끝나지 않는다는 것은 양 팀 모두 성공하거나 실패하는 경우이다.
- 양 팀 모두 성공하는 확률 : $0.7\times0.4=0.28$
- 양 팀 모두 실패하는 확률 : $0.3\times0.6=0.18$

따라서 경기가 끝나지 않을 확률은 $0.28+0.18=0.46$이다.

05 정답 ⑤

예지가 책정한 음료수의 정가를 x원이라고 하면 다음의 식이 성립한다.
$x\times(500-100)-1,000\times500=180,000$
$\therefore x=1,700$
즉, 예지가 붙인 이윤은 $1,700-1,000=700$원이다.

따라서 예지가 정가를 책정할 때 원가에 곱한 이윤의 비율은 $\dfrac{700}{1,000}\times100=70\%$이다.

| 04 | 언어추리

01	02	03	04	05
①	⑤	②	②	②

01 정답 ①

제시된 명제와 그 대우는 동치관계이므로 모두 참이다. 이를 논리식으로 나타내면 다음과 같다.
- $\sim A \to D \equiv \sim D \to A$
- $A \to \sim C \equiv C \to \sim A$
- $B \to C \equiv \sim C \to \sim B$

A가 선발되면 두 번째 명제에 따라 C는 선발되지 않으며, C가 선발되지 않으면 마지막 명제의 대우에 따라 B도 선발되지 않는다($A \to \sim C \to \sim B$).

[오답분석]
② $C \to \sim A \to D$
③ $B \to C \to \sim A$
④ $\sim D \to A \to \sim C \to \sim B$
⑤ $\sim D \to A \to \sim C$

02 정답 ⑤

주어진 명제에 따르면 영서 or 수희>연수, 수희>주림임을 알 수 있다. 이때 수희가 두 번째로 크므로 영서>수희인데, 주림이가 가장 작지 않으므로 주림>연수이다. 이를 정리하면 다음과 같다.
영서>수희>주림>연수
따라서 4명 중 연수가 가장 작다.

03 정답 ②

C와 E의 진술이 서로 모순이므로 2명 중 1명은 거짓을 말하고 있다.
- C의 진술이 참일 경우
  A, B, C, D는 참을 말하고 있고, E만 거짓을 말하고 있다. 그러므로 E는 범인이며, A는 범인이 아니다. C의 진술이 참이므로 D의 진술에 따라 B는 범인이지만, A의 진술에 따라 D도 범인이 된다. 이 경우 범인이 B, D, E 3명이므로 모순이다.
- E의 진술이 참일 경우
  A, B, D, E는 참을 말하고 있고, C만 거짓을 말하고 있다. 그러므로 E는 범인이 아니고, E의 진술에 따라 A가 범인이다. 또한 C의 진술이 거짓이므로 D의 진술에 따라 B는 범인이 아니고, A의 진술에 따라 D도 범인이 아니다. 그러므로 나머지 C는 범인이 되고, 이 경우 B의 진술도 참이 된다.

따라서 거짓을 말하는 사람은 C이며, 범인은 A와 C이다.

04　정답 ②

제시문을 정리하면 다음과 같다.
ⅰ) A정책이 효과적 → 부동산 수요나 공급이 조절
ⅱ) 부동산 가격이 적정 수준에서 조절 → A정책이 효과적
ⅲ) 부동산 가격이 적정 수준에서 조절 → 물가 상승 없다는 전제하에 서민의 삶 개선
ⅳ) 부동산 가격은 적정 수준에서 조절됨
ⅴ) 물가 상승 → 부동산 수요 조절 안 됨, 서민의 삶 개선 안 됨
ⅵ) 반드시 물가가 상승함

ⅱ)와 ⅳ)를 생각해 보면, 'A정책이 효과적임'은 참이다. 이는 ⅰ)의 'A정책이 효과적 → 부동산 수요나 공급이 조절'로 연결된다. 그런데 ⅵ)과 ⅴ)에 따라 '부동산 수요는 조절 안 됨'은 참이다. 따라서 '부동산 공급이 조절된다.'는 항상 참이다.

[오답분석]
① ⅴ)와 ⅵ)에서 보면, 물가가 상승하면 서민의 삶이 개선되지 않으므로 거짓이다.
③ ⅵ)에서 분명 물가는 상승한다고 했으므로 거짓이다.
④ ⅴ)와 ⅵ)에서 보면, 부동산 수요의 조절은 안 되는 것이므로 거짓이다.
⑤ ⅳ)에서 부동산 가격은 적정 수준에서 조절되므로 거짓이다.

05　정답 ②

B와 D의 진술이 모순되므로 2명 중 1명이 거짓을 말하고 있다. 이 경우 A, C, E는 모두 참을 말하고 있으므로 1층은 E, 2층은 A, 5층은 C가 산다.
ⅰ) B의 진술이 참일 경우
　이때 D의 진술은 거짓이다. 4층에는 D가 살고, 3층에는 B가 산다. 이 경우 D는 1층에 사는 E와 3층 차이가 나므로 E의 진술도 거짓이 된다. 거짓말을 하는 사람은 1명뿐이므로 이는 모순이다.
ⅱ) D의 진술이 참일 경우
　이때 B의 진술은 거짓이다. 4층에는 B가 살고, 3층에는 D가 산다. 이 경우 D는 1층에 사는 E와 2층 차이가 나므로 B만 거짓을 진술하게 된다.
따라서 거짓을 말한 사람은 B이다.

| 05 | 수열추리

01	02	03	04	05					
②	④	⑤	③	②					

01 정답 ②

앞의 항에 -2, $+6$이 반복되는 수열이다.
따라서 ( )=15-2=13이다.

02 정답 ④

분모는 6, 분자는 +1인 수열이다.
따라서 ( )=$\frac{5+1}{6}=\frac{6}{6}=1$이다.

03 정답 ⑤

제시된 수열은 분모는 3, 5, 7, 9, …, 분자는 2인 수열이므로 수열의 일반항을 a_n이라 하면 $a_n=\frac{2}{2n+1}$이다.
따라서 120번째 항의 값은 $\frac{2}{2\times 120+1}=\frac{2}{241}$이다.

04 정답 ③

홀수 항은 ×3+1, 짝수 항은 +5, +6, +7, …인 수열이다.
∴ A=11×3+1=34, B=15+6=21
따라서 A-B=34-21=13이다.

05 정답 ②

나열된 수를 각각 A, B, C라고 하면 다음 식이 성립한다.
$\underline{A\ B\ C} \rightarrow A\times B-1=C$
∴ X=(19+1)÷5=4, Y=(19+1)÷10=2
따라서 X×Y=8이다.

CHAPTER 03 | 2024년 하반기 기출복원문제

| 01 | 언어이해

01	02	03	04	05					
⑤	④	②	④	③					

01 정답 ⑤

제시문은 안티고네의 비극적 죽음을 통해 개인의 신념과 사회적 법이 상충할 때의 모습을 보여주며 인간이 도덕적 선택을 하기 위해서 어떤 선택을 해야 하는지 의문점을 던지는 글이다. 여기서 안티고네가 한 행동은 개인의 신념으로서 가족의 시신을 장례하는 보편적인 가치인 자연법에 따라 행동한 결과이다. 반면 크레온의 명령은 왕권에 의한 명령으로 국가나 사회가 제정한 실정법이다. 그러므로 크레온이 안티고네를 붙잡아 가둔 것은 실정법에 따라 행동한 결과이므로 글의 주제로 가장 적절한 것은 '자연법과 실정법 사이의 상충과 도덕적인 인간의 선택'이다.

오답분석
① 안티고네 이야기는 에테오클래스와 폴리네이케스 사이의 테베 내전을 배경으로 하고 있으나 글의 핵심 주제는 아니다.
② 개인의 양심과 사회적 질서가 상충하는 것이 주제이며, 각각의 차이점을 분석하는 글은 아니다.
③ 제시문과 상관없는 내용이다.
④ 개인의 의무 및 국가의 권위에 대한 내용은 글에 포함되어 있지 않다.

02 정답 ④

최초의 2차 전지인 납축 전지는 내연기관 자동차의 시동을 걸 때 사용하는 전지이나, 전기 자동차에서의 사용 여부는 서술되어 있지 않다. 실제로 전기 자동차는 시동 및 주행을 위해 리튬 이온 전지를 사용하고 있으며 일반적으로 납축 전지는 사용하지 않는다.

오답분석
①·③ 마지막 문단에서 2차 전지는 지속 가능한 미래를 위한 필수적인 기술로 다양한 산업 분야의 혁신을 이끌어낼 것이라고 서술하고 있으므로 그 중요성을 강조하고 있다.
② 2차 전지의 과방전은 전지의 손상을 일으키며 과충전은 폭발의 위험이 있다고 하였으므로 과충전 및 과방전은 2차 전지의 성능 및 수명을 단축시킴을 추론할 수 있다.
⑤ 2차 전지에 전기를 공급하면 이온이 전해질을 통해 분리막을 넘어 이동하므로 극 사이에서 이온의 이동이 전기를 발생시킴을 추론할 수 있다.

03 정답 ②

치안 불안 해소를 위해 CCTV를 설치하는 것은 정부가 사회간접자본인 치안 서비스를 제공하는 것이지, 공공재·공공자원 실패의 해결책이라고 보기는 어렵다.

오답분석
①·④ 공공재·공공자원 실패의 해결책 중에서 사용 제한을 위한 정책이라고 볼 수 있다.
③·⑤ 공공재·공공자원 실패의 해결책 중에서 사용 할당을 위한 정책이라고 볼 수 있다.

04 정답 ④

제시문은 성인 ADHD에 대한 소개와 증상, 원인, 치료법 등을 설명하는 글이다. 따라서 (다) 성인 ADHD에 대한 설명 – (마) 성인 ADHD의 특징적인 증상 – (라) 성인 ADHD의 원인 설명 – (가) 성인 ADHD의 치료법 – (나) 성인 ADHD 치료를 위한 전문가 도움의 필요성 순으로 나열하는 것이 적절하다.

05 정답 ③

모방소비는 유명인사나 인플루언서 등 다른 사람의 소비 행위를 따라서 소비하는 행동을 말한다. 이로 인해 자신에게 필요하지 않아도 구매로 이어지므로 개인의 필요와 소비 효용을 극대화시키는 합리적인 소비라고 할 수 없다.

오답분석
① 네 번째 문단에서 모방소비로 인해 개인의 정체성 상실이 일어날 수 있으며, 자신만의 취향과 개성을 찾기 어려워짐을 서술하고 있다.
② 모방소비는 소비 트렌드를 따라함으로써 사회적 지위나 인정에 대한 불안감을 해소시키는 등 심리적 요인에 의해 자연스럽게 발생하는 소비 행동이다.
④ 광고나 콘텐츠가 소비를 과도하게 유도하지 않도록 규제하고 긍정적인 소비문화 확산을 위해 미디어의 책임 또한 중요하다.
⑤ 모방소비는 자신에게 필요하지 않아도 유명인이 선택한 제품이나 서비스를 따라 소비하는 행동이다.

| 02 | 자료해석

01	02	03	04	05					
④	②	①	④	①					

01 정답 ④

자료를 통해 (영업이익)=(영업수익)−(영업비용)임을 알 수 있다.
따라서 빈칸에 들어갈 수는 676,000−193,000=483,000이다.

02 정답 ②

P시는 매년 30명씩 감소하고 있다. 2024년 P시의 학생 수는 820−30=790명이므로 2025년 P시의 학생 수는 790−30=760명이다.
Q시는 매년 감소하는 학생 수가 5명씩 증가하고 있다. 2024년 Q시의 학생 수는 870−25=845명이므로 2025년 Q시의 학생 수는 845−30=815명이다.
따라서 2025년의 P시와 Q시의 학생 수 차이는 815−760=55명이다.

03 정답 ①

진료비의 25% 이하가 약품비라면 (약품비)×4≤(진료비)이다. 하지만 2020년의 경우 210,000×4=840,000>820,0000이다. 따라서 (약품비)×4>(진료비)이므로 2020년의 약품비는 진료비의 25% 이상이다.

오답분석

② 2023년 약품비는 2018년 대비 $\frac{260,000-180,000}{180,000} \times 100 ≒ 44\%$ 증가하였다.

③ 진료비는 2022년까지 100조 원 미만이었지만, 2023년에 100조 원을 초과하였다.

④ 2019~2023년 진료비의 전년 대비 증가액은 각각 다음과 같다.
- 2019년 : 810,000−750,000=60,000억 원
- 2020년 : 820,000−810,000=10,000억 원
- 2021년 : 890,000−820,000=70,000억 원
- 2022년 : 980,000−890,000=90,000억 원
- 2023년 : 1,050,000−980,000=70,000억 원

따라서 진료비의 전년 대비 증가액은 2022년이 가장 크다.

⑤ 2019~2023년 약품비의 전년 대비 증가액은 다음과 같다.
- 2019년 : 200,000−180,000=20,000억 원
- 2020년 : 210,000−200,000=10,000억 원
- 2021년 : 220,500−210,000=10,500억 원
- 2022년 : 245,000−220,500=24,500억 원
- 2023년 : 260,000−245,000=15,000억 원

따라서 약품비의 전년 대비 증가액은 2020년이 가장 작다.

04 정답 ④

수입량이 많은 곡식을 순서대로 나열하면 귀리−콩−쌀−보리−수수이고, 수출량이 많은 곡식을 순서대로 나열하면 쌀−콩−보리−귀리−수수이다. 따라서 수수는 수입량과 수출량 모두 가장 적은 곡식이다.

오답분석

① 수입량이 가장 많은 곡식은 귀리이다.
② 수출량이 가장 많은 곡식은 쌀이다.
③ 제시된 자료만으로는 알 수 없다.
⑤ 콩은 수입량과 수출량 모두 두 번째로 많은 곡식이다.

05 정답 ①

국제학업성취도 읽기 점수의 한국과 OECD 평균 점수의 차이가 가장 큰 해는 2007년으로 556−492=64점이다.

|03| 창의수리

01	02	03	04	05
①	②	①	①	①

01 정답 ①

술 A의 양을 xmL라고 하면 술 B의 양은 $(300-x)$mL이므로 다음과 같은 식이 성립한다.

$\frac{22}{100} \times x + \frac{10}{100} \times (300-x) \geq \frac{17}{100} \times 300$

→ $22x + 10 \times (300-x) \geq 5,100$

→ $12x \geq 2,100$

∴ $x \geq 175$

따라서 술 A는 최소 175mL 넣어야 한다.

02 정답 ②

A햄버거 단품 가격을 x원이라고 하면 B햄버거 단품 가격은 $(x-400)$원이다.
A햄버거와 B햄버거 모두 세트메뉴로 변경하여 2개씩 주문하므로 다음과 같은 식이 성립한다.

$2 \times \{(x+1,800) + (x-400+1,800)\} = 29,200$

→ $2 \times (2x+3,200) = 29,200$

→ $4x+6,400 = 29,200$

∴ $x = 5,700$

따라서 A햄버거 단품 가격이 5,700원이므로 B햄버거 단품 가격은 5,700−400=5,300원이다.

03 정답 ①

40m의 간격으로 50그루를 심으므로 호수 둘레의 길이는 40×50=2,000m이다.

따라서 25m 간격으로 나무를 심는다면 나무는 모두 $\frac{2,000}{25}$=80그루 심을 수 있다.

04 정답 ①

(초당 채울 수 있는 물의 양)=(A호스를 통해 채우는 물의 양)+(B호스를 통해 채우는 물의 양)−(C호스를 통해 빠져나가는 물의 양)이므로 초당 채울 수 있는 물의 양은 20+90−50=60L이다.
1L를 1kg로 환산하므로 60L는 60kg이고, 1t=1,000kg이다.

따라서 물탱크에 물을 가득 채우는 데 걸리는 시간은 $\frac{15 \times 1,000}{60}$=250초=4분 10초이다.

05 정답 ①

버스를 1대 늘리기 전 순환선 마을버스는 모두 4대이므로, 1대의 마을버스가 노선을 1바퀴 돌 때 걸리는 시간을 t시간이라고 하면 배차간격은 $\frac{t}{4}$시간이다. 버스를 1대 늘려 순환선 마을버스가 모두 5대일 때 버스의 배차간격은 $\frac{t}{5}$시간이다. 이때 배차간격이 2분=$\frac{1}{30}$시간 줄었으므로 다음과 같은 식이 성립한다.

$$\frac{t}{4} - \frac{1}{30} = \frac{t}{5}$$

$$\therefore t = \frac{2}{3}$$

따라서 순환 노선의 길이는 $30 \times \frac{2}{3} = 20$km이다.

| 04 | 언어추리

01	02	03	04						
①	③	③	③						

01 정답 ①

A와 C의 진술이 서로 모순되므로 2명 중 1명은 거짓을 말하고 있다.
- A의 진술이 참일 경우
  범인은 D이며, D의 진술이 거짓이 된다. 그러나 이 경우 B와 C가 범인이 되며, C의 진술 또한 거짓이 되므로 모순이다.
- A의 진술이 거짓일 경우
  범인은 A이며, B, C, D는 모두 참을 말하고 있으므로 범인은 A이다.

따라서 회사의 중요 문서를 훔친 범인은 A이다.

02 정답 ③

A와 B의 진술이 서로 모순되므로 2명 중 1명은 참을 말하고 있다. 또한 C와 D는 서로 함께 참석했다고 하였으므로 2명 모두 참이나 거짓이 되지만, A와 B 중 1명이 거짓을 말하고 있으므로 C와 D의 진술은 모두 참이다.

ⅰ) A의 진술이 거짓인 경우
   A는 세미나에 참석하지 않으며, B는 세미나에 참석하고, C와 D는 모두 참석한다. 마지막으로 E의 진술이 참이므로 E도 세미나에 참석한다. 이 경우, 거짓을 말하는 사람은 A뿐이므로 2명이 거짓을 말한다는 문제의 조건에 위배된다. 따라서 모순이다.

ⅱ) A의 진술이 참인 경우
   A는 세미나에 참석하며, B는 세미나에 참석하지 않고, C와 D는 모두 참석한다. 마지막으로 E의 진술이 거짓이므로 E는 세미나에 참석하지 않는다. 이 경우, 거짓을 말하는 사람은 B와 E 2명이다.

따라서 거짓을 말하는 사람은 B와 E이다.

03 정답 ③

세 번째 조건에 따라 E와 B 사이에 2명이 있으므로 E와 B의 위치는 다음과 같이 두 가지 경우가 존재한다.
ⅰ) E-○-○-B-○
   두 번째 조건에 따라 A와 D 사이에 1명이 있어야 하므로 A와 D는 왼쪽에서 세 번째나 다섯 번째에 위치한다. 그러므로 남은 두 번째 자리는 C가 위치하므로 마지막 조건에 따라 D는 세 번째, A는 다섯 번째에 위치한다.
ⅱ) ○-E-○-○-B
   두 번째 조건에 따라 A와 D 사이에 1명이 있어야 하므로 A와 D는 왼쪽에서 첫 번째나 세 번째에 위치한다. 그러므로 남은 네 번째 자리는 C가 자리하게 되지만, 마지막 조건에 따라 C의 오른쪽에 D가 위치할 수 없으므로 불가능한 경우이다.

따라서 E-C-D-B-A 순서로 줄을 서며, D는 왼쪽에서 세 번째에 위치하게 된다.

04 정답 ③

진술의 진실 여부를 고려할 때 가능한 선발 경우는 다음과 같다.
ⅰ) G가 선발되었을 경우
   첫 번째, 두 번째 진술이 거짓이다. 이에 따라 나머지 진술이 참이어야 한다. D가 선발되는 경우를 제외하고는 나머지 진술이 참일 수 없다. 그러므로 D와 G가 선발된다.
ⅱ) B, C, D 중에서 1명만 선발되지 않고 2명이 선발될 경우
   네 번째, 마지막 진술이 거짓이다. 이에 따라 나머지 진술이 참이어야 한다. 그러므로 C, D가 선발된다.

따라서 항상 선발되는 사람은 D이다.

| 05 | 수열추리

01	02	03	04	05
④	②	⑤	③	②

01 정답 ④

앞의 항에 ×(−2), −6이 반복되는 수열이다.
따라서 ( )=(−42)×(−2)=84이다.

02 정답 ②

앞의 항에 $\times\frac{5}{7}$, $\times\frac{7}{9}$, $\times\frac{9}{11}$, …인 수열이다.

따라서 ( )=$\frac{10}{45}\times\frac{15}{17}=\frac{10}{51}$이다.

03 정답 ⑤

앞의 두 항의 합이 다음 항이 되는 피보나치 수열이다.
따라서 (   )=23+37=60이다.

04 정답 ③

앞의 항에 ×2, −4, ×6, −8, …인 수열이다.
∴ A=4×10=40, B=392−16=376
따라서 A+B=40+376=416이다.

05 정답 ②

앞의 항에 −1, +5, +11, +17, …인 수열이다.
7번째 항의 값이 74이므로 8번째 항의 값은 74+35=109, 9번째 항의 값은 109+41=150이고, 10번째 항의 값은 150+47=197이다.
따라서 11번째 항의 값은 197+53=250이다.

CHAPTER 04 | 2024년 상반기 기출복원문제

| 01 | 언어이해

01	02	03	04	05
①	③	②	③	③

01 정답 ①

1형 당뇨는 유전적 요인에 의해 췌장에서 인슐린 분비 자체에 문제가 생겨 발생하는 당뇨병이다. 반면 2형 당뇨는 비만, 운동부족 등 생활 습관적 요인에 의해 인슐린 수용체가 부족하거나 인슐린 저항성이 생겨 발생하는 당뇨병이다. 따라서 '나쁜 생활 습관은 2형 당뇨를 유발할 수 있다.'를 추론할 수 있다.

오답분석
② 2형 당뇨 초기에는 생활 습관 개선이나 경구 혈당강하제를 통해 혈당을 관리할 수 있지만, 지속될 경우 인슐린 주사가 필요할 수 있다.
③ 당뇨병은 혈액 속에 남은 포도당이 글리코겐으로 변환되지 못하고 잔류하여 소변을 통해 배출되는 병이다.
④ 2020년 기준 한국인 당뇨 유병자는 약 600만 명이며, 이 중 90%가 2형 당뇨를 앓고 있으므로 약 540만 명(=600만×0.9)이다.
⑤ 포도당이 글리코겐으로 세포에 저장되기 위해서는 췌장에서 분비한 인슐린이 세포의 곁에 있는 인슐린 수용체와 결합해야 한다.

02 정답 ③

스톡홀름 신용은행 강도 납치사건에서 인질들은 납치범이 검거되어 상황이 종료된 이후에도 납치범을 변호하는 모습을 보이는 등 스톡홀름 증후군은 사건 이후에도 피해자가 자신의 감정이 왜곡되었음을 인식하지 못하는 경우가 많다. 따라서 극한의 상황에서 일시적으로 발생하는 것이 아니며, 지속적으로 나타날 수 있기 때문에 심리 상담, 치료 등 외부의 도움이 필요하다.

오답분석
① 스톡홀름 증후군은 납치, 학대 등 가해자의 힘에 비해 피해자가 상황을 통제할 수 없는 무기력한 상황일 때 가해자에게 동조하여 심리적 불안을 해소하려는 현상이므로 피해자가 무기력한 상황일수록 스톡홀름 증후군 현상이 나타나기 쉽다.
② 스톡홀름 증후군은 심리적으로 궁지에 몰린 피해자가 자신이 처한 현실을 부정하지 않고 받아들이며, 생존을 위해 가해자에게 동조하는 현상이다.
④ 스톡홀름 증후군은 극단적인 스트레스로 인해 위협적인 가해자의 작은 친절을 과대 해석하여 발생하는 현상이므로 피해자의 심리적 방어기제로 인한 감정 왜곡이 원인이다.
⑤ 스톡홀름 증후군은 복잡하고 다층적인 심리적 현상이므로 피해자의 심리・환경 등 다방면적인 이해와 접근이 필요하다.

03 정답 ②

보기의 문장은 앞의 내용에 이어서 예시를 드는 문장이므로 재력 등 우월의식을 드러내기 위한 베블런 효과의 원인 뒤에 들어가야 가장 적절하다. 따라서 '사회적 지위나 부를 과시하려는 것이다.' 뒷부분인 (나)에 그 예시로서 들어가는 것이 가장 적절하다.

04 정답 ③

고대 그리스, 헬레니즘, 로마 시대를 순서대로 나열하여 설명하였으므로, 역사적 순서대로 주제의 변천에 대해 서술하고 있다.

05 정답 ③

제시문은 행위별수가제에 대한 것으로 환자, 의사, 건강보험 재정 등 많은 곳에서 한계점이 있다고 설명하면서 건강보험 고갈을 막기 위해 다양한 지불방식을 도입하는 등 구조적인 개편이 필요함을 설명하고 있다. 따라서 글의 주제로 '행위별수가제의 한계점'이 가장 적절하다.

| 02 | 자료해석

01	02	03	04	05
①	②	③	④	④

01 정답 ①

전체 가입자 중 여성 가입자 수의 비율은 $\frac{9,804,482}{21,942,806} \times 100 = 44.7\%$로 40% 이상이다.

오답분석

② 남성 사업장 가입자 수는 8,059,994명으로 남성 지역 가입자 수의 2배인 3,861,478×2=7,722,956명보다 많다.
③ 전체 지역 가입자 수는 전체 사업장 가입자 수의 $\frac{7,310,178}{13,835,005} \times 100 = 52.8\%$로 50% 미만이다.
④ 여성 가입자 전체 수인 9,804,482명에서 여성 사업장 가입자 수인 5,775,011명을 빼면 4,029,471명이므로 여성 사업장 가입자 수가 나머지 여성 가입자 수를 모두 합친 것보다 많다.
⑤ 가입자 수가 많은 순서대로 나열하면 '사업장 가입자 – 지역 가입자 – 임의계속 가입자 – 임의 가입자' 순서이다.

02 정답 ②

단위를 생략한 인천의 인구 수치는 인구밀도 수치보다 크다. 즉, $\frac{(인구)}{(인구밀도)} > 1$이므로, 생략된 단위인 1,000을 곱하면 인천의 면적은 1,000km²보다 넓음을 알 수 있다.

오답분석

㉠ 부산의 비율은 $\frac{27}{3,471}$이고, 대구의 비율은 $\frac{13}{2,444}$이다. 즉, 부산은 분자보다 분모가 약 130배 크고, 대구는 약 180배 크다. 따라서 비율을 직접 계산하지 않아도 부산이 더 큰 것을 알 수 있다.
㉢ 직접 계산을 하지 않더라도, $\frac{(인구)}{(인구밀도)}$의 값은 부산보다 대구가 1에 가까움을 알 수 있다. 따라서 대구의 면적이 부산의 면적보다 넓다.

03 정답 ③

㉠ 2023년 2월에 가장 많이 낮아졌다.
㉡ 제시된 수치는 전년 동월, 즉 2022년 6월보다 325건 증가했다는 뜻이므로, 실제 심사건수는 알 수 없다.
㉢ 제시된 수치는 전년 동월, 즉 2022년 5월보다 3.3% 증가했다는 뜻이므로, 실제 등록률은 알 수 없다.

오답분석
㉣ 전년 동월 대비 125건이 증가했으므로 100+125=225건이다.

04 정답 ④

2022년과 2023년 총매출액에 대한 비율의 차이가 가장 적은 것은 음악 영역으로, 그 차이는 4.8-4.6=0.2%p이다.

오답분석
① 2023년 총매출액은 2,800억 원, 2022년 총매출액은 2,100억 원으로, 2023년 총매출액은 2022년 총매출액보다 700억 원 많다.
② 게임 영역은 2022년에 56.0%, 2023년에 51.5%로, 매출액 비중이 50% 이상이다.
③ 전체 매출액이 2022년보다 2023년에 증가했으므로, 매출액 비중이 증가한 분야는 당연히 매출액이 증가했다. 음악, 애니메이션, 게임은 매출액 비중이 감소했지만, 증가한 매출액으로 계산하면 매출액 자체는 증가했음을 알 수 있다. 따라서 기타 영역을 제외한 모든 영역에서 2022년보다 2023년 매출액이 더 많다.
⑤ 음악(4.8% → 4.6%), 애니메이션(12.6% → 9.7%), 게임(56.0% → 51.5%), 기타(0.9% → 0.6%) 영역은 모두 2022년 대비 2023년에 매출액 비율이 감소하였다.

05 정답 ④

㉠ A~D휴대폰의 항목별 기본점수를 계산하면 다음과 같다.

(단위 : 점)

구분	A휴대폰	B휴대폰	C휴대폰	D휴대폰
디자인	5	4	2	3
가격	2	3	4	5
해상도	3	4	5	2
음량	4	2	5	3
화면크기·두께	4	5	2	3
내장·외장메모리	2	3	4	5
합계	20	21	22	21

따라서 기본점수 합계가 가장 높은 것은 22점인 C휴대폰이다.

㉢ A~D휴대폰의 항목별 고객평가 점수를 단순 합산하면 다음과 같다.

(단위 : 점)

구분	A휴대폰	B휴대폰	C휴대폰	D휴대폰
디자인	8	7	4	6
가격	4	6	7	8
해상도	5	6	8	4
음량	6	4	7	5
화면크기·두께	7	8	3	4
내장·외장메모리	5	6	7	8
합계	35	37	36	35

따라서 각 항목의 고객평가 점수를 단순 합산한 점수가 가장 높은 것은 37점인 B휴대폰이다.

ⓔ 성능점수 항목인 해상도·음량·내장외장메모리 항목의 점수를 제외한 디자인, 가격, 화면크기·두께 항목의 점수만을 단순 합산한 점수를 계산하면 다음과 같다.

(단위 : 점)

구분	A휴대폰	B휴대폰	C휴대폰	D휴대폰
디자인	8	7	4	6
가격	4	6	7	8
화면크기·두께	7	8	3	4
합계	19	21	14	18

따라서 B휴대폰의 점수는 C휴대폰의 점수의 $\frac{21}{14}=1.5$배이다.

[오답분석]

ⓒ A~D휴대폰의 성능점수를 계산하면 다음과 같다.

(단위 : 점)

구분	A휴대폰	B휴대폰	C휴대폰	D휴대폰
해상도	3	4	5	2
음량	4	2	5	3
내장·외장메모리	2	3	4	5
합계	9	9	14	10

따라서 성능점수가 가장 높은 것은 14점인 C휴대폰이다.

| 03 | 창의수리

01	02	03	04	05	06	07			
③	④	②	①	①	③	⑤			

01 정답 ③

전체 일의 양을 1, A가 1시간 동안 할 수 있는 일의 양을 a, B가 1시간 동안 할 수 있는 일의 양을 b라고 하면 다음과 같은 식이 성립한다.
$5a+8b=1 \cdots$ ㉠
$6a+5b=1 \cdots$ ㉡

㉠×6−㉡×5로 두 식을 연립하면 $b=\frac{1}{23}$이다.

따라서 B가 혼자서 일할 때 걸리는 시간은 23시간이다.

02 정답 ④

전체 신입사원을 1이라 할 때, 남자 신입사원과 여자 신입사원 및 안경을 착용한 신입사원과 착용하지 않은 신입사원을 정리하면 다음과 같다.

구분	남자 신입사원	여자 신입사원	합계
안경 착용	0.3−0.2475=0.0525	0.45−0.2025=0.2475	0.3
안경 미착용	0.7−0.2025=0.4975	0.45×0.45=0.2025	1−0.3=0.7
합계	0.55	0.45	1

따라서 남자 신입사원 중 안경을 착용한 신입사원의 비율은 $\frac{0.0525}{0.55}=\frac{21}{220}$ 이다.

03 정답 ②

작년 남학생 수를 x명, 여학생 수를 y명이라고 하면 다음과 같은 식이 성립한다.
$x+y=480 \cdots \text{㉠}$
올해 남학생 수는 $x \times (1+0.2)=1.2x$명이고, 여학생 수는 $y \times (1-0.1)=0.9y$명이다.
올해 남학생 수와 여학생 수의 비율이 20 : 21이므로 다음과 같은 식이 성립한다.
$1.2x : 0.9y=20 : 21 \rightarrow 25.2x=18y \rightarrow y=1.4x \cdots \text{㉡}$
㉡을 ㉠에 대입하면 $x=200$, $y=280$이다.
따라서 올해 전교생 수는 $(1.2 \times 200)+(0.9 \times 280)=240+252=492$명이다.

04 정답 ①

A제품을 x개, B제품을 y개 만든다고 하면 다음과 같은 식이 성립한다.
$x>0 \cdots \text{㉠}$
$y>0 \cdots \text{㉡}$
$0.6x+0.4y \leq 18 \cdots \text{㉢}$
$0.5x+0.5y \leq 20 \cdots \text{㉣}$
이에 대한 영역은 다음과 같다.

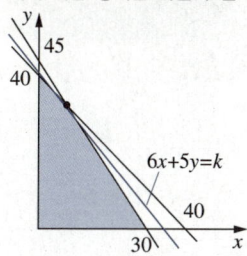

A제품 x개, B제품 y개의 총이익을 $6x+5y=k$만 원이라고 하면, k는 $0.6x+0.4y=18$, $0.5x+0.5y=20$의 교점을 지날 때 최대이다.
두 식을 연립하면 $3x+2(40-x)=90$이므로 $x=10$, $y=30$이다.
따라서 공장에서 얻을 수 있는 최대 이익은 $6 \times 10+5 \times 30=210$만 원이다.

05 정답 ①

다음과 같이 C-D 구간이 연결되어 있다고 할 때, A지점에서 출발하여 B지점에 도착하는 가장 짧은 경로의 경우의 수 중에서 A-C-D-B를 거치는 경로의 경우의 수를 제외한다.

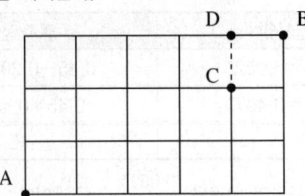

ⅰ) C-D가 연결되어 있을 때, A에서 출발하여 B까지 도착하는 모든 경우의 수 : $\frac{8!}{5! \times 3!} = 56$가지

ⅱ) A에서 출발하여 C, D를 거쳐 B까지 도착하는 경우의 수 : $\frac{6!}{4! \times 2!} = 15$가지

따라서 구하고자 하는 경우의 수는 56-15=41가지이다.

06 정답 ③

1차 전체회의가 열린 3월 6일부터 그달 말일인 3월 31일 사이의 일수는 25일이다.
4월과 5월의 말일은 각각 30일, 31일이므로 3월 6일부터 5월 31일까지의 일수는 25+30+31=86일이다.
따라서 남은 일수는 100-86=14일이므로 2차 전체회의는 6월 14일에 열린다.

07 정답 ⑤

울타리의 가로와 세로 길이는 건물의 외벽보다 10m씩 더 길다.
따라서 건물을 둘러싼 울타리의 길이는 2×[(65+10)+(55+10)]=280m이다.

| 04 | 언어추리

01	02	03	04						
③	①	①	④						

01 정답 ③

첫 번째 조건에 따라 A는 B의 바로 뒤쪽에 서야 하므로 (AB) 그룹으로 묶을 수 있다. 또한, C와 D는 서로 붙어 있으므로 (CD) 혹은 (DC)로 묶을 수 있다. 그러므로 (AB), (CD/DC), E, F 4그룹으로 분류하고, 마지막 조건에 따라 E가 맨 앞이나 맨 뒤에 오는 경우를 구하면 된다. 그러므로 E를 제외하고 남은 3그룹을 줄 세우는 경우의 수는 3!=6가지이고, C와 D의 위치가 바뀔 수 있으므로 6×2=12가지이다. 마지막으로 E가 가장 뒤에 있을 수 있으므로 12×2=24가지이다.
따라서 구하고자 하는 경우의 수는 24가지이다.

02 정답 ①

두 번째 조건에 따라 홍차를 선택한 사람은 3명이고, 세 번째 조건에 따라 녹차를 선택한 사람은 4명이다. 그러므로 커피를 선택한 사람은 3명이 된다. 그다음으로 마지막 조건에 따라 한식을 선택한 사람 중 2명이 커피를 선택했으므로 커피를 선택한 남은 1명은 양식을 선택했음을 추론할 수 있다.
따라서 양식과 커피를 선택한 직원은 1명이다.

03 정답 ①

B는 두 번째, F는 여섯 번째로 도착하였고, A가 도착하고 바로 뒤에 C가 도착하였으므로 A는 세 번째 또는 네 번째로 도착하였다. 그런데 D는 C보다 먼저 도착하였고 E보다 늦게 도착하였으므로 A는 네 번째로 도착하였음을 알 수 있다.
따라서 도착한 순서는 E-B-D-A-C-F이고, A는 네 번째로 도착하였으므로 토너먼트 배치표에 의해 최대 세 번 경기를 하게 된다.

04 정답 ④

'어떤'과 '모든'이 나오는 명제는 벤 다이어그램으로 정리할 수 있으며, 주어진 명제를 정리하면 다음과 같다.

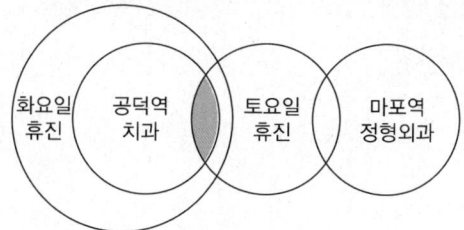

따라서 '공덕역 부근의 어떤 치과는 토요일과 화요일이 모두 휴진이다.'는 항상 참이다.

[오답분석]
① 마포역 부근의 어떤 정형외과는 토요일이 휴진이다.
② 공덕역 부근의 어떤 치과는 토요일이 휴진이기 때문에 거짓이다.
③ 주어진 명제만으로는 알 수 없다.
⑤ 마포역 부근의 어떤 정형외과가 화요일도 휴진인지는 알 수 없다.

| 05 | 수열추리

01	02	03	04	05					
④	③	①	②	③					

01 정답 ④

분모는 +3을 하고, 분자는 앞의 두 항의 합이 다음 항이 되는 피보나치 수열이다.

따라서 ( )=$\frac{8+13}{18+3}=\frac{21}{21}=1$이다.

02 정답 ③

앞의 항에 $+0.1^2, +0.2^2, +0.3^2, \cdots$인 수열이다.
따라서 ( )=$0.55+0.6^2=0.55+0.36=0.91$이다.

03 정답 ①

자연수와 대분수를 가분수로 바꾸었을 때, 분모는 +2, 분자는 +7, +9, +11, …인 수열이다.

따라서 ( )=$\frac{45+15}{9+2}=\frac{60}{11}=5\frac{5}{11}$이다.

04 정답 ②

홀수 항일 때 앞의 항의 분모에 +2, 짝수 항일 때 앞의 항의 분자에 -6을 하는 수열이다.

따라서 ( )=$\frac{976-6}{41}=\frac{970}{41}$이다.

05 정답 ③

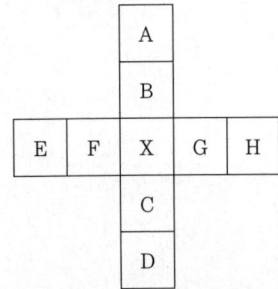

제시된 수열은 (A+B)×(C+D)=(E+F)×(G+H)=X이다.
따라서 ( )=(6+4)×(11+25)=(5+7)×(11+19)=360이다.

CHAPTER 05 | 2023년 하반기 기출복원문제

| 01 | 언어이해

01	02	03	04	05					
⑤	⑤	②	③	⑤					

01 정답 ⑤

오답분석
① · ④ 마지막 문장을 통해 확인할 수 있다.
② 두 번째와 세 번째 문장을 통해 확인할 수 있다.
③ 제시문의 흐름을 통해 확인할 수 있다.

02 정답 ⑤

아인슈타인의 광량자설은 빛이 파동이면서 동시에 입자인 이중적인 본질을 가지고 있다는 것을 의미하는 것으로, 뉴턴의 입자설과 토머스 영의 파동성설을 모두 포함한다.

오답분석
① 뉴턴의 가설은 그의 권위에 의해 오랫동안 정설로 여겨졌지만, 토머스 영의 겹실틈 실험에 의해 다른 가설이 생겨났다.
② 겹실틈 실험은 한 개의 실틈을 거쳐 생긴 빛이 다음에 설치된 두 개의 겹실틈을 지나가게 해서 스크린에 나타나는 무늬를 관찰하는 것이다.
③ 일자 형태의 띠가 두 개 나타나면 빛이 입자임은 맞으나, 겹실틈 실험 결과 보강 간섭이 일어난 곳은 밝아지고 상쇄 간섭이 일어난 곳은 어두워지는 간섭무늬가 연속적으로 나타났다.
④ 토머스 영의 겹실틈 실험은 빛의 파동성을 증명하였고, 이는 명백한 사실이었으므로 아인슈타인은 빛이 파동이면서 동시에 입자인 이중적인 본질을 가지고 있다는 것을 증명하였다.

03 정답 ②

제시문의 첫 번째 문단의 끝에서 '제로섬(Zero-sum)적인 요소를 지니는 경제 문제'와 마지막 문단의 끝에서 '우리 자신의 수입을 보호하기 위해 경제적 변화가 일어나는 것을 막거나 혹은 사회가 우리에게 손해를 입히는 공공정책이 강제로 시행되는 것을 막기 위해 싸울 것'이 핵심 주장임을 알 수 있다. 따라서 제시문은 사회경제적인 총합이 많아지는 정책, 즉 '사회의 총생산량이 많아지게 하는 정책이 좋은 정책'이라는 주장에 대한 비판이라고 할 수 있다.

04 정답 ③

제시문은 '최고의 진리는 언어 이전, 혹은 언어 이후의 무언(無言)의 진리이다.', '동양 사상의 정수(精髓)는 말로써 말이 필요 없는 경지'라고 하였다. 따라서 글의 중심 내용으로 '동양 사상은 언어적 지식을 초월하는 진리를 추구한다.'가 가장 적절하다.

05 정답 ⑤

보기는 독립신문이 일반 민중들을 위해 순 한글을 사용해 배포되었고, 상하귀천 없이 누구에게나 새로운 소식을 전달해 준다는 내용이다. 따라서 글과 보기를 읽고 추론한 내용으로 가장 적절한 것은 ⑤이다.

| 02 | 자료해석

01	02	03	04	05					
①	⑤	③	③	②					

01 정답 ①

㉠ • 해외연수 경험이 있는 지원자 합격률 : $\frac{53}{53+414+16} \times 100 = \frac{53}{483} \times 100 ≒ 11.0\%$

  • 해외연수 경험이 없는 지원자 합격률 : $\frac{11+4}{11+37+4+139} \times 100 = \frac{15}{191} \times 100 ≒ 7.9\%$

따라서 해외연수 경험이 있는 지원자가 해외연수 경험이 없는 지원자보다 합격률이 높다.

㉡ • 인턴 경험이 있는 지원자의 합격률 : $\frac{53+11}{53+414+11+37} \times 100 = \frac{64}{515} \times 100 ≒ 12.4\%$

  • 인턴 경험이 없는 지원자의 합격률 : $\frac{4}{16+4+139} \times 100 = \frac{4}{159} \times 100 ≒ 2.5\%$

따라서 인턴 경험이 있는 지원자가 인턴 경험이 없는 지원자보다 합격률이 높다.

[오답분석]

㉢ 인턴 경험과 해외연수 경험이 모두 있는 지원자 합격률(11.3%)은 인턴 경험만 있는 지원자 합격률(22.9%)의 2배 미만이다.

㉣ 인턴 경험과 해외연수 경험이 모두 없는 지원자와 인턴 경험만 있는 지원자 간 합격률 차이는 22.9−2.8=20.1%p이다.

02 정답 ⑤

㉢ (부모와 자녀의 직업이 모두 A일 확률) = $\frac{10}{100} \times \frac{45}{100} = 0.1 \times \frac{45}{100}$

㉣ (자녀의 직업이 A일 확률) = $\frac{10}{100} \times \frac{45}{100} + \frac{40}{100} \times \frac{5}{100} + \frac{50}{100} \times \frac{1}{100} = \frac{70}{1,000} = \frac{7}{100}$

따라서 부모의 직업이 A일 확률은 $\frac{10}{100}$이므로 자녀의 직업이 A일 확률이 더 낮다.

[오답분석]

㉠ (자녀의 직업이 C일 확률) = $\frac{10}{100} \times \frac{7}{100} + \frac{40}{100} \times \frac{25}{100} + \frac{50}{100} \times \frac{49}{100} = \frac{3,520}{10,000} = \frac{44}{125}$

㉡ '부모의 직업이 C일 때, 자녀의 직업이 B일 확률'을 '자녀의 직업이 B일 확률'로 나누면 구할 수 있다.

03 정답 ③

1인당 GDP 순위는 E>C>B>A>D이다. 그런데 1인당 GDP가 가장 큰 E국의 1인당 GDP는 1인당 GDP가 2위인 C국보다 1%밖에 높지 않은 반면, 인구는 C국의 $\frac{1}{10}$ 이하이므로 총 GDP는 C국보다 작다.

따라서 1인당 GDP 순위와 총 GDP 순위는 서로 동일하지 않다.

[오답분석]
① • A국의 총 GDP : 27,214×50.6=1,377,028.4백만 달러
 • E국의 총 GDP : 56,328×24.0=1,351,872백만 달러
 따라서 A국이 E국보다 총 GDP가 더 크다.
② 경제성장률이 가장 큰 나라는 D국이며, 1인당 GDP와 총인구를 고려하면 D국의 총 GDP가 가장 작은 것을 알 수 있다.
④ 수출 및 수입 규모에 따른 순위는 C>B>A>D>E이므로 서로 동일하다.
⑤ 1인당 GDP 대비 총인구를 고려하였을 때 총 GDP가 가장 큰 나라는 C국, 가장 작은 나라는 D국이다.
 • C국의 총 GDP : 55,837×321.8=17,968,346.6백만 달러
 • D국의 총 GDP : 25,832×46.1=1,190,855.2백만 달러
 따라서 총 GDP가 가장 큰 나라와 가장 작은 나라는 10배 이상의 차이를 보인다.

04 정답 ③

• A전자 : 8대 구매 시 2대를 무료로 증정하기 때문에 32대를 사면 8개를 무료로 증정받아 32대 가격으로 총 40대를 살 수 있다. 32대의 가격은 80,000×32=2,560,000원이다. 그리고 구매 금액 100만 원당 2만 원이 할인되므로 구매 가격은 2,560,000-40,000=2,520,000원이다.
• B마트 : 40대 구매 금액인 90,000×40=3,600,000원에서 40대 이상 구매 시 7% 할인 혜택을 적용하면 3,600,000×0.93=3,348,000원이다. 1,000원 단위 이하는 절사하므로 구매 가격은 3,340,000원이다.

따라서 B마트에 비해 A전자가 3,340,000-2,520,000=820,000원 더 저렴하다.

05 정답 ②

제시된 자료에서 선의 기울기가 가파른 구간은 2013~2014년, 2014~2015년, 2017~2018년이다. 2014년, 2015년, 2018년 물이용부담금 총액의 전년 대비 증가폭은 각각 다음과 같다.
• 2014년 : 6,631-6,166=465억 원
• 2015년 : 7,171-6,631=540억 원
• 2018년 : 8,108-7,563=545억 원

따라서 물이용부담금 총액이 전년 대비 가장 많이 증가한 해는 2018년이다.

[오답분석]
㉠ 제시된 자료를 통해 확인할 수 있다.
㉢ 2022년 금강유역 물이용부담금 총액 : 8,661×0.2=1,732.2억 원
 ∴ 2022년 금강유역에서 사용한 물의 양 : 1,732.2억 원÷160원/m^3≒10.83억m^3
㉣ 2022년 물이용부담금 총액의 전년 대비 증가율 : $\frac{8,661-8,377}{8,377}\times100$≒3.39%

| 03 | 창의수리

01	02	03	04						
⑤	⑤	②	④						

01 정답 ⑤

50g을 덜어낸 뒤 남아있는 소금물의 양은 50g, 농도는 20%이다. 이때 남아있는 소금의 양에 대해 다음과 같은 식이 성립한다.

(소금의 양)=(농도)×(남아있는 소금물의 양)=$\frac{20}{100} \times 50 = 10$g

농도를 10%로 만들기 위해 더 넣은 물의 양을 xg이라고 하면 다음과 같은 식이 성립한다.

$\frac{10}{50+x} \times 100 = 10\%$

∴ $x = 50$

따라서 필요한 물의 양은 50g이다.

02 정답 ⑤

A~E 5명이 월요일에서 금요일까지 1명씩 당직 근무를 하는 경우의 수는 5!=5×4×3×2×1=120가지이다.
이 중 D는 금요일, E는 수요일에 당직 근무를 할 경우의 수는 D와 E를 제외한 나머지 3명을 월요일, 화요일, 목요일에 배정하는 것과 같으므로 3!=3×2×1=6가지이다.

따라서 구하고자 하는 확률은 $\frac{3!}{5!} = \frac{6}{120} = \frac{1}{20}$이다.

03 정답 ②

• 강을 올라갈 때 걸리는 시간 : $\frac{35}{12-2} = \frac{35}{10} = 3$시간 30분

• 강을 내려갈 때 걸리는 시간 : $\frac{35}{12+2} = \frac{35}{14} = 2$시간 30분

따라서 보트를 타고 강을 왕복하는 데 걸리는 시간은 총 6시간이다.

04 정답 ④

올라갈 때 달린 거리를 $x$km라고 하면 다음과 같은 식이 성립한다.

$\frac{x}{10} + \frac{x+10}{20} = 5$

→ $20x + 10(x+10) = 1,000$

→ $30x = 900$

∴ $x = 30$

따라서 올라갈 때 달린 거리는 30km이다.

| 04 | 언어추리

01	02	03							
②	④	⑤							

01 정답 ②

먼저 A사원의 말이 거짓이라면 A사원과 D사원 2명이 3층에서 근무하게 되고, 반대로 D사원의 말이 거짓이라면 3층에는 아무도 근무하지 않게 되므로 조건에 어긋난다. 결국 A사원과 D사원은 진실을 말하고 있음을 알 수 있다. 또한 C사원의 말이 거짓이라면 아무도 홍보팀에 속하지 않으므로 C사원도 진실을 말하고 있음을 알 수 있다.
따라서 거짓을 말하고 있는 사람은 B사원이며, 이때 B사원은 총무팀 소속으로 6층에서 근무하고 있다.

02 정답 ④

'치킨을 판매하는 푸드트럭이 선정된다.'를 a, '핫도그를 판매하는 푸드트럭이 선정된다.'를 b, '커피를 판매하는 푸드트럭이 선정된다.'를 c, '피자를 판매하는 푸드트럭이 선정된다.'를 d, '솜사탕을 판매하는 푸드트럭이 선정된다.'를 e, '떡볶이를 판매하는 푸드트럭이 선정된다.'를 f라고 할 때, 제시된 명제를 정리하면 다음과 같다.
- a → ~b
- ~c → d
- e → a
- d → ~f or f → ~d
- ~e → f

핫도그를 판매하는 푸드트럭이 최종 선정되었으므로 b → ~a → ~e → f → ~d → c가 성립한다.
따라서 핫도그, 커피, 떡볶이를 판매하는 푸드트럭이 최종 선정된다.

03 정답 ⑤

제시된 명제에 따라 앞서 달리고 있는 순서대로 나열하면 'A - D - C - E - B'가 된다.
따라서 이 순위대로 결승점까지 달린다면 C는 3등을 할 것이다.

| 05 | 수열추리

01	02	03	04	05					
①	②	③	④	④					

01 정답 ①

홀수 항은 ×2+1.1, ×2+1.2, ×2+1.3, …, 짝수 항은 ×2−1.1을 하는 수열이다.
따라서 ( )=0.3×2−1.1=−0.5이다.

02 정답 ②

앞의 두 항의 합이 다음 항이 되는 피보나치 수열이다.
따라서 ( )=5+8=13이다.

03 정답 ③

나열된 수를 각각 A, B, C라고 하면 다음 식이 성립한다.
$\underline{A\ B\ C} \to C=(A-B)\times 2$
따라서 ( )=$19-\frac{10}{2}$=14이다.

04 정답 ④

앞의 항에 +4, +4×3, +4×3^2, +4×3^3, +4×3^4, …인 수열이다.
따라서 ( )=489+4×3^5=1,461이다.

05 정답 ④

앞의 항에 +1, ×2가 반복되는 수열이다.
따라서 11번째 항의 값은 95×2=190이다.

CHAPTER 06 | 2023년 상반기 기출복원문제

| 01 | 언어이해

01	02	03	04	05	06				
①	④	①	④	④	③				

01 정답 ①

㉠ 화장품 시장에서 동물 및 환경보호를 위해 친환경 성분의 원료를 구매해 이용하는 것은 녹색소비에 해당한다.
㉡ 로컬푸드란 반경 50km 이내에서 생산하는 농산물을 말하는 것으로, B레스토랑의 소비행위는 자신이 거주하는 지역에서 생산한 농산물을 소비하는 로컬소비에 해당한다.
㉢ 환경오염을 유발하는 폐어망 및 폐페트병을 재활용하여 또 다른 자원으로 사용한 제품을 구매하는 것은 녹색소비에 해당한다.
㉣ 제3세계란 개발도상국들을 총칭하는 것으로, D카페의 제3세계 원두 직수입은 이들의 경제성장을 위한 공정무역 소비에 해당한다.
㉤ E사는 아시아 국가의 빈곤한 여성 생산자들의 경제적 자립을 위해 그들이 생산한 상품을 수입하여 판매하므로 이는 공정무역 소비에 해당한다.

02 정답 ④

포도 재배 환경의 날씨가 더울수록 향은 진해진다고 하였으므로, 진한 향의 레드와인을 원한다면 기온이 높은 지역의 포도를 사용한 와인을 구매해야 한다.

오답분석
① 레드와인은 포도에서 과육뿐만 아니라 껍질과 씨를 모두 사용하여 제조한다.
② 레드와인의 색상은 포도의 품종뿐만 아니라 포도의 재배 환경에 따라서도 영향을 받으므로, 같은 품종의 포도로 제조한 와인이라도 그 색상은 다를 수 있다.
③ 제시문에서 심혈관질환 중 고혈압 이외의 내용은 없으므로 모든 심혈관질환자에게 유익한 영향을 준다고 보기는 어렵다.
⑤ 날씨가 더운 환경에서 재배한 포도로 만든 와인이 산도가 약해진다고 하였으므로, 레드와인 특유의 신맛이 강해지려면 기온이 낮은 환경에서 재배한 포도로 만들어야 한다.

03 정답 ①

제시문에서는 천재가 선천적인 재능뿐만 아니라 후천적인 노력에 의해서 만들어지는 존재라고 주장하고 있기 때문에 글의 논지를 강화하기 위한 내용으로 ①은 적절하지 않다.

오답분석
② 영감을 가져다주는 것은 신적인 힘보다도 연습이라는 논지이므로 제시문과 같은 입장이다.
③·④·⑤ 제시문에서 언급된 절충적 천재(선천적 재능과 후천적 노력이 결합한 천재)에 대한 내용이다.

04 정답 ④

제시문은 첫 번째 문단에서 위계화의 개념을 설명하고, 그 뒤로 이러한 불평등의 원인과 구조에 대해 살펴보고 있다. 따라서 글의 제목으로 '위계화의 개념과 구조'가 가장 적절하다.

05 정답 ④

두 번째 문단에 따르면 박쥐가 많은 바이러스를 보유하고 있는 것은 밀도 높은 군집 생활을 하기 때문이며, 그에 대항하는 면역 기능도 발달되었기 때문에 긴 수명을 가질 수 있었다.

오답분석
① 박쥐의 수명이 대다수의 포유동물보다 긴 것은 맞지만, 평균적인 포유류 수명보다 짧은지는 알 수 없다.
② 박쥐는 뛰어난 비행 능력과 비행 중에도 고온의 체온을 유지하는 능력으로 긴 거리를 비행해 다닐 수 있다.
③ 박쥐는 현재 강력한 바이러스 대항 능력을 갖추었다.
⑤ 박쥐의 면역체계를 연구하여 치료제를 개발할 수 있다.

06 정답 ③

개정 무한계설은 법 규범이 가지는 실질적인 규범력의 차이는 외면한 채 헌법 개정에 있어서 형식적 합법성만을 절대시한다는 비판을 받는다.

오답분석
① 개정 무한계설은 헌법에 규정된 개정 절차를 밟으면 어떠한 조항이나 사항이더라도 개정할 수 있다는 입장이다.
② 개정 무한계설에서는 헌법 규범과 헌법 현실 사이의 틈을 해소할 수 있는 유일한 방법은 헌법 개정을 무제한 허용하는 것이라고 주장한다.
④ 개정 한계설에서는 헌법 제정 권력과 헌법 개정 권력을 다른 것으로 본다.
⑤ 개정 한계설은 헌법 위에 존재하는 자연법의 원리에 어긋나는 헌법 개정은 허용되지 않는다고 본다.

| 02 | 자료해석

01	02	03							
⑤	④	⑤							

01 정답 ⑤

계급의 크기는 모두 동일하고 상대도수의 합은 1이므로 그래프와 가로축으로 둘러싸인 부분의 넓이 또한 동일하다.

오답분석
① 여사원의 그래프가 남사원의 그래프보다 오른쪽으로 더 치우쳐 있으므로 여사원이 남사원보다 식비를 더 많이 사용했다고 볼 수 있다.
② 식비가 6천 원 이상인 남사원은 대략 $(0.18+0.12+0.06)\times100=36$명이므로 30명 이상이다.
③ 그래프에서 식비가 4천 원 미만인 사원은 모두 남사원이 더 높으므로 남사원의 비율이 여사원의 비율보다 높다.
④ 식비가 5천 원 이상 7천 원 미만인 여사원 수는 대략 전체의 $(0.26+0.22)\times100=48\%$로 40%로 이상이다.

02 정답 ④

매년 조사대상의 수는 동일하게 2,500명이므로 비율의 누적 값으로만 판단한다. 3년간의 월간 인터넷 쇼핑 이용 누적 비율을 구하면 다음과 같다.
- 1회 미만 : 30.4+8.9+18.6=57.9%
- 1회 이상 2회 미만 : 24.2+21.8+22.5=68.5%
- 2회 이상 3회 미만 : 15.9+20.5+19.8=56.2%
- 3회 이상 : 29.4+48.7+39.0=117.1%

따라서 두 번째로 많이 응답한 인터넷 쇼핑 이용 빈도수는 1회 이상 2회 미만이므로 옳지 않다.

오답분석

① 제시된 자료를 통해 알 수 있다.
② 2021년 월간 인터넷 쇼핑을 3회 이상 이용했다고 응답한 사람은 2,500×0.487=1,217.5명이다.
③ 1회 이상 2회 미만 쇼핑했다고 응답한 사람의 2021년 비율은 21.8%이고, 2022년은 22.5%이다.
따라서 $\frac{22.5-21.8}{21.8} \times 100 ≒ 3.2\%$로 3% 이상 증가했다.
⑤ 매년 조사 대상이 2,500명으로 동일하므로 비율만 비교한다. 2022년 월간 인터넷 쇼핑을 2회 이상 3회 미만 이용했다고 응답한 비율은 19.8%이고, 2021년 1회 미만으로 이용했다고 응답한 비율은 8.9%이다.
따라서 8.9×2=17.8<19.8이므로 2배 이상 많다.

03 정답 ⑤

유통업의 경우 9점을 받은 현지의 엄격한 규제 요인이 가장 강력한 진입 장벽으로 작용하므로 유통업체인 S사가 몽골 시장으로 진출할 경우, 해당 요인이 시장의 진입을 방해하는 요소로 작용할 가능성이 가장 큰 것을 알 수 있다.

오답분석

① 문화적 이질감이 가장 강력한 진입 장벽으로 작용하는 업종은 해당 요인에 가장 높은 점수를 부여한 서비스업(8점)이다.
② 서비스업은 타 업종에 비해 초기 진입 비용(2점)이 가장 적다.
③ 초기 진입 비용 요인의 경우 유통업(5점)보다 식·음료업(7점)의 점수가 더 높고, 유통업은 현지의 엄격한 규제 요인(9점)이 가장 강력한 진입 장벽으로 작용한다.
④ 몽골 기업의 시장 점유율 요인의 경우 제조업(5점)보다 유통업(7점)의 점수가 더 높으며, 제조업은 현지의 엄격한 규제 요인(8점)이 가장 강력한 진입 장벽으로 작용한다.

| 03 | 창의수리

01	02	03	04	05					
④	④	②	②	③					

01 정답 ④

A사원이 P지점에서 R지점까지 이동하는 데 걸린 시간은 $\frac{4}{4}=1$시간이다.

P지점에서 Q지점까지의 거리를 $x$km이라 하면 Q지점에서 R지점까지의 거리는 $(4-x)$km이다.
B사원이 A사원보다 12분 늦게 도착했으므로 다음과 같은 식이 성립한다.

$\frac{x}{5}+\frac{4-x}{3}=\frac{6}{5}$

→ $3x+20-5x=18$

∴ $x=1$

즉, P지점에서 Q지점까지의 거리는 1km이고 Q지점에서 R지점까지의 거리는 3km이다.

따라서 C사원이 P지점에서 R지점까지 가는 데 걸린 시간은 $\frac{1}{2}+\frac{3}{5}=\frac{11}{10}$ 시간이므로 A사원보다 6분 늦게 도착한다.

02 정답 ④

갑과 을이 동시에 출발하여 같은 속력으로 이동할 때 만날 수 있는 점은 다음과 같이 네 지점이다.

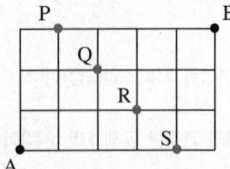

• P지점에서 만날 때 : $\left(\frac{4!}{3!}\times 1\right)\times\left(1\times\frac{4!}{3!}\right)=16$가지

• Q지점에서 만날 때 : $\left(\frac{4!}{2!\times 2!}\times\frac{4!}{3!}\right)\times\left(\frac{4!}{3!}\times\frac{4!}{2!\times 2!}\right)=576$가지

• R지점에서 만날 때 : $\left(\frac{4!}{3!}\times\frac{4!}{2!\times 2!}\right)\times\left(\frac{4!}{2!\times 2!}\times\frac{4!}{3!}\right)=576$가지

• S지점에서 만날 때 : $\left(1\times\frac{4!}{3!}\right)\times\left(\frac{4!}{3!}\times 1\right)=16$가지

따라서 갑과 을이 만나는 경우의 수는 $16+576+576+16=1,184$가지이다.

03 정답 ②

기본요금이 x원이고 추가요금이 y원이므로 다음과 같은 식이 성립한다.

$\begin{cases} x+19y=20,950 \\ x+30y=21,390 \end{cases}$

∴ $x=20,190$, $y=40$

따라서 엄마의 통화 요금은 $x+40y+(2y\times 1)=20,190+40\times 40+2\times 40\times 1=21,870$원이다.

04 정답 ②

A종목에서 상을 받은 사람의 수가 P(A), B종목에서 상을 받은 사람의 수가 P(B), A종목과 B종목 모두에서 상을 받은 사람의 수가 P(A∩B)라고 하면 다음과 같은 식이 성립한다.

$$\begin{cases} P(A)+P(B)-P(A\cap B)=30 \\ P(A)=P(B)+8 \end{cases}$$

P(A∩B)=10이므로 다음과 같은 식이 성립한다.

$$\begin{cases} P(A)+P(B)=40 \\ P(A)-P(B)=8 \end{cases}$$

∴ P(A)=24, P(B)=16

따라서 A종목에서 상을 받은 사람들의 상금의 총합은 24×50,000=1,200,000원이다.

05 정답 ③

바퀴 자의 1회 회전으로 측정할 수 있는 거리는 π×(지름)=3.1×30=93cm이다.

따라서 930cm를 측정할 때의 바퀴 자 회전수는 $\frac{930}{93}=10$회이다.

| 04 | 언어추리

01	02								
②	①								

01 정답 ②

여름은 겨울보다 비가 많이 내림 → 비가 많이 내리면 습도가 높음 → 습도가 높으면 먼지와 정전기가 잘 일어나지 않음
비가 많이 내리면 습도가 높고 습도가 높으면 먼지가 잘 나지 않으므로 비가 많이 오지 않는 겨울이 여름보다 먼지가 잘 난다고 추론할 수 있다. 따라서 '먼지는 여름이 겨울보다 잘 난다.'는 항상 참이 아니다.

오답분석
③ 마지막 명제의 대우와 첫 번째 명제의 대우로 추론할 수 있다.
④ 첫 번째・마지막 명제를 통해 추론할 수 있다.

02 정답 ①

D와 E의 주장이 서로 상반되므로 2명 중에 1명은 거짓을 말하고 있는 범인인 것을 알 수 있다.
• D가 범인인 경우
 D가 거짓을 말하고 있으므로 A는 범인이 아니다. A가 범인이 아니며, E는 진실을 말하고 있으므로 B 또한 범인이 아니다. 따라서 B가 범인이라고 주장한 C가 범인이고, 나머지는 진실만을 말하므로 범인이 아니다.
• E가 범인인 경우
 E가 거짓을 말하고 있으므로 A와 B는 범인이다. 즉, 범인은 모두 3명이 되어 모순이 발생된다.
따라서 C와 D가 범인이므로 'A와 D 중 범인이 있다.'는 항상 참이다.

CHAPTER 07 | 2022년 하반기 기출복원문제

| 01 | 언어이해

01	02	03	04	05	06
③	④	④	⑤	①	⑤

01 정답 ③

계약면적은 공급면적과 기타공용면적을 더한 것이고, 공급면적은 전용면적과 주거공용면적을 더한 것이다. 따라서 계약면적은 전용면적, 주거공용면적, 기타공용면적을 더한 것이다.

오답분석
① 발코니 면적은 서비스면적에 포함되며, 서비스면적은 전용면적과 공용면적에서 제외된다.
② 관리사무소 면적은 공용면적 중에서도 기타공용면적에 포함된다. 공급면적은 전용면적과 주거공용면적을 더한 것이므로 관리사무소면적은 공급면적에 포함되지 않는다.
④ 공용계단과 공용복도의 면적은 주거공용면적에 포함되므로 공급면적에 포함된다.
⑤ 현관문 안쪽의 전용 생활공간인 거실과 주방의 면적은 전용면적에 포함된다.

02 정답 ④

슈퍼문일 때는 지구와 달의 거리가 35만 7,000km 정도로 가까워지며, 이때 지구에서 보름달을 바라보는 시각도는 0.56도로 커지므로 0.49도보다 크다고 추론할 수 있다.

오답분석
① 케플러의 행성운동 제1법칙에 따라 태양계의 모든 행성은 태양을 중심으로 타원 궤도로 돈다. 따라서 지구도 태양을 타원 궤도로 돌기 때문에 지구에서 태양까지의 거리는 항상 일정하지 않을 것이다.
② 달이 지구에 가까워지면 달의 중력이 더 강하게 작용하여 달을 향한 쪽의 해수면이 평상시보다 더 높아진다. 따라서 지구와 달의 거리에 따라 해수면의 높이가 달라지므로 서로 관계가 있음을 추론할 수 있다.
③ 달이 지구에 가까워지면 평소 달이 지구를 당기는 힘보다 더 강하게 지구를 당긴다. 따라서 이와 반대로 달이 지구에서 멀어지면 지구를 당기는 달의 힘은 약해질 것이다.
⑤ 달의 중력 때문에 높아진 해수면이 지구의 자전을 방해하게 되고, 이 때문에 지구의 자전 속도가 느려져 100만 년에 17초 정도씩 길어진다고 하였으므로 지구의 자전 속도는 점점 느려지고 있다.

03 정답 ④

식사에 대한 상세한 설명이 주어지거나, 음식이 담긴 접시 색이 밝을 때 비만인 사람들의 식사량이 증가했다는 내용을 통해 표준체중인 사람들에 비해 비만인 사람들이 외부 자극에 의해 식습관에 영향을 받기 쉽다는 것을 추론할 수 있다.

04 정답 ⑤

자신의 상황에 불만족하여 불안정한 정신 상태를 갖게 되는 사람에게서 리플리 증후군이 잘 나타나는 것은 사실이나, 자신의 상황에 불만족하는 모든 이가 불안정한 정신 상태를 갖는 것은 아니다.

05 정답 ①

네 번째 문단에 따르면 2000년대 초 연준의 금리 인하는 국공채에 투자했던 퇴직자들의 소득을 감소시켰고, 노년층에서 정부로, 정부에서 금융업으로 부의 대규모 이동이 이루어져 불평등을 심화시켰다. 따라서 금융업으로부터 정부로 부가 이동하였다는 내용은 글의 내용으로 적절하지 않다.

[오답분석]
② 마지막 문단에 따르면 2000년대 초 연준이 고용 증대를 기대하고 시행한 저금리 정책은 노동을 자본으로 대체하는 투자를 증대시킴으로써 오히려 실업률이 떨어지지 않는 구조를 만들었다.
③ 세 번째 문단에 따르면 2000년대 초는 대부분의 부문에서 설비 가동률이 낮은 상황이었기 때문에 당시의 저금리 정책이 오히려 주택 시장의 거품을 초래하였다.
④ 세 번째 문단과 네 번째 문단에 따르면 2000년대 초 연준의 저금리 정책으로 주택 가격이 상승하여 주택 시장의 거품을 초래하였고, 주식 가격 역시 상승하였지만 이에 대한 이득은 대체로 부유층에 집중되었다.
⑤ 두 번째 문단에 따르면 부동산 거품 대응 정책에서는 주택 담보 대출에 대한 규제가 금리 인상보다 더 효과적인 정책이다.

06 정답 ⑤

담수 동물은 육상 동물과 같이 몸 밖으로 수분을 내보내고 있지만, 육상 동물의 경우에는 수분 유지를 위한 것이 아니므로 수분 유지는 공통점이 아니다.

| 02 | 자료해석

01	02	03	04						
④	②	③	②						

01 정답 ④

2019년과 2020년의 전년 대비 경제 분야 투자규모 감소율은 각각 다음과 같다.

- 2019년 전년 대비 경제 분야 투자규모 감소율 : $\frac{23-24}{24} \times 100 = -4.17\%$

- 2020년 전년 대비 경제 분야 투자규모 감소율 : $\frac{22-23}{23} \times 100 = -4.35\%$

따라서 경제 분야 투자규모는 2019년보다 2020년에 더 큰 비율로 감소하였다.

[오답분석]
① 2021년 총지출을 a억 원이라고 가정하면, $a \times 0.06 = 21$이므로 총지출은 $a = \frac{21}{0.06} = 350$억 원이다.
② 2017 ~ 2021년 동안 경제 분야에 투자한 금액은 20+24+23+22+21=110억 원이다.
③ 2018년 경제 분야 투자규모의 전년 대비 증가율은 $\frac{24-20}{20} \times 100 = 20\%$로 25% 이하이다.
⑤ 2018 ~ 2021년 동안 경제 분야 투자규모의 전년 대비 증감 추이는 '증가 - 감소 - 감소 - 감소'이고, 총지출 대비 경제 분야 투자규모 비중의 증감 추이는 '증가 - 증가 - 감소 - 감소'로 동일하지 않다.

02 정답 ②

농·축·수산물의 부적합 건수 비율은 각각 다음과 같다.
- 농산물 : $\frac{1,725}{146,305} \times 100 ≒ 1.18\%$
- 축산물 : $\frac{1,909}{441,574} \times 100 ≒ 0.43\%$
- 수산물 : $\frac{284}{21,910} \times 100 ≒ 1.30\%$

따라서 부적합 건수 비율이 가장 높은 것은 수산물이다.

[오답분석]
① 농·축·수산물의 부적합 건수의 평균은 $(1,725+1,909+284) \div 3 = 1,306$건이다.
③ 유통단계에서 농산물 부적합 건수는 516건으로 49건인 수산물 부적합 건수의 10배 이상이다.
④ 생산단계에서의 수산물 부적합 건수 비율은 $\frac{235}{12,922} \times 100 ≒ 1.82\%$이고, 농산물 부적합 건수 비율은 $\frac{1,209}{91,211} \times 100 ≒ 1.33\%$이 므로 수산물 부적합 건수 비율이 더 높다.
⑤ 부적합 건수가 가장 많은 건수는 생산단계에서의 축산물이고, 가장 적은 건수는 유통단계에서의 수산물이다. 이들의 부적합건수 비율은 각각 다음과 같다.
- 생산단계에서의 축산물 부적합 건수 : $\frac{1,803}{418,647} \times 100 ≒ 0.43\%$
- 유통단계에서의 수산물 부적합 건수 : $\frac{49}{8,988} \times 100 ≒ 0.55\%$

따라서 두 건수의 비율의 차이는 $0.55-0.43=0.12\%p$이다.

03 정답 ③

2019년과 2020년의 전년 대비 소각량 증가율은 각각 다음과 같다.
- 2019년 : $\frac{11,604-10,609}{10,609} \times 100 ≒ 9.4\%$
- 2020년 : $\frac{12,331-11,604}{11,604} \times 100 ≒ 6.3\%$

따라서 2019년의 전년 대비 소각량 증가율은 2020년의 소각량 증가율의 2배인 12.6%보다 작으므로 옳지 않다.

[오답분석]
① 연도별 소각량 대비 매립량 비율은 각각 다음과 같다.
- 2017년 : $\frac{9,471}{10,309} \times 100 ≒ 91.9\%$
- 2018년 : $\frac{8,797}{10,609} \times 100 ≒ 82.9\%$
- 2019년 : $\frac{8,391}{11,604} \times 100 ≒ 72.3\%$
- 2020년 : $\frac{7,613}{12,331} \times 100 ≒ 61.7\%$
- 2021년 : $\frac{7,813}{12,648} \times 100 ≒ 61.8\%$

따라서 매년 소각량 대비 매립량 비율은 60% 이상이다.
② 매년 재활용량은 전체 생활 폐기물 처리량의 50% 이상을 차지한다.
④ 2017~2020년 동안 매립량은 계속 감소하고 있다.
⑤ 2021년 재활용량 비율은 $\frac{30,454}{50,915} \times 100 ≒ 59.8\%$로 2017년 소각량 비율 $\frac{10,309}{50,906} \times 100 ≒ 20.3\%$의 3배인 60.9%보다 작다.

04 정답 ②

연도별 한국의 소방직 공무원과 경찰직 공무원의 인원수 차이는 각각 다음과 같다.
- 2019년 : 66,523-39,582=26,941명
- 2020년 : 72,392-42,229=30,163명
- 2021년 : 79,882-45,520=34,362명

따라서 한국의 소방직 공무원과 경찰직 공무원의 인원수 차이는 매년 증가하고 있다.

[오답분석]

① 2020년과 2021년의 한국의 전년 대비 전체 공무원의 증가 인원수는 각각 다음과 같다.
  - 2020년 : 920,291-875,559=44,732명
  - 2021년 : 955,293-920,291=35,002명

  따라서 한국의 전년 대비 전체 공무원의 증가 인원수는 2020년이 2021년보다 많다.

③ 연도별 미국의 경찰직 공무원이 미국 전체 공무원에서 차지하는 비율은 각각 다음과 같다.
  - 2019년 : $\frac{452,482}{1,882,428} \times 100 ≒ 24.0\%$
  - 2020년 : $\frac{490,220}{2,200,123} \times 100 ≒ 22.3\%$
  - 2021년 : $\frac{531,322}{2,586,550} \times 100 ≒ 20.5\%$

  따라서 미국의 경찰직 공무원이 미국 전체 공무원에서 차지하는 비율은 매년 감소하고 있다.

④ 2020년과 2021년의 미국의 소방직 공무원의 전년 대비 증가율은 각각 다음과 같다.
  - 2020년 : $\frac{282,329-220,392}{220,392} \times 100 ≒ 28.1\%$
  - 2021년 : $\frac{340,594-282,329}{282,329} \times 100 ≒ 20.6\%$

  따라서 미국의 소방직 공무원의 전년 대비 증가율은 2020년이 2021년보다 28.1-20.6=7.5%p 더 높다.

⑤ 2019년 대비 2021년 한국과 미국의 소방직과 경찰직 공무원의 증가 인원수는 각각 다음과 같다.
  - 한국의 소방직 공무원 : 45,520-39,582=5,938명
  - 한국의 경찰직 공무원 : 79,882-66,523=13,359명
  - 미국의 소방직 공무원 : 340,594-220,392=120,202명
  - 미국의 경찰직 공무원 : 531,322-452,482=78,840명

  따라서 2019년 대비 2021년 공무원 증가 인원수는 한국은 소방직이 경찰직보다 적지만, 미국은 그 반대이다.

| 03 | 창의수리

01	02	03	04							
④	④	④	②							

01 정답 ④

오염물질의 양은 $\frac{14}{100} \times 50 = 7g$이므로 깨끗한 물을 xg 넣어 오염 농도를 10%로 만든다면 다음과 같은 식이 성립한다.

$\frac{7}{50+x} \times 100 = 10$

→ $700 = 10 \times (50+x)$

∴ $x = 20$

따라서 오염 농도를 줄이기 위해 넣어야 할 깨끗한 물은 20g이다.

02 정답 ④

어떤 자연수를 x라고 하면 x는 245-5=240과 100-4=96으로 나누어떨어진다고 할 수 있다.
따라서 가장 큰 x는 240과 96의 최대공약수인 48이다.

03 정답 ④

A기차가 터널을 빠져나가는 데 56초가 걸렸고, 기차 길이가 더 짧은 B기차는 160초가 걸렸으므로 A기차가 B기차보다 속력이 빠르다는 것을 알 수 있다. 두 기차가 터널 양 끝에서 출발하면 $\frac{1}{4}$ 지점에서 만나므로 A기차 속력이 B기차 속력의 3배가 된다.
B기차의 속력을 am/s, 길이를 bm라고 하면 A기차의 속력과 길이는 각각 $3a$m/s, $(b+40)$m가 된다.
두 기차가 터널을 완전히 빠져나갈 때까지 걸리는 시간에 대해 다음과 같은 식이 성립한다.

• A기차 : $\frac{720+(b+40)}{3a} = 56 \rightarrow b+760=168a \cdots \bigcirc$

• B기차 : $\frac{720+b}{a} = 160 \rightarrow b+720=160a \cdots \bigcirc$

㉠과 ㉡을 연립하면 $a=5$, $b=80$이다.
따라서 B기차의 길이는 80m이다.

04 정답 ②

두 소행성이 충돌할 때까지 걸리는 시간을 x초라고 하면 다음과 같은 식이 성립한다.
$10x+5x=150$
∴ $x=10$
따라서 두 소행성은 10초 후에 충돌한다.

| 04 | 언어추리

01	02								
③	①								

01 정답 ③

바나나>방울토마토, 바나나>사과>딸기로 바나나의 열량이 가장 높은 것을 알 수 있다. 한편, 제시된 명제만으로는 방울토마토와 딸기의 열량을 비교할 수 없으므로 가장 낮은 열량의 과일이 무엇인지 알 수 없다.
따라서 '바나나의 열량이 가장 높다.'는 항상 참이다.

02 정답 ①

A와 E의 진술이 모순이므로 두 경우를 확인한다.
• A의 진술이 참인 경우
 A와 D의 진술에 따라, 거짓말을 하는 사람이 C, D, E이다. 따라서 오직 한 사람만이 거짓말을 하고 있다는 조건에 위배된다.
• E의 진술이 참인 경우
 C의 말이 참이므로 A는 거짓말을 하고, B, D는 진실을 말하는 사람이다. 이때 D의 진술에서 전제(A의 말이 참이면)가 성립하지 않는다. 그러므로 D의 진술은 참이다.
따라서 거짓말을 하고 있는 사람은 A이다.

CHAPTER 08 | 2022년 상반기 기출복원문제

| 01 | 언어이해

01	02	03	04	05	06	07			
③	⑤	②	①	②	⑤	⑤			

01 정답 ③

제시문의 마지막 문장에서 '언어 변화의 여러 면을 바로 이해'라고 언급했으므로 글의 논지를 이끌 수 있는 첫 문장으로는 일반적인 상위 진술인 '접촉의 형식도 언어 변화에 영향을 미치는 요소로 지적되고 있다.'가 가장 적절하다.

02 정답 ⑤

전통적인 경제학은 외부성의 비효율성을 줄이기 위해 정부의 개입을 해결책으로 제시하고 있다. 따라서 정부의 개입이 오히려 비용을 높일 수 있다는 주장을 반박으로 제시할 수 있다.

오답분석
①·② 외부성에 대한 설명이다.
③·④ 전통적인 경제학의 주장이다.

03 정답 ②

제시문에서 당분 과다로 뇌의 화학적 균형이 무너져 정신에 장애가 왔다고 주장한 것과 정제한 당의 섭취를 원천적으로 차단한 실험 결과를 토대로 추론하면 빈칸에는 과다한 정제당 섭취가 반사회적 행동을 유발할 수 있다는 내용이 들어가는 것이 가장 적절하다.

04 정답 ①

사카린은 설탕보다 당도가 약 500배 높고, 아스파탐의 당도는 설탕보다 약 200배 높다. 따라서 사카린과 아스파탐 모두 설탕보다 당도가 높고, 사카린은 아스파탐보다 당도가 높다.

오답분석
② 사카린은 화학 물질의 산화 반응을 연구하던 중에, 아스파탐은 위궤양 치료제를 개발하던 중에 우연히 발견되었다.
③ 사카린은 무해성이 입증되어 미국 FDA의 인증을 받았고, 현재도 설탕의 대체재로 사용되고 있다.
④ 2009년 미국의 설탕, 옥수수 시럽, 기타 천연당의 1인당 연평균 소비량인 140파운드는 중국보다 9배 많은 수치였으므로, 2009년 중국의 소비량은 약 15파운드였을 것이다.
⑤ 아스파탐은 미국 암협회가 안전하다고 발표했지만, 이탈리아의 과학자가 쥐를 대상으로 한 실험에서 암을 유발한다고 내린 결론 때문에 논란이 끊이지 않고 있다.

05 정답 ②

제시문은 문화재 중 국보에 대해 설명하고 있는 글이다. 따라서 (가) 문화재 중 유형문화재만을 대상으로 하는 국보 - (다) 국보 선정의 기준 - (나) 국보 선정 기준으로 선발된 문화재의 종류 - (라) 국보 선정 기준으로 선발된 문화재의 의미 순으로 나열하는 것이 적절하다.

06 정답 ⑤

제시문은 근대건축물이 방치되고 있는 상황과 함께 지속적인 관리의 필요성을 설명하고 있다. 또한 기존 관리 체계의 한계점을 지적하며 이를 위한 해결책으로 공공의 역할을 강조하고 있다. 따라서 중심 내용으로 ⑤가 가장 적절하다.

07 정답 ⑤

우리나라의 낮은 장기 기증률이 전통적 유교 사상 때문이라고 주장하고 있는 A와 달리, B는 이에 대하여 다양한 원인을 제시하고 있다. 따라서 A의 주장에 대해 반박할 수 있는 내용으로 ⑤가 가장 적절하다.

| 02 | 자료해석

01	02	03							
③	④	③							

01 정답 ③

2반의 월별 모의고사 평균점수 추이를 보면 +15, -3이 반복된다.
따라서 빈칸에 들어갈 수는 335-3=332이다.

02 정답 ④

A기계와 B기계 생산 대수의 증감 규칙은 다음과 같다.
• A기계

20 23 26 29 32 35
  +3 +3 +3 +3 +3

앞의 항에 +3을 하는 등차수열이다.
• B기계

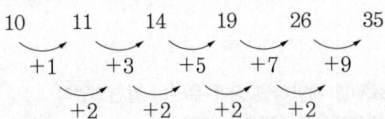

주어진 수열의 계차는 공차가 +2인 등차수열이다.
2025년의 A기계 생산량은 35+5×3=50대이고, B기계 생산량은 $35+\sum_{k=1}^{5}(9+2k)=35+9\times5+2\times\frac{5\times6}{2}=110$대이다.
따라서 2025년 A기계와 B기계의 총생산량은 50+110=160대이다.

03 정답 ③

ⓒ 제시된 자료를 통해 2월 21일의 원/달러 환율이 전주인 2월 14일보다 상승하였음을 알 수 있다.
ⓒ 달러화의 강세란 원/달러 환율이 상승하여 원화가 평가절하되면서 달러의 가치가 높아지는 것을 의미한다. 3월 12일부터 3월 19일까지는 원/달러 환율이 계속해서 상승하는 추세이므로 옳다.

오답분석

㉠ 3월 원/엔 환율의 경우 최고 환율은 3월 9일의 1,172.82원으로, 3월 한 달 동안 1,100원을 상회하는 수준에서 등락을 반복하고 있다.

㉣ 달러/엔 환율은 $\frac{(원/엔\ 환율)}{(원/달러\ 환율)}$로 도출할 수 있다. 제시된 자료에 따르면 3월 27일 원/달러 환율은 3월 12일에 비해 상승하였고, 반대로 원/엔 환율은 하락하였다. 즉, 분모는 증가하고 분자는 감소하였으므로 3월 27일의 달러/엔 환율은 3월 12일보다 하락하였음을 알 수 있다.

| 03 | 창의수리

01	02	03							
③	④	①							

01 정답 ③

두 사람이 각각 헤어숍에 방문하는 간격인 10과 16의 최소공배수 80을 일주일 단위로 계산하면 11주 3일(80÷7=11 … 3)이 된다.
따라서 두 사람은 일요일의 3일 후인 수요일에 다시 만나는 것을 알 수 있다.

02 정답 ④

철수는 농구코트의 모서리에 서 있으며, 농구공은 농구코트 안에서 철수로부터 가장 멀리 떨어진 곳에 있다고 하였다. 즉, 농구공과 철수는 대각선만큼 떨어져 있으므로 농구코트의 가로와 세로 길이를 이용하여 대각선의 길이를 구한다.
따라서 피타고라스의 정리를 이용하면 대각선의 길이는 $\sqrt{5^2+12^2}=13$m이다.

03 정답 ①

소금물 A의 농도를 $x\%$, 소금물 B의 농도를 $y\%$라고 하면 다음과 같은 식이 성립한다.

- $\frac{x}{100}\times200+\frac{y}{100}\times300=\frac{9}{100}\times500 \to 2x+3y=45 \cdots ㉠$
- $\frac{x}{100}\times300+\frac{y}{100}\times200=\frac{10}{100}\times500 \to 3x+2y=50 \cdots ㉡$

㉠, ㉡을 연립하면 $x=12$, $y=7$이다.
따라서 소금물 A의 농도는 12%이며, 소금물 B의 농도는 7%이다.

| 04 | 언어추리

01	02	03	04	05					
③	④	③	③	④					

01 정답 ③

주어진 조건에 따라 매대에 진열된 과일을 추론해 보면 다음과 같다.

4층	사과
3층	배
2층	귤
1층	감

따라서 귤은 2층, 배는 3층, 감은 1층이므로, 귤은 배와 감 사이에 위치한다.

02 정답 ④

주어진 조건을 정리하면 다음과 같다.

구분	1층	2층	3층	4층	5층
경우 1	B팀	A팀	D팀	C팀	E팀
경우 2	B팀	C팀	D팀	A팀	E팀

따라서 'D팀은 이번에 확실히 3층에 배정될 것이다.'는 항상 참이다.

오답분석

①·②·③ 주어진 조건만으로는 판단하기 힘들다.
⑤ 2층을 쓰게 될 가능성이 있는 팀은 총 두 팀이다.

03 정답 ③

B의 발언이 참이라면 C가 범인이고 F의 발언도 참이 된다. F는 C 또는 E가 범인이라고 했으므로 C가 범인이라면 E는 범인이 아니고, E의 발언 역시 참이 되어야 한다. 하지만 E의 발언이 참이라면 F가 범인이어야 하므로 모순이 된다.
따라서 B의 발언이 거짓이며, C 또는 E가 범인이라고 말한 F 역시 거짓말을 하는 범인임을 알 수 있다.

04 정답 ③

제시된 명제에 의해 재경 – 선영 – 경식 순으로 나이가 많음을 추론할 수 있다.
따라서 빈칸에 들어갈 내용으로 '재경이는 선영이보다 나이가 많다.'가 적절하다.

오답분석

① 두 번째 명제와 모순된다.
② 마지막 명제와 모순된다.
④ 재경이와 선영이 중 누가 더 나이가 많은지 알 수 없다.
⑤ 선영 – 경식 – 재경 순으로 나이가 많으므로 마지막 명제와 모순된다.

05　정답 ④

'키가 작은 사람'을 A, '농구를 잘하는 사람'을 B, '순발력이 좋은 사람'을 C라고 하면, 첫 번째·마지막 명제는 다음과 같은 벤 다이어그램으로 나타낼 수 있다.

ⅰ) 첫 번째 명제

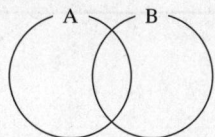

ⅱ) 마지막 명제

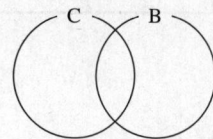

마지막 명제가 참이 되기 위해서는 B와 공통되는 부분의 A와 C가 연결되어야 하므로 A를 C에 모두 포함시켜야 한다. 즉, 다음과 같은 벤 다이어그램이 성립할 때 마지막 명제가 참이 될 수 있으므로 빈칸에 들어갈 내용으로 '키가 작은 사람은 모두 순발력이 좋다.'가 적절하다.

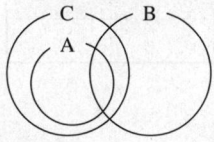

오답분석

① 다음과 같은 경우 성립하지 않는다.

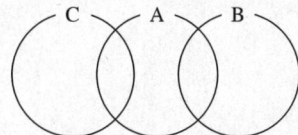

③ 다음과 같은 경우 성립하지 않는다.

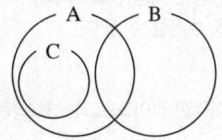

CHAPTER 09 | 2021년 하반기 기출복원문제

|01| 언어이해

01	02	03	04						
①	②	③	①						

01 정답 ①

제시문에서 언급한 '다양한 접근'이란 표시되는 장치에 맞추어 해상도, 크기 등을 조절하거나 주요 콘텐츠를 제외한 나머지 소스를 잘라내는 방법 등을 의미한다. 하지만 ①은 이와 달리 기존의 콘텐츠를 재구성하는 것일 뿐, 표시되는 장치에 타깃을 맞춘 것이라고 보기 어렵다.

02 정답 ②

마지막 문단에서 기존 라이프로그 관리 시스템들은 총체적인 라이프 이벤트 관리와 관계 데이터 모델 기반의 라이프로그 관리 시스템과 그 응용 기능은 제공하지 않지만, 라이프로그 그룹을 생성하고 브라우징하기 위한 간단한 기능은 제공한다고 이야기하고 있다. 따라서 기존의 라이프로그 관리 시스템이 라이프로그 그룹 생성 기능을 이미 갖추고 있음을 추론할 수 있다.

오답분석
① 첫 번째 문단에서 센서 기술의 발달로 건강 상태를 기록한 라이프로그가 생겨나고 있다고 했다. 이러한 라이프로그는 헬스케어 분야에서 활용될 수 있음을 추론할 수 있다.
③ 첫 번째 문단에서 라이프로그 관리의 중요성에 대한 인식이 확산됨에 따라 효과적인 라이프로그 관리 시스템들이 제안되었다고 했다. 이를 통해 많은 사람들이 라이프로그 관리의 중요성을 인식하고 있음을 추론할 수 있다.
④ 마지막 문단에서 기존 라이프로그 관리 시스템에서는 추가 정보를 간단히 태깅하는 기능만을 제공할 뿐, 기존 태그 정보를 수정하는 방법은 제공하지 않는다고 했다. 따라서 기존 라이프로그 관리 시스템은 태깅된 정보 수정에 한계가 있음을 추론할 수 있다.
⑤ 마지막 문단에서 사람들이 더욱 관심을 가지는 것은 기억에 남는 다양한 사건들로, 이러한 사람들의 요구사항을 충족시키기 위해 개별 라이프로그 관리에서 한발 더 나아가야 한다고 했다. 이를 통해 점차 라이프로그 간의 관계에 대한 관리가 중요해지고 있음을 추론할 수 있다.

03 정답 ③

두 번째 문단에서 '주차 공간에 차가 있는지를 감지하는 센서를 설치한 스마트 주차'라고 했으므로 스마트 주차는 주차를 대신 해준다기보다는 주차 공간의 유무를 알 수 있는 기능이다.

오답분석
① 첫 번째 문단의 '각국의 경제 및 발전 수준, 도시 상황과 여건에 따라 매우 다양하게 정의 및 활용되고, 접근 전략에도 차이가 있다.'라는 문장을 통해 알 수 있다.
② 두 번째 문단의 '이 스마트 가로등은 ~ 인구 밀집도까지 파악할 수 있다.'라는 문장을 통해 알 수 있다.
④ 세 번째 문단에서 항저우를 비롯한 중국의 여러 도시들은 알리바바의 알리페이를 통해 항저우 택시의 98%, 편의점의 95% 정도에서 모바일 결제가 가능하고, 정부 업무, 차량, 의료 등 60여 종에 달하는 서비스 이용이 가능하다고 하였으므로 지갑을 가지고 다니지 않아도 일부 서비스를 이용할 수 있다.
⑤ 마지막 문단의 '세종에서는 ~ 개인 맞춤형 의료 서비스 등을 받을 수 있다.'라는 내용을 통해 알 수 있다.

04 정답 ①

지지도 방식에서는 적극적 지지자만 지지자로 분류하고 나머지는 기타로 분류한다. 따라서 적극적 지지자의 수가 많은 A후보가 B후보보다 더 많은 지지를 받을 것이다.

오답분석
ⓒ 선호도 방식에서는 적극적 지지자와 소극적 지지자를 모두 지지자로 분류하므로 둘의 합계가 많은 후보가 더 많은 지지를 받을 것이다. 그런데 ⓒ의 경우에는 각 후보의 지지자 수의 대소관계를 알 수 없으므로 판단이 불가능하다.
ⓒ 지지도 방식에서는 적극적 지지자의 대소로 판단하지만 선호도 방식에서는 적극적, 소극적 지지자의 합의 대소로 판단하게 된다. 예를 들어 A후보가 B후보보다 적극적 지지자가 10 더 많고 소극적 지지자가 20 더 많다면, 지지도 방식에서의 차이는 10이지만 선호도 방식에서의 차이는 30이 된다. 따라서 지지자 수의 격차는 크지 않을 것이다.

| 02 | 자료해석

01	02	03							
②	①	①							

01 정답 ②

㉠ 비중이 25% 이상이라는 것은 결국 해당 항목의 수치에 4를 곱한 것이 전체 합계보다 크다는 것을 의미한다. 이에 따르면 A지역의 노인복지관과 자원봉사자의 수치에 4를 곱한 것이 전국의 수치보다 크므로 각각의 비중은 25% 이상이다.
㉢ A~I지역 중 복지종합지원센터 1개소당 자원봉사자 수가 가장 많은 지역은 E지역(1,188명)이며, 복지종합지원센터 1개소당 등록노인 수가 가장 많은 지역도 E지역(59,050명)으로 동일하다.

오답분석
㉡ $\frac{(노인복지관 수)}{(복지종합지원센터 수)} \leq 100$을 변형하면, (노인복지관 수)≤(복지종합지원센터 수)×100으로 나타낼 수 있다. 이를 이용하면 A, B, I지역이 이에 해당하며, D지역은 노인복지관 수가 더 크기 때문에 해당되지 않는다.
㉣ 분수의 대소비교를 이용하면, 분모가 되는 노인복지관의 수는 H지역이 C지역의 3배임에 반해 분자가 되는 자원봉사자의 수는 3배에 미치지 못한다. 따라서 H지역의 자원봉사자 수는 C지역보다 적다.

02 정답 ①

㉠ 신소재 산업분야에서 중요도 상위 2개 직무역량은 '문제해결능력(4.58점)', '수리능력(4.46점)'이므로 옳다.
㉡ 산업분야별로 직무역량 중요도의 최댓값과 최솟값의 차이를 구하면 '신소재(0.61점)', '게임(0.88점)', '미디어(0.91점)', '식품(0.62점)'이므로 옳다.

오답분석

㉢ 신소재, 게임, 식품 산업분야의 경우 중요도가 가장 낮은 직무역량은 '조직이해능력'이지만, 미디어 산업분야의 경우는 '기술능력'의 중요도가 가장 낮다. 따라서 옳지 않다.
㉣ 신소재 산업분야와 식품 산업분야의 경우는 '문제해결능력'의 중요도가 가장 높지만 게임 산업분야와 미디어 산업분야의 경우는 '직업윤리'의 중요도가 가장 높고 '문제해결능력'이 두 번째로 높다. '문제해결능력'과 '직업윤리'를 비교하여 정리하면 다음과 같다.

직무역량 \ 산업분야	신소재	게임	미디어	식품
문제해결능력	+0.14	−	−	+0.11
직업윤리	−	+0.14	+0.14	−

'문제해결능력'의 평균값이 가장 높다는 것은 다시 말해 각 분야의 중요도를 모두 합한 값이 가장 크다는 것을 의미한다. 따라서 '직업윤리'의 합계가 더 크므로 옳지 않다.

03 정답 ①

㉠ 대소비교만 하면 되므로 각주에 주어진 산식을 변형하면 '(공급의무량)=$\frac{[공급의무율(\%)]\times(발전량)}{100}$'으로 나타낼 수 있다.

2021년에는 2020년에 비해 발전량과 공급의무율이 모두 증가하였으므로 계산하지 않고도 공급의무량 또한 증가하였음을 알 수 있다. 2020년은 2019년에 비해 공급의무율의 증가율이 50%에 육박하고 있어 발전량의 감소분을 상쇄하고도 남는다. 따라서 2020년 역시 2019년에 비해 공급의무량이 증가하므로 매년 증가한다.
㉡ 2021년의 인증서구입량은 2019년의 10배가 넘는 데 반해, 자체공급량은 10배에 미치지 못한다. 따라서 자체공급량의 증가율이 더 작다.

오답분석

연도별 공급의무량과 이행량은 각각 다음과 같다.

(단위 : GWh)

구분	공급의무량	이행량
2019년	$\frac{1.4\times55,000}{100}=770$	75+15=90
2020년	$\frac{2.0\times51,000}{100}=1,020$	380+70=450
2021년	$\frac{3.0\times52,000}{100}=1,560$	690+160=850

㉢ 연도별 공급의무량과 이행량의 차이는 각각 다음과 같다.
- 2019년 : 770−90=680GWh
- 2020년 : 1,020−450=570GWh
- 2021년 : 1,560−850=710GWh

따라서 공급의무량과 이행량의 차이는 2020년에 감소했으므로 옳지 않다.
㉣ 연도별 이행량에서 자체공급량이 차지하는 비중은 각각 다음과 같다.
- 2019년 : $\frac{75}{90}\times100 ≒ 83\%$
- 2020년 : $\frac{380}{450}\times100 ≒ 84\%$
- 2021년 : $\frac{690}{850}\times100 ≒ 81\%$

따라서 이행량에서 자체공급량이 차지하는 비중은 2020년에 증가했으므로 옳지 않다.

| 03 | 창의수리

01	02								
①	⑤								

01 정답 ①

올해 순이익이 작년 순이익의 100%, 즉 2배가 되었다고 했으므로 올해 순이익을 a만 원이라고 하면 작년 순이익은 $\frac{a}{2}$만 원이며, 작년 원가는 작년 순이익과 같다고 했으므로 작년 원가도 $\frac{a}{2}$만 원이 된다.

올해 원가는 작년 원가보다 1천만 원 감소하였으니 $\left(\frac{a}{2}-1,000\right)$만 원이다.

순이익은 매출액에서 원가를 뺀 금액이므로 올해 순이익에 대해 다음과 같은 식이 성립한다.

$a = 29,000 - \left(\frac{a}{2} - 1,000\right)$

→ $\frac{3}{2}a = 30,000$

∴ $a = 20,000$

따라서 올해 순이익은 2억 원이다.

02 정답 ⑤

임원진 3명 중 남녀가 1명 이상씩 선출되어야 하므로, 추천받은 인원(20명) 중 3명이 남자 또는 여자로만 구성될 경우를 제외하는 여사건으로 구한다. 추천받은 인원의 남녀 성비가 6 : 4이므로 남자는 $20 \times \frac{6}{10} = 12$명, 여자는 $20 \times \frac{4}{10} = 8$명이며, 남자 3명 또는 여자 3명이 선출되는 경우의 수는 $_{12}C_3 + {}_8C_3 = \frac{12 \times 11 \times 10}{3 \times 2 \times 1} + \frac{8 \times 7 \times 6}{3 \times 2 \times 1} = 220 + 56 = 276$가지이다.

따라서 남녀가 1명 이상씩 선출되는 경우의 수는 $_{20}C_3 - ({}_{12}C_3 + {}_8C_3) = \frac{20 \times 19 \times 18}{3 \times 2 \times 1} - 276 = 1,140 - 276 = 864$가지이고, 3명 중에 1명은 운영위원장, 2명은 운영위원으로 임명하는 방법은 3가지이다.

따라서 올해 임원을 선출할 수 있는 경우의 수는 $864 \times 3 = 2,592$가지이다.

| 04 | 언어추리

01	02	03							
①	⑤	①							

01 정답 ①

S조의 예선전은 A, B, C국이 3회씩 경기를 하였으므로 D국 또한 3회의 경기를 하였음을 예측할 수 있다. 그러므로 경기 수는 총 6회이다.
각국은 서로 1회씩 경기를 하였으므로 승리한 경기 수의 합과 패배한 경기 수의 합은 같다. A, B, C국의 승리한 경기 수의 합은 3(=2+1)회이고 패배한 경기 수의 합은 5(=1+2+2)회이므로 D국은 패배한 경기가 없으며, 2회의 경기에서 모두 승리하였다. 그리고 나머지 1회의 경기는 B국의 무승부 기록을 통해 B국과의 경기에서 무승부로 끝났음을 알 수 있다.
따라서 D국의 승점을 계산하면 2×3+1×1=7점이므로 S조에서 가장 승점이 높아 A국이 아닌 D국이 본선에 진출하였다는 결론이 나온다.

[오답분석]
④ D국은 패배한 경기가 없으므로 A국과의 경기에서 승리하였음을 알 수 있다.

02 정답 ⑤

두 번째 조건에 따르면 여자 사무관 중 1명은 반드시 제외되어야 하므로 1명의 남자 사무관과 3명의 여자 사무관은 한 팀으로 구성될 수 없다. 또한 세 번째·마지막 조건에 따르면 가훈, 나훈 중 적어도 1명을 뽑을 경우 라훈, 소연을 뽑아야 하고, 소연을 뽑으면 모연을 반드시 함께 뽑아야 하므로 전담팀은 남자 사무관 4명으로만 구성될 수 없으며, 남자 사무관 3명과 여자 사무관 1명으로도 구성될 수 없다. 그러므로 전담팀은 남자 사무관 2명, 여자 사무관 2명으로만 구성될 수 있다.
네 번째·마지막 조건에 따르면 다훈을 뽑을 경우 모연, 보연, 소연을 모두 뽑을 수 없으므로 다훈을 팀원으로 뽑을 수 없다(∵ 남자 사무관 4명으로만 팀이 구성될 수 없다).
주어진 모든 조건을 고려하여 구성할 수 있는 '하늘' 전담팀은 다음과 같다.
 i) 가훈, 라훈, 소연, 모연
 ii) 나훈, 라훈, 소연, 모연
따라서 전담팀은 남녀 각각 동일한 수 2명으로 구성되며(㉠), 다훈과 보연은 둘 다 팀에 포함되지 않는 반면(㉡), 라훈과 모연은 둘 다 팀에 포함된다(㉢).

03 정답 ①

비싼 순서대로 나열하면 '파프리카 – 참외 – 토마토 – 오이'이다. 따라서 '참외가 두 번째로 비싸다.'는 항상 참이다.

CHAPTER 10 | 2021년 상반기 기출복원문제

| 01 | 언어이해

01	02	03							
①	④	③							

01 정답 ①

귀족은 직령포를 평상복으로만 입었고, 서민과 달리 의례와 같은 공식적인 행사에서는 입지 않았다고 하였다. 따라서 서민들은 공식적인 행사에서도 직령포를 입었음을 추론할 수 있다.

오답분석
② 고려시대에는 복식 구조가 크게 변했는데 특히 귀족층은 중국옷을 그대로 받아들여 입었지만, 서민층은 우리 고유의 복식을 유지하여 복식의 이중 구조가 나타났다고 하였다. 따라서 모든 계층에서 중국옷을 그대로 받아들여 입었던 것은 아니다.
③ 중기나 후기에 들어서면서 띠 대신 고름을 매기 시작했으며, 후기에는 마고자와 조끼를 입기 시작했는데 조끼는 서양 문물의 영향을 받은 것이라고 하였다. 하지만 마고자에 대해서는 그러한 언급이 없으므로 적절하지 않다.
④ 임금이 입었던 구군복에만 흉배를 붙였다고 하였으므로 다른 무관들이 입던 구군복에는 흉배가 붙여져 있지 않았을 것이다.
⑤ 문무백관의 상복도 곤룡포와 모양은 비슷했으나 무관 상복의 흉배에는 호랑이를, 문관 상복의 흉배에는 학을 수놓았다고 하였으므로 적절하지 않다.

02 정답 ④

조선 전기에는 처거제(여자에게 유리) - 부거제(남자에게 유리)가 유지되었다고 하였으므로 남녀 간 힘의 균형이 무너졌다고 보기는 어렵다.

오답분석
① 처거제에서 부거제로 전환된 시점을 정확하게 지목하기는 힘들지만 조선 후기에 부거제가 시행되었다고 하였고, 거주율이 바뀌었다는 것은 대단한 사회변동이라고 하였으므로 조선 전기와 후기 사이에 커다란 사회변동이 있었음을 추론할 수 있다.
② 조선시대 들어 유교적 혈통률의 영향을 받아 부계제로 변화하였으며, 부거제는 조선 후기에 시행되었다고 하였으므로 부계제가 먼저 등장하였음을 추론할 수 있다.
③ 우리나라는 역사적으로 거주율에 있어서 처거제를 오랫동안 유지하였고, 조선 전기에도 이러한 체제가 유지되었다고 하였으므로 적절하다.
⑤ 고려시대까지는 처거제 - 모계제를 유지하였으나 조선시대에 들어와 처거제 - 부계제로 변화하였으며 조선 후기에는 부거제 - 부계제로 변화하였으므로 적절하다.

03 정답 ③

제시문은 그림만으로는 정확한 의사소통이 이루어지기 힘들다는 것을 일화와 예시를 통해 보여주고 있다.

[오답분석]
① 제시문은 그림이나 기호로는 완벽한 의사소통이 어려울 수 있음을 보여주는 글이다. 따라서 언어적 표현의 의미는 제시문에서 찾아볼 수 없다.
② 마지막 문단의 네 번째 문장 '왜냐하면 ~ 결정되기 때문이다.'를 보면, 약속에 의해 기호의 의미가 결정됨을 알 수 있다.
④ 첫 번째 문단을 종합해 보면, 어떤 언어적 표현도 없이 단지 그림만 가지고는 의사소통이 힘들다고 이야기하고 있다.
⑤ 제시문에서 찾아볼 수 없는 내용이다.

| 02 | 자료해석

01									
③									

01 정답 ③

20대 신규 확진자 수가 10대 신규 확진자 수보다 적은 지역은 3월에 E, F, H지역, 4월은 A, G, H지역으로 각각 3곳으로 동일하다.

[오답분석]
① C, G지역의 3월과 4월의 10대 미만 신규 확진자 수는 각각 동일하다.
② 3월 대비 4월 신규 확진자 수의 비율은 F지역이 $\frac{196}{320} \times 100 ≒ 61.3\%$, G지역이 $\frac{61}{185} \times 100 ≒ 33.0\%$이다.
따라서 G지역의 해당 비율의 2배는 33×2=66%이므로 F지역이 G지역의 2배 이하이다.
④ 3월 신규 확진자 수가 세 번째로 많은 지역은 C지역(228명)으로 C지역의 4월 신규 확진자 수가 가장 많은 연령대는 60대(26명)이다.
⑤ H지역의 4월 신규 확진자 수는 93명으로 4월 전체 신규 확진자 수인 121+78+122+95+142+196+61+93+54=962명에서 차지하는 비율은 $\frac{93}{962} \times 100 ≒ 9.7\%$로 10% 미만이다. 또한 4월 전체 신규 확진자 수의 10%는 962×0.1=96.2명으로 H지역의 4월 신규 확진자 수인 93명보다 많다.

| 03 | 창의수리

01	02	03	04						
②	①	④	①						

01 정답 ②

(평균속력)=$\frac{(총이동거리)}{(총걸린시간)}$이며, A대리의 총이동거리는 14+6.8+10=30.8km이다.

이동하는 데 걸린 시간(모든 시간 단위는 시간으로 환산)은 $1.5+\frac{18}{60}+1=2.5+\frac{3}{10}=2.8$시간이다.

따라서 A대리가 출퇴근할 때의 평균속력은 $\frac{30.8}{2.8}=11$km/h이다.

02 정답 ①

농도가 14%인 A설탕물 300g과 농도가 18%인 B설탕물 200g을 합친 후 100g의 물을 더 넣으면 600g의 설탕물이 되고, 이 설탕물에 녹아있는 설탕의 양은 300×0.14+200×0.18=78g이다.

여기에 C설탕물을 합치면 600+150=750g의 설탕물이 되고, 이 설탕물에 녹아있는 설탕의 양은 78+150×0.12=96g이다.

따라서 합친 후 200g에 녹아있는 설탕의 양은 $\frac{96}{750}×200=25.6$g이다.

03 정답 ④

1급 1명에게 지급할 성과급이 x원이면, 2급 1명에게 지급할 성과급은 $\frac{1}{2}x$원이고, 3급 1명에게 지급할 성과급은 $\frac{1}{2}x×\frac{2}{3}=\frac{1}{3}x$원,

4급 1명에게 지급할 성과급은 $\frac{1}{3}x×\frac{3}{4}=\frac{1}{4}x$원이므로 다음과 같은 식이 성립한다.

$3x+12×\frac{1}{2}x+18×\frac{1}{3}x+20×\frac{1}{4}x=50,000,000$

→ $20x=50,000,000$

∴ $x=2,500,000$

따라서 1급에 지급되는 성과급의 총액은 3×2,500,000=7,500,000원이다.

04 정답 ①

초콜릿의 개수를 x개라고 하자.

초콜릿을 3명이 나눠 먹었을 때 2개가 남고, 4명이 나눠 먹었을 때도 2개가 남았으므로 $(x-2)$는 3과 4의 배수이다.

$x-2$	x
12	14
24	26
36	38
…	…

따라서 $x≤25$이므로 $x=14$이고, 초콜릿을 7명이 나눠 먹었을 때 남는 초콜릿은 0개이다.

| 04 | 언어추리

01	02	03							
①	③	①							

01 정답 ①

D가 4등일 경우에는 C-E-A-D-F-B 순으로 들어오게 된다. 따라서 'D가 4등이라면 E는 2등일 것이다.'는 항상 참이다.

02 정답 ③

01번과 같이 D가 4등이라는 조건이 있다면 C가 1등이 되지만, 주어진 제시문으로는 C가 1등 또는 4등이 될 수 있기 때문에 알 수 없다.

03 정답 ①

첫 번째 정보에서 3종류의 과자를 2개 이상씩 구매했다는 것을 알 수 있고, 두 번째 정보에서 B과자를 A과자보다 많이 구매했다는 것을 알 수 있다. 세 번째 정보까지 적용하면 3종류 과자의 구입한 개수는 'A<B≤C'임을 알 수 있다. 따라서 가장 적게 구매한 A과자를 2개 또는 3개 구매했을 때의 경우를 정리하면 다음과 같다.

(단위 : 개)

구분	A과자	B과자	C과자
경우 1	2	4	9
경우 2	2	5	8
경우 3	2	6	7
경우 4	2	7	6
경우 5	3	6	6

경우 1은 마지막 정보를 만족시키지 못하므로 제외된다. 그리고 경우 4는 C과자보다 B과자 개수가 더 많으므로 세 번째 정보에 맞지 않는다. 따라서 가능한 방법은 경우 2, 경우 3, 경우 5로 총 3가지로, 하경이가 B과자를 구매할 수 있는 개수는 5개 또는 6개이다.

[오답분석]
ⓒ 경우 5에서 C과자는 6개 구매할 수 있다.
ⓒ 경우 5에서 A과자는 3개 구매할 수 있다.

CHAPTER 11 | 2020년 하반기 기출복원문제

| 01 | 언어이해

01	02	03							
④	④	③							

01 정답 ④

1998년 개발도상국에 대한 은행 융자 총액은 500억 달러였는데, 2005년에는 670억 달러가 되었으므로 1998년 수준을 회복하였다고 볼 수 있다.

오답분석
① 경제적 수익을 추구하기 위한 것으로 포트폴리오 투자를 들 수 있으며, 회사 경영에 영향력을 행사하기 위한 것으로 외국인 직접투자를 들 수 있다.
② 지금까지 해외 원조는 개발도상국에 대한 경제적 효과가 있다고 여겨져 왔으나 최근 경제학자들 사이에서는 그러한 경제적 효과가 없다는 주장이 힘을 얻고 있다고 하였다.
③ 개발도상국으로 흘러드는 외국자본은 크게 원조, 부채, 투자가 있는데, 그중 부채는 은행 융자와 채권, 투자는 포트폴리오 투자와 외국인 직접투자로 나눌 수 있다.
⑤ 개발도상국에 대한 포트폴리오 투자액은 90억 달러에서 410억 달러로 320억 달러 증가하였고, 채권은 230억 달러에서 440억 달러로 210억 달러 증가하였다. 따라서 포트폴리오의 증감액이 더 크다.

02 정답 ④

A연구팀은 신경교 세포가 전체 뉴런을 조정하면서 기억력과 사고력을 향상시킨다는 가설하에, 인간의 신경교 세포를 갓 태어난 생쥐의 두뇌에 주입하는 실험을 하였다. 그리고 그 실험 결과는 이 같은 가설을 뒷받침해 주는 결과를 가져왔으므로 적절한 내용이다.

오답분석
① 인간의 신경교 세포를 생쥐의 두뇌에 주입하였더니 쥐가 자라면서 주입된 인간의 신경교 세포도 성장했고, 이 세포들이 쥐의 뉴런들과 완벽하게 결합되어 쥐의 두뇌 전체에 걸쳐 퍼지게 되었다고 하였다. 그러나 이 과정에서 쥐의 뉴런에 어떠한 영향을 주는지에 대해서는 언급하고 있지 않다.
② · ③ 제시문의 실험은 인간의 신경교 세포를 쥐의 두뇌에 주입했을 때의 변화를 살펴본 것이지, 인간의 뉴런 세포를 주입한 것이 아니므로 추론할 수 없는 내용이다.
⑤ 쥐에 주입된 인간의 신경교 세포는 그 기능을 그대로 간직한다고 하였으므로 적절하지 않다.

03 정답 ③

마지막 문단의 혁신적 기술 등에 의한 성장이 아닌 외형성장에 주력해 온 국내 경제의 체질을 변화시키기 위해 벤처기업 육성에 관한 특별조치법이 제정되었다고 하는 부분을 통해 알 수 있는 내용이다.

오답분석
① 해외 주식시장의 주가 상승과 국내 벤처버블 발생이 비슷한 시기에 일어난 것은 알 수 있으나, 전자가 후자의 원인이라는 것은 제시문을 통해서는 알 수 없는 내용이다.
② 벤처버블이 1999~2000년 동안의 기간 동안 국내뿐 아니라 미국, 유럽 등 전세계 주요 국가에서 나타난 것은 알 수 있으나, 전 세계 모든 국가에서 일어났는지는 알 수 없다.
④ 뚜렷한 수익모델이 없다고 하더라도 인터넷을 활용한 비즈니스를 내세우면 높은 잠재력을 가진 기업으로 인식되었다는 부분을 통해 벤처기업이 활성화되었으리라는 것을 유추할 수는 있다. 하지만 그것이 대기업과 어떠한 연관을 가지는지는 제시문을 통해서는 알 수 없는 내용이다.
⑤ 외환위기로 인해 우리 경제에 고용창출과 경제성장을 주도할 새로운 기업군이 필요해졌다는 부분은 알 수 있으나, 외환위기가 해외 주식을 대규모로 매입하는 계기가 되었는지는 알 수 없다.

| 02 | 자료해석

01	02								
⑤	③								

01 정답 ⑤

주어진 정보는 미지수가 3개씩인 방정식이므로 연립하여 미지수를 2개로 줄인다.
- 조합 1+조합 3 : $(A+B+C)+(A+D+E)=2A+B+C+D+E=10+13=23$
- (조합 1+조합 3)−조합 4 : $(2A+B+C+D+E)-(B+C+D)=2A+E=23-12=11$ ⋯ ㉠
- 조합 1−조합 2=$(A+B+C)-(B+C+E)=A-E=10-15=-5$ ⋯ ㉡

㉠, ㉡을 연립하면 $3A=6$이므로 $A=2$, $E=7$이다.
$A=2$, $E=7$을 조합 3에 대입하면 $D=4$이다.
$D=4$, $E=7$을 조합 5에 대입하면 $B=3$이다.
$A=2$, $B=3$을 조합 1에 대입하면 $C=5$이다.
∴ $A=2$, $B=3$, $C=5$, $D=4$, $E=7$
따라서 가장 무거운 추는 E이고 그 무게는 7kg이다.

02 정답 ③

업체별 필요한 타일의 개수와 가격을 구하면 다음과 같다.

(단위 : 개, 원)

구분	필요한 타일 개수	가격
A타일	$(8m \div 20cm) \times (10m \div 20cm) = 2,000$	$2,000 \times 1,000 + 50,000 = 2,050,000$
B타일	$(8m \div 250mm) \times (10m \div 250mm) = 1,280$	$1,280 \times 1,500 + 30,000 = 1,950,000$
C타일	$(8m \div 25cm) \times (10m \div 20cm) = 1,600$	$1,600 \times 1,250 + 75,000 = 2,075,000$

따라서 가장 저렴한 타일은 B타일이고 가격은 1,950,000원이다.

| 03 | 창의수리

01	02	03							
①	④	④							

01 정답 ①

- A상품 6개와 B상품 5개 구매 가격 : 7,500×6+8,000×5=85,000원
- A상품과 B상품 반품 배송비 : 5,000원
- C상품 배송비 : 3,000원
→ C상품을 구매할 수 있는 금액 : 85,000−(5,000+3,000)=77,000원
∴ C상품 구매 개수 : 77,000÷5,500=14개
따라서 C상품은 14개 구매할 수 있다.

02 정답 ④

첫 번째에서 세 번째 자리까지 변경할 수 있는 경우의 수는 0~9의 숫자를 사용하고 중복해서 사용할 수 있으므로 10×10×10가지, 네 번째 자리를 변경할 수 있는 경우의 수는 특수기호 #, * 두 가지를 사용하므로 2가지이다. 그러므로 변경할 수 있는 비밀번호의 경우의 수는 10×10×10×2가지이다.
변경된 비밀번호와 기존 비밀번호 네 자리 중 한 자리와 그 문자가 같은 경우는 비밀번호가 네 자리이므로 모두 4가지이다.

- 변경된 비밀번호와 기존 비밀번호의 첫 번째 자리가 일치하는 경우의 수
  변경된 비밀번호와 기존 비밀번호의 첫 번째 자리가 8로 일치하고 나머지 세 자리는 일치하지 않아야 한다. 즉, 변경된 비밀번호의 두 번째 자리는 기존 비밀번호의 두 번째 자리의 기호였던 6이 될 수 없다. 변경된 비밀번호의 세 번째도 마찬가지로 2를 제외한 기호가 들어갈 수 있다. 마지막 네 번째 자리는 기존 비밀번호의 네 번째 자리의 기호가 #이므로 *이 되어야 한다.
  : 1×9×9×1=81가지
- 변경된 비밀번호와 기존 비밀번호의 두 번째 자리가 일치하는 경우의 수
  : 9×1×9×1=81가지
- 변경된 비밀번호와 기존 비밀번호의 세 번째 자리가 일치하는 경우의 수
  : 9×9×1×1=81가지
- 변경된 비밀번호와 기존 비밀번호의 네 번째 자리가 일치하는 경우의 수
  : 9×9×9×1=729가지

따라서 변경된 비밀번호가 기존 비밀번호 네 자리 중 한 자리와 그 문자가 같을 확률은 $\frac{81+81+81+729}{10\times10\times10\times2}=\frac{972}{2,000}=\frac{486}{1,000}$ 이다.

03 정답 ④

주사위 두 개를 한 번 던졌을 때

- 0점을 얻을 확률(=주사위 눈의 합이 2, 6, 9, 11, 12일 확률) : $\frac{1}{36}+\frac{5}{36}+\frac{4}{36}+\frac{2}{36}+\frac{1}{36}=\frac{13}{36}$

- 1점을 얻을 확률(=주사위 눈의 합이 4, 7, 8일 확률) : $\frac{3}{36}+\frac{6}{36}+\frac{5}{36}=\frac{14}{36}$

- 2점을 얻을 확률(=주사위 눈의 합이 3, 5, 10일 확률) : $\frac{2}{36}+\frac{4}{36}+\frac{3}{36}=\frac{9}{36}$

게임판에서 얻을 수 있는 점수는 0점, 1점, 2점이므로 A가 첫 판에 던진 주사위의 눈의 합이 4(1점)였을 때 B가 이길 수 있는 경우는 다음과 같다.

첫 번째 판		두 번째 판	
A	B	A	B
1점	0점	0점	2점
	1점	0점	1점
			2점
		1점	2점
	2점	0점	0점
			1점
			2점
		1점	1점
			2점
		2점	2점

$$\therefore \text{(B가 이길 확률)} = \frac{13}{36} \times \frac{13}{36} \times \frac{9}{36} + \frac{14}{36} \times \left\{ \frac{13}{36} \times \left(\frac{14}{36} + \frac{9}{36} \right) + \frac{14}{36} \times \frac{9}{36} \right\} + \frac{9}{36} \times \left\{ \frac{13}{36} \times \left(\frac{13}{36} + \frac{14}{36} + \frac{9}{36} \right) \right.$$
$$\left. + \frac{14}{36} \times \left(\frac{14}{36} + \frac{9}{36} \right) + \frac{9}{36} \times \frac{9}{36} \right\} = \frac{1,521}{36^3} + \frac{5,950}{36^3} + \frac{7,839}{36^3} = \frac{15,310}{36^3}$$

따라서 구하고자 하는 확률은 $\frac{15,310}{36^3}$ 이다.

| 04 | 언어추리

01									
③									

01 정답 ③

F, G지원자는 같은 학과를 졸업하였으므로 2명 이상의 신입사원을 뽑은 배터리개발부나 품질보증부에 지원하였다. 그런데 D지원자가 배터리개발부의 신입사원으로 뽑혔다고 했으므로 F, G지원자는 품질보증부의 신입사원으로 뽑혔다는 것이 된다. 또한 C지원자는 품질보증부에 지원하였다고 하였고 복수전공을 하지 않았으므로 C, F, G지원자가 품질보증부의 신입사원임을 알 수 있다. B지원자는 경영학과 정보통신학을 전공하였으므로 전략기획부와 품질보증부에서 뽑을 수 있다.
하지만 품질보증부는 이미 3명의 신입사원이 뽑혔으므로 B지원자는 전략기획부이다. E지원자는 화학공학과 경영학을 전공하였으므로 생산기술부와 전략기획부에서 뽑을 수 있다. 하지만 전략기획부는 1명의 신입사원을 뽑는다고 하였으므로 E지원자는 생산기술부의 신입사원으로 뽑혔음을 알 수 있다. 마지막으로 A지원자는 배터리개발부와 생산기술부에 지원하였지만 생산기술부는 1명의 신입사원을 뽑으므로 배터리개발부에 뽑혔음을 알 수 있다.
이를 정리하면 다음과 같다.

구분	배터리개발부	생산기술부	전략기획부	품질보증부
A지원자	○	○	-	-
B지원자	-	-	○	○
C지원자	-	-	-	○
D지원자	○	-	-	-
E지원자	-	○	○	-
F지원자	-	-	-	○
G지원자	-	-	-	○

따라서 'E지원자는 생산기술부의 신입사원으로 뽑혔다.'는 항상 참이다.

CHAPTER 12 | 2020년 상반기 기출복원문제

| 01 | 언어이해

01	02								
①	③								

01 정답 ①

제시문의 마지막 문단에 따르면 레드 와인의 탄닌 성분이 위벽에 부담을 줄 수 있으므로 스파클링 와인이나 화이트 와인을 먼저 마신 후 레드 와인을 마시는 것이 좋다. 따라서 레드 와인의 효능으로 '위벽 보호'는 적절하지 않다.

오답분석
② 마지막 문단에 따르면 레드 와인은 위액의 분비를 촉진하여 식욕을 촉진시킨다.
③ 세 번째 문단에 따르면 레드 와인에 함유된 항산화 성분이 노화 방지에 도움을 준다.
④ 네 번째 문단에 따르면 레드 와인에 함유된 레버라트롤 성분을 통해 기억력이 향상될 수 있다.
⑤ 다섯 번째 문단에 따르면 레드 와인에 함유된 퀘르세틴과 갈산이 체내의 면역력을 높인다.

02 정답 ③

(나)의 설립 목적은 신발을 신지 못한 채 살아가는 아이들을 돕기 위한 것이었고, 이러한 설립 목적은 가난으로 고통받는 제3세계 아이들이라는 코즈(Cause)와 연계되어 소비자들은 제품 구매 시 만족감과 충족감을 얻을 수 있었다.

오답분석
①・⑤ 코즈 마케팅은 기업이 추구하는 사익과 사회가 추구하는 공익을 동시에 얻는 것을 목표로 하므로 기업의 실익을 얻으면서 공익과의 접점을 찾는 마케팅 기법으로 볼 수 있다.
②・④ 코즈 마케팅은 기업의 노력에 대한 소비자의 호의적인 반응과 그로 인한 기업의 이미지가 제품 구매에 영향을 미친다. 즉, 기업과 소비자의 관계가 중요한 역할을 하므로 소비자의 공감을 얻어낼 수 있어야 성공적으로 적용할 수 있다.

| 02 | 자료해석

01	02								
④	⑤								

01 정답 ④

브랜드별 변경 후 판매 용량에 대한 가격에서 변경 전 판매 용량에 대한 가격을 빼면 다음과 같다.
- A브랜드 : $(8,200 \times 1.2) - (8,000 \times 1.3) = 9,840 - 10,400 = -560$원
- B브랜드 : $(6,900 \times 1.6) - (7,000 \times 1.4) = 11,040 - 9,800 = 1,240$원
- C브랜드 : $(4,000 \times 2.0) - (3,960 \times 2.5) = 8,000 - 9,900 = -1,900$원
- D브랜드 : $(4,500 \times 2.5) - (4,300 \times 2.4) = 11,250 - 10,320 = 930$원

따라서 A브랜드는 560원 감소, B브랜드는 1,240원 증가, C브랜드는 1,900원 감소, D브랜드는 930원 증가하였다.

02 정답 ⑤

S씨는 휴일 오후 3시에 택시를 타고 서울에서 경기도 맛집으로 이동하였다.

택시요금 계산표에 따라 경기도 진입 전까지 기본요금으로 2km까지 3,800원이며,

$4.64 - 2 = 2.64$km는 주간 거리요금으로 계산하면 $\dfrac{2,640}{132} \times 100 = 2,000$원이 나온다.

경기도에 진입 후 맛집 도착까지 거리는 $12.56 - 4.64 = 7.92$km로

시계 외 할증이 적용되어 심야 거리요금으로 계산하면 $\dfrac{7,920}{132} \times 120 = 7,200$원이고,

경기도 진입 후 8분의 시간요금은 $\dfrac{8 \times 60}{30} \times 120 = 1,920$원이다.

따라서 S씨가 가족과 맛집에 도착하여 지불하는 택시요금은 $3,800 + 2,000 + 7,200 + 1,920 = 14,920$원이다.

| 03 | 창의수리

01	02	03	04	05					
②	④	④	④	②					

01 정답 ②

나누는 수보다 남는 수가 2씩 작으므로 3, 4, 5, 6의 공배수보다 2 작은 수가 조건을 만족하는 자연수이다.
3, 4, 5, 6의 최소공배수는 60이므로 100보다 작은 자연수는 $60 - 2 = 58$이다.
따라서 $58 = 7 \times 8 + 2$이므로 58을 7로 나눴을 때 나머지는 2이다.

02 정답 ④

i) 1~3번째 자리 조합 경우의 수

 1~3번째 자리에는 영문자를 배치할 수 있으며, 1번째 자리에 가능한 문자는 주어진 영문자 A, B, C 모두 올 수 있다. 2번째 자리에는 1번째 자리에 배치한 영문자를 제외한 2개의 영문자가 올 수 있고 3번째 자리에는 2번째 자리에 배치한 영문자를 제외한 2개의 영문자가 올 수 있으므로 총 $3 \times 2 \times 2$가지이다.

ii) 4～6번째 자리 조합 경우의 수
　　4～6번째 자리에는 숫자를 배치할 수 있으며, 중복 사용이 가능하고 연속으로 배치할 수 있으므로 3×3×3가지이다.
따라서 구하고자 하는 경우의 수는 (3×2×2)×(3×3×3)=324가지이다.

03 정답 ④

B사원의 속력보다 2배 빠른 A사원이 30걸음을 걸었을 때 B사원은 30÷2=15걸음을 걸었다. 그런데 B사원은 20걸음을 걸어 올라갔다고 했으므로 A사원보다 (20÷15)배의 시간이 걸렸다.
에스컬레이터는 일정한 속력으로 올라간다고 했으므로, A사원이 올라갈 때 에스컬레이터가 일정한 속력으로 올라간 계단의 수를 x개라고 하면 올라가는 시간이 (20÷15)배가 걸린 B사원이 올라갈 때 에스컬레이터가 일정한 속력으로 올라간 계단의 수는 (20÷15)x개다.
에스컬레이터가 일정한 속력으로 올라간 계단의 수와 사원이 걸어 올라간 계단의 수를 합하면 에스컬레이터에서 항상 일정하게 보이는 계단의 수이다.
$30+x=20+(20÷15)x$
$\therefore x=30$
따라서 에스컬레이터에서 항상 일정하게 보이는 계단의 수는 30+30=60개이다.

04 정답 ④

• 자리에 앉는 경우의 수 : 6!가지
• E를 포함한 4명은 지정석에 앉지 않고 나머지 2명은 지정석에 앉을 경우의 수
 : 먼저 E를 제외한 나머지 5명 중 2명이 지정석에 앉을 경우의 수는 $_5C_2$가지이다. A, B가 지정석에 앉았다고 가정하고 나머지 E를 포함한 4명이 지정석에 앉지 않는 경우의 수를 구하면 다음과 같다.

구분	C 지정석	D 지정석	E 지정석	F 지정석
경우 1	D	C	F	E
경우 2	D	E	F	C
경우 3	D	F	C	E
경우 4	E	C	F	D
경우 5	E	F	C	D
경우 6	E	F	D	C
경우 7	F	C	D	E
경우 8	F	E	C	D
경우 9	F	E	D	C

그러므로 E를 포함한 4명은 지정석에 앉지 않고 나머지 2명은 지정석에 앉을 경우의 수는 ($_5C_2 \times 9$)가지이다.
따라서 구하고자 하는 확률은 $\dfrac{_5C_2 \times 9}{6!} = \dfrac{5\times 4 \div 2 \times 9}{6\times 5\times 4\times 3\times 2\times 1} = \dfrac{1}{8}$이다.

05 정답 ②

주어진 7명의 점수 합은 78+86+61+74+62+67+76=504점이고 9명의 총점은 72×9=648점이므로 나머지 2명의 점수 합은 648-504=144점이다.
50점 이상만이 합격했으므로 2명 중 1명의 최소 점수는 50점이고 나머지 1명의 최대 점수는 144-50=94점이다.
따라서 9명 중 최고점은 94점이고 중앙값은 74점일 때 차이가 20점으로 가장 크다.

CHAPTER 13 | 2019년 하반기 기출복원문제

| 01 | 언어이해

01	02	03	04						
④	⑤	⑤	⑤						

01 정답 ④

(A)와 (B)를 통해 공장이 서로 모여 입지하면 비용을 줄여 집적 이익을 얻을 수 있다는 사실과 벤 다이어그램에서 색칠된 교차면이 그러한 이익을 얻을 수 있는 집적지라는 사실을 알 수 있다. 따라서 두 공장이 집적했을 때와 세 공장이 집적했을 때의 교차면의 크기를 통해 세 개의 공장이 집적하는 것이 두 공장이 집적하는 것보다 더 많은 집적 이익을 얻을 수 있음을 추론할 수 있다.

[오답분석]
① (A)를 통해 공장의 집적으로 이익을 얻을 수 있다는 사실은 알 수 있지만, 그러한 집적으로 인한 문제점은 제시문을 통해 추론할 수 없다.
② (A)를 통해 사회적 집적과 규모 집적의 의미 차이는 알 수 있지만, 이익의 효과 차이는 제시문을 통해 추론할 수 없다.
③ (B)를 통해 운송비 최소점에서의 집적 조건은 알 수 있지만, 공장의 업종이 동일해야 하는지는 추론할 수 없다.
⑤ 공장의 집적으로 인한 문제점과 해결방안은 제시문에 나타나 있지 않다.

02 정답 ⑤

주로 보통 활동을 하는 성인 남성의 하루 기초대사량이 1,728kcal라면 하루에 필요로 하는 총칼로리는 $1,728 \times (1+0.4) = 2,419.2$kcal가 된다. 이때, 지방은 전체 필요 칼로리 중 20% 이하로 섭취해야 하므로 하루 $2,419.2 \times 0.2 = 483.84$g 이하로 섭취하는 것이 좋다.

[오답분석]
① 신장 178cm인 성인 남성의 표준 체중은 $1.78^2 \times 22 ≒ 69.7$kg이 된다.
② 표준 체중이 73kg인 성인의 기초대사량은 $1 \times 73 \times 24 = 1,752$kcal이며, 정적 활동을 하는 경우 활동대사량은 $1,752 \times 0.2 = 350.4$kcal이므로 하루에 필요로 하는 총칼로리는 $1,752 + 350.4 = 2,102.4$kcal이다.
③ 표준 체중이 55kg인 성인 여성의 경우 하루 평균 $55 \times 1.13 = 62.15$g의 단백질을 섭취해야 한다.
④ 탄수화물의 경우 섭취량이 부족하면 케톤산증을 유발할 수 있으므로 반드시 하루에 최소 100g 정도의 탄수화물을 섭취해야 한다.

03 정답 ⑤

근로 소득이 증가하면 단기 평균 소비 성향은 감소하지만, 장기적으로는 근로 소득과 비인적 자산이 거의 비슷한 속도로 성장하므로 소득의 증가에도 불구하고 평균 소비 성향은 일정하게 유지된다.

[오답분석]
① 평생 소득은 근로 소득뿐만 아니라 금융 자산이나 실물 자산과 같은 비인적 자산을 모두 포함한다.
② ㉠의 식을 통해 알 수 있다.
③ ㉠과 ㉡의 식을 통해 근로 소득뿐만 아니라 비인적 자산에 의해 평생 소득과 평균 소득, 소비가 결정됨을 알 수 있다.
④ 평균 기대 수명의 증가로 정년이 증가한다면 은퇴 나이가 증가하므로 평생 소득 역시 증가하게 된다.

04 정답 ⑤

콩코드는 비싼 항공권 가격에도 불구하고 비행시간이 적게 걸렸기 때문에 주로 시간 단축이 필요한 사람들이 이용했음을 추론할 수 있다. 또한 콩코드 폭발 사건으로 인해 수많은 고위층과 부자들이 피해를 입었다는 점을 통해서도 승객 유형을 추론해 볼 수 있다.

[오답분석]
① 영국과 프랑스 정부는 세계대전 이후 비행기 산업에서 급성장하는 미국을 견제하기 위해 초음속 여객기 콩코드를 함께 개발하였다.
② 파리 ~ 뉴욕 구간의 비행시간은 평균 8시간이지만, 콩코드는 파리 ~ 뉴욕 구간을 3시간대에 주파할 수 있다고 하였으므로 4번까지 왕복하기는 어려웠을 것으로 추론할 수 있다.
③ 콩코드는 일반 비행기에 비해 많은 연료가 필요하지만, 필요한 연료가 탑승객 수와 관련되는지는 알 수 없다.
④ 2000년 7월 폭발한 콩코드 사건의 원인은 나타나있지 않으므로 알 수 없다.

| 02 | 자료해석

01									
①									

01 정답 ①

2017년 50대 선물환거래 금액은 1,980×0.306=605.88억 원이며, 2018년에는 2,084×0.297=618.948억 원이다.
따라서 2017년 대비 2018년 50대 선물환거래 금액 증가량은 618.948-605.88=13.068억 원으로 13억 원 이상이다.

[오답분석]
② 2018년 10 ~ 40대 선물환거래 금액 총비율은 2.5+13+26.7+28.1=70.3%로, 2017년 50대 비율의 2.5배인 30.6×2.5=76.5% 미만이다.
③ 2017 ~ 2018년의 전년 대비 10대의 선물환거래 금액 비율 증감 추이는 '증가 – 감소'이고, 20대는 '증가 – 증가'이다.
④ 2018년 30대의 선물환거래 비율은 2016년에 비해 26.7-24.3=2.4%p 더 높다.
⑤ 2016 ~ 2018년의 연도별 40대 선물환거래 금액은 다음과 같다.
  • 2016년 : 1,920×0.347=666.24억 원
  • 2017년 : 1,980×0.295=584.1억 원
  • 2018년 : 2,084×0.281=585.604억 원
따라서 2018년의 40대 선물환거래 금액은 전년 대비 증가하였으나 2017년에는 전년 대비 감소하였다.

| 03 | 창의수리

01	02	03	04	05	06				
①	⑤	③	①	②	①				

01 정답 ①

가지고 있는 화분의 개수를 n개라고 하자.
화분을 앞문과 뒷문에 각각 1개씩 배치한다고 하였으므로 배치하는 경우의 수는 $_nP_2=30$가지이다.
$_nP_2=n\times(n-1)=30$
→ $(n+5)(n-6)=0$
∴ $n=6$
따라서 전체 화분의 개수는 6개이다.

02 정답 ⑤

창구를 3개 운영했을 때 티켓 판매에 걸리는 시간을 a분이라고 하자.

(단위 : 개, 분, 명)

창구 수	처리 시간	손님 수
1	40	$N+40x$
2	16	$N+16x$
3	a	$N+ax$

창구 수가 2개일 때, 한 창구마다 사용한 시간이 각각 16분이므로 두 창구가 일하는 데 사용한 전체 시간은 32분이다.
이를 활용하여 각 창구가 손님을 받아서 처리하는 데 걸린 시간은 다음과 같다.
$N+40x=40$ … ㉠
$N+16x=32$ … ㉡
㉠과 ㉡을 연립하면 $N=\frac{80}{3}$, $x=\frac{1}{3}$이다.
창구 3개를 운영하여 세 창구가 일하는 데 사용한 전체 시간은 $3a$분이므로 다음과 같은 식이 성립한다.
$N+ax=3a$ → $\frac{80}{3}+\frac{1}{3}a=3a$ → $\frac{8}{3}a=\frac{80}{3}$
∴ $a=10$
따라서 창구를 3개 운영한다면 손님을 받는 데 10분이 걸린다.

03 정답 ③

두 개씩 같은 용액이 들어있는 혼합물을 계산하면 다음과 같다.

A+B+C=1,720원	A+B+E=1,570원	C−E=150원	C>E
B+C+D=1,670원	B+C+E=1,970원	D−E=−300원	E>D
B+D+E=1,520원	C+D+E=1,800원	B−C=−280원	C>B
A+B+E=1,570원	B+C+E=1,970원	A−C=−400원	C>A

이를 정리하면 C>E>D, C>A, C>B인 것을 알 수 있다.
따라서 C가 가장 비싼 용액이다.

04 정답 ①

A지역으로 여행가는 인원수를 a명, B지역으로 여행가는 인원수를 b명이라고 하자.
숙박비는 합해서 17만 원 이상을 사용해야 하고, 교통비는 12만 원 이상 사용해야 하므로 다음과 같은 식이 성립한다.
$17 \leq 7a + 5b \cdots$ ㉠
$12 \leq 0.5a + 2b \cdots$ ㉡
㉠과 ㉡을 합했을 때, 최대 예산은 100만 원이므로 다음과 같은 식이 성립한다.
$29 \leq 7.5a + 7b \leq 100 \cdots$ ㉢
각 지역의 최소로 숙박해야 하는 인원은 2명이다.
그러므로 b가 2명, 3명, 4명, …일 때 ㉠, ㉡, ㉢이 성립하는 a의 최댓값을 찾으면 b가 4명일 때 a가 9로 최대이다.
따라서 A지역에 여행갈 수 있는 사람은 최대 9명이다.

05 정답 ②

A~D항목의 점수를 각각 a점, b점, c점, d점이라고 하자.
각 가중치에 따른 점수에 대해 다음과 같은 식이 성립한다.
$a + b + c + d = 82.5 \times 4 = 330 \cdots$ ㉠
$2a + 3b + 2c + 3d = 83 \times 10 = 830 \cdots$ ㉡
$2a + 2b + 3c + 3d = 83.5 \times 10 = 835 \cdots$ ㉢
㉠과 ㉡을 연립하면 다음과 같은 식이 성립한다.
$a + c = 160 \cdots$ ⓐ
$b + d = 170 \cdots$ ⓑ
㉠과 ㉢을 연립하면 다음과 같은 식이 성립한다.
$c + d = 175 \cdots$ ⓒ
$a + b = 155 \cdots$ ⓓ
각 항목의 만점은 100점이므로 ⓐ와 ⓓ를 통해 최저점이 55점이나 60점인 것을 알 수 있다. 만약 A항목이나 B항목의 점수가 55점이라면 ⓐ와 ⓑ에 의해 최고점이 100점 이상이 되므로 최저점은 60점인 것을 알 수 있다.
따라서 $a = 60$, $c = 100$이고, 최고점과 최저점의 차는 $100 - 60 = 40$점이다.

06 정답 ①

물건의 원가를 x원이라고 하자. 도매업자의 판매가는 $1.2x$원이고, 소매업자의 판매가격은 $1.2x \times 2 = 2.4x$원이다.
물건을 500개 구입했을 때의 배송비는 $3,000 \times 5 = 15,000$원이다. 500개 상품의 구입비에서 배송비를 제한 금액은 $447,000 - 15,000 = 432,000$원이므로 다음과 같은 식이 성립한다.
$500 \times 2.4x = 432,000$
→ $2.4x = 864$
∴ $x = 360$
따라서 물건의 원가는 360원이다.

| 04 | 언어추리

01	02								
③	①								

01 정답 ③

아이스크림을 좋아함=p, 피자를 좋아함=q, 갈비탕을 좋아함=r, 짜장면을 좋아함=s라 하면, 첫 번째, 두 번째, 마지막 명제는 각각 $p \to \sim q$, $\sim r \to q$, $p \to s$이다. 두 번째 명제의 대우와 첫 번째 명제에 따라 $p \to \sim q \to r$이 되어 $p \to r$이 성립하고, $p \to s$가 되기 위해서는 $r \to s$가 추가로 필요하다.
따라서 빈칸에 들어갈 내용으로 '갈비탕을 좋아하면 짜장면을 좋아한다.'가 적절하다.

02 정답 ①

주어진 조건에 따라 자물쇠를 열 수 있는 열쇠를 정리하면 다음과 같다.

구분	1번 열쇠	2번 열쇠	3번 열쇠	4번 열쇠	5번 열쇠	6번 열쇠
첫 번째 자물쇠	-	-	×	×	×	×
두 번째 자물쇠	-	-	×	-	-	×
세 번째 자물쇠	×	×	×	-	-	×
네 번째 자물쇠	-	-	×	×	-	×

따라서 3번 열쇠로는 어떤 자물쇠도 열지 못하는 것을 알 수 있다.

[오답분석]
② 첫 번째 자물쇠는 1번 또는 2번 열쇠로 열릴 수 있다.
③ 두 번째 자물쇠가 2번 열쇠로 열리면, 세 번째 자물쇠는 4번 열쇠로 열린다.
④ 세 번째 자물쇠가 5번 열쇠로 열리면, 네 번째 자물쇠는 1번 또는 2번 열쇠로 열린다.
⑤ 네 번째 자물쇠가 5번 열쇠로 열리면, 두 번째 자물쇠는 1번 또는 2번 열쇠로 열린다.

CHAPTER 14 2019년 상반기 기출복원문제

| 01 | 언어이해

01	02	03	04
③	⑤	②	④

01 정답 ③

일본의 경영학자 노나카 이쿠지로는 암묵지를 크게 기술적 기능과 인지적 기능으로 나누었다. 이 중 기술적 기능은 체화된 전문성으로 수없이 많은 반복과 연습을 통해 습득된다고 설명하고 있지만, 인지적 기능의 경우 개개인의 경험이나 육감이 언어의 형태로 명시화되어 형식지로 변환하고, 다시 이를 내면화하는 과정에서 새로운 암묵지가 만들어지는 상호순환작용을 통해 조직의 지식이 증대된다고 하였다. 따라서 암묵지를 습득하기 위해서 수없이 많은 반복과 연습이 필수적이라고는 확신하기는 어렵다.

02 정답 ⑤

대주가 계약기간이 만료된 뒤 자신의 권리를 이행할 때, 차주는 대주에게 손해를 보장받을 수 없다. 권리금은 전차주와 차주 사이에서 발생한 관행상의 금전으로 법률을 통해 보호받을 수 없으며, 대주는 권리금과 직접적으로 연관되지 않으므로 해당 금액을 지불할 책임 또한 지지 않는다.

오답분석

① 2001년에 상가건물 임대차보호법이 지정되기 전에 대주의 횡포에 대한 차주의 보호가 이루어지지 않았으므로 현재는 보호받을 수 있다는 것을 알 수 있다.
② 권리금은 본래 상대적 약자인 차주가 스스로의 권리를 지키기 위하여 이용하는 일종의 관행으로 평가받고 있다.
③ 권리금은 전차주가 차주에게 권리를 보장받는 관행상의 금전으로, 장기적으로 차주가 상가를 다음 차주에게 이양하는 경우 전차주로서 권리금을 요구할 수 있다. 대주는 임차료 외의 권리금과는 관련이 없다.
④ 상대적으로 적은 권리금을 지불하고 높은 매출을 기록했을 때, 직접적인 이득을 보는 사람은 새로운 차주이다. 권리금은 전차주가 해당 임대상가에 투자한 것에 대한 유무형의 대가를 차주가 고스란히 물려받는 경우, 가치가 포함된 일종의 이용 대가이기 때문이다.

03 정답 ②

미세먼지의 경우 입자의 크기가 최소 $10\mu m$ 이하인 먼지로 정의되고 있지만, 황사의 경우 주로 지름 $20\mu m$ 이하의 모래로 구분하되 통념적으로는 입자 크기로 구분하지 않는다. 따라서 $10\mu m$ 이하의 황사의 경우 크기만으로 미세먼지와 구분 짓기는 어렵다는 내용이 빈칸에 들어가는 것이 가장 적절하다.

오답분석

① 미세먼지의 역할에 대한 설명을 찾을 수 없다.
③ 제시문에서 설명하는 황사와 미세먼지의 근본적인 구별법은 구성성분의 차이이다.
④ · ⑤ 제시문을 통해서 알 수 없는 내용이다.

04 정답 ④

어빙 피셔의 교환방정식 'MV=PT'에서 V는 화폐유통속도를 나타낸다. 따라서 사이먼 뉴컴의 교환방정식인 'MV=PQ'에서 사용하는 V(Velocity)는 화폐유통속도와 동일하며 대체되어 사용되지 않는다.

[오답분석]
① 사이먼 뉴컴의 교환방정식 'MV=PQ'에서 Q(Quantity)는 상품 및 서비스의 수량이다.
② 어빙 피셔의 화폐수량설은 최근 총거래 수 T(Trade)를 총생산량 Y로 대체하여 사용하고 있다.
③ 교환방정식 'MV=PT'은 화폐수량설의 기본 모형인 거래모형이며, 'MV=PY'은 소득모형으로 사용된다.
⑤ 어빙 피셔는 사이먼 뉴컴의 교환방정식을 인플레이션율과 화폐공급의 증가율 간 관계를 나타내는 이론인 화폐수량설로 재탄생시켰다.

| 02 | 자료해석

01	02								
③	⑤								

01 정답 ③

[오답분석]
㉠ 모든 재배면적 수치가 제시된 자료와 다르다.
㉣ 2017년 전년 대비 감소량은 224톤으로, 2018년 전년 대비 감소량인 224톤과 동일하다.

02 정답 ⑤

C안이 추가로 받을 표를 x표라고 하자. 총 50명의 직원 중 $21(=50-15-8-6)$명이 아직 투표를 하지 않았으므로 $x \leq 21$이다. C안에 추가로 투표할 인원을 제외한 $(21-x)$명이 개표 중간 결과에서 가장 많은 표를 받은 A안에 투표한 수보다 C안의 표가 더 많아야 한다.
$15+(21-x)<6+x$
$\rightarrow 30<2x$
$\therefore x>15$
따라서 A, B안의 득표수와 상관없이 C안이 선정되려면 최소 16표가 더 필요하다.

| 03 | 창의수리

01	02	03	04	05	06				
③	⑤	①	③	④	①				

01　정답　③

가장 큰 정각형의 한 변의 길이를 $a$cm라고 하자. 가장 큰 정사각형의 넓이가 255cm^{2}을 넘으면 안되므로 $a<16$이다.
가장 큰 $a$cm 정사각형과 그 다음으로 큰 $(a-1)$cm 정사각형의 넓이를 더한 값이 255cm^{2}을 넘지 않아야 한다.
- $15^2+14^2=225+196=421$cm^2 → ×
- $14^2+13^2=196+169=365$cm^2 → ×
- $13^2+12^2=169+144=313$cm^2 → ×
- $12^2+11^2=144+121=265$cm^2 → ×
- $11^2+10^2=121+100=221$cm^2 → ○

이런 방법으로 개수를 늘리면서 a, $(a-1)$, $(a-2)$, …의 넓이 합을 구하면 다음과 같다.
- $11^2+10^2+9^2=121+100+81=302$cm^2 → ×
- $10^2+9^2+8^2+7^2=100+81+64+49=294$cm^2 → ×
- $9^2+8^2+7^2+6^2+5^2=81+64+49+36+25=255$cm^2 → ○

그러므로 정사각형의 한 변의 길이는 각각 5, 6, 7, 8, 9cm이다.
이를 통해 이 사각형의 둘레를 구하면 세로 길이는 9cm이고, 가로 길이는 5+6+7+8+9=35cm이다.
따라서 사각형의 전체 둘레 길이는 (35+9)×2=44×2=88cm이다.

02　정답　⑤

불만족을 선택한 직원은 1,000×0.4=400명이고, 이 중 여직원은 400×0.7=280명, 남직원은 400×0.3=120명이다.
불만족을 선택한 직원 중 여직원 수는 전체 여직원의 20%이므로 전체 여직원 수는 280×5=1,400명이고, 남직원 수는 전체의 10%이므로 120×10=1,200명이다.
따라서 전체 직원 수는 1,400+1,200=2,600명이다.

03　정답　①

각 출장 지역에 대리급 이상이 1명 이상 포함되어야 하므로 과장 2명과 대리 2명을 먼저 각 지역에 배치할 경우의 수는 $(_2C_2 \times {_3}C_2 \times 4!)$가지이고, 남은 대리 1명과 사원 3명이 각 지역에 출장 가는 경우의 수는 4!가지이다.
즉, A~D지역으로 감사팀이 출장을 가는 전체 경우의 수는 $(_2C_2 \times {_3}C_2 \times 4! \times 4!)$가지이다.
다음으로 대리급 이상이 각 출장 지역에 1명씩 출장을 가야하므로 1명의 대리만 과장과 짝이 될 수 있다. 과장과 대리가 같은 조가 되어 4지역 중 1곳에 출장을 가는 경우의 수는 $(_2C_1 \times {_3}C_1 \times 4)$가지이다. 그리고 남은 과장 1명, 대리 2명, 사원 3명이 세 지역으로 출장가는 경우의 수는 $(_1C_1 \times {_2}C_2 \times 3! \times 3!)$가지이다.
즉, 과장과 대리가 같은 조가 되는 경우의 수는 $(_2C_1 \times {_3}C_1 \times 4 \times {_1}C_1 \times {_2}C_2 \times 3! \times 3!)$가지이다.

따라서 과장과 대리가 같은 조로 출장에 갈 확률은 $\dfrac{_2C_1 \times {_3}C_1 \times 4 \times {_1}C_1 \times {_2}C_2 \times 3! \times 3!}{_2C_2 \times {_3}C_2 \times 4! \times 4!} = \dfrac{1}{2}$이다.

04 정답 ③

$7 \div 12 = 0.583333333 \cdots$ 이므로 비밀번호의 첫 번째와 두 번째 자리의 수는 5와 8이다.
다음으로 소수점 세 번째 자릿수는 3, 주어진 날짜의 월은 7이므로, 이의 최소공배수는 21이다. 즉, 세 번째와 네 번째 자릿수는 2와 1이다.
따라서 자물쇠의 비밀번호는 58210다.

05 정답 ④

첫 번째 정보를 활용하면 다음과 같다.
- $a_1+a_2+a_3+a_4+a_5+a_6+a_7=a_2+a_3+a_4+a_5+a_6+a_7+a_8 \to a_1=a_8$
- $a_2+a_3+a_4+a_5+a_6+a_7+a_8=a_3+a_4+a_5+a_6+a_7+a_8+a_9 \to a_2=a_9$
- $a_3+a_4+a_5+a_6+a_7+a_8+a_9=a_4+a_5+a_6+a_7+a_8+a_9+a_{10} \to a_3=a_{10}$
- $a_4+a_5+a_6+a_7+a_8+a_9+a_{10}=a_5+a_6+a_7+a_8+a_9+a_{10}+a_{11} \to a_4=a_{11}$
  $\vdots$
- $a_8+a_9+a_{10}+a_{11}+a_{12}+a_{13}+a_{14}=a_9+a_{10}+a_{11}+a_{12}+a_{13}+a_{14}+a_{15} \to a_1=a_8=a_{15}$

이처럼 각각 $a_{7(n-1)+1}$, $a_{7(n-1)+2}$, $a_{7(n-1)+3}$, $a_{7(n-1)+4}$, $a_{7(n-1)+5}$, $a_{7(n-1)+6}$, a_{7n}(단, n은 자연수)인 수열임을 알 수 있다.
다음으로 두 번째 정보를 정리하면 다음과 같다.
- $a_{7(4-1)+1}=a_{22}=22$
- $a_{7(7-1)+2}=a_{44}=44$
- $a_{7(10-1)+3}=a_{66}=66$
- $a_{7(2-1)+4}=a_{11}=11$
- $a_{7(5-1)+5}=a_{33}=33$
- $a_{7(8-1)+6}=a_{55}=55$
- $a_{7\times 11}=a_{77}=77$

이와 같이 계산하면 $a_{20}=a_{7(3-1)+6}=55$이고, $a_{86}=a_{7(13-1)+2}=44$이다.
따라서 $a_{20}+a_{86}=55+44=99$이다.

06 정답 ①

A, B, C, D팀의 재작년 인원수를 각각 a명, b명, c명, d명이라고 하면 다음과 같은 식이 성립한다.
- $a+b+c+d=350$
- $(a+b) \times 0.8 + (c+d) \times 0.5 = 205$

$a+b=x$, $c+d=y$로 치환하면 다음과 같다.
$x+y=350 \cdots$ ㉠
$8x+5y=2,050 \cdots$ ㉡
㉠과 ㉡을 연립하면 $x=100$, $y=250$이다.
즉, $x=a+b=100$, $y=c+d=250 \to d=250-c$이므로 다음과 같은 식이 성립한다.
$(a+b) \times 1.8 + c \times 0.8 + d \times 1.2 = 390$
$\to (a+b) \times 1.8 + c \times 0.8 + (250-c) \times 1.2 = 390$
$\to -0.4c = -90$
$\therefore c=225$, $d=25$
따라서 D팀의 재작년 인원수는 25명이다.

| 04 | 언어추리

01										
②										

01 정답 ②

강대리와 이사원의 진술이 서로 모순이므로, 2명 중 1명은 거짓을 말하고 있다.
ⅰ) 강대리의 말이 거짓이라면 워크숍 불참 인원이 2명이므로 조건이 성립하지 않는다.
ⅱ) 강대리의 말이 참이라면 박사원의 말도 참이 된다. 이때, 박사원의 말이 참이라면 유사원은 워크숍에 참석했다. 이사원의 말은 거짓이고, 누가 워크숍에 참석하지 않았는지 모른다는 진술에 의해 김대리의 말 역시 거짓이 된다. 강대리, 박사원, 이사원의 진술에 따라 워크숍에 참석한 사람은 강대리, 김대리, 유사원, 이사원이므로 워크숍에 참석하지 않은 사람은 박사원이 된다.

따라서 거짓말을 하는 사람은 이사원과 김대리이며, 워크숍에 참석하지 않은 사람은 박사원이다.

MEMO

PART 3

3개년 주요기업 기출복원문제

정답 및 해설

PART 3 3개년 주요기업 기출복원문제

| 01 | 언어

01	02	03	04	05	06	07	08	09	10	11	12	13	14	15	16	17	18	19	20
⑤	⑤	③	③	②	④	②	③	④	④	⑤	⑤	⑤	⑤	②	④	④	②	①	①
21	22	23	24	25	26	27	28	29	30	31	32	33	34	35	36	37	38	39	40
④	④	④	⑤	⑤	⑤	②	④	⑤	④	②	④	④	③	④	④	④	③	③	③
41	42	43	44	45															
④	①	⑤	②	③															

01 정답 ⑤

네 번째 문단에서 전문가들은 연산은 HBM이 담당하고, 빅데이터의 저장은 HBF가 담당할 것으로 예상하고 있다. 따라서 인공지능 기술이 다루는 데이터가 많아진다고 해도 빠른 연산도 중요하므로 어느 기술이 효과적이기 보다는 상호 보완적 역할을 할 것이다.

오답분석
① 세 번째 문단에서 낸드플래시는 DRAM보다 발열이 적다고 하였으므로 HBF가 HBM에 비해 발열이 적을 것으로 추론할 수 있다.
② 세 번째 문단에서 HBF는 HBM과 똑같이 메모리칩을 수직으로 쌓아 상하층을 연결해 올린 것이라고 하였으므로 동일하게 TSV가 사용될 것임을 추론할 수 있다.
③ 네 번째 문단에서 학습 등 빠른 연산이 필요한 부분은 HBM이 담당하고, 빅데이터의 저장은 HBF가 담당할 것으로 예측된다고 하였으므로 적절한 추론이다.
④ 마지막 문단에서 두 기술(HBM, HBF)은 경쟁하기보다는 함께 발전하며 인공지능의 성능을 끌어올리는 핵심 기반이 될 것으로 보인다고 하였으므로 적절한 추론이다.

02 정답 ⑤

제시문에 따르면 일반적으로 다의어의 중심 의미는 주변 의미보다 사용 빈도가 높다. 다만, '사회생활에서의 관계나 인연'의 의미와 '길이로 죽 벌이거나 늘여 있는 것'의 의미는 모두 '줄'의 주변 의미에 해당하므로 이 둘의 사용 빈도는 서로 비교하기 어렵다.

오답분석
① 문법적 제약이나 의미의 추상성・관련성 등은 제시문에서 설명하는 다의어의 특징이므로 이를 통해 동음이의어와 다의어를 구분할 수 있음을 추론할 수 있다.
② '손'이 '노동력'의 의미로 쓰일 때는 '부족하다, 남다' 등의 용언과 쓰이므로 '넣다'와 함께 사용될 수 없다.
③ 다의어의 문법적 제약은 주변 의미로 사용될 때 나타나며, 중심 의미로 사용된다면 '물을 먹이다.' 또는 '물이 먹히다.'와 같이 사용될 수 있다.
④ 첫 번째 문단에서 일반적으로 중심 의미는 주변 의미보다 언어의 습득 시기가 빠르다고 했으므로 아이들은 '앞'의 중심 의미인 '향하고 있는 쪽이나 곳'의 의미를 주변 의미인 '장차 올 시간'보다 먼저 배울 것이다.

03 정답 ③

질소가 무조건 많이 함유된 것이 좋은 비료가 아니라 탄소와 질소의 비율이 잘 맞는 것이 중요하다.

[오답분석]
① 커피박을 이용해서 비료를 만들면 커피박을 폐기하는 데 필요한 비용을 절약할 수 있기 때문에 경제적으로도 이득이라고 추론할 수 있다.
② 비료에서 중요한 요소로 질소를 언급하고 있고, 유기 비료이기 때문에 유기물의 함량 또한 중요하다. 그리고 제시문에서도 질소와 유기물 함량을 분석하고 있기에 중요한 고려 요소라고 추론할 수 있다.
④ 제시문에서 비료를 만드는 데 발생하는 열로 유해 미생물을 죽일 수 있다고 언급하였다.
⑤ 제시문에서 부재료로 언급된 것 중에서 한약재찌꺼기가 가장 질소 함량이 높다고 하였다.

04 정답 ③

이소크라테스는 영원불변하는 보편적 지식의 무용성을 주장했을 뿐, 존재 자체를 부정했다는 내용은 제시문에서 확인할 수 없다.

[오답분석]
① 플라톤의 이데아론은 삶과 행위의 구체적이고 실제적인 일상이 무시된 채 본질적이고 이념적인 영역을 추구하고 있다는 비판을 받고 있다.
② 물질만능주의는 모든 관계를 돈과 같은 가치에 연관시켜 생각하는 행위로, 탐욕과 사리사욕을 위한 교육에 매진하는 소피스트들과 일맥상통하는 면이 있다.
④ 이소크라테스는 이데아론의 무용성을 주장하면서 동시에 비도덕적이고 지나치게 사리사욕을 위한 소피스트들의 교육을 비판했다.
⑤ 이소크라테스는 삶과 행위의 문제를 이론적이고도 실제적으로 해석하면서도, 도덕이나 정당화의 문제보다는 변화하는 실제적 행위만 추구한 소피스트들을 비판했기에 훌륭한 말(실제적 문제)과 미덕(도덕과 정당화)을 추구했음을 추론할 수 있다.

05 정답 ②

제시문은 기술을 거부하는 것이 아닌 목적 있는 사용을 강조하는 '디지털 미니멀리즘'에 대한 내용으로 디지털 기술의 의식적이고 절제된 사용을 강조하는 글이다. 그러므로 제시문에 대한 반박으로는 디지털 기술 사용을 줄이는 것으로 인해 발생하는 부정적 효과나, 디지털 기술 사용의 긍정적 효과를 제시하는 것이 적절하다. 따라서 디지털 기술의 단절을 위해 필요한 세부사항을 제시하는 ②는 글에 대한 반박으로 적절하지 않다.

06 정답 ④

제시문은 첫째 안전성, 둘째 사회적 불평등, 셋째 인간의 존엄성을 근거로 인간 배아의 유전자 편집 기술을 허용해서는 안 된다고 주장한다. 따라서 이러한 주장에 대한 반박으로는 유전자 편집 기술이 오히려 사회적 불평등을 해결할 수 있다는 내용의 ④가 가장 적절하다.

07 정답 ②

제시문에서 필자는 3R 원칙을 강조하며 가장 필수적이고 최저한의 동물실험이 필요악임을 주장하고 있다. 특히 '보다 안전한 결과를 도출해 내기 위한 동물실험은 필요악이며, 이러한 필수적인 의약실험조차 금지하려 한다는 것은 기술 발전 속도를 늦춰 약이 필요한 누군가의 고통을 감수하자는 이기적인 주장'이라는 대목을 통해 약이 필요한 이들을 위한 의약실험에 초점을 맞추고 있음을 확인할 수 있다. 따라서 생명과 큰 연관이 없는 동물실험을 비판의 근거로 삼는 것은 적절하지 않다.

08 정답 ③

B2B 거래는 대량 구매 및 장기 공급 계약의 형태로 이루어지고, 거래 금액이 매우 크기 때문에 의사결정과정과 거래 절차가 복잡하다. 따라서 B2B 마케팅의 핵심 요소는 기업 간의 신뢰 구축과 관계 유지이다.
B2C 거래는 소량을 구매 및 일회성 거래의 형태로 이루어지므로, 거래 금액과 소비자 취향이 구매 결정에 큰 영향을 미친다. 따라서 B2C 마케팅의 핵심 요소는 소비욕구 자극, 가격 및 편의성, 브랜드 인지도로 볼 수 있다.

09 정답 ④

ㄴ. OLED 디스플레이는 픽셀 1개에 들어있는 서브픽셀 3개의 조합으로 색을 만들기 때문에 픽셀마다 독립적으로 색을 조절할 수 있다.
ㄹ. 서브픽셀은 전류가 흐를 때 발광하는 것이므로 TFT에 의해 전류가 차단된다면 픽셀은 검은색이 된다.

[오답분석]
ㄱ. TFT는 각각의 서브픽셀에 1개씩 연결되어 있고, 1개의 픽셀 안에는 서브픽셀이 3개가 있으므로 1개의 픽셀 안에는 TFT가 3개 존재한다.
ㄷ. OLED는 전기가 흐를 때 자체적으로 빛을 발하는 유기화합물 발광체이며, RGB 서브픽셀 3개를 조합하여 색을 내는 가산혼합 방식을 이용한다.

10 정답 ④

'이러한'으로 시작하는 (나) 문단과 '반면'으로 시작하는 (라) 문단의 경우 앞부분에 내용이 있어야 하므로 글의 첫 번째 문단으로 적합하지 않다. 나머지 (다) 문단과 (가) 문단 중 (다) 문단이 반도체의 정의와 특징을 설명하고, (가) 문단은 반도체의 미래 전망에 대해 서술하고 있으므로 (다) 문단이 가장 처음에 나열되어야 하고, (가) 문단은 글의 결론으로 가장 마지막에 나열되어야 한다. (나) 문단과 (라) 문단 중 (나) 문단에서 반도체의 기능에 따른 종류 2가지와 메모리 반도체에 대해 설명하고, (라) 문단에서 '반면'이라는 접속부사를 사용하여 앞선 (나) 문단의 내용에 대비되는 시스템 반도체에 대해 설명하고 있으므로 (나) 문단이 (라) 문단보다 먼저 나열되어야 한다. 따라서 (다) – (나) – (라) – (가) 순으로 나열하는 것이 적절하다.

11 정답 ⑤

제시문은 미래의 전기 사용 패턴이 달라지는 이유 대해 설명하는 글이다. 따라서 (가) 주부의 사례 – (라) 웹디자이너의 사례 – (다) 앞선 사례들의 현실이 될 수 있는 이유 – (마) 사물인터넷과 관련된 설명 – (나) 지능형 전력망을 활용함으로써 얻게 되는 효과 순으로 나열하는 것이 적절하다.

12 정답 ⑤

제시문은 우리에게 친숙한 지레를 예로 들어 흥미를 유발한 후, 그 안에 숨어 있는 '돌림힘'에 대해 설명하는 글이다. 따라서 (라) 지레의 원리에 들어 있는 돌림힘의 개념 – (가) 돌림힘의 정의 – (다) 돌림힘과 돌림힘이 합이 된 알짜 돌림힘의 정의 – (나) 알짜 돌림힘이 일을 할 경우 순으로 나열하는 것이 적절하다.

13 정답 ⑤

제시문은 비휘발성 메모리인 낸드플래시 메모리에 대해 먼저 소개하고 낸드플래시 메모리에 데이터가 저장되는 과정을 설명한 후, 반대로 지워지는 과정을 설명하는 글이다. 따라서 (라) 낸드플래시 메모리의 정의 – (나) 컨트롤 게이트와 기저 상태 사이에 전위차 발생 – (가) 전자 터널링 현상으로 전자가 플로팅 게이트로 이동하며 데이터 저장 – (다) 전위차를 반대로 가할 때 전자 터널링 현상으로 전자가 기저상태로 되돌아가며 데이터 삭제 순으로 나열하는 것이 적절하다.

14 정답 ⑤

제시문은 스페인의 건축가 가우디의 건축물에 대해 설명하는 글이다. 따라서 (나) 가우디 건축물의 특징인 곡선과 대표 건축물인 카사 밀라 – (라) 카사 밀라에 대한 설명 – (다) 가우디 건축의 또 다른 특징인 자연과의 조화 – (가) 이를 뒷받침하는 건축물인 구엘 공원의 순으로 나열하는 것이 적절하다.

15 정답 ②

빈칸의 전후 문장을 통해 내용을 파악해야 한다. 우선 '그러나'를 통해 빈칸에는 앞의 내용에 상반되는 내용이 오는 것임을 알 수 있다. 그러므로 수천 가지의 힐링 상품이나, 고가의 상품들을 참고하는 것과는 상반된 내용을 찾으면 된다. 또한 빈칸 뒤는 주위에서 쉽게 할 수 있는 힐링 방법을 통해 자신감을 얻는 것부터 출발해야 한다는 내용이다. 따라서 빈칸에는 많은 돈을 들이지 않고도 쉽게 할 수 있는 일부터 찾아야 한다는 내용인 ②가 오는 것이 가장 적절하다.

16 정답 ④

빈칸 뒤가 '따라서'로 연결되어 있으므로 '사회적 제도의 발명이 필수적이다.'를 결론으로 낼 수 있는 논거가 빈칸에 들어가는 것이 적절하다.

17 정답 ④

세 번째 문단에서 전기자동차 산업이 확충되고 있음을 언급하면서 구리가 전기자동차의 배터리를 만드는 데 핵심 재료임을 언급하고 있기 때문에 ④가 정답이다.

오답분석
① · ⑤ 제시문에서 언급하고 있는 내용이 아니기에 핵심 내용으로 보기는 어렵다.
② 제시문에서 '그린 열풍'을 언급하고 있으나 그 이유는 제시되어 있지 않다.
③ 제시문에서 산업금속 공급난이 우려된다고 하나, 그로 인한 문제가 제시되어 있지는 않다.

18 정답 ②

제시문은 제4차 산업혁명으로 인한 노동 수요 감소로 인해 나타날 수 있는 문제점으로 대공황에 대한 위험을 설명하면서도, 긍정적인 시각으로 노동 수요 감소를 통해 인간적인 삶 향유가 이루어질 수 있다고 말한다. 따라서 '제4차 산업혁명의 빛과 그늘'이 글의 제목으로 가장 적절하다.

19 정답 ①

제시문은 사주 분석 중 특히 타고난 체형과 체질을 파악해 미리 내 몸의 어느 부분이 약하고 강한지를 알고 그에 맞는 건강관리를 통해 질병을 예방하자는 내용이다. 따라서 '사주로 건강 관리하기'가 글의 제목으로 가장 적절하다.

오답분석
② 제시문은 사주의 길흉화복 중 특별히 건강에 관련된 것에 중점을 두고 있으므로 글의 제목으로는 지나치게 광범위하다.
③ 제시문은 사주로 음양오행을 배합하여 알 수 있는 정보 중 건강에 대해 한정적으로 언급하고 있으므로 글의 제목으로는 적절하지 않다.
④ 제시문은 사주 분석으로 질병을 치료하는 것이 아닌, 사주로 미리 내 몸 중 어느 부분이 강하고 약한지 예측하여 미리 건강관리를 하여 질병을 예방하자는 내용이므로 글의 제목으로 적절하지 않다.
⑤ 제시문은 사주 분석으로 체형 및 체질을 개선하는 것이 아닌, 타고난 체형과 체질을 파악해 이것을 토대로 건강관리를 하자는 내용이므로 글의 제목으로 적절하지 않다.

20 정답 ①

제시문에서는 '틱톡'을 예시로 들며, 1인 미디어의 유행으로 새로운 플랫폼이 등장하는 현상을 설명하고 있다.

오답분석
② 1인 미디어의 문제와 규제에 대해서는 제시문에서 확인할 수 없다.
③ 틱톡은 올해가 아닌 작년에 전 세계에서 4번째로 많이 다운로드된 비게임 어플이다.
④ 틱톡이 인기를 끄는 이유는 알 수 있지만, 1인 미디어가 인기를 끄는 이유가 양질의 정보를 전달해서라는 것은 알 수 없다.
⑤ 1인 크리에이터가 새로운 사회적 이슈가 된다고 나와 있지만, 돈을 벌고 있다는 내용은 제시문에서 확인할 수 없다.

21 정답 ④

쇼펜하우어는 표상의 세계 안에서의 이성의 역할, 즉 시간과 공간, 인과율을 통해서 세계를 파악하는 주인의 역할을 함에도 불구하고 이 이성이 다시 의지에 종속됨으로써 제한적이며 표면적일 수밖에 없다는 한계를 지적하고 있다. 따라서 글의 중심 내용으로 '표상 세계 안에서의 이성의 역할과 한계'가 가장 적절하다.

오답분석
① 세계의 본질은 의지의 세계라는 내용은 쇼펜하우어 주장의 핵심 내용이라는 점에서는 적절하지만, 제시문의 주요 내용은 주관 또는 이성 인식으로 만들어내는 표상의 세계는 결국 한계를 가질 수밖에 없다는 것이다.
② 제시문에서는 표상 세계의 한계를 지적했을 뿐, 표상 세계의 극복과 그 해결 방안에 대한 내용은 없다.
③ 제시문에서 의지의 세계와 표상의 세계는 의지가 표상을 지배하는 종속관계라는 차이를 파악할 수는 있으나, 중심 내용으로는 적절하지 않다.

22 정답 ④

세 번째 문단에 따르면 모듈러 로봇은 외부 자극에 대한 반응이 제대로 작동되지 않는 부분을 다른 모듈로 교체하거나 제거하는 작업을 스스로 진행하여 치유할 수 있는 것이 특징이라고 하였으므로 관리자가 교체 또는 제거해야 한다는 것은 적절하지 않다.

23 정답 ④

세 번째 문단에 따르면 방언이 유지되려는 힘이 크다는 것은 각 지역마다 자기 방언의 특성을 지키려는 노력이 강하다는 것을 의미한다. 따라서 방언이 유지되려는 힘이 커지면 방언의 통일성은 약화될 것이다.

24 정답 ⑤

마지막 문단에 따르면 아인슈타인이 '우주상수 람다'를 지운 것이 잘못되었다 했으므로 우주상수 람다가 잘못된 이론이라고 볼 수 없다.

오답분석
① 첫 번째 문단에 따르면 시간의 상대성 때문에 주인공과 아이의 시간이 다르게 흐른 것이므로, 만일 시간의 상대성이 없다면 주인공과 아이의 시간은 동일하게 흘렀을 것이다.
② 두 번째 문단에 따르면 중력은 시간을 왜곡한다고 하였으며 이러한 중력은 질량이 있는 물체에서 나오는 힘이다. 따라서 물체가 질량이 없다면 중력 또한 없어 시공간을 왜곡할 수 없었을 것이다.
③ 세 번째 문단에 따르면 특정한 질량을 가진 물체가 시공간을 극도로 휘게 만들면 그 중력은 빛조차도 새어나올 수 없는 강한 힘을 가지게 될 것이다.
④ 마지막 문단에 따르면 아인슈타인도 처음에는 '우주의 불변'을 주장했으나, 일반상대성이론의 대입으로 우주가 변한다는 것을 받아들였다.

25 정답 ⑤

농작물 재배 능력이 낮고 영농 기반이 부족한 청년농업인들에게는 기존의 농업방식보다 재배 관리 자동화가 가능한 온프레시팜 방식이 농작물 재배에 더 용이할 수 있으나, 초기 시설비용이 많이 들고 재배 기술의 확보가 어려워 접근이 더 수월하다고 볼 수는 없다.

오답분석
① 온프레시팜 지원 사업은 청년농업인들이 안정적으로 농작물을 재배하는 것은 물론 경제적으로도 정착할 수 있도록 도와주는 사업이다.
② 온프레시팜 방식은 이제 막 농업에 뛰어든 청년농업인들이 더욱 수월하게 농업을 경영할 수 있도록 돕는 사업이다.
③·④ 온프레시팜 방식은 토양 없이 식물 뿌리와 줄기에 영양분이 가득한 물을 분사해 농작물을 생산하는 방식이기 때문에 흙 속에 살고 있는 병해충으로 인한 피해를 예방할 수 있다. 또한 토양이 없어 다층으로의 재배도 가능하기에 동일한 면적에서 기존의 농업방식보다 더 많은 농작물을 재배할 것으로 예상된다.

26 정답 ⑤

마지막 문단에서 민간 위탁 방식에 대해 알 수 있다. 정부로부터 면허를 발급받는 것은 면허 발급 방식이며, 보조금을 지급받는 것은 보조금 지급 방식으로 둘 사이의 연관성은 없다.

오답분석
① 과거에는 공공 서비스가 경합성과 배제성이 모두 약한 사회 기반 시설 공급을 중심으로 제공되었다. 이런 경우 서비스 제공에 드는 비용은 주로 세금을 비롯한 공적 재원으로 충당을 한다.
② 공공 서비스의 다양화와 양적 확대가 이루어지면서 행정 업무의 전문성 및 효율성이 떨어지는 문제점이 나타나기도 한다.
③ 정부는 민간 위탁 제도를 도입함으로써 정부 조직의 규모를 확대하지 않으면서 서비스의 전문성을 강화할 수 있다.
④ 경쟁 입찰 방식의 경우 정부가 직접 공공 서비스를 제공할 때보다 서비스의 생산 비용이 절감될 수 있고 정부의 재정 부담도 경감될 수 있다.

27 정답 ②

체내 활성산소의 농도와 생물체의 생명 연장이 비례한다는 내용은 제시문에서 확인할 수 없다. 오히려 활성산소인 과산화수소는 체내에 쌓이면 독소가 된다는 내용을 첫 번째 문단에서 확인 할 수 있다.

28 정답 ④

제시문은 분자 상태의 수소와 산소가 결합하여 물이 되는 과정을 설명하고 있다. 마지막 문장을 통해 수소 분자와 산소 분자가 원자로 분해되고, 분해된 산소 원자 하나와 수소 원자 두 개가 결합하여 물이라는 화합물이 생성됨을 알 수 있다. 따라서 산소 분자와 수소 분자가 '각각' 물이 된다는 내용은 적절하지 않다.

29 정답 ⑤

제시문의 세 번째 문단을 통해 정부가 철도를 통한 탄소 감축을 위해 노력하고 있음을 알 수 있으나, 구체적으로 시행한 조치는 언급되지 않았으므로 알 수 없는 내용이다.

오답분석
① 첫 번째 문단을 통해 전 세계적으로 탄소중립이 대두되자 이에 대한 방안으로 등장한 것이 철도 수송임을 알 수 있다.
② 네 번째 문단을 통해 중앙선 안동 ~ 영천 간 궤도 설계 시 탄소 감축 방안으로 저탄소 자재인 유리섬유 보강근이 철근 대신 사용되었음을 알 수 있다.
③ 첫 번째·두 번째 문단을 통해 철도 수송의 확대가 온실가스 배출량의 획기적인 감축을 가져올 것임을 알 수 있다.
④ 네 번째 문단을 통해 S철도공단은 철도 중심 교통체계 구축을 위해 건설 단계에서부터 친환경·저탄소 자재를 적용하였고, 탄소 감축을 위해 2025년부터 모든 철도 건축물을 일정한 등급 이상으로 설계하기로 결정하였음을 알 수 있다.

30 정답 ④

네 번째 문단에서 음극재로 사용하는 실리콘은 충·방전 시 최대 300%까지 부피 팽창이 일어나 소재 및 배터리가 쉽게 손상되는 단점이 있다고 하였으므로 적절한 내용이다.

[오답분석]
① 2차 전지의 양극에서 이동한 리튬이온은 음극재의 음극활물질에 저장되며, 집전판은 외부 회로와 활물질 사이에서 전자를 전달하는 역할을 한다.
② 2차 전지의 용량은 주로 양극재에 따라 달라진다.
③ 흑연은 원자 6개에 1개의 리튬이온을 저장하지만 실리콘은 원자 5개에 22개의 리튬이온을 저장하므로 같은 면적일 때 흑연보다 실리콘이 더 많은 리튬이온을 저장한다.
⑤ 제시문에서 리튬이온 배터리 이외의 다른 소재의 2차 전지에 대한 비교가 없으므로 적절하지 않은 내용이다.

31 정답 ②

아리스토텔레스는 관객과 극중 인물의 감정 교류를 강조하지만 브레히트는 관객이 거리를 두고 극을 보는 것을 강조하고 있다. 브레히트는 관객이 극에 지나치게 몰입하게 되면 극과의 거리두기가 어려워져 사건을 객관적으로 바라볼 수 없게 된다고 보았다. 따라서 브레히트가 아리스토텔레스에게 제기할 만한 의문으로 가장 적절한 것은 ②이다.

32 정답 ④

포지티브 방식은 PR 코팅, 즉 감광액이 빛에 노출되었을 때 현상액에 녹기 쉽게 화학구조가 변하며, 네거티브 방식은 반대로 감광액이 빛에 노출되면 현상액에 녹기 어렵게 변한다.

[오답분석]
① 포토리소그래피는 PR층이 덮이지 않은 증착 물질을 제거하는 식각 과정 이후 PR층을 마저 제거한다. 이후 일련의 과정을 다시 반복하여 증착 물질을 원하는 형태로 패터닝하는 것이다.
② PR코팅은 노광 과정 이후 현상액에 접촉했을 때 반응하여 사라지거나 남게 된다. 따라서 식각 과정 이전에 자신의 실수를 알아차렸을 것이다.
③ 포지티브방식의 PR 코팅을 사용한 창우의 디스플레이 회로의 PR층과 증착 물질이 모두 사라졌다면, 증착 및 코팅 불량이나 PR 제거 실수와 같은 근본적인 오류를 제외할 경우 노광 과정에서 마스크가 빛을 가리지 못해 PR층 전부가 빛에 노출되었을 가능성이 높다.
⑤ 광수가 원래 의도대로 디스플레이 회로를 완성시키기 위해서는 최소 PR 코팅 이전까지 공정을 되돌릴 필요가 있다.

33 정답 ④

기술을 통한 제조 주기의 단축과 하나의 공장에서 다양한 제품군을 생산하는 것은 '기술적 혁명'을 통한 생산성 향상, 생산 공정 최적화 등과 관련이 있다. 따라서 GE의 제조 공장은 ⓒ '제조업의 스마트화 사례'에 해당한다.

34 정답 ③

③은 밴드왜건 효과(편승 효과)의 사례이다. 밴드왜건 효과란 유행에 따라 상품을 구입하는 소비 현상을 뜻하는 경제용어로, 기업은 이러한 현상을 충동구매 유도 마케팅 전략으로 활용하고 정치계에서는 특정 유력 후보를 위한 선전용으로 활용한다.

35 정답 ④

㉠의 '고속도로'는 그래핀이 사용된 선로를 의미하며, ㉢의 '코팅'은 비정질 탄소로 그래핀을 둘러싼 것을 의미한다. ㉠의 그래핀은 전자의 이동속도가 빠른 대신 저항이 높고 전하 농도가 낮다. 따라서 연구팀은 이러한 그래핀의 단점을 해결하기 위해, 그래핀에 비정질 탄소를 얇게 덮어 저항을 감소시키고 전하 농도를 증가시키는 방법을 생각해 냈다.

오답분석

① ㉡의 '도로'는 기존 금속 재질의 선로를 의미한다. 연구팀은 기존의 금속 재질(㉡) 대신 그래핀(㉠)을 반도체 회로에 사용하였다.
② 반도체 내에 많은 소자가 집적되면서 금속 재질의 선로(㉡)에 저항이 기하급수적으로 증가하였다.
③ 그래핀(㉠)은 구리보다 전기 전달 능력이 뛰어나고 전자 이동속도가 100배 이상 빠르다.
⑤ ㉠의 '고속도로'는 그래핀, ㉡의 '도로'는 금속 재질, ㉢의 '코팅'은 비정질 탄소를 의미한다.

36 정답 ④

필자는 현재 에너지 비용을 지원하는 단기적인 복지 정책은 효과가 지속되지 않고, 오히려 에너지 사용량이 늘어나 에너지 절감과 같은 환경 효과를 볼 수 없으므로 '효율형'과 '전환형'의 복합적인 에너지 복지 정책을 추진해야 한다고 주장한다. 따라서 에너지 비용을 지원하는 정책의 효과가 지속되지 않는다는 데에는 ㉡이, 일자리 창출 효과의 '효율형' 정책과 환경 보호 효과의 '전환형' 정책을 복합적으로 추진해야 한다는 데에는 ㉢이 각각 필자의 논거로 사용될 수 있다.

37 정답 ④

세 번째와 마지막 문단에 따르면 우리 눈은 원추세포를 통해 밝은 곳에서의 노란색 빛을 인식하고, 어두운 곳에서는 막대세포를 통해 초록색 물체를 더 민감하게 인식한다. 따라서 밝은 곳에서 눈에 잘 띄던 노란색 경고 표지판은 날이 어두워지면 무용지물이 될 수도 있으므로 어두운 터널 내에는 초록색의 경고 표지판을 설치하는 것이 더 효과적일 것이라 추론할 수 있다.

오답분석

① 막대세포의 로돕신은 빛을 받으면 분해되어 시신경을 자극하고 이 자극이 대뇌에 전달되어 초록색 빛을 민감하게 인식하지만, 색을 인식하지는 못한다.
② 눈조리개의 초점 부근 좁은 영역에 주로 분포되어 있는 세포는 원뿔 모양의 원추세포이다.
③ 원추세포는 노란빛에 민감하며, 초록빛에 민감한 세포는 막대세포이다.
⑤ 우리 눈에는 파장이 500나노미터 부근인 노란 빛에 민감한 원추세포의 수가 많지 않아 어두운 곳보다 밝은 곳에서 인식 기능이 발휘된다. 따라서 밝은 곳에서 눈에 잘 띄는 노란색이나 붉은색으로 경고나 위험 상황을 나타내는 것은 막대세포가 아닌 원추세포의 수와 관련이 있다.

38 정답 ③

첫 번째 문단에서 오늘날 우리가 부르는 애국가의 노랫말은 외세의 침략으로 나라가 위기에 처해있던 1907년을 전후하여 조국애와 충성심을 북돋우기 위하여 만들어졌음을 알 수 있다. 따라서 1896년 『독립신문』에 현재의 노랫말이 게재되지 않았다.

오답분석

① 두 번째 문단에서 1935년 해외에서 활동 중이던 안익태가 오늘날 우리가 부르고 있는 국가를 작곡하였고, 이 곡은 해외에서만 퍼져나갔다고 하였으므로 적절하지 않다.
② 네 번째 문단에서 국기강하식 방송, 극장에서의 애국가 상영 등은 1980년대 후반 중지되었다고 하였으므로 적절하지 않다.
④ 마지막 문단에서 연주만 하는 의전행사나 시상식・공연 등에서는 전주곡을 연주해서는 안 된다고 하였으므로 적절하지 않다.

39 정답 ③

언택트 기술이 낳을 수 있는 문제에 대응하기 위해서는 인간 중심의 비대면 접촉이 이루어져야 한다. 인력이 불필요한 곳은 기술로 대체할 수 있지만, 대면 접촉이 필요한 곳에는 인력을 재배치해야 한다는 것이다. 따라서 최대한 인력을 언택트 기술로 대체해야 한다는 ③은 글의 내용으로 적절하지 않다.

40 정답 ③

언택트 마케팅에 사용되는 기술의 보편화는 디지털 환경에 익숙하지 않은 고령층을 소외시키는 '언택트 디바이드' 등의 문제를 낳을 수 있다. 따라서 '디지털 환경에 익숙하지 않은 고령층의 증가'는 언택트 마케팅의 확산 원인으로 적절하지 않다.

41 정답 ④

제시문은 방송의 발달이 문화에 끼치는 영향과 방송의 위상 변화를 방송의 기술적·산업적 성격을 바탕으로 서술하고, 방송 매체에 대한 비판 정신을 가져야 함을 주장하고 있다. 따라서 논의 과정에서 구체적 사례를 들고 전문가의 견해를 인용하고 있으나 친숙한 대상에 빗대어 유추하고 있는 것은 아니므로 적절하지 않다.

42 정답 ①

제시문은 방송 메커니즘의 양면성에 대해 언급하고, 21세기 대중문화가 생산적이고 유익한 것이 될 수 있는지는 우리가 매스 미디어의 내용에 어떤 가치를 담아내느냐에 달려 있다고 강조하고 있다. 이는 결국 대중문화 및 대중문화에 큰 영향력을 미치는 매스 미디어에 대해 비판 정신을 갖추어야 함을 강조한 것으로 볼 수 있다. 따라서 글의 중심 내용으로 '대중문화에 미치는 방송의 부정적 영향을 경계해야 한다.'가 적절하다.

43 정답 ⑤

명시적 인센티브 계약을 하면 성과에 기초하여 명시적인 인센티브가 지급된다. 그러므로 성과를 측정하기 어려운 업무를 근로자들이 등한시하게 되는 결과를 초래할 수 있다. 따라서 성과를 측정하기 어려운 업무에 종사하는 근로자에 대한 보상에서는 암묵적인 인센티브가 더 효과적이다.

[오답분석]
① 첫 번째 문단에서 확인할 수 있다.
② 세 번째 문단에서 확인할 수 있다.
③ 두 번째 문단에서 확인할 수 있다.
④ 마지막 문단에서 확인할 수 있다.

44 정답 ②

암묵적 계약은 객관적으로 확인할 수 있는 조건보다는 주관적인 평가에 기초한 약속이다.

45 정답 ③

제시문의 논지는 인간과 자연의 진정한 조화이다. 따라서 자연과 공존하는 삶을 주장하고 있는 ③이 글의 논지와 가장 가깝다.

| 02 | 수리

01	02	03	04	05	06	07	08	09	10	11	12	13	14	15	16	17	18	19	20
③	①	③	③	④	④	⑤	③	①	④	⑤	②	③	④	②	①	②	②	③	④
21	22	23	24	25	26	27	28	29	30	31	32	33	34	35	36	37	38	39	40
②	①	③	④	⑤	③	⑤	②	③	②	④	①	③	④	①	①	③	②	②	②
41	42	43	44	45	46	47	48	49	50	51	52	53	54	55	56	57	58	59	60
④	⑤	③	③	②	②	②	①	②	④	③	③	④	④	⑤	④	④	④	③	②
61	62	63	64																
③	③	③	②																

01 정답 ③

A지우개의 가격을 A원, B지우개의 가격을 B원이라고 하자. 제시된 상황에 따라 연립방정식을 세우면 다음과 같다.
$A+B=1,200 \cdots$ ㉠
$(1+0.3)A+(1+0.1)B=1,200+200 \cdots$ ㉡
㉠과 ㉡을 연립하면 다음과 같다.
$1.3A+1.1\times(1,200-A)=1,400$
→ $1.3A+1,320-1.1A=1,400$
→ $0.2A=80$
∴ $A=400$, $B=800$
작년 A지우개의 가격이 400원이므로 올해의 A지우개 가격은 $400\times1.3=520$원이다.

02 정답 ①

직원 7명 중 3명이 한식을 고르면 나머지 4명은 자동으로 중식을 고르게 된다. 그러므로 7명 중 3명을 선택하는 경우의 수를 구해야 하며, 누가 한식을 선택했는지만 고려하고, 그 순서는 고려하지 않으므로 조합을 사용해 경우의 수를 구하면 다음과 같다.
$_7C_3 = \frac{7!}{3!(7-3)!} = \frac{7\times6\times5}{3\times2\times1} = 35$
따라서 팀원을 나누는 경우의 수는 35가지이다.

03 정답 ③

A동아리와 B동아리의 회원 수의 총합은 각각 다음과 같은 변화를 보인다.
• 2025년 : $40-27=13$
• 2026년 : $59-40=19$
• 2027년 : $84-59=25$
이때, 전년 대비 회원 수 총합의 차이 간 관계를 보면 13을 첫 항으로 하고 공차가 6인 등차수열임을 알 수 있다. 그러므로 연도별 회원 수의 총합을 구하면 다음과 같다.

2024년		2025년		2026년		2027년		2028년		2029년		2030년
27	→	40	→	59	→	84	→	115	→	152	→	195
	+13		+19		+25		+31		+37		+43	

따라서 두 동아리 회원 수의 합이 최초로 160명을 넘는 연도는 2030년이다.

04 정답 ③

A자동차의 전년 대비 판매율은 $-1.1\%p$씩 변화하고, B자동차의 전년 대비 판매율은 다음과 같은 변화를 보인다.

2021년	→	2022년	→	2023년	→	2024년	→	2025년
	+2.4		+3.6		+4.8		+6	

그러므로 B자동차의 전년 대비 판매율의 변화량은 2.4를 첫 항으로 하고 공차가 +1.2인 등차수열이다. 이를 이용하여 계산하면 다음과 같다.

2021년		2022년		2023년		2024년		2025년		2026년		2027년		2028년
1.2	→	3.6	→	7.2	→	12	→	18	→	25.2	→	33.6	→	43.2
	+2.4		+3.6		+4.8		+6		+7.2		+8.4		+9.6	

따라서 2028년에 B자동차의 전년 대비 판매율은 42.3%, A자동차의 판매율은 1%이므로 40배 이상 차이 난다.

05 정답 ④

각 개인 업무와 협력업무의 양이 1이라고 하자.

A와 B가 동시에 협력업무를 한다고 하면 하루에 $\frac{1}{56}+\frac{1}{64}=\frac{15}{448}$ 만큼 일을 할 수 있다.

A가 자기 일을 24일에 끝낸다고 할 때, B는 15일 더 개인 일을 해야 하므로 A가 먼저 일한 협력업무의 양은 $\frac{1}{56}\times 15$이고, 남은 협력업무량은 $1-\frac{15}{56}=\frac{41}{56}$이다.

다음으로 A와 B가 동시에 협력업무를 진행할 수 있는 때는 B가 일을 마친 39일 이후이다. 함께 협력업무를 진행할 기간을 구하면, 남은 협력업무÷동시에 일할 수 있는 협력업무 양이고 $\frac{41}{56}\div\frac{15}{448}=\frac{328}{448}\times\frac{448}{15}=21.866\cdots$ 이다.

따라서 일을 끝마치는 데 필요한 최소 기간은 $39+22=61$일이다.

06 정답 ④

작년 A제품의 생산량을 a개, B제품의 생산량을 b개라고 하면, 다음과 같은 식이 성립한다.
$a+b=3,200 \cdots$ ㉠
올해 A제품의 생산량을 25%, B제품의 생산량을 35% 증가시켜 총 4,200개를 생산하면, 다음과 같은 식이 성립한다.
$(a\times 1.25)+(b\times 1.35)=4,200 \cdots$ ㉡
㉠과 ㉡을 연립하여 ㉡-㉠을 정리하면 다음과 같다.
$1.25a+1.35b=4,200 \cdots$ ㉡
$1.25a+1.25b=4,000 \cdots$ ㉠$\times 1.25$
$\rightarrow 0.1b=200$
$\therefore a=1,200, b=2,000$
작년 A제품의 생산량이 1,200개, B제품의 생산량이 2,000개이므로 올해 A제품의 생산량은 $1.25\times 1,200=1,500$개, B제품의 생산량은 $1.35\times 2,000=2,700$개이다.
따라서 올해 A, B제품의 생산량 차이는 $2,700-1,500=1,200$개이다.

07 정답 ⑤

- 전체 가전제품의 개수 : $3+4+2=9$대
- 전시할 3대의 가전제품이 모두 세탁기와 청소기일 확률 : $\frac{_6C_3}{_9C_3}=\frac{5}{21}$

따라서 적어도 1대의 냉장고를 전시할 확률은 $1-\frac{5}{21}=\frac{16}{21}$이다.

08 정답 ③

작년 TV와 냉장고의 판매량을 $3k$, $2k$, 올해 TV와 냉장고의 판매량을 $13m$, $9m$이라고 하면 작년 TV와 냉장고의 총판매량은 $5k$, 올해 TV와 냉장고의 총판매량은 $22m$이다.
올해 총판매량이 작년보다 10% 증가했으므로 다음 식이 성립한다.

$5k\left(1+\dfrac{10}{100}\right)=22m$

$\rightarrow \dfrac{11}{2}k=22m$

$\therefore k=4m$

따라서 작년 냉장고 판매량은 $2\times 4m=8m$이고, 냉장고의 판매량은 작년보다 $\dfrac{9m-8m}{8m}\times 100=12.5\%$ 증가했다.

09 정답 ①

올해 직원 수를 x명이라고 하면, 작년 직원 수는 $1.05x$명, 내년 직원 수는 $1.04x$명이다.
올해 직원 수의 4%가 28명이므로 $0.04x=28 \rightarrow x=700$에 따라 올해 직원 수는 700명이다.
- 작년 직원 수 : $1.05\times 700=735$명
- 내년 직원 수 : $1.04\times 700=728$명

따라서 작년과 내년 직원 수는 $735-728=7$명 차이난다.

10 정답 ④

- A회사하고만 계약할 확률 : $\dfrac{1}{4}\times\dfrac{2}{3}\times\dfrac{1}{2}=\dfrac{1}{12}$
- B회사하고만 계약할 확률 : $\dfrac{3}{4}\times\dfrac{1}{3}\times\dfrac{1}{2}=\dfrac{1}{8}$
- C회사하고만 계약할 확률 : $\dfrac{3}{4}\times\dfrac{2}{3}\times\dfrac{1}{2}=\dfrac{1}{4}$

따라서 A, B, C회사 중 한 회사하고만 계약할 확률은 $\dfrac{1}{12}+\dfrac{1}{8}+\dfrac{1}{4}=\dfrac{2+3+6}{24}=\dfrac{11}{24}$이다.

11 정답 ⑤

A, B기차의 길이를 각각 a, bm라고 가정하고 터널을 지나는 시간에 대한 방정식을 세우면 다음과 같다.
- A기차 : $\dfrac{600+a}{36}=25 \rightarrow 600+a=900 \rightarrow a=300$
- B기차 : $\dfrac{600+b}{36}=20 \rightarrow 600+b=720 \rightarrow b=120$

따라서 A기차의 길이는 300m이며, B기차의 길이는 120m이다.

12 정답 ②

일의 양을 1이라고 하면 A, B가 하루에 할 수 있는 일의 양은 각각 $\dfrac{1}{4}$, $\dfrac{1}{6}$이다.
B가 혼자 일한 기간을 x일이라고 하면 다음 식이 성립한다.

$\dfrac{1}{4}\times 2+\dfrac{1}{6}\times x=1$

$\therefore x=3$

따라서 B는 3일 동안 일을 해야 한다.

13 정답 ③

농도가 4%인 소금물의 양을 xg이라고 하자.
이때 농도가 10%인 소금물의 양은 $(600-x)$g이므로 다음 식이 성립한다.
$$\frac{4}{100}x+\frac{10}{100}(600-x)=\frac{8}{100}\times 600$$
양변에 100을 곱하면 다음과 같다.
$4x+10(600-x)=4,800$
→ $6x=1,200$
∴ $x=200$
따라서 처음 컵에 들어있던 농도 4%의 소금물의 양은 200g이다.

14 정답 ④

작년의 매출을 x원이라고 하면 올해의 매출은 $1.25x$원이므로 다음과 같은 식이 성립한다.
$1.25x\times 0.02=a$
∴ $x=40a$
따라서 작년에 부과된 세금은 $0.02x=0.02\times 40a=0.8a$원이다.

15 정답 ②

2명씩 짝을 지어 한 그룹으로 보고 원탁에 앉는 방법을 구하기 위해서 원순열 공식 $(n-1)!$을 이용한다.
2명씩 3그룹이므로 $(3-1)!=2\times 1=2$가지이다. 또한 그룹 내에서 2명이 자리를 바꿔 앉을 수 있는 경우는 2가지씩이다.
따라서 6명이 원탁에 앉을 수 있는 방법은 $2\times(2\times 2\times 2)=16$가지이다.

16 정답 ①

(단위 : 원)

구분	A매장	B매장
판매가	$\left(1-\frac{14}{100}\right)a=\frac{86}{100}a$	$\left(1-\frac{20}{100}\right)a=\frac{80}{100}a$
총수입	$\frac{86}{100}a\times 50=43a$	$\frac{80}{100}a\times 80=64a$
이익	$43a-50\times 700=43a-35,000$	$64a-80\times 700=64a-56,000$

$43a-35,000=64a-56,000$
→ $21a=21,000$
∴ $a=1,000$
따라서 a의 각 자리의 수를 모두 더한 값은 1이다.

17 정답 ②

경림이와 소정이가 $2\frac{1}{3}$ 시간을 걸어갔을 때 둘 사이의 거리가 24.5km가 되었으므로 다음과 같은 식이 성립한다.

$(6+x) \times 2\frac{1}{3} = 24.5$

$\rightarrow \frac{7}{3}x = 10.5$

$\therefore x = 4.5$

따라서 경림이의 걸음 속도는 4.5km/h이다.

18 정답 ②

3인실, 2인실, 1인실로 배정되는 인원을 정리하면 다음과 같은 식이 성립한다.
- (3, 2, 0) : $_5C_3 \times _2C_2 = 10$가지
- (3, 1, 1) : $_5C_3 \times _2C_1 \times _1C_1 = 20$가지
- (2, 2, 1) : $_5C_2 \times _3C_2 \times _1C_1 = 30$가지

따라서 방에 배정되는 경우의 수는 총 $10+20+30=60$가지이다.

19 정답 ③

작년 남학생 수와 여학생 수를 각각 a명, b명이라고 하면 다음과 같은 식이 성립한다.
- 작년 전체 학생 수 : $a+b=820 \cdots$ ㉠
- 올해 전체 학생 수 : $1.08a+0.9b=810 \cdots$ ㉡

㉠과 ㉡을 연립하면 $a=400$, $b=420$이다.
따라서 작년 여학생 수는 420명이다.

20 정답 ④

토마토의 개수를 x개, 배의 개수를 y개라고 하면 다음과 같은 식이 성립한다.
$120 \times x + 450 \times y = 6,150 - 990 \rightarrow 4x+15y=172 \cdots$ ㉠
$90 \times x + 210 \times y = 3,150 - 300 \rightarrow 3x+7y=95 \cdots$ ㉡

㉠과 ㉡을 연립하면 $x=13$, $y=8$이다.
따라서 배는 바구니 안에 8개 들어있다.

21 정답 ②

(집에서 마트까지 걸은 시간)+(물건을 구매하는 시간)+(마트에서 집까지 걸은 시간)=2시간 30분이다.
집에서 마트까지의 거리를 $x$km라고 하면 다음과 같은 식이 성립한다.

$\frac{x}{6} + \frac{2}{3} + \frac{x}{4} = \frac{5}{2}$

$\rightarrow \frac{5}{12}x = \frac{11}{6}$

$\therefore x = \frac{22}{5} = 4.4$

따라서 집에서 마트까지의 거리는 4.4km이다.

22 정답 ①

8명의 선수 중 4명을 뽑는 경우의 수는 $_8C_4 = \dfrac{8\times7\times6\times5}{4\times3\times2\times1} = 70$가지이다.

A, B, C를 포함하여 4명을 뽑는 경우의 수는 A, B, C를 제외한 5명 중 1명을 뽑으면 되므로 $_5C_1 = 5$가지이다.

따라서 구하고자 하는 확률은 $\dfrac{5}{70} = \dfrac{1}{14}$이다.

23 정답 ④

A열차의 길이를 xm라고 하면 A열차의 속력은 $\dfrac{390+x}{9}$m/s이다.

B열차의 길이는 350m이므로 B열차의 속력은 $\dfrac{365+335}{10} = 70$m/s이다.

두 열차가 마주보는 방향으로 달려 완전히 지나가는 데 4.5초가 걸린다고 하였고, 두 열차가 4.5초 동안 달린 거리의 합은 두 열차의 길이의 합과 같으므로 다음과 같은 식이 성립한다.

$\left(\dfrac{390+x}{9} + 70\right) \times 4.5 = x + 335$

→ $\dfrac{390+x}{2} + 315 = x + 335$

→ $390 + x = 2x + 40$

∴ $x = 350$

따라서 A열차의 길이는 350m이다.

24 정답 ①

올라간 거리를 $x$km라고 하면 내려온 거리는 $(x+2)$km이다.

이때 올라간 시간과 내려간 시간이 같다고 하였으므로 다음과 같은 식이 성립한다.

$\dfrac{x}{4} = \dfrac{x+2}{6}$

→ $3x = 2(x+2)$

∴ $x = 4$

따라서 내려올 때 걸린 시간은 $\dfrac{4+2}{6} = 1$시간이다.

25 정답 ⑤

첫 번째 이벤트에서 같은 조였던 사람은 두 번째 이벤트에서 같은 조가 될 수 없다고 하였으므로 보기에 주어진 각 조의 조원들은 첫 번째 이벤트에서 모두 다른 조일 수밖에 없다. 그러므로 첫 번째 이벤트의 각 조에서 두 조원씩은 이미 1, 4조에 배정되었고 나머지 두 조원씩 8명을 2, 3조에 배정해야 한다.

두 번째 이벤트의 2, 3조 역시 첫 번째 이벤트에서 같은 조였던 사람은 두 번째 이벤트에서 같은 조가 될 수 없으므로 각 조에서 한 명씩을 뽑아 배정해야 한다. 한 조를 정하고 나면 나머지 한 조는 자동으로 정해지므로 $_2C_1 \times _2C_1 \times _2C_1 \times _2C_1$라는 식을 세울 수 있다.

따라서 나머지 2개 조의 조원을 정하는 방법의 경우의 수는 $2\times2\times2\times2 = 16$가지이다.

26 정답 ③

사탕을 x개 산다고 하면 초콜릿은 $(14-x)$개 살 수 있으므로 다음과 같은 식이 성립한다.
$235 \leq 15x + 20(14-x) \leq 250$
$\therefore 6 \leq x \leq 9$
따라서 사탕을 최대 9개 구매할 수 있다.

27 정답 ⑤

- 7명의 학생이 원탁에 앉는 경우의 수 : $(7-1)! = 6!$가지
- 7명의 학생 중 여학생 3명이 원탁에 이웃해서 앉는 경우의 수 : $\{(5-1)! \times 3!\}$가지

따라서 7명의 학생 중 여학생 3명이 원탁에 이웃해서 앉는 확률은 $\dfrac{4! \times 3!}{6!} = \dfrac{1}{5}$이다.

28 정답 ②

첫 번째 수열은 각 항의 차이가 4, 5, 6 … 처럼 4부터 1씩 증가하는 수열이다. 이를 두 번째 수열에 적용하면 다음과 같다.
- 1번째 항 : 6
- 2번째 항 : 6+4=10
- 3번째 항 : 10+5=15
- 4번째 항 : 15+6=21
- 5번째 항 : 21+7=28

따라서 두 번째 수열의 5번째 항에 해당하는 수는 28이다.

29 정답 ④

앞의 항에 +7, -16를 번갈아 가며 적용하는 수열이다.
따라서 ( )=49-16=33이다.

30 정답 ④

각 자릿수의 합이 다음 항의 수인 수열이다.
A B C → A : 8,521, B : 8+5+2+1=16, C : 1+6=7
따라서 ( )=7이다.

31 정답 ④

정수 부분은 +2, 분자는 +4, 분모는 (정수)×(분자)-2를 하는 수열이다.
따라서 ( )$=(4+2)\left\{\dfrac{7+4}{(4+2)\times(7+4)-2}\right\}=6\dfrac{11}{64}$이다.

32 정답 ①

정수 부분은 +5, +7, +9, +11, …, 소수 부분은 -0.03, -0.05, -0.07, …인 수열이다.
따라서 ( )=(48+15)+(0.63-0.13)=63.50이다.

33 정답 ③

앞의 항에 ×(−2), +(3의 배수)가 반복되는 수열이다.
따라서 ( )=−2+12=10이다.

34 정답 ③

앞의 항에 −20, −19, −18, −17, −16, …인 수열이다.
따라서 ( )=43−17=26이다.

35 정답 ②

(앞의 항)−(뒤의 항)=(다음 항)인 수열이다.
따라서 ( )=−7−49=−56이다.

36 정답 ①

앞의 항에 ×7−1, ×7, ×7+1, ×7+2, …인 수열이다.
따라서 ( )=0.2×7−1=0.4이다.

37 정답 ①

나열된 수를 각각 A, B, C라고 하면
$\underline{A\ B\ C} \rightarrow A \times C = B$
따라서 ( )=12÷3=4이다.

38 정답 ③

나열된 수를 각각 A, B, C라고 하면
$\underline{A\ B\ C} \rightarrow (A+B) \div 3 = C$
따라서 ( )=6×3−8=10이다.

39 정답 ②

분모는 +11, +22, +33, …, 분자는 −5, −6, −7, …인 수열이다.
따라서 ( )=$-\dfrac{-19-9}{121+55}=-\dfrac{28}{176}$이다.

40 정답 ②

굵은 선으로 이루어진 도형 안의 숫자의 합이 22로 같다.
따라서 빈칸의 수를 x라고 하면, 빈칸에 알맞은 수는 22−22+9+8=x이므로 17이다.

41 정답 ④

각 행은 인접한 두 수의 차이가 일정한 수열이다.

1행 : 1 → 3 → 5 → 7
         +2   +2   +2

2행 : 11 → 15 → 19 → 23
          +4   +4   +4

3행 : 30 → 35 → 40 → 45
          +5   +5   +5

4행은 62-74=-12이므로 앞의 항에 -12를 하는 수열임을 알 수 있다.

4행 : 98 → (86) → 74 → 62
          -12   -12   -12

따라서 (   )=98-12=86이다.

42 정답 ⑤

조사기간 내의 도시별 증가율을 구해야 하므로 A도시와 B도시의 2021년 대비 2024년의 증가율을 구하면 다음과 같다.

• A도시 : $\frac{529-460}{460}=0.15 \rightarrow 15\%$

• B도시 : $\frac{612-510}{510}=0.2 \rightarrow 20\%$

따라서 두 도시 증가율의 평균은 $\frac{15+20}{2}=17.5\%$이다.

43 정답 ③

2023년의 제품별 전년 대비 증감률을 구하면 다음과 같다.

• A제품 : $\frac{184-168}{168}\times 100 ≒ 9.52\%$

• B제품 : $\frac{250-231}{231}\times 100 ≒ 8.23\%$

• C제품 : $\frac{210-195}{195}\times 100 ≒ 7.69\%$

• D제품 : $\frac{205-210}{210}\times 100 ≒ -2.38\%$

따라서 생산량 증감률의 절댓값이 가장 큰 제품은 A제품이다.

[오답분석]

① 제품별 2024년과 2019년의 생산량의 차이는 다음과 같다.
  • A제품 : 201-120=81천 개
  • B제품 : 275-200=75천 개
  • C제품 : 225-150=75천 개
  • D제품 : 215-180=35천 개
  따라서 생산 증가량이 가장 큰 제품은 A제품이다.

② 조사기간 중 생산량이 감소한 것은 2021년 B제품과 2023년 D제품이다. 2021년 B제품의 전년 대비 감소율과 2023년 D제품의 전년 대비 감소율은 다음과 같다.
  • 2021년 B제품의 전년대비 감소율
    : $\frac{210-220}{220} ≒ -4.55\%$

- 2023년 D제품의 전년 대비 감소율

  : $\frac{205-210}{210} ≒ -2.38\%$

  따라서 조사기간 중 전년 대비 제품 생산량의 감소율이 가장 큰 제품은 B제품이다.
④ 2018년 C제품의 생산량을 x천 개라고 가정하면 다음과 같은 식이 성립한다.
  $(1+0.2)x=150$
  $\therefore x=\frac{150}{1.2}=125$

  따라서 2018년 C제품의 생산량은 125,000개이다.
⑤ 모든 제품이 동일하게 10%씩 증가하므로 가장 많이 생산하는 제품은 B제품, 가장 적게 생산하는 제품은 A제품이며, 두 제품의 2025년 예상 생산량을 구하면 다음과 같다.
  - A제품 : $201×(1+0.1)=221.1$천 개
  - B제품 : $275×(1+0.1)=302.5$천 개

  따라서 두 제품의 생산량 차이는 302.5-221.1=81.4천 개, 즉 81,400개이다.

44 정답 ③

2019년의 매출액이 1,050억 원이고, 이는 전년 대비 25%가 감소한 것이다. 2018년의 매출액을 x라 할 때, 다음 식이 성립한다.
$x×(1-0.25)=1,050$
→ $0.75x=1,050$
$\therefore x=1,400$
따라서 2018년의 매출액은 1,400억 원이다.

45 정답 ②

조사기간 동안 S기업에서 사용한 비용이 항상 매출액의 70%이므로 2019년과 2024년의 순이익을 계산하면 다음과 같다.
- 2019년 : $1,050×(1-0.7)=315$억 원
- 2024년 : $1,320×(1-0.7)=396$억 원

그러므로 2019년 대비 2024년의 순이익 변화율은 다음과 같다.

$\frac{396-315}{315}×100 ≒ 25.71\%$

따라서 2019년 대비 2024년의 순이익 변화율은 25.7%이다.

46 정답 ②

ㄱ. 주화 공급량이 주화 종류별로 각각 20십만 개씩 증가한다면, 이 지역의 평균 주화 공급량은 $\frac{1,000+20×4}{4}=\frac{1,080}{4}=270$십만 개이다.

ㄷ. • 평균 주화 공급량 : $\frac{1,000}{4}=250$십만 개
  - 주화 공급량 증가량 : $340×0.1+215×0.2+265×0.2+180×0.1=148$십만 개
  - 증가한 평균 주화 공급량 : $\frac{1,000+148}{4}=287$십만 개

  따라서 $250×1.15>287$이므로, 증가율은 15% 이하이다.

오답분석

ㄴ. • 10원 주화의 공급기관당 공급량 : $\frac{340}{170}=2$십만 개

• 500원 주화의 공급기관당 공급량 : $\frac{180}{120}=1.5$십만 개

따라서 주화 종류별 공급기관당 공급량은 10원 주화가 500원 주화보다 많다.

ㄹ. 총 주화 공급액 규모가 변하면 주화 종류별 공급량 비율도 당연히 변한다.

47 정답 ②

제시된 그래프는 구성비에 해당하므로 2024년에 전체 수송량이 증가하였다면 2024년 구성비가 감소하였어도 수송량은 증가했을 수 있다. 구성비로 수송량 자체를 비교해서는 안 된다는 점에 유의해야 한다.

48 정답 ①

연도별 직장가입자 및 지역가입자의 건강보험금 징수율을 구하면 다음과 같다.

• 2021년
- 직장가입자 : $\frac{6,698,187}{6,706,712}\times100≒99.87\%$
- 지역가입자 : $\frac{886,396}{923,663}\times100≒95.97\%$

• 2022년
- 직장가입자 : $\frac{4,898,775}{5,087,163}\times100≒96.3\%$
- 지역가입자 : $\frac{973,681}{1,003,637}\times100≒97.02\%$

• 2023년
- 직장가입자 : $\frac{7,536,187}{7,763,135}\times100≒97.08\%$
- 지역가입자 : $\frac{1,138,763}{1,256,137}\times100≒90.66\%$

• 2024년
- 직장가입자 : $\frac{8,368,972}{8,376,138}\times100≒99.91\%$
- 지역가입자 : $\frac{1,058,943}{1,178,572}\times100≒89.85\%$

따라서 직장가입자 건강보험금 징수율이 가장 높은 해는 2024년이고, 지역가입자 건강보험금 징수율이 가장 높은 해는 2022년이다.

49 정답 ②

통신회사의 기본요금을 x원이라 하면 다음과 같은 식이 성립한다.
$x+60a+30\times2a=21,600$ → $x+120a=21,600$ … ㉠
$x+20a=13,600$ … ㉡
㉠과 ㉡을 연립하면 $100a=8,000$이다.
$\therefore a=80$

50 정답 ④

제조업용 로봇 생산액의 2021년 대비 2023년의 성장률은 $\dfrac{7,016-6,272}{6,272}\times100 ≒ 11.9\%$이다.

51 정답 ③

n년 후 저장된 파일의 수를 a_n천 개라고 하면 $(n+1)$년 후 저장된 파일의 수는 $(2a_n+1)$천 개이므로 n년 후 저장된 파일의 수는 다음과 같다.
- 6년 후 : $2\times31+1=63$천 개
- 7년 후 : $2\times63+1=127$천 개
- 8년 후 : $2\times127+1=255$천 개
- 9년 후 : $2\times255+1=511$천 개
- 10년 후 : $2\times511+1=1,023$천 개

따라서 10년 후 저장된 파일의 수는 1,023천 개다.

52 정답 ③

바레니클린의 시장가격에서 국가 지원액을 제외한 본인부담금은 1,767-1,000=767원/정이다. 하루에 2정씩 총 28일(∵ 1월 투여기간)을 복용하므로 본인부담금은 767×2×28=42,952원이다. 금연 패치는 하루에 1,500원이 지원되므로 본인부담금이 없다. 따라서 B대리가 안내한 본인부담금은 42,952원이다.

53 정답 ④

수도권에서 각 과일의 판매량은 다음과 같다.
- 배 : 800,000+1,500,000+200,000=2,500,000개
- 귤 : 7,500,000+3,000,000+4,500,000=15,000,000개
- 사과 : 300,000+450,000+750,000=1,500,000개

$\therefore a=\dfrac{800,000}{2,500,000}=0.32,\ b=\dfrac{3,000,000}{15,000,000}=0.2,\ c=\dfrac{750,000}{1,500,000}=0.5$

따라서 $a+b+c=1.02$이다.

54 정답 ④

책의 수는 매월 25권씩 늘어난다.
따라서 2023년 5월에 보유하는 책의 수는 500+25×11=775권이다.

55 정답 ⑤

전월에 제조되는 초콜릿의 개수와 금월에 제조되는 초콜릿의 개수의 합이 익월에 제조되는 초콜릿의 개수이다.
- 2023년 7월 초콜릿의 개수 : 80+130=210개
- 2023년 8월 초콜릿의 개수 : 130+210=340개
- 2023년 9월 초콜릿의 개수 : 210+340=550개
- 2023년 10월 초콜릿의 개수 : 340+550=890개
- 2023년 11월 초콜릿의 개수 : 550+890=1,440개

따라서 2023년 11월에는 1,440개의 초콜릿이 제조된다.

56 정답 ④

곡물별 2021년과 2022년의 소비량 변화는 다음과 같다.
- 소맥 : |680−697|=17백만 톤
- 옥수수 : |860−880|=20백만 톤
- 대두 : |240−237|=3백만 톤

따라서 소비량의 변화가 가장 작은 곡물은 대두이다.

오답분석

① 제시된 자료를 통해 2023년에 모든 곡물의 생산량과 소비량이 다른 해에 비해 많았음을 알 수 있다.
② 2023년의 곡물별 생산량 대비 소비량의 비중을 구하면 다음과 같다.

- 소맥 : $\dfrac{735}{750} \times 100 = 98\%$
- 옥수수 : $\dfrac{912}{950} \times 100 = 96\%$
- 대두 : $\dfrac{247}{260} \times 100 = 95\%$

따라서 2023년에 생산량 대비 소비량의 비중이 가장 낮았던 곡물은 대두이다.
③ 제시된 자료를 통해 확인할 수 있다.
⑤ • 2021년 전체 곡물 생산량 : 695+885+240=1,820백만 톤
  • 2023년 전체 곡물 생산량 : 750+950+260=1,960백만 톤
  따라서 2021년과 2023년의 전체 곡물 생산량의 차이는 1,960−1,820=140백만 톤이다.

57 정답 ④

1인당 지급하는 국문 명함은 150장이므로 1인 기준 국문 명함 제작비용은 10,000(∵ 100장)+3,000(∵ 추가 50장)=13,000원이다.
이때 신입사원의 수를 x명이라고 하면 다음과 같은 식이 성립한다.
$13,000x = 195,000$
∴ $x = 15$
따라서 신입사원의 수는 15명이다.

58 정답 ④

1인당 지급하는 영문 명함은 200장이므로 1인 기준 영문 명함 제작비용(일반 종이 기준)은 15,000(∵ 100장)+10,000(∵ 추가 100장)=25,000원이다.

이때 고급 종이로 영문 명함을 제작하므로 해외영업부 사원들의 1인 기준 영문 명함 제작비용은 $25,000\left(1+\dfrac{1}{10}\right)=27,500$원이다.

따라서 8명의 영문 명함 제작비용은 27,500×8=220,000원이다.

59 정답 ③

- 전년 대비 2022년 데스크탑 PC의 판매량 증감률 : $\dfrac{4,700-5,000}{5,000} \times 100 \rightarrow \left(-\dfrac{300}{5,000}\right) \times 100 = -6\%$
- 전년 대비 2022년 노트북의 판매량 증감률 : $\dfrac{2,400-2,000}{2,000} \times 100 \rightarrow \dfrac{400}{2,000} \times 100 = 20\%$

60 정답 ②

제시된 자료를 바탕으로 분기별 매출액을 구하면 다음과 같다.

(단위 : 억 원)

구분	1분기 매출액	2분기 매출액	3분기 매출액	4분기 매출액
A사	16	16×(1+0.12)=17.92	17.92×(1-0.11)≒15.95	15.95×(1-0.2)=12.76
B사	11	11×(1-0.08)=10.12	10.12×(1+0.09)≒11.03	11.03×(1+0.08)≒11.91
C사	9	9×(1+0.06)=9.54	9.54×(1-0.05)≒9.06	9.06×(1+0.3)≒11.78

A사의 2분기 매출액은 17.92억 원이고, C사의 2분기 매출액은 9.54억 원이다. 따라서 17.92÷9.54≒1.88배이므로 1.5배 이상이다.

[오답분석]
① A~C사의 매출액 순위는 모든 분기에서 A사가 1등, B사가 2등, C사가 3등으로 변하지 않는다.
③ B사의 4분기 매출액은 11.91억 원이고, A사의 4분기 매출액은 12.76억 원으로 B사의 매출액은 A사의 매출액을 초과하지 않았다.
④ B사의 1분기 매출액보다 10% 이상 증가하려면 11×1.1=12.1억 원 이상이어야 한다. 그러나 4분기 매출액은 11.91억 원이므로 10% 미만 증가하였다.
⑤ 4분기에 감소한 A사 매출액의 절댓값은 |12.76-15.95|=3.19억 원, 4분기에 증가한 C사 매출액의 절댓값은 |11.78-9.06|=2.72억 원으로 A사의 절댓값이 C사보다 크다.

61 정답 ③

㉠ 근로자가 총 90명이고 전체에게 지급된 임금의 총액이 2억 원이므로 근로자당 평균 월 급여액은 $\frac{2억\ 원}{90명}$≒222만 원이다.

따라서 평균 월 급여액은 230만 원 이하이다.

㉡ 월 210만 원 이상 급여를 받는 근로자 수는 26+12+8+4=50명이다. 따라서 총 90명의 절반인 45명보다 많으므로 옳은 설명이다.

[오답분석]
㉢ 월 180만 원 미만의 급여를 받는 근로자 수는 6+4=10명이다. 따라서 전체에서 $\frac{10}{90}$×100≒11%의 비율을 차지하고 있으므로 옳지 않은 설명이다.
㉣ '월 240만 원 이상 270만 원 미만'의 구간에서 월 250만 원의 급여를 이상 받는 근로자의 수는 제시된 자료만으로는 확인할 수 없다.

62 정답 ③

2022년 A~D사의 전년 대비 판매 수익 감소율은 각각 다음과 같다.

- A사 : $\frac{18-9}{18} \times 100 = 50\%$
- B사 : $\frac{6-(-2)}{6} \times 100 = 133\%$
- C사 : $\frac{7-(-6)}{7} \times 100 = 186\%$
- D사 : $\frac{-5-(-8)}{-5} \times 100 = -60\%$이지만, 전년 대비 감소하였으므로 감소율은 60%이다.

따라서 2022년의 판매 수익은 A~D사 모두 전년 대비 50% 이상 감소하였다.

[오답분석]

① 2022년 판매 수익 총합은 $9+(-2)+(-6)+(-8)=-7$조 원으로 적자를 기록하였다.
② 2021~2023년의 전년 대비 판매 수익 증감 추이는 A~D사 모두 '감소 – 감소 – 증가'이다.
④ 2020년 대비 2023년의 판매 수익은 A사만 증가하였고, 나머지는 모두 감소하였다.
⑤ B사와 D사의 2020년 대비 2023년의 판매 수익은 각각 $10-8=2$조 원, $-2-(-4)=2$조 원으로 두 곳 모두 2조 원 감소하였다.

63 정답 ③

남자가 소설을 대여한 횟수는 60회이고, 여자가 소설을 대여한 횟수는 80회이므로 $\frac{60}{80} \times 100 = 75\%$이다.

[오답분석]

① 40세 미만의 전체 대여 횟수는 120회, 40세 이상 전체 대여 횟수는 100회이다.
② 소설 전체 대여 횟수는 140회, 비소설 전체 대여 횟수는 80회이다.
④ 40세 이상의 전체 대여 횟수는 100회이고, 그중 소설 대여는 50회이므로 $\frac{50}{100} \times 100 = 50\%$이다.
⑤ 40세 미만의 전체 대여 횟수는 120회이고, 그중 비소설 대여는 30회이므로 $\frac{30}{120} \times 100 = 25\%$이다.

64 정답 ②

ⓒ 전년 대비 2021년 대형 자동차 판매량의 감소율은 $\frac{150-200}{200} \times 100 = -25\%$로 30% 미만이다.
ⓒ 3년 동안 SUV 자동차의 총판매량은 $300+400+200=900$천 대이고, 대형 자동차의 총판매량은 $200+150+100=450$천 대이므로 3년 동안 SUV 자동차의 총판매량은 대형 자동차 총판매량의 $\frac{900}{450} = 2$배이다.

[오답분석]

㉠ 2020~2022년 동안 판매량이 지속적으로 감소하는 차종은 '대형' 1종류이다.
㉢ 2021년 대비 2022년에 판매량이 증가한 차종은 '준중형'과 '중형'이다. 두 차종의 증가율을 비교하면 준중형은 $\frac{180-150}{150} \times 100 = 20\%$, 중형은 $\frac{250-200}{200} \times 100 = 25\%$로 중형 자동차가 가장 높은 증가율을 나타낸다.

| 03 | 추리

01	02	03	04	05	06	07	08	09	10	11	12	13	14	15	16	17	18	19	20
④	⑤	④	⑤	③	①	③	③	①	③	③	③	③	③	②	④	③	③	③	④
21	22	23	24	25	26	27	28	29	30	31	32	33	34	35	36	37	38	39	40
①	②	④	④	③	⑤	②	③	③	⑤	③	③	⑤	⑤	③	②	②	④	①	③

01 정답 ④

제시된 명제를 논리식으로 정리하면 다음과 같다.
- 첫 번째 명제 : ~C → A
- 두 번째 명제 : C → B

모든 전제가 항상 참이므로 전제 1의 대우인 ~A → C도 항상 참이다. ~A → C → B가 성립하므로 ~A → B는 항상 참이고, 그 대우인 ~B → A도 항상 참이다.
따라서 빈칸에 들어갈 내용으로 'B회로에 전기가 흐르지 않으면, A회로에는 전기가 흐른다.'가 적절하다.

[오답분석]
① B → C는 전제 2의 역으로 항상 참이 아니다.
② B → ~A는 ~A → B의 역으로 항상 참이 아니다.
③ A → ~B는 ~B → A의 역으로 항상 참이 아니다.
⑤ ~C → ~B는 전제 2의 이로 항상 참이 아니다.

02 정답 ⑤

제시된 명제를 논리식으로 정리하면 다음과 같다.
- 첫 번째 명제 : ~A → B ∨ ~C
- 두 번째 명제 : A → ~D

모든 전제가 항상 참이므로 전제 2의 대우인 D → ~A도 항상 참이다. D → ~A → B ∨ ~C가 성립하므로 D → B ∨ ~C는 항상 참이고, 그 대우인 ~B ∧ C → ~D도 항상 참이다.
따라서 빈칸에 들어갈 내용으로 'B스위치가 꺼지고, C스위치가 켜지면, D스위치는 꺼진다.'가 적절하다.

[오답분석]
① ~B → ~D는 C스위치가 켜졌을 때만 참이므로 항상 참이 아니다.
② ~D → C는 주어진 전제를 통해서 항상 참을 도출해낼 수 없다.
③ D → C는 주어진 전제를 통해서 항상 참을 도출해낼 수 없다.
④ B ∧ C → ~D는 ~B ∧ C → ~D에 어긋나므로 항상 거짓이다.

03 정답 ④

제시된 명제를 논리식으로 정리하면 다음과 같다.
- 첫 번째 명제 : A ∧ B → ~C
- 두 번째 명제 : ~D → C

모든 전제가 항상 참이므로 전제 2의 대우인 ~C → D도 항상 참이다. A ∧ B → ~C → D가 성립하므로 A ∧ B → D는 항상 참이고, 그 대우인 ~D → ~A ∨ ~B도 항상 참이다.
따라서 빈칸에 들어갈 내용으로 'D메모리에 셀이 방전되면, A메모리 셀이나 B메모리 셀이 방전된다.'가 적절하다.

오답분석
① A → D는 B메모리 셀이 방전 되었을 때, 거짓이므로 항상 참이 아니다.
② D → ~C는 전제 2의 이로 항상 참이 아니다.
③ ~C → B ∨ D는 주어진 전제를 통해서 항상 참을 도출해낼 수 없다.
⑤ D → A ∧ B는 A ∧ B → D의 역으로 항상 참이 아니다.

04 정답 ⑤

모든 1과 사원은 가장 실적이 많은 2과 사원보다 실적이 많고, 3과 사원 중 일부는 가장 실적이 많은 2과 사원보다 실적이 적다. 따라서 빈칸에 들어갈 내용으로 '어떤 3과 사원은 가장 실적이 적은 모든 1과 사원보다 실적이 적다.'가 적절하다.

05 정답 ③

두 번째 명제에 따라 S사의 신입이 사용하는 메신저가 모두 S사의 메신저고, 첫 번째 명제에 따라 S사의 메신저는 모두 보안 네트워크를 사용하므로 S사의 신입이 사용하는 메신저는 모두 보안 네트워크를 사용한다.

오답분석
① 'S사의 신입이 아니면'이라는 조건은 주어진 명제에서 언급되지 않은 범위까지 포함하는 것이다. 또한 S사의 신입이 아닌 사람이 어떤 메신저를 사용하는지 또는 보안 네트워크를 사용하는지에 대해 언급하지 않는다. 따라서 주어진 명제에서 도출되는 명제가 아니다.
② 첫 번째 명제(S사의 메신저 → 보안 네트워크 사용) 역에 해당하는 것으로 참인 명제의 역이 항상 참이 아닌 역의 오류에 해당한다. 따라서 주어진 명제에서 도출되는 명제가 아니다.
④ 보안 네트워크를 사용하지 않는 메신저에 대한 명제가 없고, 오히려 첫 번째 명제에 따라 S사의 메신저는 모두 보안 네트워크를 사용하므로 주어진 명제에서 도출되는 명제가 아니다.
⑤ S사의 메신저를 사용하지 않는 사람이 어떤 메신저를 사용하는지 그리고 그 메신저가 보안 네트워크를 사용하는지에 대한 정보는 명제에 없으므로 주어진 명제에서 도출되는 명제가 아니다.

06 정답 ①

두 번째 명제에 따라 기숙사에 거주하는 사람은 모두 도보로 등교하므로 첫 번째 명제에 따라 S대학 기숙사에 거주하는 어떤 신입생은 모두 도보로 등교한다.

오답분석
② 도보로 등교하는 학생 중 기숙사에 거주하는 사람은 모두 도보로 등교하지만, 도보로 등교한다고 모두 기숙사에 살고 있는 신입생인 것은 아니므로 주어진 명제에서 도출되는 명제가 아니다.
③ 신입생이 아닌 경우에 대한 명제가 없으므로 주어진 명제에서 도출되는 명제가 아니다.
④ 기숙사의 거주자가 모두 신입생으로 구성되어 있다는 명제가 없으므로 주어진 명제에서 도출되는 명제가 아니다.
⑤ 두 번째 명제의 역에 해당하는 것으로 두 번째 명제가 참이어도 그 역이 항상 참은 아니다. 따라서 주어진 명제에서 도출되는 명제가 아니다.

07 정답 ③

첫 번째 명제의 경우 '회의 참석 → 명함 필요'이며, 마지막 명제는 '출장을 나감 → 회의 참석 가능'이므로 명함과 출장을 연결시켜 줄 명제가 필요하다. 따라서 '출장을 나가면 반드시 명함을 지참한다.'가 두 번째 명제가 되면 해당 명제를 도출할 수 있다.

오답분석
① 첫 번째 명제와 모순되는 내용이다.
② 회의 참석의 필요 조건이 첫 번째 명제와 다른 내용이므로 마지막 명제를 도출하는 명제가 될 수 없다.
④ 첫 번째 명제에 따라 회의에 참석한 사람은 모두 명함이 있지만, 명함이 있는 모든 사람이 회의에 참여하는 것은 아니므로 마지막 명제를 도출하는 명제가 될 수 없다.
⑤ 마지막 명제와 반대되는 내용으로 마지막 명제를 도출하는 명제가 될 수 없다.

08 정답 ③

'날씨가 좋다.'를 A, '야외 활동을 한다.'를 B, '행복하다.'를 C라고 하면 첫 번째 명제는 A → B, 두 번째 명제는 ~A → ~C이다. 두 번째 명제의 대우는 C → A이므로 C → A → B가 성립하여 마지막 명제는 C → B나 ~B → ~C이다. 따라서 빈칸에 들어갈 명제는 '야외 활동을 하지 않으면 행복하지 않다.'이다.

09 정답 ①

체내에 수분이 많으면 술에 잘 취하지 않지만, 역의 성립 여부를 알 수 없다. 따라서 술에 잘 취하지 않는다고 해서 체내에 수분이 많은 것은 아니다.

오답분석
② 첫 번째·두 번째 명제를 통해 추론할 수 있다.
③ 두 번째 명제의 대우와 첫 번째 명제의 대우를 통해 추론할 수 있다.
④ 첫 번째 명제의 대우를 통해 추론할 수 있다.
⑤ 마지막 명제의 대우를 통해 추론할 수 있다.

10 정답 ③

나는 눈이 큰 여자는 모두 좋아한다. 서희는 눈이 큰 여자이다. 따라서 '나는 서희를 좋아한다.'는 항상 참이다.

11 정답 ③

참인 명제는 그 대우 명제도 참이므로 두 번째 명제의 대우 명제인 '배를 좋아하지 않으면 귤을 좋아하지 않는다.' 역시 참이다. 이와 첫 번째, 세 번째 명제를 통해 '사과를 좋아함 → 배를 좋아하지 않음 → 귤을 좋아하지 않음 → 오이를 좋아함'이 성립한다. 따라서 '사과를 좋아하면 오이를 좋아한다.'는 항상 참이다.

12 정답 ③

A : 수요일에는 혜진, 수연, 태현이가 휴가 중이고, 목요일에는 수연, 지연, 태현이가 휴가 중이다. 그러므로 수요일과 목요일에 휴가 중인 사람의 수는 같다.
B : 태현이는 금요일까지 휴가이다.
따라서 A, B 모두 옳다.

13 정답 ③

각각의 조건을 수식으로 비교해 보면 다음과 같다.
C>D, F>E, H>G>C, G>D>F
∴ H>G>C>D>F>E
따라서 A, B 모두 옳다.

14 정답 ③

D와 F의 주장이 서로 모순이므로 둘 중 1명이 거짓을 말하고 있다.
• D의 주장이 참인 경우
 F의 주장이 거짓이므로 D와 E는 같은 형태의 스마트폰을 사용하고, 나머지 주장은 모두 참이 된다. 먼저 C의 주장에 따라 F는 폴드를 사용하고, B의 주장에 따라 B, C는 플립을 사용하며, E의 주장에 따라 A는 폴드를 사용한다. 이 경우 A, F는 폴드를 사용하고, B, C는 플립을 사용하므로 항상 참인 A의 주장에 의해 D와 E는 같은 형태의 스마트폰을 사용할 수 없어 모순이 된다.
• F의 주장이 참인 경우
 D의 주장이 거짓이므로 D와 E는 다른 형태의 스마트폰을 사용하고, 나머지 주장은 모두 참이 된다. 이 경우, 위와 같이 A, F는 폴드를 사용하고, B, C는 플립을 사용하며, D와 E는 서로 다른 형태의 스마트폰을 사용하므로 A의 주장이 모순되지 않는다.
따라서 거짓을 말한 사람은 D이다.

15 정답 ②

세 번째와 네 번째 조건에 따라 남성복 매장이 월요일에 입점하지 않고, 일주일에 최소 2번 입점하려면, 화요일, 금요일에 입점하고, 목요일에는 준비기간을 가져야 한다. 만약 아동복 매장이 남성복 매장과 동일한 일정으로 이벤트홀에 입점한다면, 동일한 준비기간을 가지게 되고, 이 경우에는 2개의 이벤트홀 중 한 곳이 비게 된다.
조건을 통해 가능한 이벤트홀 상황을 정리하면 다음과 같다.

입점 매장	월	화	수	목	금	토
남성복						
여성복 또는 아동복						
아동복 또는 여성복						

따라서 항상 거짓인 것은 ②이다.

오답분석
① 2곳의 이벤트홀을 A와 B라고 할 때, 만약 어떤 매장이 A에 입점했다면, 하루 뒤 다른 매장이 B에 입점하게 되고, 2일 뒤에 또 다른 매장이 A에 입점하므로 동일한 이벤트홀에 연이어 입점하는 것은 불가능하다.
③ 모든 매장은 입점 후 3일 뒤에 다시 입점하므로 어떤 매장이 월요일에 입점하면 다음 입점일은 목요일이다.
④ 남성복 매장이 이벤트홀에 있는 요일은 화, 수, 금, 토이므로 금요일 이벤트홀에 아동복 매장이 있었다면, 남성복 매장도 있었다.
⑤ 화요일에는 남성복 매장이 이벤트홀에 있으므로 여성복 매장이 있었다면 아동복 매장은 준비기간이다.

16 정답 ④

네 번째를 제외한 모든 조건과 그 대우를 논리 기호화하면 다음과 같다.
• ~(D∨G) → F / ~F → (D∧G)
• F → ~E / E → ~F
• ~(B∨E) → ~A / A → (B∧E)

네 번째 조건에 따라 A가 투표를 하였으므로 세 번째 조건의 대우에 의해 B와 E 모두 투표를 하였다. 또한 E가 투표를 하였으므로 두 번째 조건의 대우에 따라 F는 투표하지 않았다. F가 투표하지 않았으므로 첫 번째 조건의 대우에 따라 D와 G는 모두 투표하였다. A, B, D, E, G 5명이 모두 투표하였으므로 네 번째 조건에 따라 C는 투표하지 않았다. 따라서 투표지 않은 사람은 C와 F이다.

17 정답 ③

첫 번째 조건에 의해 포도주의 오른쪽에는 물이 들어 있어야 하므로 파란색 컵에는 포도주가 들어 있을 수 없다. 마찬가지로 두 번째 조건에 의해 주스 또한 파란색 컵에 들어 있을 수 없고, 세 번째 조건에 의해 맥주도 파란색 컵에 들어 있을 수 없다. 즉, 파란색 컵에 물이 들어 있거나 빈 컵인 경우 2개로 좁혀진다.

- 파란색 컵에 물이 들어 있을 경우
  첫 번째 조건에 의해 물이 들어 있는 파란색 컵 왼쪽의 노란색 컵에는 포도주가 들어 있어야 하는데, 이는 다섯 번째 조건에 위배되므로 모순이다.
- 파란색 컵이 비었을 경우
  두 번째 조건에 의해 노란색 컵에 주스가 들어 있다. 포도주의 경우 다섯 번째 조건에 따라 빨간색 컵이나 검은색 컵에 들어 있을 수 있는데, 만약 검은색 컵에 들어 있다면 오른쪽 컵인 노란색 컵에 물이 들어 있을 수 없으므로 포도주는 빨간색 컵에 들어 있고, 물은 갈색 컵에 담겨 있다. 마지막으로 세 번째 조건에 의해 맥주는 검은색 컵에 들어 있다.

따라서 컵과 내용물이 바르게 연결된 것은 ③이다.

18 정답 ③

첫 번째 조건에 따라 D가 C보다 작은 용량을 선택했으므로 D는 128GB나 256GB 용량을 선택하였다.

- D가 128GB를 선택한 경우
  첫 번째 조건과 세 번째 조건에 따라 A와 C는 D와 같은 용량을 고를 수 없다. 또한 두 번째 조건에 따라 B와 E는 같은 용량을 선택하는데, B와 E가 128GB를 선택하면 128GB를 선택한 사람이 3명이고, 128GB를 선택하지 않으면 D만 128GB를 선택하게 되어 모두 네 번째 조건에 위배되므로 모순이다.
- D가 256GB를 선택한 경우
  첫 번째 조건에 따라 D보다 큰 용량을 선택한 C는 512GB를 선택하고, 세 번째 조건에 따라 A는 128GB나 512GB를 선택한다. 만약 A가 128GB를 선택한 경우 B와 E가 무엇을 선택해도 네 번째 조건에 위배되므로 A는 512GB를 선택하고, 나머지 B와 E가 128GB를 선택하게 된다.

따라서 A는 512GB, B는 128GB를 선택하므로 A와 B가 선택한 스마트폰 용량의 합은 512+128=640GB이다.

19 정답 ③

세 번째 조건에 따라 세탁의 가장 마지막 과정은 A과정이다. 또한 다섯 번째 조건에 따라 D과정과 Y과정 사이에 2개의 과정이 있으므로 건조 과정의 순서에 따라 경우가 달라진다.

- X과정을 Y과정보다 먼저 진행할 경우
  Y과정은 건조의 마지막 과정이며, Y과정 앞에 A과정과 X과정이 있으므로 A과정 직전에는 D과정을 진행하게 된다. 그러나 이 경우 세탁의 마무리 과정인 A과정 직전에 D과정을 진행하므로 마지막 조건에 위배된다.
- Y과정을 X과정보다 먼저 진행할 경우
  Y과정은 건조의 첫 번째 과정이며, D과정은 세탁의 두 번째 과정이 된다. 이 경우 네 번째 조건에 따라 B과정이 C과정보다 더 먼저 시작하므로 세탁과정은 B-D-C-A이다.

따라서 올바른 세탁 및 건조과정은 B-D-C-A-Y-X이다.

20 정답 ④

주어진 조건에 따라 좌석을 입구와 가까운 순서대로 나열하면 '현수 – 형호 – 재현 – 지연 – 주현'이므로 형호는 현수와 재현 사이의 좌석을 예매했음을 알 수 있다. 그러나 제시된 조건만으로 정확한 좌석의 위치를 알 수 없으므로 서로의 좌석이 바로 뒤 또는 바로 앞의 좌석인지는 추론할 수 없다.

21 정답 ①

네 번째 조건에 따라 일식을 먹은 전날은 반드시 한식을 먹으므로 일식은 월요일에 먹을 수 없다. 또한 다섯 번째 조건에 따라 일식은 금요일에도 먹을 수 없으므로 세 번째 조건과 더불어 일식을 화요일, 수요일에 먹거나, 수요일, 목요일에 먹게 된다.
- 일식을 화요일, 수요일에 먹은 경우 : 월요일과 금요일에 한식을 먹으므로 남은 목요일은 중식을 먹게 된다.
- 일식을 수요일, 목요일에 먹은 경우 : 화요일과 금요일에 한식을 먹으므로 남은 월요일은 중식을 먹게 된다.

주어진 조건에 따른 경우를 정리하면 다음과 같다.

구분	월요일	화요일	수요일	목요일	금요일
경우 1	한식	일식	일식	중식	한식
경우 2	중식	한식	일식	일식	한식

따라서 중식은 월요일이나 목요일 중 한 번만 먹으므로 '중식은 한 주에 두 번 먹는다.'는 항상 참이 아니다.

22 정답 ②

E사원의 진술에 따라 C사원과 E사원의 진술은 동시에 참이 되거나 거짓이 된다.
- C사원과 E사원이 모두 거짓말을 한 경우
  참인 B사원의 진술에 따라 D사원이 금요일에 열리는 세미나에 참석한다. 그러나 이때 C와 E 중 1명이 참석한다는 D사원의 진술과 모순되므로 성립하지 않는다.
- C사원과 E사원이 모두 진실을 말했을 경우
  C사원과 E사원의 진술에 따라 C, D, E사원은 세미나에 참석할 수 없다. 따라서 D사원이 세미나에 참석한다는 B사원의 진술은 거짓이 되며, C와 E사원 중 1명이 참석한다는 D사원의 진술도 거짓이 된다. 또한 A사원은 세미나에 참석하지 않으므로 금요일 세미나에 참석하는 사람은 B사원이 된다.

따라서 B사원과 D사원이 거짓말을 하고 있으며, 이번 주 금요일 세미나에 참석하는 사람은 B사원이다.

23 정답 ④

지원자 4의 진술이 거짓이면 지원자 5의 진술도 거짓이고, 지원자 4의 진술이 참이면 지원자 5의 진술도 참이다. 즉, 1명의 진술만 거짓이므로 지원자 4, 5의 진술은 참이다. 그러면 지원자 1과 지원자 2의 진술이 모순이다.
- 지원자 1의 진술이 거짓인 경우
  지원자 3은 인사부에 선발이 되었고, 지원자 2는 미디어홍보부 또는 기획재정부에 선발되었다. 이때 지원자 3의 진술에 따라 지원자 4가 미디어홍보부, 지원자 2가 기획재정부에 선발되었다.
  ∴ 인사부 : 지원자 3, 미디어홍보부 : 지원자 4, 기획재정부 : 지원자 2, 경영전략부 : 지원자 5
- 지원자 2의 진술이 거짓인 경우
  지원자 2는 인사부에 선발이 되었고, 지원자 3은 미디어홍보부 또는 기획재정부에 선발되었다. 이때 지원자 3의 진술에 따라 지원자 4가 미디어홍보부, 지원자 3이 기획재정부에 선발되었다.
  ∴ 인사부 : 지원자 2, 미디어홍보부 : 지원자 4, 기획재정부 : 지원자 3, 경영전략부 : 지원자 5

따라서 '지원자 4는 미디어홍보부에 선발되었다.'는 항상 참이다.

24 정답 ④

A의 진술과 C의 진술이 서로 모순되므로 둘 중 1명은 진실을 말하고 있다.
- A가 참일 경우
  범인은 B가 된다. 이 경우 B, C, D 모두 거짓을 말하는 것이나, D의 진술이 거짓일 경우 A와 B는 범인이 아니므로 모순이다.
- C가 참일 경우
  B와 C는 범인이 아니며 A, B, D의 진술은 모두 거짓이다. A의 진술이 거짓이므로 B는 범인이 아니고, B의 진술이 거짓이므로 C와 D 2명 중 범인이 있다. 마지막으로 D의 진술도 거짓이므로 A와 B는 범인이 아니다. 그러므로 범인은 D이다.

따라서 물건을 훔친 범인은 D이다.

25 정답 ③

직원은 모두 9명이고, 자리는 11개이므로 빈자리는 두 곳이다. 두 번째 조건에서 사원 양옆과 앞자리는 비어있을 수 없다고 했으므로 B, C, E, F, G를 제외한 A, D는 빈자리가 된다. 세 번째 조건에서 부장 앞자리에 오상무 또는 최차장이 앉으며, 첫 번째 조건을 보면 같은 직급은 옆자리에 배정할 수 없다. 제시된 조건을 정리하면 다음과 같다.

부장	빈자리	B	성대리	C	빈자리
	최차장 또는 오상무	김사원	F	이사원	G

따라서 F와 G에 과장 2명이 앉으면 성대리 양옆 중 한 자리에 '한대리'가 앉아야 하므로 ③은 옳지 않다.

[오답분석]
① 최차장이 E에 앉을 경우 앞자리 A는 빈자리이다.
② A와 D는 빈자리이다.
④ B, C, F, G 중 한 곳에 최차장이 앉으면, E에는 오상무가 앉게 된다.
⑤ 한대리가 앉을 수 있는 자리는 F 또는 G이다.

26 정답 ⑤

영래의 맞은편이 현석이고 현석이의 바로 옆자리가 수민이므로, 이를 기준으로 제시된 조건에 맞추어 자리를 배치해야 한다.
영래의 왼쪽·수민이의 오른쪽이 비어있을 때 또는 영래의 오른쪽·수민이의 왼쪽이 비어있을 때는 성표와 진모가 마주보면서 앉을 수 없으므로 성립하지 않는다. 그러므로 영래의 왼쪽·수민이의 왼쪽이 비어있을 때와 영래의 오른쪽·수민이의 오른쪽이 비어있을 때를 정리하면 다음과 같다.

i) 영래의 왼쪽·수민이의 왼쪽이 비어있을 때

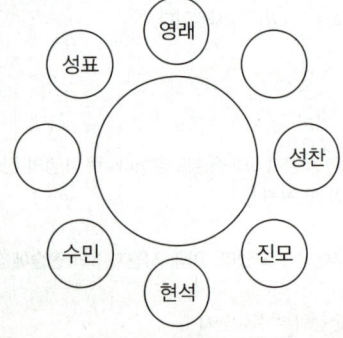

ii) 영래의 오른쪽·수민이의 오른쪽이 비어있을 때

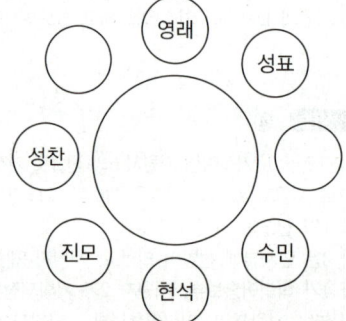

따라서 어느 상황에서든 진모와 수민이는 1명을 사이에 두고 앉는다.

27 정답 ②

먼저 첫 번째 조건에 따라 A가 출장을 간다고 하면 다음의 2가지 경우로 나뉜다.

A출장O	B출장O, C출장×
	B출장×, C출장O

또한 두 번째 조건에 따라 C가 출장을 가면 D와 E 중 1명이 출장을 가지 않거나 2명 모두 가지 않는 3가지 경우가 생기고, C가 출장을 가지 않으면 D와 E의 출장 여부를 정확히 알 수 없으므로 4가지 경우가 된다. 그리고 세 번째 조건에 따라 B가 출장을 가지 않으면 F는 출장을 가므로 이를 정리하면 다음과 같다.

A출장O	B출장O, C출장×	D출장O, E출장×	F출장O 또는 출장×
		D출장×, E출장O	
		D출장×, E출장×	
		D출장O, E출장O	
	B출장×, C출장O	D출장O, E출장×	F출장O
		D출장×, E출장O	
		D출장×, E출장×	

따라서 A가 출장을 간다면 최소 인원이 되는 경우는 B와 둘이서 가는 것이다.

28 정답 ③

만약 갑의 말이 진실이면 을의 말은 거짓, 병의 말은 진실, 정의 말도 진실, 무의 말은 거짓이 되어 진실을 말한 사람이 3명이 되므로 1명만 진실을 말한다는 조건에 맞지 않는다. 그러므로 갑의 말은 거짓이다.
또한, 을이나 무의 말이 진실이라면 병의 말이 진실이 되므로 이 역시 1명만 진실을 말한다는 조건에 어긋나 을과 무의 말 역시 거짓이다.
병의 말이 진실이라면 을의 말은 거짓, 정의 말은 진실이 되므로 병의 말도 거짓이다.
따라서 진실을 말한 사람은 정이고, 갑, 을, 병, 무의 말은 모두 거짓이 되므로 범인은 병이다.

29 정답 ③

D가 런던을 고른 경우, A는 뉴욕만 고를 수 있으므로 B는 파리를 고른다.

오답분석
① A가 뉴욕을 고를 경우, D가 런던을 고르면 E는 방콕 또는 베를린을 고른다.
② B가 베를린을 고를 경우, F는 파리를 고른다.
④ E가 뉴욕을 고를 경우, A는 런던을 고르므로 D는 방콕을 고른다.
⑤ A가 런던을 고르고 B가 파리를 고를 경우, F는 뉴욕을 고를 수 있다.

30 정답 ⑤

먼저 D의 주문 금액은 4,000원, E의 주문 금액은 2,000원임을 알 수 있다. 그리고 C의 최대 주문 금액은 3,500원이고, B의 최대 주문 금액은 이보다 적은 3,000원이므로 A의 최대 주문 금액 또한 3,000원이다. 따라서 5명이 주문한 금액은 최대 3,000+3,000+3,500+4,000+2,000=15,500원이다.

오답분석
① A와 B의 주문 가격은 같고, B는 커피류를 마실 수 없으므로 A가 주문 가능한 최소 가격은 B가 주문 가능한 음료류의 최소 가격인 2,000원이다.
② 허브티는 음료류 중 가격이 최대이므로 B가 허브티를 주문할 경우 C는 이보다 비싼 음료류를 주문할 수 없다.
③ 핫초코는 음료류 중 가격이 최소이므로 C가 핫초코를 주문할 경우 B는 이보다 저렴한 음료류를 주문할 수 없다.
④ S카페에서 가장 비싼 것은 아포가토이고, 이는 커피류이다.

31 정답 ③

A와 D의 진술이 모순되므로 A의 진술이 참인 경우와 거짓인 경우를 구한다.
- A의 진술이 참인 경우
  A의 진술에 따라 D가 부정행위를 하였으며, 거짓을 말하고 있다. B는 A의 진술이 참이므로 B의 진술도 참이며, B의 진술이 참이므로 C의 진술은 거짓이 되고, E의 진술은 참이 된다. 따라서 부정행위를 한 사람은 C, D이다.
- A의 진술이 거짓인 경우
  A의 진술에 따라 D는 참을 말하고 있고, B는 A의 진술이 거짓이므로 B의 진술도 거짓이 된다. B의 진술이 거짓이므로 C의 진술은 참이 되고, E의 진술은 거짓이 된다. 그러면 거짓을 말한 사람은 A, B, E이지만 부정행위를 한 사람은 2명이므로 모순이 되어 옳지 않다.

따라서 A의 진술이 참이며 부정행위를 한 사람은 C, D이다.

32 정답 ③

제시된 조건을 논리기호화하면 다음과 같다.
- 첫 번째 조건 : 삼선짬뽕
- 마지막 조건의 대우 : 삼선짬뽕 → 팔보채
- 다섯 번째 조건의 대우 : 팔보채 → 양장피

세 번째, 네 번째 조건의 경우 자장면에 대한 단서가 없으므로 전건 및 후건의 참과 거짓을 판단할 수 없다. 그러므로 탕수육과 만두도 주문 여부를 알 수 없다. 따라서 반드시 주문할 메뉴는 삼선짬뽕, 팔보채, 양장피이다.

33 정답 ⑤

두 번째 조건에 의해 B는 항상 1과 5 사이에 앉는다.
따라서 E가 4와 5 사이에 앉으면 2와 3 사이에는 A, C, D 중 누구나 앉을 수 있다.

오답분석
① A가 1과 2 사이에 앉으면 네 번째 조건에 의해 E는 4와 5 사이에 앉는다. 그러면 C와 D는 3 옆에 앉게 되는데 이는 세 번째 조건과 모순이 된다.
② D가 4와 5 사이에 앉으면 네 번째 조건에 의해 E는 1과 2 사이에 앉는다. 그러면 C와 D는 3 옆에 앉게 되는데 이는 세 번째 조건과 모순이 된다.
③ C가 2와 3 사이에 앉으면 세 번째 조건에 의해 D는 1과 2 사이에 앉는다. 또한 네 번째 조건에 의해, E는 3과 4 사이에 앉을 수 없다. 따라서 A는 반드시 3과 4 사이에 앉는다.
④ E가 1과 2 사이에 앉으면 세 번째 조건의 대우 명제에 의해 C는 반드시 4와 5 사이에 앉는다.

34 정답 ⑤

대화 내용을 살펴보면 영석이의 말에 선영이가 동의했으므로 영석과 선영은 진실 혹은 거짓을 함께 말한다. 이때 지훈은 선영이가 거짓말만 한다고 하였으므로 반대가 된다. 그리고 동현의 말에 정은이가 부정했기 때문에 둘 다 진실일 수 없다. 하지만 정은이가 둘 다 좋아한다는 경우의 수가 있으므로 둘 모두 거짓일 수 있다. 또한 마지막 선영이의 말로 선영이가 진실일 경우에는 동현과 정은은 모두 거짓만을 말하게 된다. 이를 정리하면 다음과 같다.

구분	경우 1	경우 2	경우 3
동현	거짓	거짓	진실
정은	거짓	진실	거짓
선영	진실	거짓	거짓
지훈	거짓	진실	진실
영석	진실	거짓	거짓

따라서 지훈이 거짓을 말할 때 진실을 말하는 사람은 선영, 영석이다.

35 정답 ③

제시된 용의자들 중 두 명이 진실을 말하는 경우를 정리하면 다음과 같다.
- A와 B의 말이 진실일 경우
  A는 자신이 범인이 아니라고 했지만, B는 A가 범인이라고 하였으므로 성립되지 않는다.
- A와 C의 말이 진실일 경우
  A는 범인이 아니며, C의 진술에 따르면 거짓말을 한 사람과 범인은 B가 된다.
- B와 C의 말이 진실일 경우
  C의 진술에서 B가 거짓말을 하고 있다고 했으므로 둘의 진술은 동시에 진실이 될 수 없다.

따라서 거짓말을 한 사람과 물건을 훔친 범인은 모두 B이다.

36 정답 ②

먼저 B의 진술이 거짓일 경우 A와 C는 모두 프로젝트에 참여하지 않으며, C의 진술이 거짓일 경우 B와 C는 모두 프로젝트에 참여한다. 따라서 B와 C의 진술은 동시에 거짓이 될 수 없으므로 둘 중 1명의 진술은 반드시 참이 된다.
- B의 진술이 참인 경우
  A는 프로젝트에 참여하지 않으며, B와 C는 모두 프로젝트에 참여한다. B와 C 모두 프로젝트에 참여하므로 D는 프로젝트에 참여하지 않는다.
- C의 진술이 참인 경우
  A의 진술은 거짓이므로 A는 프로젝트에 참여하지 않으며, B는 프로젝트에 참여한다. C는 프로젝트에 참여하지 않으나, B가 프로젝트에 참여하므로 D는 프로젝트에 참여하지 않는다.

따라서 반드시 프로젝트에 참여하는 사람은 B이다.

37 정답 ②

- A의 진술이 참인 경우
  A가 1위, C가 2위이다. 그러면 B의 진술은 참이다. 따라서 B가 3위, D가 4위이다. 그러나 D가 C보다 순위가 낮음에도 C의 진술은 거짓이다. 이는 제시된 조건에 위배된다.
- A의 진술이 거짓인 경우
  제시된 조건에 따라 A의 진술이 거짓이라면 C는 3위 또는 4위일 것인데, 자신보다 높은 순위의 사람에 대한 진술이 거짓이므로 C는 3위, A는 4위이다. 따라서 B의 진술은 거짓이므로 D가 1위, B가 2위이다.

따라서 'B는 2위이다.'는 항상 참이다.

38 정답 ④

네 번째와 다섯 번째 결과를 통해 실용성 영역과 효율성 영역에서는 모든 제품이 같은 등급을 받지 않았음을 알 수 있으므로 두 번째 결과에 나타난 영역은 내구성 영역이다.

구분	A제품	B제품	C제품	D제품	E제품
내구성	3	3	3	3	3
효율성			2	2	
실용성		3			

내구성과 효율성 영역에서 서로 다른 등급을 받은 C, D제품과 내구성 영역에서만 3등급을 받은 A제품, 1개의 영역에서만 2등급을 받은 E제품은 첫 번째 결과에 나타난 제품에 해당하지 않으므로 결국 모든 영역에서 3등급을 받은 제품은 B제품임을 알 수 있다. 다섯 번째 결과에 따르면 효율성 영역에서 2등급을 받은 제품은 C, D제품뿐이므로 E제품은 실용성 영역에서 2등급을 받았음을 알 수 있다. 또한 A제품은 효율성 영역에서 2등급과 3등급을 받을 수 없으므로 1등급을 받았음을 알 수 있다.

구분	A제품	B제품	C제품	D제품	E제품
내구성	3	3	3	3	3
효율성	1	3	2	2	
실용성		3			2

이때, A와 C제품이 받은 등급의 총합은 서로 같으므로 결국 A와 C제품은 실용성 영역에서 각각 2등급과 1등급을 받았음을 알 수 있다.

구분	A제품	B제품	C제품	D제품	E제품
내구성	3	3	3	3	3
효율성	1	3	2	2	1 또는 3
실용성	2	3	1	1 또는 2	2
총합	6	9	6	6 또는 7	6 또는 8

D제품은 실용성 영역에서 1등급 또는 2등급을 받을 수 있으므로 항상 참이 되지 않는 것은 ④이다.

39 정답 ①

제시된 조건에 따라 A~D의 사무실 위치를 정리하면 다음과 같다.

구분	2층	3층	4층	5층
경우 1	부장	B과장	대리	A부장
경우 2	B과장	대리	부장	A부장
경우 3	B과장	부장	대리	A부장

따라서 B가 과장이므로 대리가 아닌 A는 부장이다.

오답분석

② B는 2층 또는 3층에 근무한다.
③ C의 직위는 알 수 없다.
④ 대리는 3층 또는 4층에 근무한다.
⑤ A부장 외의 또 다른 부장은 2층, 3층 또는 4층에 근무한다.

40 정답 ③

B는 오전 10시에 출근하여 오후 3시에 퇴근하였으므로 업무는 4개이다. D는 B보다 업무가 1개 더 많았으므로 D의 업무는 5개이고, 오후 3시에 퇴근했으므로 출근한 시각은 오전 9시이다. K팀에서 가장 늦게 출근한 사람은 C이고 가장 늦게 출근한 사람을 기준으로 오전 11시에 모두 출근하였으므로 C는 오전 11시에 출근하였다. K팀에서 가장 늦게 퇴근한 사람은 A이고 가장 늦게 퇴근한 사람을 기준으로 오후 4시에 모두 퇴근하였다고 했으므로 A는 오후 4시에 퇴근했다. A는 C보다 업무가 3개 더 많았으므로 C의 업무는 2개이다. 이를 정리하면 다음과 같다.

구분	A	B	C	D
업무	5개	4개	2개	5개
출근 시각	오전 10시	오전 10시	오전 11시	오전 9시
퇴근 시각	오후 4시	오후 3시	오후 2시	오후 3시

따라서 C는 오후 2시에 퇴근했다.

오답분석
① A는 5개의 업무를 하고 퇴근했다.
② B의 업무는 A의 업무보다 적었다.
④ 팀에서 가장 빨리 출근한 사람은 D이다.
⑤ C가 D의 업무 중 1개를 대신 했다면 D가 C보다 빨리 퇴근했을 것이다.

MEMO

2026 최신판 시대에듀 기출이 답이다
SK그룹 온라인 SKCT

개정17판1쇄 발행	2025년 12월 15일 (인쇄 2025년 12월 01일)
초 판 발 행	2017년 10일 10일 (인쇄 2017년 08월 31일)
발 행 인	박영일
책 임 편 집	이해욱
편 저	SDC(Sidae Data Center)
편 집 진 행	신주희 · 윤지원
표지디자인	박종우
편집디자인	양혜련 · 유가영 · 장성복
발 행 처	(주)시대고시기획
출 판 등 록	제10-1521호
주 소	서울시 마포구 큰우물로 75 [도화동 538 성지 B/D] 9F
전 화	1600-3600
팩 스	02-701-8823
홈 페 이 지	www.sdedu.co.kr
I S B N	979-11-434-0449-7 (13320)
정 가	23,000원

※ 이 책은 저작권법의 보호를 받는 저작물이므로 동영상 제작 및 무단전재와 배포를 금합니다.
※ 잘못된 책은 구입하신 서점에서 바꾸어 드립니다.